高等教育会计类创新应用型规划教材

国家级一流本科课程建设点配套教材

Accounting Principles

会计学原理（第三版）

周忠民 主编

东北财经大学出版社
Dongbei University of Finance & Economics Press
大连

图书在版编目（CIP）数据

会计学原理 / 周忠民主编．—3版．—大连：东北财经大学出版社，2025.2（2025.12重印）．—（高等教育会计类创新应用型规划教材）．—ISBN 978-7-5654-5555-1

Ⅰ．F230

中国国家版本馆CIP数据核字第2025GK7116号

东北财经大学出版社出版

（大连市黑石礁尖山街217号　邮政编码　116025）

网　　址：http://www.dufep.cn

读者信箱：dufep@dufe.edu.cn

大连市东晟印刷有限公司印刷　　东北财经大学出版社发行

幅面尺寸：185mm×260mm　　字数：465千字　　印张：20

2025年2月第3版　　2025年12月第2次印刷

责任编辑：王　莹　周　晗　　责任校对：那　欣

封面设计：原　皓　　版式设计：原　皓

定价：52.00元

教学支持　售后服务　联系电话：（0411）84710309

如有印装质量问题，请联系营销部：（0411）84710711

FOREWORDS

第三版前言

党的二十大报告指出，坚持和完善社会主义基本经济制度，毫不动摇巩固和发展公有制经济，毫不动摇鼓励、支持、引导非公有制经济发展，充分发挥市场在资源配置中的决定性作用，更好发挥政府作用。构建全国统一大市场，深化要素市场化改革，建设高标准市场体系。健全资本市场功能，提高直接融资比重。加强反垄断和反不正当竞争，破除地方保护和行政性垄断，依法规范和引导资本健康发展。

会计作为市场资源配置和宏观经济治理的一项基础性工作，通过对经济主体再生产过程中的价值及价值运动进行反映和监督，达到降低成本、提高经营效率和经济效益的目标。经济越发展，会计越重要。在我国加快构建新发展格局、着力推动高质量发展的宏观背景下，会计在经济预测、分析决策、监督控制、利益分配、公司上市、证券监管、银行信贷、并购重组、绩效考评等方面发挥着重要作用。

会计学原理主要阐述会计学的基本理论、基本方法和基本操作技术，是整个会计学科体系的理论基础，也是会计初学者迈入会计学科的第一扇门。万事开头难，能否让学生对会计产生学习兴趣，能否使其构建起对会计逻辑的正确理解，会计学原理发挥着关键作用。本教材从会计学原理课程的教学目标出发，吸收国内同类教材的优点，结合我们多年来的课堂教学实践经验和国内外会计变革的最新进展，确定结构体例与内容编排。本教材体现了以下四个方面的编写特点：

一是遵循知识的内在逻辑。会计学原理的知识体系具有内在的逻辑规律：会计首先要有工作对象，即会计对象、会计要素、会计科目和账户；其次要有工作方法，即设置账户、复式记账；最后是工作环节，即填制凭证、登记账簿、编制报表。本教材在编写过程中严格遵循这一内在逻辑规律，以会计工作对象、会计工作方法、会计工作环节为主线，循序渐进，使知识点的呈现尽可能符合初学者的认知规律。

二是强化思政的引领作用。结合会计学原理课程特点，坚持以马克思主义的科学立场、方法解决理论与实践问题，强化社会主义核心价值观在课程思政教学中的引领作用，通过引导案例、知识拓展等形式将思政元素自然融入课程内容，同时每章最后还编写了“立德树人”栏目，引导学生坚定会计文化自信、弘扬会计工匠精神、传承中华优秀传统文化、恪守会计职业道德，助力培养德智体美劳全面发展的高素质应用型会计专业人才。

三是突出应用型人才培养。立足于湖南财政经济学院应用型本科院校的办学定位，内容编排注重会计基本操作技术的系统介绍，对基本概念、基本理论、基本方法的阐述均结合实际案例进行说明，尽量做到内容充实、重点突出、举例恰当，让初学者能够从知识运用和工作实践的视角去理解会计学的基本理论、基本方法和基本操作技术，从而有效培养学生的专业知识应用能力。

四是注重教学方法的嵌入。将案例教学法、问题导向教学法、实践教学法等先进教学方法嵌入教材之中，有效引导学生进行自主学习、探索性学习。每章在阐述主要内容之前设置了“学习目标与要求”“引导案例”两个栏目，每个案例都提出了与本章知识点相关的问题，引导学生进行探索性学习；每小节都设置了“导读测评”栏目，便于学生实时检测学习效果；每章章末编写了“本章要点概览”“本章练习题”栏目，便于学生学完每章知识点之后进行总结。

本教材可以作为高等教育本科院校会计学、财务管理、工商管理、金融学、财政学等经济管理类专业的教学用书，也可以作为从事会计、审计、财务管理及证券监管等相关工作的人员进行培训和自学的参考资料。

本教材由周忠民担任主编，负责全书编写大纲的拟订、书稿的修改和总纂、定稿。编写成员有周忠民、文孟婵、龚芬、张毅。其中，第一章、第二章、第三章、第四章由周忠民编写，第五章、第六章由文孟婵编写，第七章、第八章、第九章、第十章由龚芬编写，第十一章、第十二章由张毅编写。

本教材编写过程中吸纳了许多会计理论专家、学者的最新研究成果，参阅了国内很多具有广泛影响的教材，在此深表感谢！同时，本教材的出版得到了东北财经大学出版社责任编辑和湖南财政经济学院领导、同事的大力支持，在此一并表示感谢！

由于我们水平有限，本教材难免有疏漏、不妥和错误之处，恳请各位专家、读者批评指正，以不断提高教材质量。如有赐教，请发送邮件至zhouzhongmin@hufe.edu.cn，编者深表感谢。

编　者

2024年12月

FOREWORDS

Contents 目 录

目 录 Contents

Contents 目 录

第一章

总论

学习目标与要求

本章循序渐进地阐述会计的基本概念，内容主要包括会计的含义与职能、目标与方法、产生与发展以及会计学的学科体系。通过本章学习，应该全面理解会计的含义，确立会计的观念；掌握会计的职能、目标以及会计核算方法，了解会计的产生与发展历程、会计学科体系及其主要分支。

引导案例

李航是某财经院校会计学专业一年级学生。读高中时，李航非常喜欢阅读财经新闻，对新闻中报道的财经数字特别敏感，对财务总监（CFO）、财务经理、注册会计师（CPA）等高级白领非常憧憬，因此，在高考填志愿时，李航毫不犹豫地选择了会计学专业。李航爸爸也非常支持他的选择，因为他爸爸大学读的是工业自动化专业，目前自己经营一家小型公司，名称是金岳自动化技术有限责任公司（简称“金岳公司”），主要向生产型企业提供自动化生产解决方案。李航爸爸在管理公司的过程中，面对成本管控、绩效考核、资金筹措、税收策划等工作时感到专业能力欠缺、力不从心。他认为李航报考的会计学专业主要是学习这些知识，李航大学毕业后可以成为自己的得力助手。但是，李航最近也有一些困惑，主要是前不久高中同学聚会时，他发现很多同学选择了计算机、人工智能、生物医药、材料科学、航空航天等专业。大家听说李航读的是会计学专业后，非常不理解，认为会计就是记账数钱，只要认识字会算数的人都可以干，根本就不值得上大学花四年时间去学。这让李航无言以对，甚至对自己当初的选择感到有些后悔。同学们，你们是不是有过跟李航类似的想法？会计是不是像李航同学说的那样？会计学主要学习什么？对于这些问题，希望大家通过本章学习获得明确答案。

导读测评

1-1

第一节　会计的含义与职能

一、会计的含义

当今社会，从个人到组织，从企业到政府，无不渗透着商业活动，而会计作为一门国际通用的商业语言，在社会经济活动中正起着越来越重要的作用，离开会计这门商业语言，一切商业活动都无法有效沟通。但是，究竟什么是会计？如何来理解会计？从字面含义理解，会计的“会”有会合、聚焦之意，可以理解为汇总，“计”有数数之意，可以理解为计算、计量，两个字合在一起有汇总盘算的意思。正如清代学者在其所编著的《孟子正义》中所言：“零星算之为计，总合算之为会。”从实践层面来理解，会计往往被认为是用来记录一定事项的技术手段或是应用于经济管理的一种工具，但这一理解忽略了会计人员在经济管理活动中所发挥的重要作用。在学术层面，基于不同的视角对会计形成了不同的认识，主要有两种代表性的观点。

（一）信息系统论

信息系统论（information system perspective）将会计的本质理解为一个以提供会计信息为主的经济信息系统。会计通过对企业发生的交易及事项进行识别、分类、记录、计算和综合等加工过程，形成反映企业财务状况和经营成果的会计信息，这些信息传递给投资者、债权人、管理层等信息使用者，从而满足他们分析、评价、预测和决策等的需要。会计作为一个信息系统，其主要功能是将企业经济活动产生的各种数据转换为货币化的会计信息，这些信息是企业内部管理者和外部利益相关者进行经济决策的重要依据。

将会计界定为一个经济信息系统，是国际会计界较为一致的看法。1953年，美国著名会计学家利特尔顿（A. C. Littleton）在其会计名著《会计理论结构》中写道："会计是一种特殊门类的信息服务。"美国会计学会在1966年发表的《基本会计理论说明》中认为："会计是为信息使用者进行有根据的判断和决策而进行确认、计量和传递经济信息的过程。"美国会计原则委员会于1970年发布的《企业财务报表编制的基本概念和会计原则》认为："会计是一项服务活动，其职能是提供有关经济实体的数量信息（主要是会计信息），以便于决策。"1980年，余绪缨在一篇文章中介绍了会计信息系统的观点，他认为："根据当前的现实及今后的发展，应把会计看作是一个信息系统，它主要通过客观而真实的信息，为管理提供咨询服务。"1988年，葛家澍将会计定义为："旨在提高经济效益、加强经营管理，而在每个企业、事业、机关等单位范围内建立的一个以提供会计信息为主的经济信息系统。"

这种观点引入了信息科学和系统论的理念，突出了会计的反映功能，明确并强调了财务会计信息对于公司内部管理控制与经营决策、外部信息使用者决策的有用性与必要性。信息系统论将会计定位为服务性功能，并未从根本上跳出"工具论"的匿子，在一定程度上限制了会计参与经济管理的主观能动性。

（二）管理活动论

管理活动论（management activities perspective）认为会计的本质是一种管理活动，会计学是一门应用型的经济管理科学。会计通过对经济主体在生产过程中的价值及价值运动进行反映、监督、控制和管理，从而达到提高经济效益的目标。会计是企业管理的重要组成部分，是企业管理的核心工作之一。作为一种管理活动，会计的职能总是通过会计工作者从事多种形式的管理工作来实现的，例如，会计人员通过分析、评价、预测和决策等参与经济管理活动。会计管理的对象主要是企业的价值及其运动，即企业在生产过程中能以货币反映的资金及资金运动。

1980年，在中国会计学会的成立大会上，杨纪琬和阎达五首次提出了"会计的本质是一种管理活动"的观点，他们认为，会计这一社会现象属于管理范畴，是人的一种管理活动。1981年2月，在财政部印发的《全国会计工作会议纪要》中最早使用了"会计管理"的名称。1983年，成圣树等人撰文指出：会计是经营管理的核心，是反映和控制经济活动并使之达到一定目标的一种能动行为，是有组织的、具有管理职能的一种管理活动。这种观点从会计工作的角度定义了会计，强调会计人员的主观能动性，认定会计是经济管理的重要组成部分，明确了其在企业经营管理中的地位与作用，相对于"工具论"来说是一大进步。

（三）会计的定义

综合上述的"信息系统论"和"管理活动论"两种观点，可以将会计定义为：会计是经济管理的重要组成部分，它以货币为主要计量单位，采用专门的方法，对企事业、机关单位或其他经济组织等会计主体的经济活动进行连续、系统、全面的反映和监督，以向有关各方提供与决策相关的财务与管理信息，旨在提高经济效益的一项管理活动。

二、会计的职能

知识拓展

会计的属性

会计职能（accounting function）是指会计在经济管理中所具有的功能，具体来讲就是会计是用来做什么的。马克思将簿记归纳为“过程的控制和观念总结”，学术界一般将“控制”解读为监督或管理，将“观念总结”解读为反映或核算，即以货币对再生产过程所发生的经济活动进行综合反映。《中华人民共和国会计法》（以下简称《会计法》）将会计定位于“进行会计核算，实行会计监督”，因而我国学术界一般认为对再生产过程的反映（或核算）和监督是会计最基本的两项职能，这两项职能体现了会计的本质特征。

（一）会计的反映职能

会计的反映职能（function of reflection），也称为核算职能，是指会计主要利用价值形式，通过确认、计量、记录、报告四个环节，对经济活动过程和结果进行连续、完整、系统、综合的加工整理，并提供和输出会计信息的过程，体现了会计“信息系统论”的基本思想。例如，某企业采购了一批原材料，会计人员需要根据采购合同、发票、付款凭证、入库单等原始凭证，确认采购材料的数量、单价以及总货款，根据运输费、装卸费等计算运输成本，最后将总货款、运输成本、保险费等汇总，以计算材料的总成本。总成本确定以后，会计人员在原材料项下记录原材料的数量和金额，并在资产负债表中以存货项目对外进行报告。

反映职能是会计最基本的职能，会计核算提供的会计信息资料是会计预测、会计决策和会计分析的重要依据，是会计管理活动的基本内容。会计的反映职能具有如下特点：

知识拓展

会计计量

（1）会计反映以货币为主要计量单位。会计核算主要从价值量方面核算各单位的经济活动情况，为经济管理提供可靠的会计信息。从数量方面反映经济活动，可以采用三种量度：实物量度、货币量度和劳动量度（劳动工时）。在市场经济发达的条件下，为了有效地进行管理，就必须广泛地利用综合价值形式，以计算生产资料的占用、劳动的耗费、产品销售收入的取得和纯收入的实现及分配等。所以，主要利用货币计量，从数量方面综合反映各单位的经济活动情况，是现代会计的一个重要特点。此外，根据需要，会计有时也利用非货币量度提供一些非财务信息。

（2）会计主要反映过去已经发生的经济活动。会计核算主要是事后核算，即只有在每项经济业务发生或完成以后，才能取得该项经济业务完成的书面凭证。这种凭证具有可验证性，据以记录账簿后，才能保证会计所提供的信息真实可靠，这就必须是在经济业务已经发生或完成之后才能进行会计核算。随着社会经济的发展、市场规模的扩大和社会经济活动的日趋复杂，一个企业为谋求有效的经营，必须对未来的经营活动进行周密规划，此时也要求会计面向未来对企业发展提供一些具有前瞻性的会计信息，为企业的经营决策和管理控制提供依据。

（3）会计反映应具有完整性、连续性和系统性。所谓完整性，是指凡属会计核算的内容都必须加以记录，不得遗漏；所谓连续性，是指对各种经济业务应当按照其发生的时间顺序依次进行登记，不能有所中断；所谓系统性，是指会计提供的数据资料必须在科学分类的基础上形成相互联系的有序整体，不得杂乱无章。只有依据完整的、连续的和系统的数据资料，才能全面、系统地反映各单位的经济活动情况，以考核其经济效益。由此可以看出，完整性、连续性和系统性三者缺一不可、相辅相成，它们之间的有机结合使会计的反映职能与其他经济核算职能相比有了更鲜明的特点。

会计的反映职能在客观上体现为通过会计信息系统对会计信息进行优化。这一过程又具体体现为记账、算账和报账三个阶段。记账就是把一个会计主体所发生的全部经济业务运用一定的程序和方法在账簿上予以记载；算账就是在记账的基础上，运用一定的程序和方法来计算该会计主体在生产经营过程中的资产、负债、所有者权益、收入、费用以及损益情况；报账就是在记账和算账的基础上，通过编制财务会计报告的方式将该会计主体的财务状况和经营成果向会计信息使用者报告。

（二）会计的监督职能

会计的监督职能（function of supervision），也称控制职能，是指会计人员在进行会计核算的同时，对特定主体的经济活动和相关会计核算的真实性、合法性、合理性进行监督检查，以确保特定主体的资产安全、合规经营和信息可靠。例如，某公司的销售人员到外地拜访客户，带回一些住宿、交通和餐饮发票单据到财务部报销差旅费。会计人员首先要对销售人员的出差行为是不是公司业务安排进行审查，如果不是，所有费用不予报销。如果是，则进入费用审核报销流程：第一步是辨认各种发票单据的真伪；第二步是合计确认所有合格凭证的金额；第三步是比对公司差旅费标准，核准同意报销金额；第四步是交予出纳支付现金；第五步是将报销金额计入公司的销售费用。在这个过程中，相关人员都要签名盖章，填写业务发生的时间，以备以后发现差错或问题时可以追溯。

监督职能是会计工作的落脚点，突出表现了会计在企事业单位经营管理中的能动性作用，体现了“管理活动论”的基本思想。会计监督职能具有以下显著特征：

（1）会计监督具有强制性和严肃性。会计监督是依据国家的财经法规和财经纪律进行的，《会计法》不仅赋予会计机构和会计人员实行监督的权力，而且规定了监督者的法律责任：放弃监督，听之任之，情节严重的，给予行政处分；给公共财产造成重大损失，构成犯罪的，依法追究刑事责任。因此，会计监督是以国家的财经法规和财经纪律为准绳的，具有强制性和严肃性。

（2）会计监督具有连续性。只要社会再生产过程不间断，会计反映就要不间断地进行下去，在这个过程中，始终离不了会计监督。各会计主体每发生一笔经济业务，都要通过会计进行反映，在反映的同时，就要审查它们是否符合法律、制度等的规定。会计反映具有连续性，决定了会计监督也必然具有连续性。

（3）会计监督具有完整性。会计监督不仅体现在已经发生或已经完成的业务方面，还体现在业务发生过程中及尚未发生之前，包括事前监督、事中监督和事后监督。事前监督是指会计人员在参与制定各种决策以及编制各项计划或预算时，依据有关政策、法规、准则等的规定对各项经济活动的可行性、合理性、合法性和有效性等进行审查，是对未来经济活动的指导；事中监督是指在日常的会计工作中，随时审查发生的经济业务，一旦发现问题，及时提出建议或改进意见，促使有关部门或人员采取措施予以改正；事后监督是指以事先制定的目标、标准和要求为依据，利用会计核算取得的资料对已经完成的经济活动进行考核、分析和评价。会计的事后监督可以为制订下期计划和预算提供资料，也可以预测今后经济活动的发展趋势。

（三）会计基本职能的关系

反映职能和监督职能是会计的两大基本职能，两者紧密结合，密不可分，相辅相成，是辩证统一的关系。具体来说，一方面，反映职能是监督职能的基础，没有反映职能提供的信息，就不可能进行会计监督，因为如果没有会计反映提供可靠、完整的会计资料，会计监督就没有客观依据，也就无法进行会计监督。另一方面，监督职能又是反映职能的保证，没有监督职能进行控制及提供有力的保证，就不可能提供真实可靠的会计信息，也就不能发挥会计管理的能动作用，会计反映也就失去了存在的意义。因此，会计的两大基本职能既有独立要求，又紧密联系，缺一不可。

（四）会计基本职能的外延

随着社会的发展、技术的进步、经济关系的复杂化和管理理论的进步，会计的基本职能得到了不断的扩展和完善，会计的新职能不断出现。例如，随着我国经济体制改革和国民经济发展的需要，为了加强经济核算和提高经济效益，要求会计开展预测经济前景、控制经济过程、参与经济计划和经济决策等方面的工作，把这些职能从反映与监督职能中分离出来，更切合实际和符合需要。目前，在国内会计学界比较流行的是“六职能”学说，这一学说认为会计具有“反映经济情况、监督经济活动、控制经济过程、分析经济效果、预测经济前景、参与经济决策”六项职能，并认为这六项职能也是密切结合、相辅相成的。其中，两项基本职能是四项新职能的基础，而四项新职能又是两项基本职能的延伸和提高。在“六职能”学说中，会计的“管理活动论”得到了进一步的体现。

导读测评

1-2

第二节　会计的目标与方法

一、会计的目标

会计目标（accounting objective）是指在一定的会计环境中，人们期望通过会计活动达到的结果，或者概括来说就是设置会计的目的与要求。会计的一项基本职能是反映，通过记账、算账、报账三个阶段，通过编制财务会计报告的方式将该会计主体的财务状况、经营成果向会计信息使用者报告。但是，不同的会计信息使用者对会计信息的需求存在较大差异，有的侧重于利用会计信息来评价企业管理当局的经营业绩，有的侧重于利用会计信息做出投资决策，因而目前学术界关于会计目标存在“受托责任观”和“决策有用观”两种观点。

（一）受托责任观

持受托责任观（accountability perspective）的人认为，会计的目标是如实地向委托方报告受托责任履行的过程及结果，强调会计信息的可靠性。一方面，现代企业制度的基本特征是企业的所有权和经营权相分离，企业管理层受所有者（股东）之托经营管理企业的各项资产，负有受托责任，因而企业管理层有责任妥善保管并合理有效地运营这些资产，保证这些资产能够保值及升值。另一方面，企业管理层也承担如实地向作为委托方的企业所有者（股东）报告受托责任履行过程及结果的义务。因此，会计应当反映企业管理层受托责任的履行情况，以便所有者（股东）评价企业经营管理的责任和资源使用的有效性。

（二）决策有用观

持决策有用观（decision-making utility perspective）的人认为，会计的目标是向会计信息使用者提供对其进行决策有用的信息。会计主要通过财务会计报告向会计信息使用者提供与企业财务状况、经营成果、现金流量等有关的信息，有助于会计信息使用者做出是否投资或继续投资、是否发放或收回贷款的决策，有助于政府及其有关部门做出促进经济资源公平合理分配、市场经济秩序公正有序的宏观经济决策。

受托责任观和决策有用观并不矛盾，会计的目标既可以是满足会计信息使用者经济决策的需要，也可以反映企业管理层受托责任的履行情况。各个国家会计目标的区别主要在于两者的侧重点不同，所以许多国家都提出了双重会计目标，我国就是其中之一。我国《企业会计准则——基本准则》第四条规定："财务会计报告的目标是向财务会计报告使用者提供与企业财务状况、经营成果和现金流量等有关的会计信息，反映企业管理层受托责任履行情况，有助于财务会计报告使用者做出经济决策。"可以看出，我国的会计目标兼顾了受托责任和决策有用两种观点，反映出会计目标的趋同趋势。

二、会计的方法体系

会计的方法是用来反映和监督会计对象，实现会计目标的手段。会计的方法是人们在会计实践中总结创立的，并随着社会生产力的发展、会计管理活动的复杂化而逐步完善和提高。会计对象是资金运动，资金运动是一个动态过程，由各个具体的经济活动来体现。由于会计对象多种多样、错综复杂，从而决定了预测、反映、监督、检查和分析会计对象的手段不是单一的，而是由一个方法体系构成的。随着会计职能的扩展和管理要求的提高，这个方法体系也将不断发展和完善。

对于现代会计方法体系究竟包括哪些内容，会计界存在着不同的认识。一般认为，会计的方法体系包括会计核算方法、会计监督方法、会计分析方法、会计预测方法和会计决策方法等。由于会计核算是会计的基础环节，会计监督、会计分析、会计预测和会计决策等都是在会计核算的基础上利用其提供的资料进行的，因而会计核算方法也就成为学习会计学必须首先认真掌握的会计方法。

三、会计核算方法

会计核算方法是指为了实现会计目标，对企事业、机关等单位已经发生的经济活动进行连续、系统、全面的反映和监督所采用的方法。会计核算方法包括相互联系、密切配合的若干专门方法，是一个完整的方法体系。具体来说，会计核算方法包括设置会计科目和账户、复式记账、填制和审核会计凭证、登记会计账簿、成本计算、财产清查、编制财务会计报告等七种。

（一）设置会计科目和账户

设置会计科目（account title）和账户（account）是对会计核算和监督的具体内容进行科学分类的一种专门方法。会计核算和监督的内容是复杂多样的，如财产物资就有各种存在形态，如厂房建筑物、机器设备、各种材料、半成品、产成品等；又如，为了取得这些财产物资所需的资金也来自不同的渠道，有银行贷款、投资者投入等。为了对它们进行系统的核算和监督，必须根据会计对象的具体内容和经济管理的要求对其进行科学的分类，事先将其划分为若干个分类核算的项目即会计科目，并在账簿中为每个会计科目开设一个具有一定结构内容的账户，以便通过账户分门别类地登记各种经济业务，从而取得所需要的各种不同性质的会计信息。

（二）复式记账

复式记账（double-entry bookkeeping system）是指对发生的每笔经济业务，都以相等的金额同时在两个或两个以上相互联系的账户中进行双重平衡登记的一种记账方法。任何一项经济业务的发生都有其来龙和去脉，如企业的银行存款少了50 000元，去向是什么？或者是购买了原材料，或者是采购了办公用品等。采用复式记账就是对任何一项经济业务一方面在有关账户中登记其“来龙”，另一方面在有关账户中登记其“去脉”。这样既能反映经济业务的全貌，又能通过账户的平衡关系进行试算平衡，以核对账簿记录是否正确。

（三）填制和审核会计凭证

会计凭证（accounting documents）是记录经济业务、明确经济责任的书面证明，是登记账簿的依据。企业、行政事业等单位发生的任何会计事项都必须填制或取得原始凭证，证明经济业务正在进行或者经济业务已经完成。原始凭证要送交会计机构进行审核，审核其填写的内容是否完整，手续是否齐全，业务的发生是否合理、合法，只有经过审核并认为正确无误的原始凭证才能据以编制记账凭证，只有经过审核并认为正确无误的记账凭证才能作为记账的依据。原始凭证和记账凭证统称为会计凭证。填制和审核会计凭证是会计核算的一种专门方法，不仅为经济管理提供真实可靠的数据资料，也是实行会计监督的一个重要方面，它能保证会计记录的完整、可靠，提高会计核算的质量。

（四）登记会计账簿

账簿（books of accounts）是用来全面、连续、系统地记录各项经济业务的簿籍，是保存会计数据资料的重要工具。它由具有一定格式、相互联结的账页组成。登记账簿就是根据审核无误的会计凭证，用复式记账的方法，将经济业务的内容序时、分类地记录在账页上的一种专门方法。通过登记账簿将分散的经济业务进行汇总，连续、系统地提供每一类经济活动的完整资料，了解某一类或某一侧面的经济活动发展变化的全过程。

（五）成本计算

成本计算（costing）是指在生产经营过程中，按照一定对象归集和分配发生的各种费用支出，以确定该对象的总成本和单位成本的一种专门方法。成本计算是企业经济核算的中心环节，凡是独立核算的企业都必须进行成本计算。例如，工业产品制造企业的供、产、销三个阶段都会有相应的费用发生或支付，为了考核各个阶段费用支出的多少和成本水平的高低，必须分别按照材料的采购品种、数量及生产产品的品种、数量归集费用，计算其总成本和单位成本。通过成本计算，可以确定材料的采购成本、产品的生产成本和销售成本，利用成本计算所提供的资料，可以了解各阶段的费用支出、各成本计算对象实际成本的高低，反映和监督生产经营过程中发生的各项费用是否节约或超支，考核成本计划的完成情况，从而挖掘降低成本的潜力，不断降低成本。

（六）财产清查

财产清查（property check）就是通过盘点实物、核对账目来查明各项财产物资和货币资金的实有数，并查明实有数与账存数是否相符的一种专门方法。企业必须定期或者不定期地对各项财产物资和往来款项进行清查、盘点和核对。在清查中如果发现某些财产物资和往来款项的实有数与账面结存数不一致，应查明原因，明确经济责任，并调整账存数，使账存数与实存数相等，以保证会计核算资料的真实性。通过财产清查还可以发现财产物资保管及债权、债务管理中存在的问题，以便对积压、呆滞、毁损、短缺的财产物资和逾期末能收回的债权及时采取措施及加强管理，从而保证财产物资的安全和完整，并加速资金周转，挖掘运用财产物资的潜力。

（七）编制财务会计报告

财务会计报告（financial accounting reports）是指企业对外提供的反映企业某一特定日期的财务状况和某一会计期间的经营成果、现金流量等会计信息的文件。编制财务会计报告是对日常会计核算资料的总结，就是将账簿记录的内容定期地加以分类、整理和汇总，形成会计信息使用者所需要的各种指标，报送给会计信息使用者，以便其据以进行决策。财务会计报告所提供的一系列核算指标是考核和分析财务计划及预算执行情况，以及编制下期财务计划和预算的重要依据，也是进行国民经济综合分析所必不可少的资料。编制完成了财务会计报告，就意味着这一期间会计核算工作的结束。

在进行会计工作时，对以上七种会计核算方法要全面、正确、相互联系地加以应用。对于日常发生的各项经济业务，首先要填制和审核会计凭证，按照设置的账户进行分类，并采用复式记账的方法在有关账簿中进行登记，企业还要对生产经营过程中所发生的费用进行成本计算。会计期间届满，要进行结账和对账，要定期、不定期地进行财产清查，在保证账实相符的基础上，定期编制财务会计报告。在每一个会计期间都要循序渐进、周而复始地运用这些会计核算方法，形成会计工作循环。每一个会计工作循环主要有三个环节：填制和审核会计凭证、登记会计账簿、编制财务会计报告，简称为“凭证—账簿—报告”。以上各种方法之间的关系如图 1-1 所示。

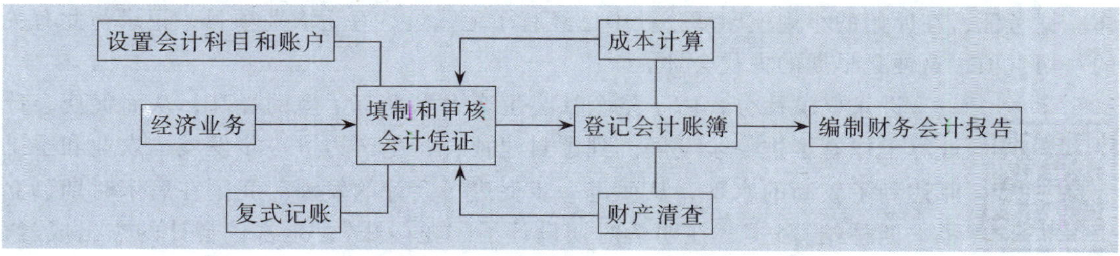

图 1-1　会计核算七种方法之间的关系

第三节　会计的产生与发展

导读测评

1-3

一、会计的产生

会计（accountancy，accounting）的产生是为了适应人类生产活动发展的需要。生产活动是人类赖以生存和发展的基础，也是人类最基本的实践活动。在生产活动中，既能够创造出物质财富，取得一定的劳动成果，同时也必然会发生劳动耗费，其中包括人力、物力以及财力的耗费。正因为如此，人类在生产活动中自然就会关心劳动成果与劳动耗费之间的联系，认识到应使劳动成果大于劳动耗费，并总是力图做到以一定的劳动耗费获得尽可能多的劳动成果，或者为了获得一定的劳动成果总是力图耗费尽可能少的劳动，以提高生产活动的经济效益。在对劳动成果和劳动耗费进行比较的过程中，产生了原始的计量、计算、记录行为。这种原始的计量、计算、记录行为中蕴含着会计思想、会计行为的萌芽。

据考证，人类的原始计量、记录行为产生于旧石器时代。一般认为，会计的产生始于人类社会的早期生产。随着社会生产的不断发展和管理要求的不断提高，会计得以不断发展、丰富和完善。马克思指出，会计在其产生初期并不是一项独立的工作，只是“生产职能的附带部分”，也就是人们在“生产时间之外附带地把收支、支付日等记载下来”。当社会生产力发展到一定水平，特别是当商品经济有了一定的发展以后，仅仅靠劳动过程中附带地进行计量、计算和记录，已无法满足生产发展的需要。因此，为适应对劳动成果和劳动耗费进行管理的需要，会计逐渐从生产职能中分离出来，成为特殊的、专门委托的当事人的独立职能。

二、会计的发展

会计从其产生起一直发展到今天，经历了一个漫长的历史过程，这一过程大致可以分为古代会计、近代会计、现代会计三个发展时期。

（一）古代会计

在人类社会的早期，生产力水平低下，经济活动较为简单，人们仅凭头脑记忆有关经济活动的信息就足以应付。当人类社会进入原始社会后期，生产力有了进一步发展，经济活动日趋复杂，仅凭头脑记忆已经无法满足生产需要，人类学会了运用一定的手段和工具，把生产活动中的事物加以量化并记录下来，于是出现了人类记录史上最为古老的方法——“结绳记事”和“契刻记数”。随着生产的进一步发展，出现了文字，人们就把生产活动中的有关经济事项的数据用文字记录下来，并逐步使得这种计算、记录工作从生产活动中分离出来，最终形成特殊的、专门的独立职能，成为专职人员从事的经济管理工作。据考证，在原始的小规模印度公社中已经有了记账员，登记农业项目，记录与此有关的一切事项，这便是早期的古代会计。

知识拓展

孔子论会计

进入奴隶社会，由于整个社会生产力水平有了新的提高，从而促使会计计算工作有了进一步发展。到了封建社会，生产力进一步发展，农业和手工业达到了较高的水平，从而进一步促进了会计的发展。我国在唐宋时期创立了“四柱结算法”，在明清时期设计了“龙门账”，是古代会计的杰出成就，也是我国人民对世界会计发展的重大贡献。

（二）近代会计

从15世纪末复式簿记的广泛传播到20世纪会计学的创立，属于近代会计时期。1494年，意大利数学家卢卡·帕乔利（Luca Pacioli，1445—1517）出版了《算术、几何、比及比例概要》，该书结合数学原理从理论上对复式簿记做了全面系统的描述，标志着借贷记账法及近代会计的形成，成为会计发展史上的重要里程碑。德国著名诗人歌德曾赞美复式簿记“是人类智慧的绝妙创造，以致每一个精明的商人都必须在自己的经营事业中利用它”。

公元16世纪至17世纪，荷兰、德国、法国、英国等先后引进、继承和发展了意大利的复式簿记法，最终在欧洲造就了“帕乔利时代”。文艺复兴后，经历了产业革命的英国资本主义得到迅速发展，18世纪至20世纪初，英国一直是资本主义经济发展的中心，产业革命及股份有限公司的大量出现，要求会计提供更多的服务，会计成为一种社会活动，从而使英国的公共会计师事业逐步兴旺发达。1854年，苏格兰成立了第一个会计师协会——爱丁堡会计师协会，这被认为是近代会计发展史上的第二个里程碑。英国在审计、复式簿记原理与早期成本会计理论方面的贡献，使它成为世界会计发展的中心，这一历史地位一直保持到19世纪。

19世纪末至20世纪初，美国经济迅速崛起，美国会计职业快速繁荣起来，世界会计发展的中心由英国转移到了美国。1886年，美国公共会计师协会成立；1897年，全美注册会计师协会成立；1899年，两会合并成立美国注册会计师协会；1916年，全美成本会计师联合会成立；1935年，美国会计学会成立。1938年，世界上第一个会计准则制定机构——美国会计程序委员会成立，并于1939年发布了第一份代表公认会计原则（Generally Accepted Accounting Principles，GAAP）的会计研究公报（Accounting Research Bulletin）。由此，会计进入了以准则为规范的新的发展阶段。这一时期的会计理论与实务都十分活跃，出现了资产、负债、收入、费用、业主权益等概念，形成了会计假设、会计原则等概念，会计报表由以资产负债表为核心转向以利润表为核心，开始编制合并报表，成本计算和标准成本制度等被应用到会计实务中，会计报表审计和分析逐步被推广。近代会计在美国得到不断改进、提高和完善。

综上所述，我们可以将近代会计的发展轨迹描述为：产生于意大利，发展于英国，提高于美国。

（三）现代会计

20世纪50年代以后，西方经济出现了许多新的变化，企业经营者对会计的要求大大提高，会计工作日益向管理部门、基层单位和生产技术领域渗透，会计职能逐步扩展到经营预测和决策方面，会计分成财务会计（financial accounting）和管理会计（managerial accounting）两个相对独立的领域。财务会计根据会计准则，按照特定的方法和程序，对交易与事项进行反映和监督；管理会计以企业生产经营的最优决策和对企业经营资源的有效控制为研究对象，为企业管理者提供管理所需的信息。管理会计的出现，大大丰富了会计的内容，成为会计发展史上的第三个里程碑，标志着会计进入现代会计发展阶段。

随着经济全球化的快速发展及经济关系的日益复杂化，会计活动的范围进一步扩大，会计学科体系日益丰富，先后出现了各种专题会计，例如，专门管理政府财政收支的预算会计（budget accounting）、研究跨国经营业务的跨国公司会计（transnational corporation accounting）、对不同国家会计进行比较和探讨的国际会计（international accounting）、对特定历史成本信息进行调整以消除通货膨胀引起会计反映偏差的通货膨胀会计（inflation accounting）、旨在核算人力投资价值及结果的人力资源会计（human resource accounting）、研究企业可持续发展与环境资源关系的环境会计（environmental accounting）、反映政府对社会资源使用过程和结果的政府会计（government accounting）和非营利组织会计（nonprofit organization accounting）等。

会计的发展离不开技术的进步。计算机技术在会计领域的广泛应用，使凭证、账簿、报表等传统的“手工簿记系统”被“电算化会计”所代替；互联网技术的不断发展，使一个公司在不同国家、不同账户之间可实现互联互通，支付指令瞬间可以传达到世界上的每一个开户银行。近年来，人工智能、大数据、云计算、区块链、物联网等技术的不断发展及其在会计领域的广泛应用，对会计工作模式、会计核算程序、会计监督方式、审计抽样方法等产生了深远影响，同时也给会计带来了挑战。但是，人类逐利的本能不会改变，人类社会的各种商业行为将一直存在，会计服务于经济管理、价值创造的使命也不会发生变化，会计的核心思想、理念和方法将在技术变革中得到传承，会计的监督管理职能将进一步加强。

近代以来，我国会计经历了四次大的变革。第一次变革是19世纪末20世纪初，西方的借贷复式记账法传入我国，并对传统中式会计进行了改良；第二次变革是中华人民共和国成立后全面引入苏联会计模式，建立了适应计划经济体制的会计制度；第三次变革是改革开放后的20世纪90年代初，我国开始引进西方会计理论与方法，对计划经济体制会计模式进行改革和探索；第四次变革是我国于2006年起陆续发布了包括1项基本准则和42项具体会计准则在内的企业会计准则体系，标志着我国会计进入了与国际会计准则趋同的历史发展新时期。

知识拓展

产权会计

导读测评

1-4

第四节　会计学及其分支体系

一、会计学的含义

会计学是管理经济以实现最佳经济效益的一门应用社会科学，主要研究如何收集、反映、分析、检查和运用财务成本资料，详细阐明组织会计工作的具体方法和指导会计实践的理论。科学分为自然科学和社会科学。在社会科学中，研究社会生产总过程的科学，称为经济学。经济学一般分为三类：一类是政治经济学，主要研究生产关系；二类是部门经济学以及与之相联系的经济管理学，属于既研究生产关系又研究生产力的双重科学；三类是计量经济学，主要研究生产力。会计学运用经济理论和范畴来构建概念和方法，同时又分担经济管理的一个特定方面，即具体从事资金和成本两个方面的管理，所以会计学属于经济管理学的一个分支。会计和数学的关系很密切，各种会计方法和技术都离不开数学。近代会计学以引进高等数学的某些方法为特点，使会计的定量分析更准确，尤其是现代管理科学方法和系统论、信息论、控制论等科学成果渗透到会计领域，使会计和现代管理技术紧密结合，形成了管理会计学，从而跳出以往簿记方法论的圈子，开始从管理的角度来研究会计方面的问题。总之，会计学是以经济学和管理学为理论指导，充分运用数学、电子计算机和管理科学技术，研究如何建立和运用会计理论和方法，对会计主体的财务状况和经营成果进行反映、监督的一门科学。

二、会计学及其分支

会计学作为经济管理学的一个分支学科，在其发展过程中，形成了比较完整的学科体系及学科分支。对于会计的学科分支，可以从不同的角度进行划分，每一学科分支既有其共性，又有其特性。

（一）按会计主体性质划分

按会计主体的性质不同，可以将会计分为企业会计和非营利组织会计。

1.企业会计

企业是以营利为目的的经济组织。根据经营活动内容的不同，企业可以分为制造企业、商品流通企业与服务企业等类别。制造企业是将原材料加工成产品并进行销售的组织，如三一重工、中兴通讯等；商品流通企业是通过向其他企业购买产品再进行销售的组织，如王府井百货、苏宁电器等；服务企业是向客户提供服务的组织，如航空公司、保险公司等。

根据组织形式的不同，企业可分为独资企业、合伙企业与公司制企业。独资企业是由个人主体出资经营、归个人所有和控制、由个人承担经营风险和享有全部经营收益的企业。独资企业设立容易且成本较低，但资源有限、运营能力受到一定的限制，小餐馆、维修铺、小卖店等一般采用独资企业形式。合伙企业是由两个或两个以上个人主体按照协议共同投资、共同经营、共负盈亏，财产由全体合伙人共有，合伙人对企业债务承担连带无限清偿责任的企业。当独资企业规模扩大、需要更多资源，吸收他人加入时就可能成为合伙企业。公司制企业是依照法定条件和程序设立的独立法人企业，主要特点是具有法人资格和实行有限责任制度，具有较为合理的治理结构，并可聚集资本、扩大经营规模与分散风险，大中型企业通常采用公司制企业组织形式。《中华人民共和国公司法》（以下简称《公司法》）确定了两类公司制企业，即有限责任公司和股份有限公司。

企业会计也称营利组织会计，是以资产、负债、所有者权益、收入、费用、利润作为会计要素，对企业发生的经济业务进行核算，提供与企业财务状况、经营成果、现金流量等有关的会计信息。由于实际工作中绝大多数的经济活动都是由公司制企业完成，本教材主要从公司制企业的视角论述会计学的基本原理。

2.非营利组织会计

非营利组织是不以营利为目的的组织，包括政府机关、学校、医院、科研机构、社会团体、基金会和慈善机构等。在我国，政府机关属于行政单位，从事政府行政管理，拥有公共权力，其资金来源于财政拨款；学校、医院、科研机构等属于事业单位，主要从事教育、卫生、科技、文化等方面的社会公益服务，其资金来源于服务收费和财政拨款。

非营利组织会计也称行政单位会计、事业单位会计以及民间非营利组织会计，是以资产、负债、净资产、收入、费用作为会计要素，对非营利组织的经济业务进行核算，提供与非营利组织财务状况、运行情况、现金流量等有关的会计信息。

（二）按会计服务对象划分

按照会计服务的对象不同，可以将会计分为财务会计、管理会计、税务会计等。

1.财务会计

财务会计是以企业外部的会计信息使用者为主要服务对象，以复式簿记系统为信息生成基础，以通用的财务报表为主要方式来提供与披露会计信息，以统一、法定或公认的会计准则为依据来进行会计确认、计量与报告的一个会计学科分支。

财务会计是在企业经营权与所有权相分离的过程中逐步形成并从传统会计中分离出来的。企业分散的全体股东属于所有者，其不直接参与经营管理，而是将经营权委托给管理层，由企业管理层经营管理企业。但企业所有者需要通过定期提供或公布的财务报告了解企业的财务状况、经营成果与现金流量，反映企业管理层的受托责任履行情况。企业管理层作为受托方在提供会计信息的过程中，可能出于自身利益考虑不翔实披露会计信息甚至有意歪曲某些事项，也可能由于选择的会计政策不同而造成会计信息存在差异。此外，企业外部不同的会计信息使用者对企业所提供的会计信息的要求不一样，潜在投资者需要反映与企业成长能力相关的信息，债权人需要反映与企业偿债能力相关的信息。这就提出了会计信息的规范问题，要求由相关职能部门制定公认会计准则，同时要求企业按公认会计准则提供会计信息，由此使财务会计从传统会计中分离出来并成为现代会计的一个主要学科分支。

2.管理会计

管理会计是以企业内部的会计信息使用者为主要服务对象，以服务于企业内部经营管理为目标，根据管理人员决策需要来编制报表、提供信息的一个会计学科分支。管理会计信息的生成不受统一、法定或公认会计准则的约束，只受获取信息的成本效益原则约束，着重反映未来，直接对企业的经济活动做出预测、决策与规划；管理会计主要以企业内部的各个责任单位为会计主体，对其经营活动进行控制、评价与考核；管理会计报表属于企业内部报表，没有通用报表和统一格式，根据管理与决策需要来确定会计程序与报告形式。

管理会计是随着市场竞争的日益加剧，企业在加强内部管理的过程中逐渐形成并从传统会计中分离出来的。在市场经济环境下，企业作为独立的经济实体，要在激烈的市场竞争中求生存、谋发展，就必须强化生产经营管理，提高运营效率，不断降低产品成本，节约费用支出，以高质量的产品和服务占有市场，这些方面能否取得预期效果主要取决于企业管理层决策的正确与否，而准确及时的会计信息正是企业管理层做出正确决策的主要依据，由此使管理会计从传统会计中分离出来并成为现代会计的另一个主要学科分支。

3.税务会计

税务会计是以服务于国家税收征管为目标、以国家的税收法规为依据，运用会计理论和核算方法，确认、计量、记录和报告企业税款形成和缴纳相关经济活动的会计信息。税务会计采用收付实现制与权责发生制相结合的会计核算基础，按税收法规计算应纳税额，反映和监督的对象只是企业与计税相关的经济事项，税务会计中的应税收益与财务会计中的账面利润存在差异。

现代经济生活中，依法纳税是企业经济活动的一项重要内容。由于计算应缴税款、进行税款结算以及反映和监督纳税业务的进展情况是会计工作不可缺少的组成部分，而正确计算税额、及时征纳税款不能离开会计账簿记录的信息，因此，税收工作以会计工作为基础，计算税额的程序大多模仿会计方法，计税依据一般取自会计记录。但是，由于税法的规定与会计准则的规定存在一定差异，应税收益与会计利润计算方法有所不同，从而使得专门计算应税收益、应缴税款的税务会计从财务会计中分离出来成为会计学的另一个学科分支。

（三）按会计内容层次划分

按会计（主要是财务会计）内容的层次不同，可以将会计分为会计学原理、中级财务会计和高级财务会计。

1.会计学原理

会计学原理主要论述会计的基本概念、原则与方法，即建立和应用会计这个信息系统所应当具备的一些基本理论、基本方法与基本知识。因此，会计学原理也称基础会计或会计学基础。

会计学原理在整个财务会计内容体系中起着基础性的作用，中级财务会计与高级财务会计都遵循会计学原理，阐述企业的共性会计业务与特殊会计业务问题。

2. 中级财务会计

中级财务会计主要应用会计学原理明确的基本概念、原则与方法，全面阐述在持续经营条件下，企业在生产经营过程中发生的共性经济业务的会计确认、计量和报告问题。中级财务会计的着重点在于论述各类企业均发生的共性经济业务会计处理的理论与方法，因此，中级财务会计也称通用业务财务会计。

在财务会计内容体系中，中级财务会计不仅担负着承先启后的任务，而且承担着对财务会计内容体系中的主体部分进行全面、系统论述的任务，内容主要包括财务会计概念框架，资产、负债、所有者权益、收入、费用、利润等会计要素项目的具体确认、计量与报告等。

3. 高级财务会计

高级财务会计主要应用会计学原理中明确的基本概念、原则与方法，阐述一般行业的特殊业务或者特殊行业的特定业务的会计确认、计量和报告问题。一般行业的特殊业务是指一般行业的企业不经常发生或偶尔发生的经济事项，如外币折算、企业合并、租赁等；特殊行业的特定业务是指具有显著特征的行业有别于一般行业业务的经济事项，如石油天然气开采、生物资产、原保险合同、再保险合同等。因此，高级财务会计也称特殊业务财务会计。

高级财务会计一般包括三部分内容：一是特殊的财务会计报告（如中期财务报告、合并财务报表、分部报告）、物价变动会计及关联方披露等；二是企业会计中比较特殊而又比较复杂的会计处理，如所得税会计、外币折算会计、租赁会计、套期保值会计等；三是企业处于非正常或非持续经营等状况下的会计处理，如破产清算会计、债务重组会计、企业重组会计等。

综上所述，会计学原理阐述的是最一般的基础会计问题，中级财务会计阐述的是各类企业都会发生的共性会计问题，高级财务会计阐述的是并不是各类企业都会发生的特殊会计问题。

会计的学科分支除上述划分外，还可以进行其他的划分。例如，按与会计实务的关系，会计可以划分为理论会计学与应用会计学，前者包括规范会计理论和实证会计理论，后者包括财务会计、管理会计、成本会计、税务会计、审计等；按会计应用的行业，会计可以划分为农业会计、工业会计、商业会计、交通运输业会计、金融业会计等。本书以企业会计为范畴进行论述，重点阐述会计一般方法和理论的主要内容，作为进一步论述财务会计、成本会计、管理会计、审计以及其他会计学分支的基础。

立德树人：坚定会计文化自信

我国有着悠久的会计历史，早在西周时期就有了“会计”一词。《周礼·天官》中记载：“会计，以参互考日成，以月要考月成，以岁会考岁成。”西周王朝设立专门管理钱粮赋税的官员——司会和单独的会计部门，掌管王朝的全部会计账簿，定期对收入和支出实行“月计”“岁会”。至此，会计出现了官厅会计和民间会计之分，官厅会计得到了发展，并具有一定规模。秦始皇统一中国后，实行币制的统一，迈出了会计核算中关键的一步。到西汉时期，建立了以“入”“出”为记录符号的单式记账法，民间会计也得到一定发展。

唐、宋两代是我国古代会计全面发展的时期。这个阶段，我国产生了《元和国计簿》《太和国计簿》《会计录》等具有代表性的会计著作，官厅会计有了比较健全的组织机构，如宋代的“会计司”。最具代表性的是创立了“四柱结算法”，所谓“四柱”即旧管、新收、开除、实在，相当于近代会计中的“期初余额”、“本期收入”、“本期支出”及“期末余额”。四柱之间的结算关系可用会计等式表示为“旧管+新收=开除+实在”。“四柱结算法”当时得到普遍运用，官吏们报销钱粮或办理移交都要编造“四柱清册”。会计等式“旧管+新收=开除+实在”成为我国古代会计的一个杰出成就，为中华人民共和国成立后通行多年的收付记账法奠定了理论基础。

明末清初，会计工作者根据“四柱结算法”的原理设计了“龙门账”。它将全部账目分为“进”、“缴”、“存”及“该”四大类，其中，“进”指全部收入，“缴”指全部支出，“存”指全部资产，“该”指全部负债。四者之间的关系可用会计等式表示为“进-缴=存-该”。每年年末结账时分别根据“进-缴”和“存-该”编制“进缴表”和“存该表”确定盈亏，两表计算出的盈亏数额应该相等，称为“合龙门”。龙门账中的“进缴表”“存该表”相当于近代会计中的利润表和资产负债表。到了清代，随着商品货币经济的发展，我国民间商业界又在龙门账的基础上设计出“四脚账法”，其记账特点是不论现金收付事项还是非现金收付的转账事项，都同时记“来账”和“去账”，而且“来账”和“去账”所记金额必须相等。“四脚账法”与西方近代会计借贷记账法“有借必有贷，借贷必相等”的记账规则基本一致，是我国古代会计中一种比较成熟的复式记账方法。

我国古代会计成就辉煌，记账方法一度在世界上处于领先地位，让每一个会计人为之自豪，让我们有了坚定会计文化自信的底气。但是，从15世纪中叶起，我国在政治、经济、文化及科技等方面均落后于西方国家，会计创新也一直由西方国家占主导地位，最终我国的传统中式会计被西方会计所取代，全球会计中心也始终在英美等发达国家。改革开放以来，我国取得了举世瞩目的经济成就，目前已成为世界第二大经济体。随着我国经济地位的不断提升，会计国际话语权与影响力也不断增强，但仍需包括同学们在内的全体会计人共同努力，推动我国由“会计大国”迈向“会计强国”。

本章要点概览

1.会计是以货币为主要计量单位，采用专门的方法，对企事业、机关单位或其他经济组织等会计主体的经济活动进行连续、系统、全面的反映和监督，以向有关各方提供与决策相关的财务与管理信息，旨在提高经济效益的一项管理活动。会计在发展过程中经历了古代会计、近代会计、现代会计，绵延不断数千年。

2.会计反映和会计监督是会计的两项基本职能。在会计的发展过程中，会计职能不断拓展，形成了比较流行的会计“六职能”学说，即会计具有反映经济情况、监督经济活动、控制经济过程、分析经济效果、预测经济前景、参与经济决策六项职能。

3.会计的目标是向会计信息使用者提供与一个企业的财务状况、经营成果和现金流量等有关的会计信息，反映企业管理层受托责任履行情况，有助于会计信息使用者做出经济决策。

4.会计具有较为完整的会计方法体系，其中会计核算的方法包括设置会计科目和账户、复式记账、填制和审核会计凭证、登记会计账簿、成本计算、财产清查、编制财务会计报告。

本章练习题

1.什么是会计？如何理解关于会计本质问题的两种观点？

2.什么是会计的职能？会计的反映职能和监督职能各有什么特征？

3.如何理解受托责任观和决策有用观？

4.会计的发展经历了哪些阶段？会计在不同发展阶段有何特点？

5.什么是会计方法？会计核算的方法包括哪些？

6.如何坚定会计文化自信？

参考答案

第二章

会计要素与会计等式

学习目标与要求

本章以会计对象为切入点，系统阐述会计要素和会计等式，内容主要包括会计对象、会计要素、会计等式以及各类会计事项对会计等式的影响。通过本章学习，应该了解企业的经济活动及主要资金运动，掌握会计要素的含义、特征、分类和具体内容，明确会计等式的基本原理、经济业务的种类及其对会计等式产生的影响。

引导案例

李航学习会计学基本概念后，对会计与企业经营产生了浓厚兴趣，经常向他爸爸了解金岳公司的一些情况。据他了解，金岳公司于去年1月20日成立，公司的注册资金为50万元，他爸爸投资30万元，另一股东张叔叔投资20万元。公司成立3个月后，由于业务扩展迅速，他爸爸以家里的住房做抵押担保向银行借入100万元用于采购材料、支付工资的周转资金。公司自成立以来，还未分配过利润，100万元的银行贷款也尚未偿还。为此，李航的妈妈与他爸爸产生了矛盾。李航妈妈认为，公司成立了一年多，一分钱的利润没看到，还导致家里背负着100万元的债务，家里唯一的住房也抵押给了银行，让一家人日子过得都不踏实。李航的爸爸却认为，金岳公司尽管一直没有分配利润，但经营和财务情况都非常好，公司今年1—8月收入达到500万元，而费用只有420万元。截至目前，金岳公司银行存款、存货、固定资产等的价值为300万元，银行贷款100万元，加上未付的供应商货款和应交的税费30万元，负债总额只有130万元，所有者权益为170万元，较公司成立之初的注册资金50万元增加120万元。李航觉得他爸爸讲得有道理，但也有一些困惑，金岳公司的资产、负债、所有者权益、收入、费用分别是指什么？金岳公司的资产、负债和李航家里的资产、负债有什么区别？另外，他还发现了一个规律，金岳公司的资产正好等于负债与所有者权益之和，这究竟是为什么？同学们，你们是否也有同样的困惑？希望大家通过本章学习获得明确答案。

导读测评

2-1

第一节　会计对象与会计要素

一、会计对象

会计对象（accounting object）就是会计所要反映和监督的内容，即会计所要反映和监督的客体。任何一个单位或组织，要想从事相应的业务活动，必须拥有一定的物质基础，例如一个企业要生产产品，必须拥有厂房、机器设备、材料物资，将这些劳动资料、劳动对象和劳动者相结合后，才能生产出相应产品，这些物质基础是开展生产经营活动的前提。在市场经济条件下，这些物资都属于商品，有商品就要有衡量商品价值的尺度，即商品价值的一般等价物——货币。当财产物资用货币来计量其价值时，就产生了一个会计概念——资金。资金是社会再生产过程中各项财产物资的货币表现以及货币本身，因而企业从事生产经营活动必须拥有一定数量的资金。会计要对企业资金的变化过程进行反映和监督，所以在市场经济条件下，会计的对象就是社会再生产过程中的资金运动。

（一）工业企业的资金循环

工业企业的经济业务主要是制造产品、销售产品。在生产经营过程中，企业取得资金后，首先要用货币资金去购建固定资产，并购买原材料；生产产品时，再到仓库领取原材料；生产出产品后，将其对外出售并收回已售产品的收入。这样，工业企业的资金就依次经过供应过程、生产过程和销售过程三个具体阶段，而资金的形态也在发生变化。在供应过程中，用货币购买固定资产和原材料时，货币资金转化为固定资金、储备资金；在生产过程中，车间生产产品时，引起了原材料的消耗、固定资产的折旧、工资的支付和生产费用的开支，使固定资金、储备资金和一部分货币资金转化为生产资金；产品完工验收入库后，生产资金就转化为成品资金；在销售过程中，将产品销售出去取得销售收入，成品资金又转化为货币资金，同时支付销售费用。在这三个过程中，资金从货币形态开始，依次经过固定资金、储备资金、生产资金、成品资金，最后又回到货币资金的这一运动过程叫作资金循环，周而复始的资金循环叫作资金周转。企业对净收入进行分配时，一部分资金退出了循环。其具体过程如图 2-1 所示。

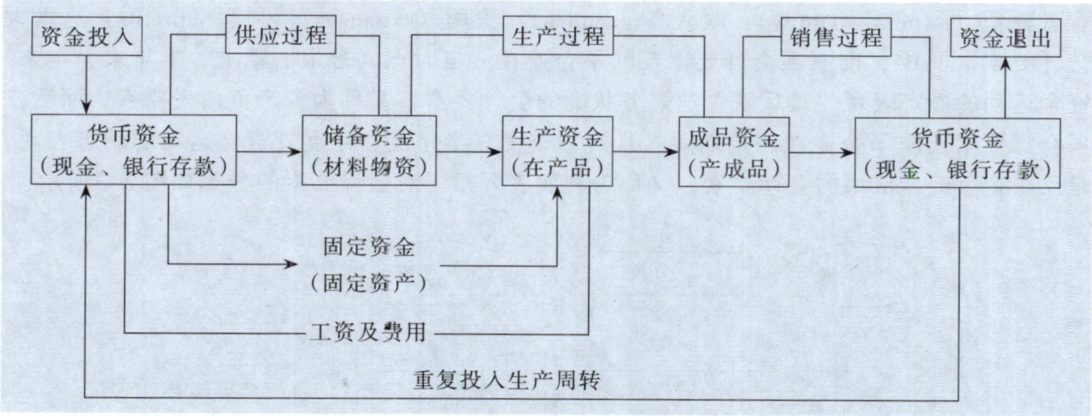

图 2-1　工业企业资金循环周转示意图

（二）商业企业的资金循环

商业企业由于不需要进行产品生产，所以它的经营过程分为商品购进和商品销售两个过程。在商品购进过程中，主要是用货币购入商品，此时货币资金转化为商品资金；在商品销售过程中，主要是销售商品，取得销售收入，此时商品资金又转化为货币资金。在商业企业的经营过程中，也要消耗一定的人力、物力和财力，它们表现为商品流通费用。在销售过程中，会获得销售收入和实现经营成果。因此，商业企业的资金运动主要是按照“货币资金→商品资金→货币资金”的方式不断依次进行。其具体过程如图 2-2 所示。

二、会计要素

会计对象内容繁多，涉及面广，而且又非常抽象。为了便于分类核算，从而提供各种分门别类的会计信息，就必须对会计对象的具体内容进行适当的分类，于是会计要素这一概念应运而生。概括地说，会计要素（accounting elements）是对会计对象按其经济特征的基本分类，是会计对象的具体化，是反映会计主体财务状况和经营成果的基本单位。

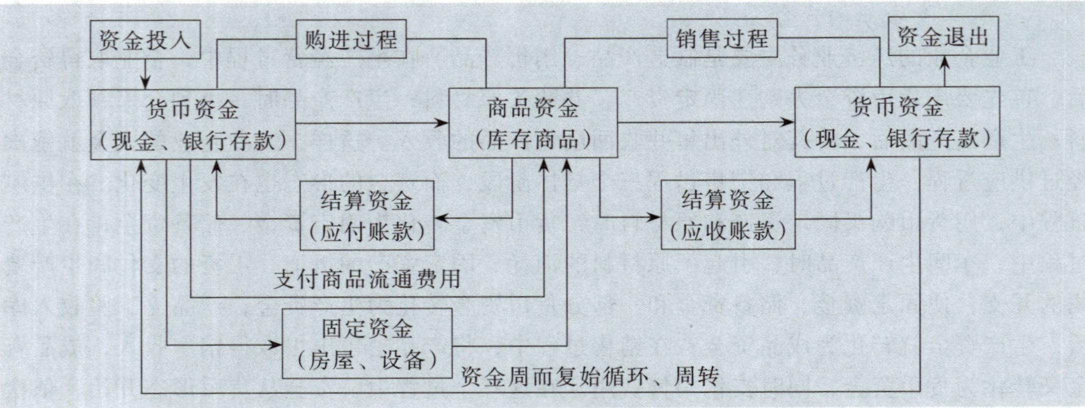

图2-2　商业企业资金循环周转示意图

（一）我国会计要素的划分

我国《企业会计准则——基本准则》严格定义了资产（assets）、负债（liabilities）、所有者权益（owners' equity）、收入（revenues）、费用（expenses）、利润（profits）这六大会计要素。其中，前三项会计要素反映了企业在一定时点（月末、季末、半年末、年末）资金运动的静态表现，是反映企业财务状况的会计要素，又称为资产负债表要素；而后三项会计要素反映了企业在一定期间（月度、季度、半年度、年度）资金运动的动态表现，是反映企业经营成果的会计要素，又称为利润表要素。对会计要素的分类如图2-3所示。

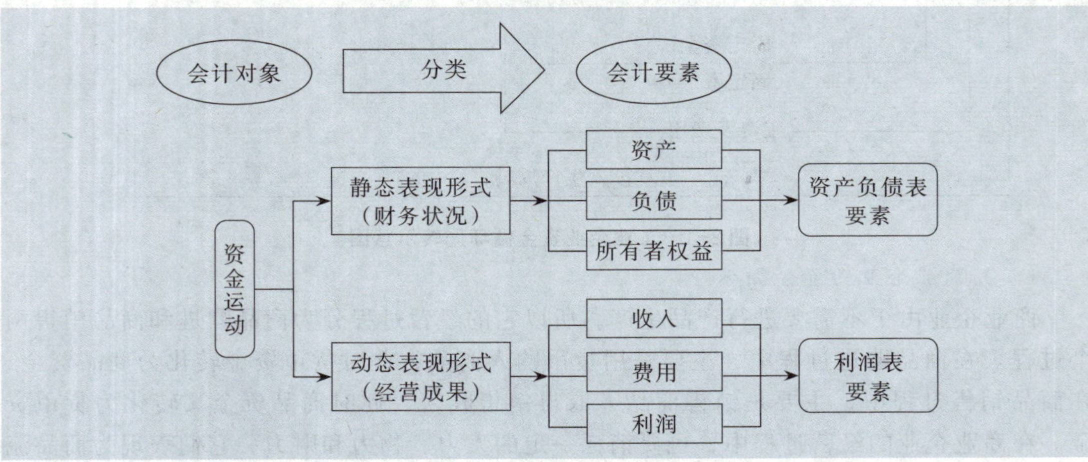

图2-3　我国会计要素的分类

（二）会计要素划分的国际比较

由于政治、经济、法律和文化等因素的差异，各国对会计要素的划分不尽相同。国际会计准则委员会（International Accounting Standards Committee，IASC）在1989年发布的《编制财务报表的框架》中确定了资产（assets）、负债（liabilities）、权益（equity）、收益（income）和费用（expenses）五大要素。IASC对资产负债表要素的划分与我国基本相同，利润表要素的定义则比较宽泛，它将收益的定义包括了收入和利得，将费用的定义包括了损失和在企业正常活动中发生的费用。

美国财务会计准则委员会（Financial Accounting Standards Board，FASB）在1985年12

月发布的第六号财务会计概念公告（Statement of Financial Accounting Concepts No.6, SFAC No.6）《财务报表的要素》中设置了10个会计要素，分别是资产（assets）、负债（liabilities）、权益（equity）、业主投资（investments by owners）、派给业主款（distributions to owners）、综合收益（comprehensive income）、营业收入（revenues）、费用（expenses）、利得（gains）和损失（losses）。FASB对会计要素的划分，相当于将我国会计要素的所有者权益要素细分为业主投资和派给业主款两个要素，将收入要素和费用要素划分为营业收入、费用、利得、损失4个不同的要素，同时增加了综合收益这一要素。值得注意的是，很多发达国家对会计要素的划分都出现了综合收益这一会计要素。世界部分国家（或组织）会计要素划分情况见表2-1。

表2-1　**世界部分国家（或组织）会计要素划分情况**

国家	会计要素	个数
中国	资产、负债、所有者权益、收入、费用、利润	6
美国（FASB）	资产、负债、权益（或净资产）、业主投资、派给业主款、综合收益、营业收入、费用、溢余（或利得）、损失	10
英国	资产、负债、所有者权益、利得、损失、业主投资、派给业主款	7
IASC	资产、负债、权益、收益（包括收入和利得）、费用（包括损失和费用）	5
加拿大	资产、负债、权益、收益、费用、利得、损失	7
澳大利亚	资产、负债、权益、收益、费用	5
韩国	资产、负债、资本、所有者投资、对所有者的分配、综合收益、收入、费用、营业活动现金流量、投资活动现金流量、筹资活动现金流量	11
日本	资产、负债、净资产、综合收益、净收益、收益、费用	7

会计要素的划分在会计核算中具有十分重要的作用。首先，会计要素是对会计对象的科学分类。通过对会计对象进行分类，有利于对其内容进行科学、系统的反映和监督，从而更好地发挥会计的反映职能。其次，会计要素是设置会计科目和会计账户的基本依据。一方面，对会计对象进行分类，必须确定分类的标志，这些标志本身就是账户的名称，即会计科目；另一方面，不将会计对象划分为会计要素，就无法设置会计账户，也就无法进行会计核算。最后，会计要素是构成会计报表的基本框架。会计报表是提供会计信息的基本手段，而会计报表的一系列指标是由会计要素构成的，会计要素为设计会计报表奠定了基础。

知识拓展　国际会计准则委员会（IASC）

第二节　资产负债表要素

导读测评　2-2

一、资产

（一）资产的定义及特征

资产是指企业过去的交易或事项形成的由企业拥有或控制的、预期会给企业带来经济利益的资源。根据定义，资产具有以下三个方面的特征：

（1）资产预期会给企业带来经济利益。资产预期会给企业带来经济利益，是指资产直接或间接导致现金和现金等价物流入企业的潜力。例如，企业的机器设备、原材料可以用于生产产品，对外出售后收回货款，货款即为企业所获得的经济利益。如果一项资源预期不能给企业带来经济利益，就不能确认为企业的资产；前期已经确认为资产的资源，如果不能再为企业带来经济利益，也不能再确认企业的资产。例如，企业报废的厂房和设备等，已经不再具有资产的这一特征，也就不能再作为企业的资产进行确认。预期能否为企业带来经济利益是资产的本质特征。

（2）资产应为企业拥有或控制的资源。拥有是指企业享有某项资源的所有权。控制是指企业对某些资源虽然不享有所有权，但能够支配这些资源。企业享有资产的所有权，通常表明企业能够排他性地从资产的使用过程中获取经济利益。在判断一项资源是否属于企业的资产时，所有权是考虑的首要因素。在某些情况下，企业虽然并不享有某项资源的所有权，但企业控制了这项资源即对这项资源享有支配权时，同样能够从这项资源中获取经济利益，此时也符合资产的定义，但利用该资产所获取的经济利益应当与资产的所有者分享。例如，企业从银行借入的资金，其所有权属于银行，但企业拥有这笔资金的控制权，可以在一段时间内支配使用这笔资金，因而这笔资金属于企业的资产，但必须向银行支付利息。

（3）资产由企业过去的交易或事项所形成。过去的交易或事项是指截至目前已经发生的交易或事项，包括购买、生产、建造、接受投资、接受捐赠等。预期在未来发生的交易或事项不能形成企业的资产。例如，企业计划在下一季度购置一台机器设备等，由于截至目前该项购买行为尚未发生，就不符合资产的定义，不能将这台设备确认为企业的资产。

（二）资产的内容

企业的资产按流动性可分为流动资产和非流动资产两大类。

1.流动资产

流动资产（current assets）是指预期能够在一年内或者超过一年的一个营业周期内变现或耗用的资产，包括现金、银行存款、交易性金融资产、应收及预付款项、存货等。

营业周期（operating cycle）通常是指企业从购买用于加工的原材料开始，到产品销售完毕、现金或现金等价物流入为止所经历的期间。正常的营业周期通常短于一年，即一年内有若干个营业周期。正常营业周期不能确定的，应当以一年（12个月）作为正常营业周期。在实务中也存在营业周期超过一年的情况，这主要针对一些根据订单或项目从事单一品种、小批量甚至单件生产经营的企业，如轮船制造企业生产一艘大型货轮、房地产开发企业开发一个楼盘等，这些产品的生产周期往往超过一年，此时将其在一个生产周期内能够变现或者耗用的资产划分为企业的流动资产。

（1）库存现金（cash on hand）是指企业持有的现款，也称现金。库存现金主要用于支付企业日常发生的小额、零星的费用或开支。

（2）银行存款（cash in bank）是指企业存入某一银行账户的款项。该银行称为企业的开户银行，企业的银行存款主要来自投资者投入资本的款项、负债借入的款项和销售商品的货款等。

（3）交易性金融资产（transactional financial assets）是指企业为了在近期内出售而持有的金融资产，如企业以赚取差价为目的从二级市场购买的股票、债券、基金等。

（4）应收及预付款项是指企业在日常生产经营过程中发生的各项债权，包括应收票据、应收账款、其他应收款和预付账款等。

（5）存货（inventory）是指企业在日常生产经营过程中持有以备出售的产成品或商品、处于生产过程中的在产品以及在生产过程或提供劳务过程中耗用的各种材料或物料等，主要包括各类材料、商品、在产品、半成品、产成品等。

2.非流动资产

非流动资产（non-current assets，long-term assets）是指企业不能在一年或超过一年的一个营业周期内变现或者耗用的资产，主要包括债权投资、长期股权投资、投资性房地产、固定资产、无形资产和其他资产等。

（1）债权投资（creditors' investment）是指按摊余成本计量的金融资产。

（2）长期股权投资（long-term investment on stocks）是指投资方对被投资单位实施控制、重大影响的权益性投资，以及对其合营企业的权益性投资。

（3）投资性房地产（investment real estate）是指企业为赚取租金或资本增值，或两者兼有而持有的房地产，自用房地产和作为存货的房地产不属于投资性房地产。

（4）固定资产（fixed assets）是指企业为生产商品、提供劳务、出租或经营管理而持有的，使用寿命超过一个会计年度的房屋、建筑物、机器、机械、运输工具以及其他与生产经营有关的设备、器具、工具等有形资产。

（5）无形资产（intangible assets）是指企业拥有或者控制的没有实物形态的可辨认非货币性资产。无形资产包括专利权、非专利技术、商标权、著作权和土地使用权等。

（6）其他资产是指除上述资产以外的各项资产，包括企业已经支出，但摊销期限在一年以上（不含一年）的长期待摊费用（long-term deferred expenses），如固定资产大修理支出等。

资产要素的组成内容如图2-4所示。

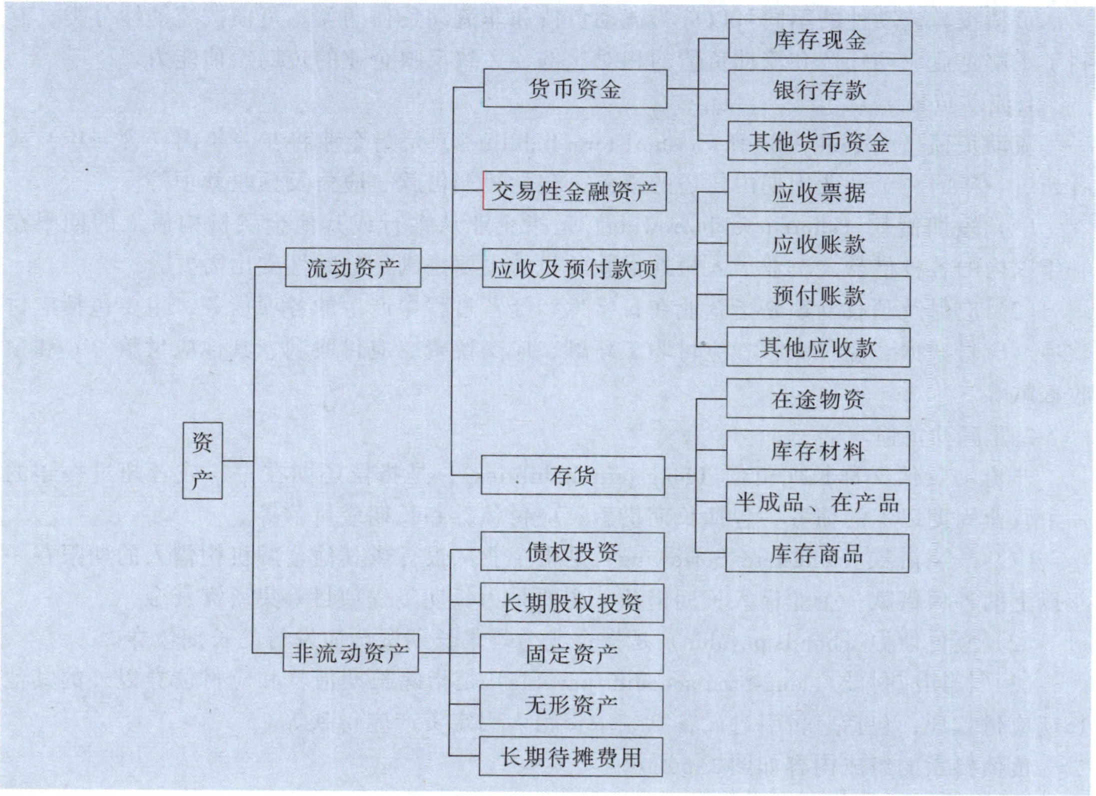

图2-4 资产要素的组成内容

二、负债

（一）负债的定义及特征

负债是指企业过去的交易或者事项形成的、预期会导致经济利益流出企业的现时义务。根据定义，负债具有以下三个方面的特征：

（1）负债是企业承担的现时义务。现时义务是指企业在现行条件下已经承担的义务，未来发生的交易或者事项形成的义务，不属于现时义务，不应当确认为负债。例如，某企业计划两个月后购入一台机器，价款5万元，那么现在不能将应付的5万元确认为企业负债。

（2）负债预期会导致经济利益流出企业。只有企业在履行义务时会导致经济利益流出企业，才符合负债的定义，如果不会导致企业经济利益流出，就不符合负债的定义。在履行现时义务清偿负债时，导致经济利益流出企业的形式是多种多样的，例如，用现金偿还，以实物资产偿还或以提供劳务形式偿还等。不管偿还方式是什么，最终都会导致经济利益流出企业。预期会导致经济利益流出企业是负债的本质特征。

（3）负债是由企业过去的交易或者事项形成。企业过去的交易或者事项一般是以前会计期间发生的，只有过去的交易或者事项所形成的企业的现时义务才能确认为企业的负债；企业将在未来发生的承诺、签订的合同等交易或者事项，由于现在还没有发生，因此不能确认为企业的负债。

（二）负债的内容

负债按其流动性的不同可以分为流动负债和非流动负债两类。负债按流动性分类，有利于了解企业流动资产和流动负债的相对比例，大致反映企业的短期偿债能力。

1.流动负债

流动负债（current liabilities，short-term liabilities）是指企业将在一年内（含一年）或者超过一年的一个营业周期内偿还的债务，包括短期借款、应付及预收款项等。

（1）短期借款（short-term borrowing）是指企业从银行或其他金融机构借入的期限在一年以内的各种借款，企业借入短期借款的目的主要是满足临时性支出需要。

（2）应付及预收款项是指企业在日常生产经营过程中产生的各项债务，主要包括应付款项（应付票据、应付账款、应付职工薪酬、应交税费、应付股利、其他应付款等）和预收账款等。

2.非流动负债

非流动负债又称长期负债（long-term liabilities），是指偿还期在一年或者超过一年的一个营业周期以上的债务，包括长期借款、应付债券和长期应付款等。

（1）长期借款（long-term borrowing）是指企业从银行或其他金融机构借入的期限在一年以上的各项借款，企业借入长期借款，主要是为长期工程项目筹集所需资金。

（2）应付债券（bonds payable）是指企业为筹集长期资金而发行的长期债券。

（3）长期应付款（long-term accounts payable）是指除长期借款和应付债券以外的其他长期应付款项，包括应付引进设备款、融资租入固定资产应付款等。

负债要素的组成内容如图2-5所示。

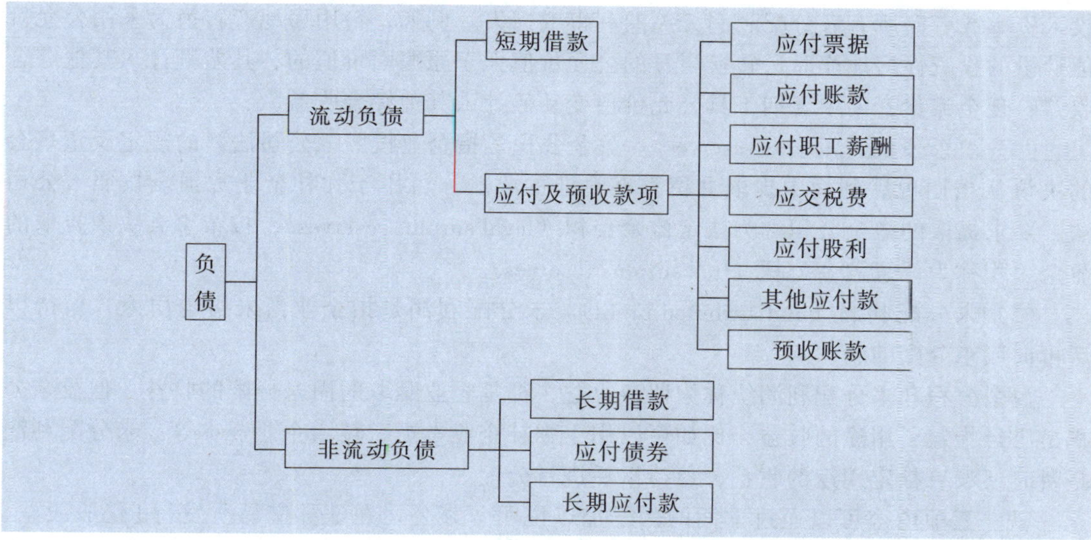

图2-5　负债要素的组成内容

三、所有者权益

（一）所有者权益的定义及特征

所有者权益是指企业资产扣除负债后由所有者享有的剩余权益，在数值上等于企业全部资产减去全部负债后的余额。股份公司的所有者权益又称股东权益。

所有者权益是所有者对企业资产的剩余索取权，它是企业资产中扣除债权人权益后由所有者享有的部分。企业的资产一般是由投资者的投资和借入的负债两部分组成的。投资者只对其投资所形成的那部分资产享有要求权，这种权益包括对经营成果的分享权和对资产的管理权等，而对负债所形成的那部分资产则不享有要求权。所有者权益反映了所有者投入资本的保值增值情况，又体现了保护债权人权益的理念。

（二）所有者权益的内容

所有者权益的来源包括所有者投入的资本、直接计入所有者权益的利得和损失、留存收益等，通常由实收资本（或股本）、资本公积、其他综合收益、盈余公积和未分配利润构成。

（1）实收资本（股本）。实收资本（paid-in capital）是指投资者按照有限责任公司章程或合同、协议的约定，实际投入企业的注册资本金。股本（equity）是按照股份面值计价的投入资本，我国上市公司发行的股票面值为每股一元人民币。实际上，股票的面值是多少并不重要，重要的是依此来计算投资者在企业整个资本中所拥有的份额。占比高的可能成为企业的控股股东，进入公司董事会，拥有主导公司经营发展的权利。一般有限责任公司用实收资本，股份有限公司用股本。

（2）资本公积（capital reserves）。资本公积是指投资者共有的资本，包括资本（股本）溢价和其他来源形成的资本公积。资本（股本）溢价是指投资者向企业投入的资金超过了其在实收资本（股本）中所享有份额的部分。

（3）其他综合收益（other comprehensive income）。其他综合收益即直接计入所有者权益的利得和损失，是指不应计入当期损益、会导致所有者权益发生增减变动的、与所有者投入资本或者向所有者分配利润无关的利得或损失。例如，自用房地产转换为采用公允价值计量的投资性房地产时，转换当日的公允价值大于原账面价值的，其差额计入其他综合收益；现金流量套期中套期工具公允价值变动额计入其他综合收益。

（4）盈余公积（surplus reserves）。盈余公积是指企业按照《公司法》的规定及董事会的决议从当期税后利润中提取并留存在企业的收益，可用于弥补企业亏损。按照《公司法》要求提取的盈余公积称为法定盈余公积（legal surplus reserves），按董事会决议提取的盈余公积称为任意盈余公积（free surplus reserves）。

（5）未分配利润（undistributed profit）。未分配利润是指企业尚未指定用途，留待以后再向股东分配的利润。

盈余公积和未分配利润统称为留存收益，都是企业赚取的尚未分配的收益。但盈余公积是已经指定了用途的收益，比如可以用于弥补企业亏损、转增企业资本等。未分配利润是暂时还没有指定用途的收益，留待以后进行分配。

以上五项内容可以通过下面的例子加以说明。某公司在证券交易所发行1亿股股票，每股面值1元，发行价为每股14.4元。该公司通过发行股票筹集的资金为14.4亿元，即所有者投资的资本为14.4亿元，会计在记录所有者投入时将其分成两个部分：其中1亿元（1亿股×1元/股）面值计入股本，13.4亿元股本溢价计入资本公积。公司上市半年后，由于经营战略调整，原本自用的办公用房改为投资性房地产，该办公用房的账面价值为1 500万元，按该地段同类房产的市场价值计算，该办公用房的公允价值为2 500万元，会计调整该房产计量模式时，应计入其他综合收益1 000万元（2 500−1 500）。公司上市一年后赚取税后利润5 000万元，按《公司法》规定计提法定盈余公积500万元，剩余的4 500万元是当期形成的未分配利润。此时，该公司的所有者权益合计为15亿元，其中股本1亿元，资本公积13.4亿元，其他综合收益1 000万元，盈余公积500万元，未分配利润4 500万元。

从上例可以看出，企业的所有者权益虽然分为五项，但事实上由两部分组成：一是投资者投入的资本；二是企业通过生产经营形成的所有者权益增加（或减少），其中盈余公积、未分配利润是企业生产经营过程中赚取并留存在企业的利润，其他综合收益是已经引起所有者权益变动但还未在利润表中确认的损益。所有者权益要素的组成内容如图2-6所示。

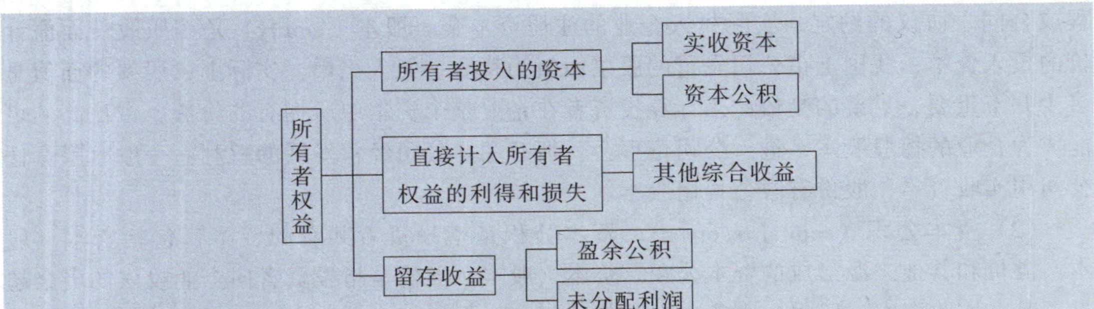

图2-6 所有者权益要素的组成内容

（三）所有者权益与负债的区别

所有者权益和负债虽然同是企业的权益，都体现企业资金的来源，但两者在性质上有本质的区别。具体表现在以下几个方面：

（1）所有者权益是企业对投资者所承担的经济责任，一般情况下不需要归还给投资者；而负债则是企业对债权人所承担的经济责任，需要企业偿还。

（2）投资者既可以参与企业的利润分配，也可以参与企业的经营管理；而债权人无权参与企业的利润分配和经营管理，只享有按期收回利息和债务本金的权利。

（3）在企业破产清算时，企业的资产只有在清偿了所有的负债以后，才能返还给投资者，负债拥有优先求偿权。因此，相对来说，负债风险较小，所有者权益风险较大。

所有者权益和负债的区别见表2-2。

表2-2　所有者权益和负债的区别

项目	所有者权益	负债
归还期限不同	一般不予以归还	必须偿还
权利内容不同	参与利润分配和经营管理	到期收回本金及利息
权益性质不同	剩余索取权	优先求偿权
风险大小不同	风险较大	风险较小

导读测评

2-3

第三节　利润表要素

一、收入

（一）收入的定义和特征

收入是指企业在日常活动中形成的、会导致所有者权益增加的、与所有者投入资本无关的经济利益总流入。根据定义，收入具有以下三个方面的特征：

（1）收入是在企业的日常活动中形成的。日常活动是指企业为完成经营目标所从事的经常性活动以及与之相关的活动，是持续、周而复始、可重复进行的活动。例如，产品生产企业从事产品的生产和销售、商品流通企业从事商品销售、安装公司提供安装服务、咨询公司提供咨询服务、租赁公司出租资产等，均属于企业的日常活动。

（2）收入会导致所有者权益增加。企业取得收入可能表现为资产增加，也可能表现为负债减少，或者二者兼而有之，但最终都会导致所有者权益的增加，不会导致所有者权益增加的经济利益流入不符合收入的定义，不属于企业的收入。例如，企业从银行取得借款100万元，尽管也导致经济利益流入企业，但该经济利益流入并不导致企业所有者权益增加，而是使企业承担了一项现时义务，因此应确认为一项负债。

（3）收入是与所有者投入资本无关的经济利益总流入。所有者向企业投入资本，尽管也会导致经济利益流入企业，但该经济利益流入来自投资者，增加的是所有者权益，因而，对于投资者投入企业的资本不能确认为企业的收入，而应当将其直接确认为所有者权益。

以上定义是按照现行准则的定义，在学术上称为狭义的收入（revenue），主要强调来自经营活动的收入，经营活动具有经常性和重复性，是企业管理者能够控制的活动，如销售产品、提供劳务、出租等业务，因此狭义的收入也称为营业收入。与狭义收入相对应的是广义收入，广义收入不仅包括日常活动收入，还包括非日常活动收入。非日常活动收入是企业无法控制的事项所产生的，如罚款收入、捐赠利得等。为了便于与日常活动收入相区别，会计将这种非日常活动产生的好处称为利得（gain），即营业外收入。

（二）收入的内容

按广义收入进行分类，收入分为营业收入、投资收益和营业外收入。营业收入又分为主营业务收入和其他业务收入。

（1）主营业务收入（prime operating revenue）是指企业在其经常性的、主要业务活动中所获取的收入，如工业企业的产品销售收入、服务企业的劳务收入等。主营业务收入在企业的收入中所占比重较大，是企业主要的经济利益的流入。

（2）其他业务收入（other operating revenue）是指企业主营业务以外的其他日常经营活动所获取的收入，如工业企业销售原材料、出租产品包装物、出租固定资产等所获得的收入。其他业务收入一般金额较少，在企业的收入中所占的比重较小。

（3）投资收益（investment income）是指企业对外投资所带来的经济利益流入，如从被投资企业分得的股利或利润等。由于对外投资也会发生亏损，所以投资收益是对外投资取得的收益减去发生的投资损失后的净额。

（4）营业外收入（non-operating income）是指企业发生的与日常经营活动无直接关系的各项收入，如罚款收入、债务重组利得、盘盈利得、捐赠利得等。

收入会计要素的组成内容如图2-7所示。

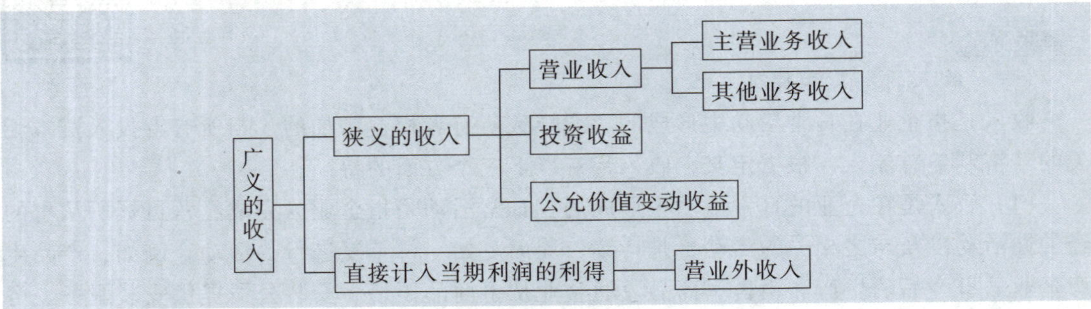

图2-7 收入会计要素的组成内容

二、费用

（一）费用的定义与特征

企业取得收入必须花费“代价”，这些“代价”在会计上表现为费用。费用是指企业在日常活动中发生的、会导致所有者权益减少的、与向所有者分配利润无关的经济利益的总流出。根据定义，费用具有以下三个方面的特征：

（1）费用是企业在日常活动中形成的。费用必须是企业在其日常活动中所形成的，对于日常活动的界定与收入定义中涉及的日常活动的界定相一致。同时，费用是与收入相对应的概念，有收入必然会发生费用。例如，企业销售商品收取货款20万元，即实现了20万元的收入，假设为取得20万元收入向客户发出了成本为13万元的商品，则13万元便形成了费用。

（2）费用会导致所有者权益减少。企业产生费用会引起资产减少，也可能引起负债增加，或者二者兼而有之，但最终都会导致所有者权益减少。因为费用的发生会导致企业利润的减少，而利润的所有权是归属于企业所有者的。费用的这一特征也表明，只有那些会导致所有者权益减少的经济利益流出才能确认为费用，不会导致所有者权益减少的经济利益流出不符合费用的定义，不应当确认为费用。例如，企业偿还银行借款20万元，尽管也导致了企业经济利益的流出，但该经济利益的流出只是导致企业负债的减少，不会导致企业所有者权益的减少，因此不应确认为企业的费用。

（3）费用导致的经济利益流出与向所有者分配利润无关。企业向所有者分配股利或利润，是企业将其实现的经营成果分配给投资者的一种分配活动，虽然在分配利润的某些情况下会导致经济利益流出企业，引起企业资产减少或负债增加，例如向投资者分配现金股利，但该经济利益的流出属于所有者权益的直接抵减项目，因而也应将其排除在费用的定义之外。

与收入概念相对应，费用也分为狭义的费用和广义的费用。上述费用的概念是狭义的费用，广义的费用还包括企业无法控制的事项所产生的，即企业非日常活动所形成的经济利益支出，如罚款支出、捐赠支出、非流动资产毁损报废损失等。为了便于与日常活动产生的费用相区别，会计将这种非日常活动发生的支出称为损失（loss），即营业外支出。

狭义的收入和狭义的费用之间具有很强的相关性，一笔费用的产生会给企业带来回报，也就是会使企业得到收入。二者能够直接对比得出利润，它们都是企业在从事生产、销售业务中产生的，具有重复性和可控性，是企业主要的盈利来源。利得（营业外收入）和损失（营业外支出）没有因果关系，一笔营业外支出不会得到相应的一笔营业外收入。通俗地理解，对收入有贡献的支出叫费用，对收入没有贡献的支出叫损失。

（二）费用的内容

按照不同的分类方法，费用的内容不同，例如按经济用途不同可以将费用分为产品的生产费用和期间费用两大类。由于我国的利润表是按照费用项目设计的，因此对费用内容的了解，首先从利润表的视角按费用项目进行分析。从利润表视角来看，广义的费用项目包括营业成本、税金及附加、期间费用、资产减值损失、营业外支出、所得税费用等。其中营业成本包括主营业务成本和其他业务成本，期间费用包括销售费用、管理费用、财务费用。

（1）主营业务成本（prime operating costs）是指企业在主营业务活动中所产生的成本，属于与主营业务收入相配比的费用。例如，企业在销售产品确认主营业务收入的同时所确认的已销售产品的成本，即属于主营业务成本。主营业务成本在企业的全部费用中所占比重较大。

（2）其他业务成本（other business costs）是指企业在开展其他业务活动时所产生的成本，属于与其他业务收入相配比的费用。例如，企业在销售原来购入准备自用的材料、出租包装物确认其他业务收入的同时，所确定的材料或包装物本身的成本即为其他业务成本，实质上是已销售材料、已出租包装物的买价或制作成本。

（3）税金及附加（tax and associate charge）是指企业开展经营活动按照相关税收法律、法规的规定应当向国家缴纳的各种税金和费用，如消费税、印花税、房产税、城市维护建设税和教育费附加等。

（4）销售费用（selling expenses）是指企业为销售商品以及专设销售机构而发生的各项费用，主要包括运输费、装卸费、包装费、保险费、展览费、广告费、销售人员薪酬等。

（5）管理费用（administrative expenses）是指企业为组织和管理整个企业的生产经营活动发生的费用，主要包括企业董事会及行政管理部门的职工薪酬、办公费和差旅费等公司经费，以及聘请中介机构费、咨询费、业务招待费等。管理费用的受益对象是整个企业，而不是企业的某一个部门或某几个部门。

（6）财务费用（financing expenses）是指企业为筹集和使用生产经营资金而发生的各种费用，包括利息支出（减利息收入）、汇兑损益以及相关的手续费等。

（7）资产减值损失（assets impairment loss）是指企业计提的坏账准备、存货跌价准备和固定资产减值准备等形成的损失。

（8）营业外支出（non-business expenditure）是指企业发生的与日常经营活动无直接关系的一些偶发性事项所产生的支出，如捐赠支出、罚款支出、非流动资产毁损报废损失、自然灾害造成的非常损失等。

（9）所得税费用（income taxes expense）是指企业根据所得税法的规定，将企业利润的一定比例以所得税的方式缴纳给国家。由于缴纳所得税会引起经济利益流出企业，导致企业所有者权益的减少，因而是企业的一项重要费用。

费用会计要素的组成内容如图 2-8 所示。

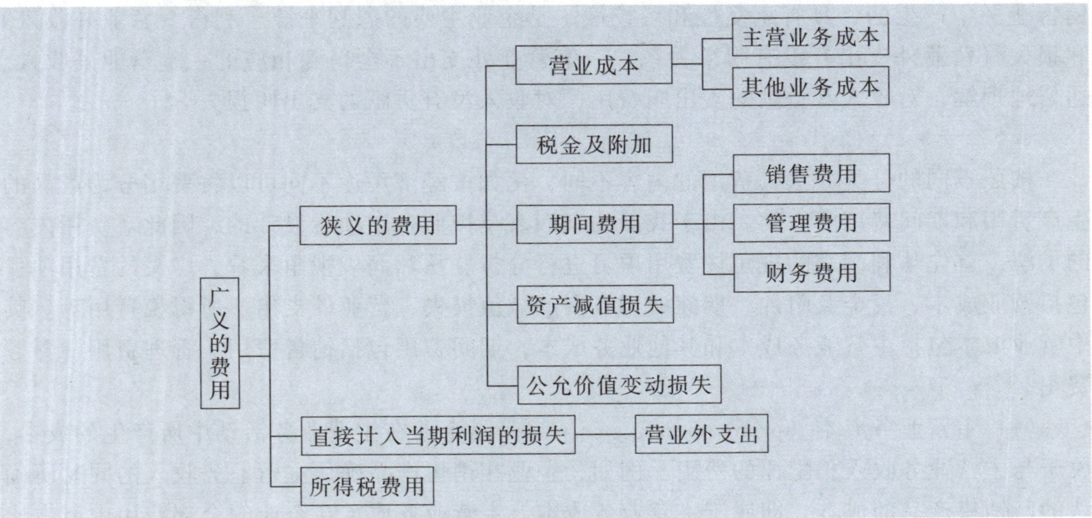

图2-8 费用会计要素的组成内容

三、利润

（一）利润的定义与特征

利润是指企业在一定会计期间的经营成果。通常情况下，企业如果实现了利润，表明所有者权益的增加，业绩得到了提升；反之，企业如果发生了亏损，表明所有者权益的减少，业绩下滑了。利润具有以下三个方面的特征：

（1）利润一般是按配比原则计量，是企业在一定期间内获得的各项收入和相应发生的各项费用相抵后的余额。

（2）利润数额的变动，会相应地表现为资产或者负债的变动，其结果是带来所有者权益的变动。企业在实现利润的情况下，会相应地表现为资产的增加或者负债的减少，最终导致所有者权益的增加；反之，企业在发生亏损的情况下，会相应地表现为资产的减少或者负债的增加，最终导致所有者权益的减少。

（3）利润反映了企业在一定期间内所实现的经营成果，是评价企业管理层业绩的一项重要指标，也是会计信息使用者进行经济决策时至关重要的参考信息。

（二）利润的内容

利润是一个综合性指标，包括营业利润和非营业利润两部分。

（1）营业利润。营业利润包括企业日常经营活动产生的利润和投资活动产生的投资收益。日常经营活动产生的利润主要是指销售商品和提供劳务获取的利润；投资活动产生的投资收益是投资净收益额。同时，利润表还将公允价值变动损益、资产减值损失、资产处置损益、其他收益等也列入了营业利润。

（2）非营业利润。非营业利润是指企业非日常活动产生的利得（营业外收入）和损失（营业外支出）的差额。利得和损失在发生时，直接计入当期损益。

（3）利润总额。利润总额包括来自日常经营活动的利润和非日常经营活动的利润，即营业利润与非营业利润之和。

（4）净利润。净利润是企业的利润总额减去所得税费用后的差额。所得税是指以纳税人的所得额为课税对象征收的一种税，所得税费用是指企业由于缴纳所得税而产生的费用。

上述利润分类是按照利润表主要内容进行的划分，实际利润表的项目更复杂。例如，实务中企业利润还包括接受政府各种补助形成的其他收益，企业资产处置时获得的资产处置损益，物价变动导致资产贬值形成的资产减值损失，企业对外投资取得的投资收益以及金融资产采用公允价值计量所确认的公允价值变动损益等，这些都是企业利润总额的构成部分。这些内容在后续章节及课程中会详细介绍。

导读测评

第四节　会计等式

2-4

一、会计等式的含义

会计等式（accounting equation）也称为会计平衡公式、会计方程式，是描述各会计要素之间基本关系的恒等式。会计对象可以概括为资金运动，具体表现为，每发生一笔经济业务都是资金运动的一个具体过程，每一资金运动过程都必然涉及相应的会计要素，从而使全部资金运动涉及的会计要素之间存在一定的相互联系。会计要素之间的这种内在联系，可以通过数学表达式予以描述，这种表达会计要素之间基本关系的数学表达式就叫会计等式。

二、会计等式的种类

（一）静态会计等式

企业要从事生产经营活动，必须拥有一定数量的资产，成为企业生产经营活动的基础。这些资产以各种不同的形态分布于企业生产经营活动的各个阶段，如房屋建筑物、机器设备、原材料、库存商品、银行存款等。另一方面，企业拥有的资产最初来源于两个方面：一是由企业所有者投入；二是企业向债权人借入。所有者和债权人将其拥有的资产提供给企业使用，就相应地对企业的资产享有一种要求权，这种对资产的要求权在会计上称为“权益”。资产表明企业拥有多少经济资源，权益表明经济资源的来源渠道，即谁提供了这些经济资源，所以资产与权益实际上反映了同一经济资源的两个不同方面：一个是“来”，一个是“去”。因此，资产和权益两者在数量上必然相等，在任一时点都必然保持恒等关系。这一恒等关系用公式表示出来就是：

资产=权益

由于企业的资产来源于企业的债权人和所有者，因此权益由债权人权益和所有者权益两部分构成。债权人权益在会计上称为负债，所有者权益是企业投资者对企业的资产减去负债后净资产的所有权。因此，会计恒等式可进一步表示为：

资产=负债+所有者权益

这一会计等式是最基本的会计等式，也称为静态会计等式和财务状况等式，是用以反映企业某一特定时点资产、负债和所有者权益三者之间平衡关系的会计等式，它是设置会计账户、复式记账以及编制资产负债表的理论基础，在会计核算体系中有着举足轻重的作用。

（二）动态会计等式

企业存在的目的是从生产经营活动中获取收入，实现盈利。企业在取得收入的同时，必然要发生相应的费用。将收入与费用进行比较，才能确定一定时期的利润总额，反映企业的经营成果。因此，收入、费用、利润三个会计要素之间的关系可用公式表示为：

收入-费用=利润

这一会计等式是第二会计等式，也称为动态会计等式、增量会计等式。该等式说明利润是企业实现的收入与其费用进行配比后的结果，收入大于费用的差额为利润，收入小于费用的差额则为亏损。动态会计等式反映了企业某一时期收入、费用和利润的恒等关系，表现了企业利润的实现过程，是编制利润表的依据。

（三）综合会计等式

企业的生产经营成果必然影响所有者权益：企业获得的利润将使所有者权益增加，资产也会随之增加；企业发生的亏损将使所有者权益减少，资产也会随之减少。因此，企业通过生产经营活动产生收入、费用和利润后，基本会计等式就会演变为：

资产=负债+所有者权益+利润

=负债+所有者权益+（收入-费用）

或：

资产+费用=负债+所有者权益+收入

这一会计等式是扩展的会计等式，也称为综合会计等式，是由静态会计等式和动态会计等式综合而成的全面反映企业财务状况和经营成果的等式。该等式反映的是企业资金两个不同侧面的扩展：左边的费用是资产被消耗后的一种形态，可以看成是资产的一种特殊存在形态，右边的收入可以看成是一种新的资金来源渠道，即企业通过生产经营活动而获得的资金。

三、经济业务对会计等式的影响

知识拓展

王强创业

（一）经济业务及类型

经济业务又称交易（transaction）或会计事项（accounting event），是指企业在生产经营过程中发生的能以货币计量，并能引起会计要素发生增减变化的事项。经济业务按其是否与企业外部有关，可分为外部经济业务和内部经济业务。企业由于发生对外经济往来所产生的经济业务，称为外部经济业务，如从外单位购入货物、对外销售商品等；发生在企业内部的经济业务称为内部经济业务，如支付职工薪酬、生产车间领用原材料等。

由于企业生产经营活动的复杂性，不同企业发生的经济业务并不相同。即使是同一企业，其不同会计期间发生的经济业务也各有差异。但是，无论企业的经济业务多么复杂和千变万化，根据其对会计等式的影响可分为4种基本类型：

（1）引起等式两边的会计要素同时增加的经济业务。例如，企业所有者向企业投入资本，它会使会计等式两边的总额同时增加，形成一种新的数量平衡关系，会计等式的恒等关系保持不变。

（2）引起等式两边的会计要素同时减少的经济业务。例如，企业以银行存款偿还债务，它会使会计等式两边的总额同时减少，形成另一种新的数量平衡关系，会计等式的恒等关系保持不变。

（3）引起等式左边会计要素发生增减变动的经济业务。例如，企业以银行存款购买原材料，它会使会计等式左边一个项目增加，另一个项目减少，但增减的金额相等，等式两边的总额保持原有平衡状态，会计等式的恒等关系保持不变。

（4）引起等式右边会计要素发生增减变动的经济业务。例如，债权人将对企业的债权转为对企业的投资，它会使会计等式右边一个项目增加，另一个项目减少，但增减的数额相等，等式两边的总额保持原有平衡状态，会计等式的恒等关系保持不变。

（二）经济业务对基本会计等式的影响

企业发生的引起资产、负债、所有者权益相互变化的任何一笔经济业务，必然引起基本会计等式的一边或两边有关项目相互联系地发生等量变化：当涉及会计等式一边时，有关项目的金额发生相反方向的等额变动；当涉及会计等式两边时，有关项目的金额将发生相同方向的等额变动，但始终不会影响会计等式的平衡关系。前述4种类型的经济业务对基本会计等式的影响又可分为9种具体情况，下面举例说明不同经济业务类型对基本会计等式的影响：

【例2-1】假定金麓有限责任公司202×年1月1日注册成立，公司注册成立后发生的部分经济业务如下：

（1）收到甲、乙、丙三个投资者投入的资金共计1 000 000元。

这笔经济业务的发生，使得金麓公司资产项目“银行存款”增加1 000 000元，所有者权益项目“实收资本”增加1 000 000元，会计等式两边同时等额增加，等式的平衡关系不变。

（2）向银行申请取得长期借款430 000元。

这笔经济业务的发生，使得金麓公司资产项目“银行存款”增加430 000元，负债项目“长期借款”增加430 000元，会计等式两边同时等额增加，等式的平衡关系不变。

（3）以银行存款偿还短期借款100 000元。

这笔经济业务的发生，使得金麓公司资产项目“银行存款”减少100 000元，负债项目“短期借款”减少100 000元，会计等式两边同时等额减少，等式的平衡关系不变。

（4）以银行存款退还甲投资者投资款90 000元。

这笔经济业务的发生，使得金麓公司资产项目“银行存款”减少90 000元，所有者权益项目“实收资本”减少90 000元，会计等式两边同时等额减少，等式的平衡关系不变。

（5）购入原材料一批，价值5 000元，款项已支付，材料已入库。

这笔经济业务的发生，使得金麓公司资产项目“原材料”增加5 000元，另一资产项目“银行存款”减少5 000元，会计等式左边资产要素内部有增有减，且金额相等，其平衡关系保持不变。

（6）从银行取得短期借款20 000元，直接用于支付以前的货款。

这笔经济业务的发生，使得金麓公司负债项目“短期借款”增加20 000元，另一负债项目“应付账款”减少20 000元，会计等式右边负债要素内部有增有减，且金额相等，负债总额未变，等式的平衡关系不变。

（7）经研究决定进行利润分配，应付投资者股利30 000元。

这笔经济业务的发生，使得金麓公司负债项目“应付股利”增加30 000元，所有者权益项目“利润分配——未分配利润”减少30 000元，会计等式右边一个项目增加，一个项目减少，且金额相等，等式的平衡关系不变。

（8）某债权人将其原借给金麓公司的长期借款200 000元转作对金麓公司的投资。

这笔经济业务的发生，使得金麓公司负债项目“长期借款”减少200 000元，所有者权益项目“实收资本”增加200 000元，会计等式右边一个项目减少，一个项目增加，且金额相等，等式的平衡关系不变。

（9）将盈余公积10 000元转增为公司的资本金。

这笔经济业务的发生，使得金麓公司所有者权益项目“实收资本”增加10 000元，另一所有者权益项目“盈余公积”减少10 000元，会计等式右边所有者权益项目内部有增有减，且金额相等，等式的平衡关系不变。

上述9笔经济业务代表了4种类型经济业务的9种具体情况，其对基本会计等式的影响可归纳见表2-3。

表2-3 **经济业务对基本会计等式的影响**

经济业务类型	资产	=	负债	+	所有者权益
期初余额（公司刚成立）	0	=	0	+	0
（1）资产和所有者权益同时增加1 000 000元	1 000 000	=	0	+	1 000 000
（2）资产和负债同时增加，金额430 000元	1 430 000	=	430 000	+	1 000 000
（3）资产和负债同时减少，金额100 000元	1 330 000	=	330 000	+	1 000 000
（4）资产和所有者权益同时减少，金额90 000元	1 240 000	=	330 000	+	910 000
（5）资产要素内部有增有减，总额不变	1 240 000	=	330 000	+	910 000
（6）负债要素内部有增有减，总额不变	1 240 000	=	330 000	+	910 000
（7）负债增加，所有者权益减少，金额30 000元	1 240 000	=	360 000	+	880 000
（8）负债减少，所有者权益增加，金额200 000元	1 240 000	=	160 000	+	1 080 000
（9）所有者权益要素内部有增有减，总额不变	1 240 000	=	160 000	+	1 080 000

（三）经济业务对综合会计等式的影响

资产不仅因负债和所有者权益的变化而变化，它还会因企业产生收入而增加，因产生费用而减少。如果将引起收入和费用两个要素变化的经济业务也考虑进来，是否会破坏会计等式的平衡关系呢？此时要结合综合会计等式进行分析。下面举例进行说明：

【例2-2】假定金麓公司202×年4月1日资产总额1 240 000元，负债总额160 000元，所有者权益总额1 080 000元。4月该公司发生的与收入、费用相关的经济业务如下：

（1）出售产品取得销售收入150 000元，款项已存入银行。

这笔经济业务的发生，使得金麓公司资产项目“银行存款”增加150 000元，收入项目“主营业务收入”增加150 000元，综合会计等式“资产=负债+所有者权益+收入-费用”两边同时等额增加，等式的平衡关系不变。

（2）用银行存款支付本月行政管理部门的办公费25 000元。

这笔经济业务的发生，使得金麓公司资产项目“银行存款”减少25 000元，费用项目“管理费用”增加25 000元，综合会计等式“资产=负债+所有者权益+收入-费用”两边同时等额减少，等式的平衡关系不变。

（3）本月除了办公费用外，还有其他各项费用35 000元，假设本月发生的费用全部以银行存款等支付。

本月产生的费用35 000元，使得金麓公司资产项目“银行存款”减少35 000元，费用要素增加35 000元，综合会计等式“资产=负债+所有者权益+收入-费用”两边同时等额减少，等式的平衡关系不变。

（4）月末结转本月已售产品的成本60 000元。

企业本月销售产品取得收入，须将一定数量的商品转移给购买方，企业拥有的商品减少，所以在月末须将本月已售产品的成本转为销售成本，从而使得金麓公司资产项目“库存商品”减少60 000元，费用项目“主营业务成本”增加60 000元。

（5）月末，金麓公司将收入150 000元与费用120 000元相抵，结算出企业的利润30 000元。

会计期末结算出企业的利润，利润是企业经营活动形成的成果，按规定程序分配以后，留存企业的部分（包括盈余公积和未分配利润）转化为所有者权益的增加（或减少），扩展会计等式又恢复为基本会计等式。

上述4笔经济业务对综合会计等式的影响可归纳见表2-4。

表2-4　**经济业务对综合会计等式的影响**

经济业务类型	资产	=	负债	+	所有者权益	+	收入	-	费用
期初余额	1 240 000	=	160 000	+	1 080 000				
（1）取得收入150 000元	1 390 000	=	160 000	+	1 080 000	+	150 000		
（2）发生办公费25 000元	1 365 000	=	160 000	+	1 080 000	+	150 000	-	25 000
（3）其他费用35 000元	1 330 000	=	160 000	+	1 080 000	+	150 000	-	60 000
（4）已售产品成本60 000元	1 270 000	=	160 000	+	1 080 000	+	150 000	-	120 000
（5）月末结算出利润	1 270 000	=	160 000	+	1 110 000				

立德树人：经营好人生会计等式

“资产=负债+所有者权益”是会计核算的理论基础，同样也是经营人生的“原理”。人生会计等式可以用“资产=负债+资本”表示。其中，资产是指一个人实现人生价值的各种资源，负债是指一个人所应承担的各种责任，资本是指一个人生存发展的各种条件。

一个人所拥有的各种资源，包括能力资源、经济资源、生理资源和心理资源等，都是经营好人生、实现人生价值的各项资产。这些资产的来源也可以分为两个方面：一是来自人生的资本；二是来自作为承担人生各项责任的负债。

资本相当于会计等式中的所有者权益，它主要来自客观和主观两个方面：客观方面主要是遗传和环境，不以人的意志为转移；主观方面主要是学习和实践，这取决于自身努力。因此，人生的资本绝对不是命中注定，还可以靠自己的主观努力来创造。

负债的履行会导致经济利益流出，人生会计等式中的负债是指一个人要承担三种责任：社会责任、家庭责任和职业责任。人生自觉履行这三种责任是一个伦理道德的问题，即社会公德、家庭道德、职业道德。因此，一个人的责任意识就是一个人的道德意识，高度的责任感必然表现为高尚的道德情操，亵渎人生责任就是道德的缺失。一个人的道德越高尚、责任感越强，他的负债能力就越强。

经营好人生会计等式，一方面要不断加强学习实践，创造自身生存发展的各种条件，增强自身的资本积累；另一方面要崇尚道德，做一个负责任、可信赖、信用良好的人，提升自己的负债能力。唯有如此，一个人拥有或能够调配的资源才能不断增加，才能实现更大的人生价值。

本章要点概览

1.会计对象是会计所要反映和监督的内容。在市场经济条件下，会计的对象就是社会再生产过程中的资金运动。

2.会计要素是对会计对象按其经济特征的基本分类，是反映会计主体财务状况和经营成果的基本单位。

3.我国企业会计准则将会计要素分为资产、负债、所有者权益、收入、费用、利润六项。它们又可以分为反映财务状况的资产负债表要素和反映经营成果的利润表要素。

4.会计等式是描述各会计要素之间基本关系的恒等式，揭示了企业财务状况和经营成果的本质。静态会计等式“资产=负债+所有者权益”反映企业的财务状况，是复式记账和编制资产负债表的依据；动态会计等式“收入-费用=利润”反映企业的经营成果，是编制利润表的依据。

5.经济业务也称会计事项，是在经济活动中使会计要素发生增减变动的交易或事项。经济业务按其对会计等式的影响，可以分为四种类型、九种具体情况。企业发生各种类型的经济业务，会引起会计等式发生变动，但会计等式的恒等关系保持不变。

本章练习题

1. 假设某公司202×年6月30日资产、负债和所有者权益的相关项目及金额如下：

（1）库存现金2 000元；

（2）银行存款户存款354 500元；

（3）生产产品用原材料360 000元；

（4）办公楼、厨房及其他建筑物价值4 920 000元；

（5）投资者投入资本7 000 000元；

（6）从工商银行借入期限为4个月的借款200 000元；

（7）库存产成品价值300 000元；

（8）生产车间机器设备2 000 000元；

（9）运输用汽车208 000元；

（10）应收销售甲公司产品货款48 500元；

（11）企业拥有的专利技术价值80 000元；

（12）向乙公司购买材料欠款140 000元；

（13）采购员张涛借支差旅费2 000元；

（14）应交各种税费15 000元；

（15）从建设银行借入期限为2年的借款600 000元；

（16）以前年度从净利润中提取盈余公积200 000元；

（17）本年实现利润120 000元。

要求：请根据上述资料，确定该公司202×年6月30日资产、负债和所有者权益各项目的金额，并计算资产、负债及所有者权益。

2. 假设某公司202×年12月初的资产为6 630 000元，负债为4 230 000元，所有者权益为2 400 000元，12月份发生的全部经济业务如下：

（1）所有者追加投入资金1 000 000元，存入银行。

（2）采购一批原材料，采购成本为124 000元，款项暂未支付。

（3）采购一台机器设备，采购成本为263 000元，款项以银行存款支付。

（4）以银行存款偿还一笔到期的短期借款500 000元。

（5）销售一批产品，价款为640 000元，款项暂未收到。

（6）本月发生办公费24 000元、水电费12 600元，以银行存款支付。

（7）结转本月销售产品的成本364 000元。

（8）债权人甲将其原借给公司的长期借款300 000元转作对公司的投资。

（9）股东乙由于资金周转困难，从公司撤回投资200 000元，以银行存款支付。

要求：请计算该公司12月末的资产、负债、所有者权益以及12月的收入、费用、利润。

参考答案

第三章

会计核算基础

学习目标与要求

本章系统阐述了会计核算的必要前提和理论基础，内容主要包括会计核算基本前提、会计处理基础、会计信息质量特征以及会计要素的确认与计量。通过本章学习，应该理解会计的四项基本假设，掌握权责发生制和收付实现制两种会计处理基础，明确会计信息的八项质量特征，了解会计确认的条件与会计计量方法。

引导案例

李航学习会计学以后，对他爸爸的创业历程也产生了兴趣，经常要他爸爸分享创业过程中的一些经历。有一次，他爸爸跟李航在讨论创业合伙人的选择时，谈到了金岳公司成立初期他与公司另一股东张叔叔的一些分歧。有一次，张叔叔家里来了客人，老家的亲戚过来探望张叔叔年迈的母亲，张叔叔请客人吃了午饭，花费1 300元，张叔叔认为自己是金岳公司的股东，于是开了发票到金岳公司要求报账，李航爸爸不同意，认为张叔叔的这笔餐费是他家里的开支，与金岳公司没有关系。还有一次，李航爸爸驾驶自己的私家车拜访公司客户，为公司联系业务，发生汽油费和过路费共计960元，李航爸爸将汽油费和过路费收据拿到金岳公司报账，张叔叔不同意，认为尽管李航爸爸是拜访公司客户，但驾驶的是自己的私家车，不是金岳公司的公务车，因此产生的费用不能算是金岳公司的费用。此外，去年年底给业务员张凯计算销售奖金时，李航爸爸和张叔叔也产生了分歧。张凯去年为公司开发了一个新客户，该客户已与金岳公司签订150万元的自动化设备采购合同，并根据合同约定于去年12月10日预付了30万元货款，但截至去年年底该批设备还未交付给客户。金岳公司的销售奖励政策规定，按业务员当年实现销售收入的10%发放销售奖金。张叔叔认为，根据公司政策应该按150万元的销售业绩给张凯发放销售奖金，但李航爸爸认为该笔销售业务还未完成，不能给张凯发放销售奖金。同学们怎么看待李航爸爸与张叔叔之间的分歧？张叔叔的餐费、李航爸爸的汽油费和过路费可不可以到金岳公司报账？金岳公司应不应该给张凯发放销售奖金？希望大家通过本章学习获得明确答案。

导读测评

3-1

第一节　会计核算基本前提与处理基础

一、会计核算基本前提

会计核算（accounting calculation）的对象是资金运动，而在市场经济条件下，由于经济活动的复杂性，企业的资金运动也是一个复杂过程，因此，面对变化不定的经济环境，摆在会计人员面前的一系列问题必须首先得到解决。例如，会计核算的范围有多大，会计为谁核算，给谁记账；会计核算的资金运动能否持续不断地进行下去；会计应该在什么时候记账、算账、报账，以及在核算过程中应该采用什么计量手段等。这些都是进行会计核算工作的前提条件。

会计核算基本前提也称会计假设（accounting hypothesis），是指为了保证会计工作的正常进行和会计信息质量，对会计核算的范围、内容、基本程序和方法做的合理设定。会计假设是人们在长期的会计实践中逐步认识和总结形成的。根据我国《企业会计准则——

基本准则》的规定，企业组织会计核算时，应遵循的会计假设包括：会计主体假设、持续经营假设、会计分期假设和货币计量假设。

（一）会计主体假设

会计主体（accounting subject）也称会计实体，是会计进行会计核算的特定单位或组织。在会计主体假设下，企业应当对其本身发生的交易或事项进行会计确认、计量和报告，即会计核算仅反映本企业所从事的各项生产经营活动和其他相关活动。会计主体假设是对会计工作空间范围的限定，主要解决为谁记账的问题。其具体包括两层意思：一是要划清企业之间的界限，例如甲企业的会计人员只反映甲企业的经济业务，不反映乙企业的经济业务，如果甲企业从乙企业采购了一批原材料，货款6 000元未支付，则甲企业的会计人员只记录原材料和应付账款增加6 000元，不必去记录乙企业的收入和应收账款增加6 000元；二是要公私分明，划清企业所有者的经济活动与企业的经济活动，不能将企业所有者个人的支出记到企业的账上，假如甲企业所有者个人购买小汽车支出30万元，则这项支出30万元不能记到企业的账上，这辆小汽车也不能列为企业的资产。

会计主体与法律主体不是同一概念。一般来说，法律主体必然是一个会计主体。例如，一个企业作为一个法律主体，应当建立财务会计系统，独立反映其财务状况、经营成果和现金流量。但是，会计主体不一定就是法律主体，它可以是一个有法人资格的企业，也可以是由若干家企业通过控股关系组建起来的集团公司，还可以是企业、单位下属的二级核算单位。独资企业、合伙企业甚至个人都可以作为会计主体，但都不具有法人资格，不属于法律主体。

（二）持续经营假设

知识拓展

法人及其分类

持续经营（going concern）是指会计主体的生产经营活动将无限期地延续下去，在可以预见的未来不会停业，也不会大规模削减业务。持续经营假设是指会计核算应当以企业持续正常的生产经营活动为前提，而不考虑企业是否破产清算等。持续经营只是一个假定，任何企业在经营过程中都存在破产、清算、重组等不能持续经营的风险。企业一旦进入清算，就应当改按清算会计处理。只有假定作为会计主体的企业是持续、正常经营的，会计的有关要求和会计程序及方法才有可能建立在非清算的基础之上，才能保持会计信息处理的一致性和稳定性。持续经营假设明确了会计工作的时间范围。

会计核算所使用的一系列方法和遵循的有关要求都是建立在会计主体持续经营的基础之上的。例如，只有在持续经营的前提下，企业的资产和负债才能区分为流动的和非流动的，企业对收入、费用的确认才能采用权责发生制，企业才有必要确立会计分期假设和配比、划分收益性支出和资本性支出等会计确认与计量要求。例如，甲企业购入一台机器设备，取得成本为200 000元，预计使用寿命为10年，假设企业在将来会持续经营下去，该机器设备在持续经营期间发挥作用，直到该机器设备使用寿命结束，那么会计核算时需要计算该设备由于使用损耗而导致的价值下降，即需要计提折旧。

（三）会计分期假设

会计分期（accounting period）是指将企业持续不断的生产经营过程划分为较短的相对等距的会计期间，通过会计期间的划分，分期结算账目，按期编制财务会计报告，从而及时向有关方面提供反映财务状况和经营成果的会计信息，满足有关方面的需要。从理论上来说，在企业持续经营的情况下，要反映企业的财务状况和经营成果只有等到企业所有的生产经营活动结束后，才能通过收入和费用的比较，准确计算利润，但那时提供的会计信息严重滞后，失去了其应有的作用和价值，因此必须分期进行会计核算，从而产生了会计分期。

会计期间分为会计年度和会计中期。世界各国采用的会计年度一般都与本国的财政年度相同，例如美国的会计年度是每年10月1日至次年的9月30日。我国以日历年度作为会计年度，即从公历的1月1日至12月31日为一个会计年度。会计年度确定后，一般按日历确定会计半年度、会计季度和会计月度。其中，凡是短于一个完整的会计年度的报告期间均称为会计中期。

会计分期假设以持续经营假设为前提，是对会计工作时间范围的具体划分。会计分期假设有着重要的意义。有了会计分期，才产生了本期与非本期的区别，才产生了收付实现制和权责发生制，才有了应收应付、预收预付等会计处理方法，以及划分收益性支出和资本性支出等要求。只有正确地划分会计期间，才能准确地提供财务状况和经营成果的资料，才能进行会计信息的对比。

（四）货币计量假设

货币计量（currency measurement）是指会计主体在会计核算过程中应采用货币作为计量单位记录、反映会计主体的经营情况。企业使用的计量单位较多，为了全面、综合地反映企业的生产经营活动，会计核算客观上需要一种统一的计量单位作为计量尺度。货币作为商品的一般等价物，能用以计量一切资产、负债和所有者权益，以及收入、费用和利润，因此，会计必须以货币计量为前提。需要说明的是，在会计核算中也要使用其他计量单位，如实物、劳动工时等，但不占主要地位。

在我国，要求企业对所有经济业务采用同一种货币作为统一尺度来进行计量。若企业的经济业务有两种以上的货币计量，应该选用一种作为基准，称为记账本位币。记账本位币以外的货币称为外币。我国有关会计法规规定，企业会计核算以人民币为记账本位币。业务收支以人民币以外的其他货币为主的企业，也可以选定该种货币作为记账本位币，但编制的会计报表应当折算为人民币进行反映。

货币本身也有价值，货币的价值是通过货币的购买力或物价水平表现出来的，但在市场经济条件下，货币的价值也在发生变动，币值很不稳定，甚至有些国家发生了恶性的通货膨胀，给货币计量带来了挑战。因此，一方面，我们在确定货币计量假设时必须同时确定币值稳定假设，假设币值是稳定的，不会有大的波动，或前后波动能够被抵消。另一方面，如果发生恶性通货膨胀，就需要采用特殊的会计原则如物价变动会计原则来处理有关的经济业务。

二、会计处理基础

由于存在会计分期假设，企业收入、费用及利润的会计核算产生了本期与非本期的区别，从而出现了收入、费用的收支期与归属期的问题。其中，收入、费用的收支期是指收入收到现款以及费用以现款支付完毕的会计期间，收入、费用的归属期是指应获得收入和应负担费用的会计期间。在实际工作中，收入、费用的收支期与归属期可能一致，也可能不一致。当收入、费用的收支期与归属期不一致时，有权责发生制和收付实现制两种会计处理基础。

（一）权责发生制

权责发生制（accrual basis）也称应收应付制，是指收入、费用的确认应当以收入和费用的实际发生作为确认标准，合理确认当期损益的一种会计基础。

在日常生产经营活动中，货币资金收支的时间与收入费用的发生并不完全一致。在权责发生制下，凡是当期已实现的收入和已经发生或应当负担的费用，无论款项是否收付，都应当作为当期的收入和费用，计入利润表；凡是不属于当期的收入和费用，即使款项已在当期收付，也不应当作为当期的收入和费用。例如，甲企业在2024年12月销售一批产品，售价为50万元，款项于2025年1月收到并存入银行。根据权责发生制的要求，由于产品是在2024年12月实现的销售，企业应当将50万元确认为2024年12月的销售收入。在此业务的处理中，只考虑收入的归属期，而不考虑款项是何时收到。又如，乙企业在2024年12月支付第四季度的借款利息24万元，根据权责发生制的要求，由于24万元是10月、11月、12月3个月使用借款本金而应支付的利息，所以应该在这3个月分别确认8万元的费用。

权责发生制依据业务的发生期来确认各期的收入和费用，要求做到收入和费用的相互配比，会计核算比较复杂，但对各会计期间损益的计算更为准确、合理。因此，凡是涉及会计主体的损益计算时，都必须采用权责发生制。例如，我国《企业会计准则——基本准则》规定，企业应当以权责发生制为基础进行会计确认、计量和报告；《政府会计准则——基本准则》规定，政府财务会计实行权责发生制；《民间非营利组织会计制度》也规定，民间非营利组织的会计核算应当以权责发生制为基础。

（二）收付实现制

收付实现制（cash basis）又称现金制或实收实付制，是以货币的实际收付期为标准来确认各期的收入和费用，从而计算各期损益的会计处理基础。在收付实现制下，凡是收到款项就确认为收入，凡是支付款项就确认为费用，不考虑与款项收支行为相关联的经济业务是否实际发生。例如，甲企业在2024年12月销售产品一批，售价为50万元，款项于2025年1月收到并存入银行，根据收付实现制的要求，在收到款项的2025年1月确认收入50万元，而不考虑该笔收入的权利是何时产生的。又如，乙企业在2024年12月支付第四季度的借款利息24万元，根据收付实现制的要求，在支付款项的2024年12月确认24万元支出，而不考虑该笔支出的义务是何时产生的，应该由哪个会计期间承担。

收付实现制核算简单，没有考虑到收入和费用的实际发生期与相关款项的收支期是否一致，因而收入和费用无法达到配比效果，以此为基础计算损益无法反映会计主体的真实情况。但是，收付实现制强调货币资金的收支，注重盈利与现金流的一致性，因此凡涉及会计主体现金流的计算，都采用收付实现制。例如，《政府会计准则——基本准则》规定，政府预算会计实行收付实现制；企业现金流量表的编制也采用收付实现制。

权责发生制与收付实现制的区别可以进一步通过例3-1进行阐述。

【例3-1】202×年4月，金麓公司发生的部分经济业务分别以权责发生制、收付实现制为基础确认收入和费用，见表3-1。

表3-1　　以权责发生制和收付实现制确认收入和费用对比

序号	经济业务	权责发生制		收付实现制	
		本月收入	本月费用	本月收入	本月支出
1	销售产品，货款20 000元本月全部收到	20 000		20 000	
2	收到上个月的销货款10 000元			10 000	
3	预收下个月销售产品的订金15 000元			15 000	
4	销售产品，货款30 000元，本月收到18 000元	30 000		18 000	
5	本月购入办公用品1 000元，款项以现金支付		1 000		1 000
6	月底支付第三季度房租24 000元				24 000
7	月底结算支付第二季度银行借款利息27 000元		9 000		27 000
8	月底结算本月的电费9 000元，款项尚未支付		9 000		

第二节　会计信息的使用者及其质量特征

导读测评

3-2

一、会计信息使用者

企业在生产经营过程中，由于融资、投资、采购、销售、支付工资、纳税等业务活动，与投资者、债权人、供应商、客户、企业员工、政府部门、行业组织等形成了特定的经济关系，这些单位或人员构成了企业的利益相关者。企业的这些利益相关者非常关注企业的经营和发展状况，是企业的会计信息使用者。会计信息使用者可以分为内部会计信息使用者和外部会计信息使用者。不同的会计信息使用者使用会计信息的视角和要求有所不同，其关注会计信息的侧重点也有所区别。

（一）内部会计信息使用者

企业的内部会计信息使用者主要包括各阶层管理人员、企业员工以及工会组织等。在当前市场竞争日益激烈的情况下，管理层必须全方位地了解和掌握企业生产经营过程中的各种数据和信息，才能把握市场脉搏，做出符合实际的经营决策。例如，主管销售和收款的人员需要随时了解客户的账款余额、期限等。会计作为一个信息系统，必须能够及时按要求提供管理层所需要的数据和信息，满足他们的决策需求。

员工向企业提供劳务并获得相应的报酬。企业经营业绩好就可能给员工更多的薪酬，也可能以业绩较差为借口降低薪酬或拒绝员工提高薪酬的要求。如果企业经营不景气，财务状况不佳，就可能解雇员工。因此，企业员工和工会组织通常比较关注企业的经营和发展情况。

（二）外部会计信息使用者

企业的外部会计信息使用者主要包括企业的投资者、债权人、政府部门以及社会公众等。由于企业管理层有权力和能力获得比企业公开的财务会计报告中更多的信息，因此，企业公开的财务会计报告应重点服务外部会计信息使用者，特别是投资者和债权人。

（1）企业投资者包括现有投资者和潜在投资者，他们通常关心企业的盈利能力和发展能力，他们需要借助会计信息等相关信息来决定是否调整投资、更换管理层和加强企业的内部控制等。

（2）企业贷款人、供应商等债权人通常关心企业的偿债能力和财务风险，他们需要借助会计信息等相关信息来判断企业是否能够按约支付所欠货款、偿还贷款本金和支付利息等。

（3）政府及其有关部门作为经济管理和经济监管部门，通常关心经济资源分配是否公平合理、市场经济秩序是否公正有序、宏观决策所依据信息是否真实可靠等，它们需要通过会计信息来监管企业的有关活动（尤其是经济活动），制定税收政策，进行税收征管和国民经济统计等。

（4）社会公众也关心企业的生产经营活动，包括企业对其所在地经济的贡献，如增加就业、刺激消费、提供社区服务等。

二、会计信息质量特征

会计信息（accounting information）是会计主体对外提供的一种"产品"，同任何一件具体产品一样，要实现其使用价值，必须具备相应的质量特征。会计信息质量特征也称会计信息质量要求。会计信息质量特征包括以下八项：可靠性、相关性、可理解性、可比性、实质重于形式、重要性、谨慎性、及时性。这些质量特征要求会计人员在处理会计业务、提供会计信息时，必须遵循会计信息的质量要求，以便更好地为会计信息使用者服务。

（一）可靠性

可靠性（reliability）又称客观性（objectivity）或真实性，是指企业应当以实际发生的交易或事项为依据进行会计确认、计量和报告，如实反映符合确认和计量要求的各项会计要素及其他相关信息，保证会计信息真实可靠和内容完整。可靠性是对会计信息质量的一项基本要求。因为企业提供的会计信息是投资者、债权人、政府及有关部门和社会公众的决策依据，如果会计数据不能客观、真实地反映企业经济活动的实际情况，势必无法满足有关各方面了解企业财务状况和经营成果以进行决策的需要，甚至可能导致错误的决策。

根据可靠性要求，会计核算所提供的会计信息必须建立在可查证的基础上，并且项目完整、手续完备。但是在会计实务中，有些数据只能根据会计人员的经验或对未来的预计予以计算。例如，固定资产的折旧年限、对制造费用分配方法的选择等，都会在一定程度上受到个人主观意志的影响。不同会计人员对同一经济业务的处理得出不同的计量结果是在所难免的，因此，会计人员应在统一标准的条件下将可能发生的误差降低到最低限度，以保证会计核算提供的会计资料真实可靠。为了达到这一要求，必须严格执行会计制度，加强会计核算的基础工作，提高会计人员的素质，建立健全内部控制制度和会计稽核制度。

（二）相关性

相关性（relevance）又称有用性，是指企业提供的会计信息应当与会计信息使用者的经济决策需要相关，有助于会计信息使用者对企业过去和现在的情况做出评价，对未来的情况做出预测。

会计的目标就是为信息使用者提供有用的信息。会计信息是否有用，关键看它是否与使用者的决策需要相关，是否有助于决策或者提高决策水平。相关的会计信息应当有助于使用者评价过去的决策、证实或者修正过去的有关预测，因而具有反馈价值；相关的会计信息还应当具有预测价值，有助于使用者根据财务会计报告提供的会计信息预测企业未来的财务状况、经营成果和现金流量。例如，区分收入和利得、费用和损失，区分流动资产和非流动资产，区分流动负债和非流动负债，适度引入公允价值计量等，都可以提高会计信息的预测价值，进而提升会计信息的相关性。

应当指出，相关性并不是要求企业的会计信息完全满足使用者的所有要求，这是因为不同的会计信息使用者有着不同的需要，再全面的会计信息也难以满足所有方面的需要。因此，企业对外编报的财务会计报告只能反映通用的会计信息，只要使用者通过对其进行适当加工能够得到所需要的信息，能够满足各方面的信息使用者了解企业财务状况、经营成果和现金流量的基本需要，会计信息就必然有助于使用者做出经济决策，会计信息就很好地满足了相关性的质量要求。

（三）可理解性

可理解性（understandability）又称清晰性或明晰性，是指企业提供的会计信息应当清晰明了，便于会计信息使用者理解和使用。

企业编制财务会计报告、提供会计信息的目的在于使用，而要使会计信息使用者有效地使用会计信息，应当让其了解会计信息的内涵，弄懂会计信息的内容，这就要求财务会计报告提供的会计信息清晰明了，易于理解。只有这样，才能提高会计信息的有用性，实现财务会计报告的目标，满足向会计信息使用者提供对决策有用信息的要求。

会计信息是一种专业性较强的信息“产品”，在强调会计信息可理解性的同时，还应假定使用者具有一定的企业经营管理和会计方面的知识，并且愿意付出努力去研究这些信息。对于某些复杂的信息，如交易本身较为复杂或者会计处理较为复杂，但其与使用者的经济决策相关，企业就应当在财务会计报告中予以充分披露，以便于使用者理解。

（四）可比性

可比性（comparability）是指企业提供的会计信息应当相互可比，满足会计信息使用者判断一家企业的优劣从而有助于其经济决策的需要。根据这一要求，可比性包含纵向可比性和横向可比性两层含义。

纵向可比性即同一企业不同时期提供的会计信息可比。企业会计核算过程中，在处理诸如发出存货计价、固定资产折旧计提、坏账损失核算等经济业务时，存在多种备选方法可供选择，而不同的会计处理方法会造成反映出来的企业财务状况、经营成果和现金流量不完全一样。纵向可比性要求一家企业对不同时期发生的相同或相似经济业务，其会计处理方法、会计指标的计算口径、财务会计报告的编制标准等应当保持前后一致，不得随意变更。强调会计信息的纵向可比性，并不意味着一家企业的会计政策一经实行以后就绝对不能变动。当企业经济业务的内容和性质发生较大变化而继续采用原有会计政策已不足以真实地予以反映，或者经实践发现原有会计政策确已不适应企业经济活动时，企业可以在下一个会计年度对会计政策进行变更。企业会计政策发生变更时，必须在财务会计报告中加以说明，以免误导会计信息使用者的经济决策。

横向可比性即不同企业相同会计期间的会计信息可比。按照这一要求，不同企业发生的相同或相似经济业务，应当采用规定的会计政策，会计指标应当口径一致，以确保同一时期不同企业之间的会计信息口径一致、相互可比，以便于会计信息使用者在进行同一时期不同企业之间横向的比较分析时，能够据以有效地判断企业的财务状况、经营成果和现金流量，从而做出正确的经济决策，也便于国家综合管理部门汇总、比较和分析各个企业提供的会计信息，加强国民经济宏观调控和管理。

（五）实质重于形式

知识拓展

甲和乙收益一样吗

实质重于形式（substance over form）是指企业应当按照交易或者事项的经济实质进行确认、计量和报告，不应仅以交易或者事项的法律形式为依据。

企业发生的经济业务在多数情况下其经济实质和法律形式是一致的，但在有些情况下也会出现不一致。这就要求企业按照交易或事项的经济实质进行会计核算，而不仅仅按照它们的法律形式作为会计核算的依据。例如，企业租入的资产，从法律形式来看，其所有权并未转移，仍然属于出租人；但从经济实质（economic substance）来看，与该资产有关的风险和报酬都已经归属于承租人。因此，虽然从法律关系上看承租人并不拥有租赁物的物权，但是从经济实质上看，承租人应当将该资产作为使用权资产列入资产负债表。再如，企业按照销售合同销售商品，但又签订了售后回购协议，虽然从法律形式上看实现了收入，但销售企业因同时签订了售后回购协议，因而实质上并没有将商品的控制权转移给购货方，没有满足收入确认的各项条件，即使签订了商品销售合同或者已将商品交付给购货方，也不应当确认销售收入。

（六）重要性

重要性（materiality）是指财务会计报告在全面反映企业的财务状况和经营成果的同时，应当区别经济业务的重要程度，采用不同的会计处理程序和方法。具体来说，对于重要的经济业务，应单独核算、分项反映，力求准确，并在财务会计报告中做重点说明；对于不重要的经济业务，在不影响会计信息真实性的情况下，可适当简化会计核算或合并反映，以便集中精力抓好关键。

重要性的意义在于对会计信息使用者来说，对经营决策有重要影响的会计信息是最需要的，如果对会计信息不分主次，反而会有碍于使用，甚至影响决策。而且对不重要的经济业务简化核算或合并反映，可以节省人力、物力和财力，符合成本效益原则。需要明确的是，重要性是相对的，并不是同样的业务对不同的企业都是重要或不重要的事项。对某项会计事项判断其重要性，在很大程度上取决于会计人员的职业判断。一般来说，重要性可以从质和量两个方面进行判断。从性质方面来说，如果某会计事项发生可能对决策产生重大影响，则该事项属于具有重要性的事项；从数量方面来说，如果某会计事项的发生达到一定数量或比例可能对决策产生重大影响，则该事项属于具有重要性的事项。

（七）谨慎性

谨慎性（prudence）又称稳健性，是指在处理不确定性经济业务时，应持谨慎态度，如果一项经济业务有多种处理方法可供选择时，应充分估计到各种风险和损失，尽量选择不高估资产和收益、不低估费用和负债的方法。谨慎性作为一种会计职业的思维方式，贯穿于会计核算的全过程，例如对应收账款提取坏账准备，就是对预计不能收回的货款先行作为本期费用，计入当期损益，以后确实无法收回时从坏账准备金中核销。

遵循谨慎性，对于企业存在的经营风险加以合理估计，对防范风险起到预警作用，有利于企业制定出正确的经营决策，有利于保护投资者和债权人的利益，有利于提高企业在市场上的竞争能力。但是企业不能滥用谨慎性原则，不能以谨慎性原则为由任意计提各种准备，即秘密准备。例如，按照有关规定，企业应当计提坏账准备、存货跌价准备等减值准备，但是在实际执行时，有些企业滥用会计政策，在前一年度大量计提减值准备，待后一年度再予以转回。这种行为属于滥用谨慎性计提秘密准备，是会计准则所不允许的。

（八）及时性

及时性（timeliness）是指企业对于已经发生的经济业务，应当及时进行会计确认、计量和报告，不得提前或延后。由于会计信息具有时效性，必然要求会计核算应当及时进行，以便于使用者及时利用，防止会计信息失效。具体地说，企业对于当期发生的交易或者事项应当在当期内进行会计处理，不得延至下期；财务会计报告应当在会计期间结束后的规定日期内编制完毕并及时呈报，不得拖延。

会计信息的及时性虽然本身并不能增加会计信息的效用，但如果不及时提供会计信息，即使有用的会计信息也会失效。因此，及时性是会计信息有用性的限制因素，确保及时性是满足会计信息有用性要求的重要保证。

以上八项会计信息的质量特征相互联系、紧密配合，共同反映会计信息应具备的质量要求，企业在对交易或者事项进行会计确认、计量和报告时应当综合加以运用，确保会计信息的质量。

导读测评

3-3

第三节　会计要素的确认与计量

会计提供信息时，首先应从企业经济活动产生的大量经济数据中筛选、辨认出含有会计信息的数据，使之能够进入会计信息处理系统，然后通过加工处理，将其转换成有用的会计信息，再通过财务会计报告输送给会计信息使用者，从而实现会计目标。在长期的会计实践中，通过不断总结，对会计信息的加工与处理形成了以会计确认（accounting recognition）、会计计量（accounting measurement）、会计记录（accounting record）和会计报告（accounting report）为主要环节的会计核算基本程序。其中，对会计要素的确认与计量是进行会计记录、会计报告的前提条件。

一、会计要素的确认

会计要素确认也称会计确认，是指将某一会计事项作为会计要素加以记录并列入财务报表的过程，即将符合会计要素定义的项目纳入资产负债表和利润表的过程。会计确认分为初始确认、后续确认和终止确认三个阶段。

（一）初始确认

初始确认，即初次确认，是指交易或事项发生时（对取得的原始凭证如发票等进行辨认），按照会计要素的定义和确认条件将其认定为资产、负债、所有者权益、收入和费用并加以记录的行为。初始确认需要做出以下判断：经济业务发生是否引起某一会计要素的变化？是否符合会计要素的定义？应当记录为资产、负债、所有者权益、收入还是费用？会计要素变动的金额如何确定？会计要素的初始确认必须满足以下三个条件：

（1）符合会计要素的定义。要将有关经济业务确认为一项会计要素，则该经济业务首先必须符合该会计要素的定义。

（2）有关的经济利益很可能流入或流出企业。这里的“很可能”表示经济利益流入或流出的可能性在50%以上。

（3）有关的价值以及流入或流出的经济利益的金额能够可靠地计量。如果不能可靠计量，会计确认就没有意义。

例如，假设某企业购买一台设备，设备已安装验收并投入使用，设备款30万元尚未支付。这笔经济业务发生后，该企业的会计人员必须对其是否引起会计要素的变动进行判断，进而决定是否要进行会计处理。一方面，这笔经济业务购入的设备已为企业所拥有，该设备通过投入生产预期能够给企业带来经济利益，且金额能够可靠计量，符合资产定义，因而可以确认为企业的资产；另一方面，企业购入设备而货款未付，使企业产生了一项预期会导致经济利益流出企业的现时义务，即未来偿付应付账款会导致企业的现金或现金等价物流出，且金额能够可靠计量，符合负债定义，因而可以确认为企业的负债。通过分析可见，该项交易涉及企业的资产和负债两个要素的变动，要将购入的设备和未付的设备款分别确认为企业的资产和负债。

（二）后续确认

后续确认是指对已确认项目在持有期间由于价值变动所进行的调整以及期末在对外列报时将相关的项目进行合并与抵减。例如，某企业购买的设备，在初始确认时将其价值确认为30万元，如果这台设备到期末由于跌价其市价降为20万元，低于其账面价值（30万元），这时须将低于成本部分（10万元）做资产减值处理，这台设备对外列报时以抵减减值后的金额（20万元）进行列报。

（三）终止确认

终止确认是指将不再满足会计要素确认标准的项目加以清除、不再列报的行为。例如，假设某企业购买的设备原价30万元，已提减值准备金10万元，已提累计折旧5万元，账面净值还有15万元。这台设备如果由于工作人员操作不当直接报废，预期不能再给企业带来经济利益流入，此时不符合资产要素的定义，则这台设备需要从企业的资产中予以清除。

二、会计要素的计量

（一）会计要素计量的定义

会计要素计量简称会计计量，是将符合确认条件的会计要素进行会计记录继而列报于财务会计报告并确定其金额的过程。例如本节前例中，某企业购买一台设备，设备已安装验收并投入使用，设备款尚未支付，此项交易事项所涉及的资产和负债要素各增加了30万元。

会计要素的计量涉及两个方面的问题：一是计量单位；二是计量属性。在计量单位方面，会计要素的计量应以货币作为主要计量单位；在计量属性方面，应根据交易或事项的具体情况和要求选取合适的计量属性。

（二）会计计量属性及构成

会计计量属性简称计量属性或计量基础，是指会计要素金额的确定基础，即按什么标准来确定会计要素的金额，它反映了会计要素的数量特征或外在表现形式。会计计量属性主要包括历史成本、重置成本、可变现净值、现值和公允价值等。

1.历史成本

历史成本（historical cost）也称实际成本，是指为取得或制造某项财产物资实际支付的现金或现金等价物的金额。在历史成本计量下，资产按照取得或制造时实际支付的现金或现金等价物的金额，或者按照购置资产时所付出对价的公允价值进行计量；负债按照因承担现时义务而实际收到的款项或资产的金额，或者承担现时义务的合同金额，或者按照日常活动中为偿还负债预期需要支付的现金或现金等价物的金额计量。例如，某公司购入一台设备，价款30万元，以银行存款支付，不考虑其他因素，该机器设备按历史成本计价，金额为30万元。

2.重置成本

重置成本（replacement cost）也称现行成本，是指按照当前市场条件重新取得同样资产所需支付的现金或者现金等价物的金额。在重置成本计量下，资产按照现在购买相同或相似资产所需支付的现金或现金等价物的金额计量；负债按照现在偿付该项债务所需支付的现金或现金等价物的金额计量。在实务中，重置成本多用于盘盈固定资产的计量。例如，某公司在年末进行财产清查时发现一台未入账的设备，估计六成新，目前同类设备的市价为20万元，该设备按重置成本计价，金额为12万元（20×0.6）。

3.可变现净值

可变现净值（net realizable value），是指在正常生产经营过程中，以预计售价减去进一步加工成本和预计销售费用以及相关税费后的净值。在可变现净值计量下，资产按照其正常对外销售所能收到的现金或者现金等价物的金额扣减该资产至完工时估计将要发生的成本、估计的销售费用以及相关税费后的金额计量。可变现净值是在不考虑资金时间价值的情况下，计量资产在正常生产经营过程中可能带来的预期净现金流入或流出，通常应用于存货等资产减值情况下的后续计量。例如，某公司2024年年末某种原材料的账面价值为200万元，将它加工为产品出售的市场售价为180万元，估计加工期间发生的加工费为50万元，销售产品需要发生销售费用等相关税费20万元，该种原材料按可变现净值计价，金额为110万元（180−50−20）。

4.现值

现值（present value）是指对未来现金流量以恰当的折现率进行折现后的价值，是考虑货币时间价值的一种计量属性。在现值计量下，资产按照预计从其持续使用和最终处置中产生的未来净现金流入量的折现金额计量；负债按照预计期限内需要偿还的未来净现金流出量的折现金额计量。现值通常应用于非流动资产（如固定资产、无形资产）可收回金额的确定，使用现值的目的是尽可能地捕捉和反映各种不同类型的未来现金流量之间的价值差异。例如，某公司一项固定资产原值为18万元，累计折旧为10万元，预计未来现金流量现值为5万元，该固定资产按现值计价，金额为5万元。

5.公允价值

公允价值（fair value）是指在公平交易中，熟悉市场情况的交易双方自愿进行资产交换或者债务清偿的金额。在公允价值计量下，资产和负债按照在公平交易中，熟悉情况的交易双方自愿进行资产交换或者债务清偿的金额计量。公允价值主要应用于交易性金融资产、交易性金融负债、采用公允价值模式计量的投资性房地产等的计量。例如，某企业2024年7月5日从二级市场以每股6元的价格购入甲公司股票5万股作为交易性金融资产，2024年12月31日，甲公司股票的收盘价为每股10元，则该项资产在2024年12月31日按公允价值计价，在会计报表中披露的金额为50万元。

（三）会计计量模式

计量模式是指会计在针对不同计量对象时采用有差别的处理方法。五种计量属性从本质上看可以分为两种计量模式——历史成本计量模式和公允价值计量模式。历史成本反映的是过去的价值，公允价值反映的是现时价值；其中重置成本、可变现净值、现值、公允价值都属于公允价值计量模式，因为这四种计量属性都是借助市价、类似参照物的市价、市场法、收益法等估值技术进行计量。

历史成本计量具有可靠、简便、容易采集数据、符合会计核算真实性的优点。但在市场经济条件下，历史成本计量也存在一定缺陷。由于历史成本计量采集数据的时间与会计信息使用者进行预测、决策的时间有可能间隔比较长，如果在这段时间内经济环境发生比较大的变化，例如物价剧烈波动，此时就不能真实反映会计要素的实际价值，可能使会计信息使用者做出错误判断。

因此，我国的《企业会计准则——基本准则》第四十三条规定："企业在对会计要素进行计量时，一般应当采用历史成本。采用重置成本、可变现净值、现值、公允价值计量的，应当保证所确定的会计要素金额能够取得并可靠计量。"根据这一规定，我国企业在进行会计核算时，一般应当采用历史成本计量；如果要采用重置成本、可变现净值、现值、公允价值等其他计量属性进行计量时，应当保证所确定的会计要素金额能够取得并且可靠计量。

立德树人：权责对等与会计担当

权责发生制是会计核算中处理有关经济业务的一种最基本的制度。该制度规定，凡在本期发生应归属于本期的收入，不论是否已实际收到或未收到货币资金，均应作为本期的收入处理；凡在本期发生应从本期收入中获得补偿的费用，不论是否已实际支付或未付货币资金，均应作为本期的费用处理。权责发生制确认费用的核心是强调权力与责任的对等，因而能够准确反映各期的费用水平和盈亏状况。《企业会计准则》《政府会计准则》《民间非营利组织会计制度》等多项准则制度规定，会计核算应当以权责发生制为基础。因此，会计人员必须准确理解权责对等的核心内涵，在会计核算过程中严格贯彻权责发生制，准确反映会计主体的盈亏。

同时，权力与责任对等也是工作生活中的一项基本原则，有权力的人必须有相应的责任，权力越大的人相应的责任也越大。这就要求会计人员勇于承担责任，做一个有担当精神的会计人员。古代中国，会计与国家政权息息相关，会计不仅是记账的工具，更担负着治国理财的重任。"计天下利，理百姓财，平官府账"，会计关乎民心所向，更影响着国家的兴衰。当今时代，会计人员也应当有"计天下利"的视野和胸襟，坚守会计职业信仰，勇于承担会计责任，不屈从于任何外在压力，不为利益所诱惑，客观公正地开展会计活动。

本章要点概览

1. 会计核算基本前提即会计假设，是对会计核算的范围、内容、基本程序和方法所做的合理设定。会计假设包括会计主体、持续经营、会计分期和货币计量四项。

2. 会计处理基础有权责发生制和收付实现制。权责发生制以收款权利的取得或者付款责任的发生为基准来确认本期的收入或者费用；收付实现制以资金的实际收取或者支付为基准来确认本期的收入或者支出。

3.为了保证会计信息使用者依据会计信息能够做出正确的决策，会计所提供的信息必须符合一定的质量要求，具体包括可靠性、相关性、可理解性、可比性、实质重于形式、重要性、谨慎性、及时性八项会计信息质量要求。

4.在长期的会计实践中，人们对会计信息的加工与处理形成了以会计确认、会计计量、会计记录和会计报告为主要环节的会计程序。会计确认是指将企业发生某一经济业务与会计要素联系起来加以记录并列入财务会计报告的过程，会计确认分为初始确认、后续确认和终止确认三个阶段。

5.会计计量是将符合确认条件的会计要素进行会计记录进而列报于财务会计报告并确定其金额的过程。会计计量涉及计量单位和计量属性两个方面，其关键是要选取合适的计量属性。我国《企业会计准则——基本准则》规定，一般应当采用历史成本计量，如果采用重置成本、可变现净值、现值、公允价值计量的，应当保证所确定的会计要素金额能够取得并可靠计量。

本章练习题

1.假设某公司202×年9月发生以下经济业务：

（1）销售产品80 000元，货款存入银行；

（2）销售产品30 000元，货款尚未收到；

（3）预付该年第四季度房租15 000元；

（4）计提本月应负担的固定资产折旧费3 200元；

（5）收回上月销货款25 000元；

（6）预收销货款10 000元；

（7）支付第三季度银行借款利息6 000元。

要求：请分别按权责发生制和收付实现制分析计算该企业本月收入、费用（支出）情况。

2.假设某医药公司财务负责人张经理在编制202×年末财务报告时，针对下列几项资产的会计计量问题与公司总经理进行了讨论：

（1）公司去年1月中旬以20万元的价格从生产厂商购入了一批药品，该批药品的保质期为24个月，截至本年末仍有40%未售出；由于该部分药品很快就要过保质期，因此必须尽快降价处理以减少公司的损失，如果降价销售的话，估计能卖2万元；公司总经理认为未出售的药品应按8万元对外报告，但张经理认为应按2万元对外报告。

（2）公司15年前以150万元的价格购入一套商品房作为员工宿舍，目前同地段和小区的房屋市场价格已经涨到了800万元；公司总经理认为该套商品房应按800万元对外报告，但张经理认为应按150万元对外报告。

参考答案

（3）公司年底进行财产清查时，发现去年12月24日以8万元买回来的一台全自动药品包装机在公司账簿中没有记录，该设备预计可使用5年，无残值；但该设备今年已跌价至6万元，购买一台同样型号的旧设备只要4万元；公司总经理认为该台设备应按6.4万元对外报告，但张经理认为应按4万元对外报告。

要求：（1）请分析公司总经理和张经理分别是基于什么计量属性对未出售药品、员工宿舍、药品包装机进行计量的？（2）你赞成谁的观点？为什么？

第四章

账户与复式记账

学习目标与要求

本章系统阐述账户设置与复式记账的基本原理，内容主要包括会计科目、会计账户、复式记账以及借贷记账法。通过本章学习，应该了解会计科目的意义与设置原则，理解会计账户的结构、复式记账原理，掌握借贷记账法的记账规则、会计分录编制以及试算平衡的基本原理与方法。

引导案例

李航为积累工作经验，利用周末到学校附近的超市做兼职。超市老板听说李航是会计学专业学生后，考虑到超市业务量少，为节约经营成本，决定让李航做超市的兼职会计。李航与超市老板交流后，发现超市需要记录的内容主要有采购商品应付供应商货款、赊销商品应收客户货款、现款销售商品收取货款、用现金或者银行存款支付水电费和房租等，于是分设“库存现金”“银行存款”“应收账款”“应付账款”四个项目进行记录。月底，老板让李航提供超市当月经营情况的数据。李航将记录的数据进行了汇总，该月四个项目的具体情况为：“库存现金”收到15 000元，支出13 500元，净增加1 500元；“银行存款”收到326 000元，支出238 000元，净增加88 000元；“应收账款”增加452 000元，减少276 000元，净增加176 000元；“应付账款”增加411 200元，减少175 000元，净增加236 200元。李航知道反映超市经营情况的主要指标是利润，认为将该月增加的库存现金、银行存款、应收账款合计，再减去该月增加的应付账款，即为该月的利润。按照这一思路，李航计算出超市该月利润为29 300元（1 500+88 000+176 000-236 200）。但是，超市老板认为李航这样计算超市的利润不准确。同学们，你们知道问题出在哪里吗？希望大家通过本章学习获得明确答案。

导读测评

4-1

第一节　会计科目

一、会计科目的概念及意义

会计科目（accounting item），一般简称为科目，是对会计要素具体内容进行分类核算所规定的项目，是对会计要素进一步分类的项目名称。会计反映和监督的内容是企业再生产过程能够以货币表现的经济活动，其基本表现形式是资产、负债、所有者权益、收入、费用和利润等会计要素，每一项会计要素各自还包括若干具体内容。例如，资产要素包括库存现金、银行存款、应收账款、原材料和固定资产等，而所有者权益要素包括实收资本（或股本）、资本公积、盈余公积和未分配利润。在经济活动发生以后，只有结合会计要素的具体内容进行确认和计量，才能使经济业务的会计处理更为详细、清晰，才能提供更为具体的信息，进而达到系统、完整地反映各个会计要素变动情况及变动结果的目的。为了对会计要素进行全面、系统、完整的处理，需要采用一定的方法对会计要素进行进一步的划分，根据各个要素的内容分别划分为若干个明细项目。会计对象、会计要素和会计科目的关系如图4-1所示。

设置会计科目，对会计要素的具体内容进行科学分类，具有十分重要的意义，它既是

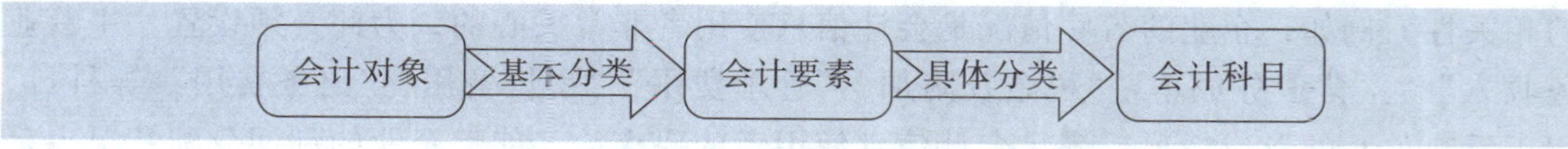

图4-1 会计对象、会计要素和会计科目的关系

一种重要的会计核算方法，也是运用其他会计核算方法的重要基础，是正确组织会计核算工作所必须遵循的重要规则和条件。通过设置会计科目，明确会计要素具体内容中每一项目的含义、范围和名称，可以为设置账户、填制和审核会计凭证提供依据，可以为设置和登记会计账簿、设计和编制会计报表提供帮助，有利于为财务会计报告使用者提供有用的分类信息，满足有关各方面的不同需要。

二、会计科目的设置原则

不同类型的企业，由于其经济业务活动的具体内容、规模大小与业务繁简程度等情况不尽相同，在具体设置会计科目时，应考虑自身特点和具体情况。但是，企业在设置会计科目时都应遵循以下原则：

（一）统一性

不同企业之间设置的会计科目应当尽可能一致、统一，以便于对不同企业的会计信息进行对比、分析和汇总，保证会计信息的可比性。例如，无论什么企业，对库存现金都设置“库存现金”科目，对存入银行的各种存款都设置“银行存款”科目，对应缴纳的各种税金都设置“应交税费”科目。在实务中，我国各单位使用的会计科目都由国家发布的会计规范事先规定，会计主体在进行会计核算时，可以从这些规定的会计科目中选取使用，这样做可以保证会计科目设置的统一性。

（二）灵活性

在不违反会计准则中确认、计量和报告的规定以及不影响会计信息可比性的前提下，各会计主体可根据本单位的实际情况对统一规定的会计科目做必要的增补或兼并。例如，在预收账款不多的企业，可以将预收账款的经济业务通过“应收账款”科目进行核算；可以将“其他应收款”和“其他应付款”科目合并设置“其他往来”科目进行核算。又如，在核算实际收到投资者投入资本时，一般企业用“实收资本”科目，股份有限公司用“股本”科目。

（三）完整性

企业一定时期所设置的会计科目要涵盖其会计要素的各项具体内容，全面反映企业各项交易或事项的发生情况，以便分门别类地反映和监督各项经济业务，为加强经济管理提供必要的核算指标。同时，对于企业不存在的交易或事项，不设置相关会计科目。例如，产品生产企业是制造工业产品的单位，根据其业务特点，必须设置反映和监督其生产经营过程及产品生产成本的会计科目——“生产成本”和“制造费用”，而商品流通企业不从事产品生产，只是组织商品流通，就不必设置“生产成本”和“制造费用”这两个科目；企业以长期借款的方式从银行借入资金时，应设置“长期借款”科目，如果没有发生长期借款的经济业务则不需要设置。

（四）相关性

设置会计科目必须充分考虑会计信息的使用者了解会计信息的各种需求，应便于使用者从总体和具体内容方面了解企业的财务状况和经营成果，提高会计核算所提供会计信息的相关性。例如，企业的盈亏情况是会计信息使用者非常关心的，为此必须设置“主营业务收入”“主营业务成本”“税金及附加”“管理费用”“销售费用”“财务费用”等科目，用于反映盈亏的形成情况，满足会计信息使用者的要求。又如，企业的利润分配情况也是会计信息使用者尤其是投资者非常关心的，为此需要设置“利润分配”科目反映利润分配的过程与结果。

（五）稳定性

为了使所提供的会计信息具有纵向可比性，以便于在不同时期比较分析会计核算指标和在一定范围内综合汇总核算指标，对会计科目的设置应保持相对稳定，不能经常随意改变会计科目的名称、核算内容、范围和编号。此外，每个会计科目的核算内容必须明确界定，科目名称应当文字简明、含义明确、通俗易懂，便于开设和运用账户，避免不同特性的资料混同记入同一会计科目。

三、会计科目的内容、级次和编号

（一）会计科目的内容

我国企业的会计科目及其核算内容由财政部颁布的企业会计准则体系统一规定。《企业会计准则应用指南——会计科目和主要账务处理》以及近年来修订的企业会计准则、应用指南都对各类企业的会计科目进行了统一规范，为企业进行会计科目设置提供了依据。表4-1摘要列示了企业常用会计科目。

表4-1 企业常用会计科目表

编号	科目名称	编号	科目名称
一、资产类			
1001	库存现金	1411	周转材料
1002	银行存款	1471	存货跌价准备
1101	交易性金融资产	1501	债权投资
1121	应收票据	1502	债权投资减值准备
1122	应收账款	1503	其他债权投资
1123	预付账款	1504	其他权益工具投资
1131	应收股利	1511	长期股权投资
1132	应收利息	1601	固定资产
1221	其他应收款	1602	累计折旧
1231	坏账准备	1604	在建工程
1401	材料采购	1605	工程物资
1402	在途物资	1701	无形资产
1403	原材料	1801	长期待摊费用
1404	材料成本差异	1901	待处理财产损溢
1405	库存商品		

续表

编号	科目名称	编号	科目名称
二、负债类			
2001	短期借款	2231	应付利息
2201	应付票据	2232	应付股利
2202	应付账款	2241	其他应付款
2203	预收账款	2501	长期借款
2211	应付职工薪酬	2502	应付债券
2221	应交税费	2701	长期应付款
三、共同类（略）			
四、所有者权益类			
4001	实收资本	4101	盈余公积
4002	资本公积	4103	本年利润
4003	其他综合收益	4104	利润分配
五、成本类			
5001	生产成本	5201	劳务成本
5101	制造费用	5301	研发支出
六、损益类			
6001	主营业务收入	6601	销售费用
6051	其他业务收入	6602	管理费用
6101	公允价值变动损益	6603	财务费用
6111	投资收益	6701	资产减值损失
6301	营业外收入	6702	信用减值损失
6401	主营业务成本	6711	营业外支出
6402	其他业务成本	6801	所得税费用
6403	税金及附加	6901	以前年度损益调整

根据《企业会计准则应用指南》的规范要求，产品生产企业主要应设置资产类、负债类、所有者权益类、成本类、损益类五类会计科目。在这种分类方法中，负债类科目在划分上没有区别，对应的是负债要素，其他会计要素对应的会计科目都有所变化：资产要素包括资产类会计科目和成本类会计科目，收入和费用两个会计要素对应损益类会计科目，所有者权益和利润两个会计要素对应所有者权益类会计科目。《企业会计准则应用指南》中规范的产品生产企业会计科目分类与会计要素之间的关系如图4–2所示。

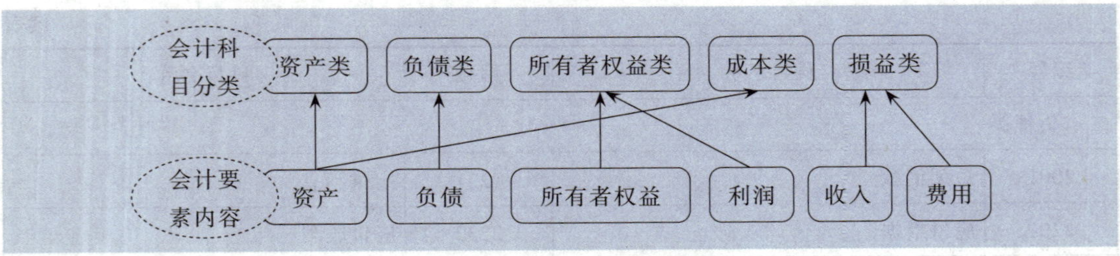

图4-2　会计科目分类与会计要素内容的关系

（二）会计科目的级次

会计科目的级次是指企业设置的会计科目在整个会计科目体系中所处的层次。会计科目所处的层次不同，提供的信息详细程度也有所不同。会计科目按其提供会计信息的详细程度不同可以分为以下两类：

1.总分类科目

总分类科目（general ledger accounting item）是对会计要素内容进行总括分类形成的项目，也称一级科目或总账科目。总分类科目是在会计上对会计要素的具体内容进行总分类核算的依据，利用总分类科目设置的账户可以提供总括的信息指标。企业总分类科目的名称和内容通常由企业会计准则做出统一规定，以利于会计信息的逐级汇总并相互可比。上述表4-1所列的会计科目都是总分类科目，如“银行存款”、“库存商品”、“固定资产”和“实收资本”等。

2.明细分类科目

明细分类科目（subsidiary ledger accounting item）是对总分类科目进行进一步分类，提供更为详细和具体会计信息的科目。明细科目隶属于总分类科目，反映的经济内容受到总分类科目所反映经济内容的统驭。按照特定总分类科目所反映经济内容的详细程度不同，明细分类科目通常又可具体划分为二级科目、三级科目等不同级次的科目。例如，“固定资产”总分类科目下可以按固定资产大类设置“房屋建筑物”“机器设备”“运输工具”等二级科目，在“房屋建筑物”二级科目下可以再设置“厂房”“仓库”等三级科目。实务工作中，二级科目也称子目，三级科目也称细目。按照我国现行会计准则的规定，部分二级科目统一设置，如“应交税费”一级科目下按税种设置“应交增值税”“应交所得税”等二级科目。除会计准则规定统一设置以外，各单位可根据实际需要自行设置明细分类科目。下面以“固定资产”和“原材料”为例，将会计科目按所提供指标详细程度进行分类，见表4-2。

（三）会计科目的编号

为了便于进行会计账务处理，适应会计信息处理电算化的需要，加快会计核算速度，提高会计信息的质量，会计科目按一定规则进行编号，采用一科目一编号原则。科目编号能清楚地表示会计科目所属的类别及在类别中的位置。如表4-1所示，目前我国财政部统一规定的总分类会计科目采用“四位数制”进行编号，有千、百、十、个四位数字。其中千位数为大分类编号，“1”为资产类、“2”为负债类、“3”为共同类、“4”为所有者权益类、“5”为成本类、“6”为损益类；百位数为小分类编号，即相同业务性质的会计科目，如“0”代表货币资金、“4”代表存货、“6”代表固定资产；十位数和个位数为每个小类之下的科目编号，从01开始，至99为止，为该会计科目的顺序号，为便于会计科目增减，在顺序号中一般都留有间隔。

表 4-2　　会计科目按所提供指标详细程度的分类

总分类科目（一级科目）	明细科目	
	二级科目（子目）	三级科目（细目）
固定资产	机械设备	A机床
		B机床
	房屋建筑物	厂房
		仓库
	运输工具	客车
		轿车
原材料	原料及主要材料	木材
		铜材
	辅助材料	胶水

导读测评

4-2

第二节　会计账户

一、账户的概念及意义

企业在生产经营过程中，总是发生各种各样的经济业务，从而引起会计要素的具体内容发生增减变化。为了对各项经济业务引起的会计要素具体内容增减变化情况进行分门别类的核算，首先必须对会计要素具体内容进行科学分类，设置会计科目。然而，设置会计科目只是解决了对会计要素具体内容进行科学分类的问题，只是为分类核算提供了依据，要对各项经济业务引起的会计要素具体内容增减变化的情况予以记录，还必须借助会计账户这一工具。

会计账户（accounts）简称为账户，是根据会计科目设置，具有一定结构和格式，用以连续、系统、全面地记录交易或事项，反映会计要素增减变动及其结果，并为编制财务会计报告提供数据资料的一种工具。由于账户是具有特定结构或格式、可以记录交易或事项的载体，因此设置和运用账户，就可以对企业日常经营活动中发生的经济业务分类、连续、完整地进行记录，从而提供会计要素具体内容增减变化及其结果的分类数据。

二、账户的结构与功能

（一）账户的基本结构

账户借助于一定的结构或格式来记录经济业务引起的会计要素具体内容的增减变化情况和结果。但是，采用不同的记账方法，账户的结构或格式是不同的，即使采用同一种记账方法，由于账户核算的经济内容或账户性质不同，管理上要求提供的信息不同，账户也呈现多种多样的具体结构或格式。

然而，不论采用何种记账方法，也不论是何种性质的账户，其结构或格式都应当包括以下几个部分：

（1）账户名称，即会计科目。

（2）日期，用于记录经济业务发生的时间。

（3）凭证字号，用于记录记账的依据，即所依据记账凭证的编号。

（4）摘要，用于对所记录经济业务的简要说明。

（5）金额，用于记录经济业务的发生所引起会计要素具体内容的增加额、减少额和余额。

账户的结构见表4-3。

表4-3 **账户结构**

账户名称：（会计科目）

年		凭证		摘　要	增加								减少								余额							
月	日	字	号		十	万	千	百	十	元	角	分	十	万	千	百	十	元	角	分	十	万	千	百	十	元	角	分

注：波纹线表示账页省略（后同）。

在账户记录的全部内容中，其所记录的增加额、减少额和余额尤为重要，因为这些内容是以货币为主要计量单位进行计量所形成的信息，对于反映会计要素具体内容的增减变化及其结果、形成最终的财务报表信息都具有十分重要的作用。因此，会计上一般将账户中用来记录增加额、减少额和余额的那部分结构称为账户的基本结构。

在会计教学和研究中，为了简便起见，往往将账户中的日期、凭证字号、摘要和余额部分略去，将账户简化为左右两方的“T”形账户（t-shaped account），用以记录会计要素具体内容的增减及结存情况，如图4-3所示。

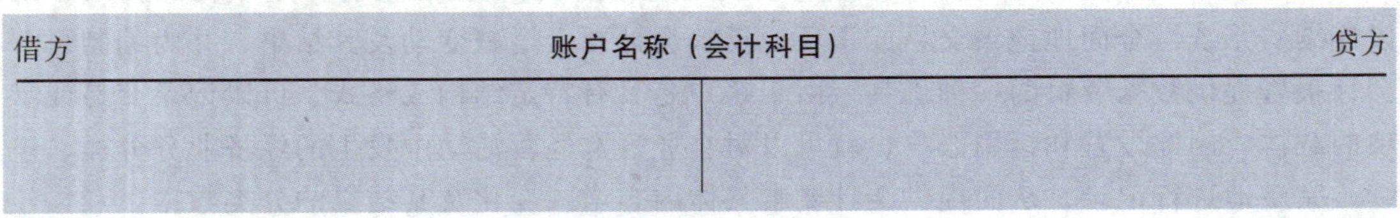

图4-3　“T”形账户

在“T”形账中，一方登记增加额，另一方登记减少额。同时，由于账户的余额是增加额与减少额相抵后的差额，所以余额一般在登记增加额的那一方。应当指出的是，在“T”形账户中，账户左右两方的具体名称取决于采用的记账方法。例如，采用增减记账法时，账户的左方称为“增方”，右方称为“减方”；采用收付记账法时，账户的左方称为“收方”，右方称为“付方”；采用借贷记账法时，账户的左方称为“借方”，右方称为“贷方”。目前，国际上普遍采用借贷记账法记账，后续章节将对借贷记账法予以详细介绍。

（二）账户的主要功能

账户的功能在于连续、系统、完整地提供企业经济活动中各会计要素的增减变动及其结果的具体信息。其中，在特定会计期间增加和减少的金额，分别称为账户的“本期增加发生额”和“本期减少发生额”，二者统称为账户的“本期发生额”；在会计期末的增减变动结果，称为账户的“余额”，具体表现为期初余额和期末余额；账户上期的期末余额转入本期，即为本期的期初余额；账户本期的期末余额转入下期，即为下期的期初余额。账户的期初余额、期末余额、本期增加发生额和本期减少发生额之间的基本关系为：

期末余额=期初余额+本期增加发生额-本期减少发生额

账户的本期发生额说明会计要素特定项目在某一会计期间增加或减少的状况，提供该项目变化的动态信息，因此，账户的本期发生额属于“动态”经济指标范畴。账户的余额说明会计要素特定项目在某一时日或某一时刻（如期初、期末）的存在状况，即“相对静止”条件下的表现形式，因此，账户的余额属于“静态”经济指标范畴。

【例4-1】202×年5月，金麓公司采用借贷记账法时银行存款账户记录的内容见表4-4。

表4-4　　金麓公司银行存款账户

账户名称：银行存款

202×年		凭证		摘　要	借方								贷方								借或贷	余额							
月	日	字	号		十	万	千	百	十	元	角	分	十	万	千	百	十	元	角	分		十	万	千	百	十	元	角	分
5	1			月初余额																	借	7	5	0	0	0	0	0	0
5	2	收	1	取得借款存入银行	2	0	0	0	0	0	0	0									借	9	5	0	0	0	0	0	0
	4	付	1	支付设备购置款										6	0	0	0	0	0	0	借	8	9	0	0	0	0	0	0
	6	付	2	发放上月工资									3	1	2	0	0	0	0	0	借	5	7	8	0	0	0	0	0
	8	付	3	购买办公用品											3	0	0	0	0	0	借	5	7	5	0	0	0	0	0
	13	付	4	偿还短期借款									3	0	0	0	0	0	0	0	借	2	7	5	0	0	0	0	0
	19	收	2	收到售产品货款	1	6	9	5	0	0	0	0									借	4	4	4	5	0	0	0	0
	22	付	5	支付材料采购款									1	3	5	6	0	0	0	0	借	3	0	8	9	0	0	0	0
	25	付	6	支付环保局罚款										2	5	0	0	0	0	0	借	2	8	3	9	0	0	0	0
	28	收	3	银行结算存款利息				6	2	5	0	0									借	2	8	4	5	2	5	0	0
5	31			本月合计	3	7	0	1	2	5	0	0	8	3	5	6	0	0	0	0	借	2	8	4	5	2	5	0	0

金麓公司202×年5月银行存款月初余额为750 000元，本期增加发生额370 125元，本期减少发生额835 600元，月末余额284 525元。其中，月初余额和月末余额分别说明银行存款在5月初和5月末的结存数量，表明银行存款在这两个时点的静态情况；本月发生额分别说明该公司在5月份共计收到和支付的银行存款，表明了银行存款在5月份的增减变

化情况。金麓公司5月份银行存款账户记录的内容用“T”形账户表示如图4-4所示。

借方		银行存款	贷方
期初余额	750 000		
本期增加额	200 000	本期减少额	60 000
	169 500		312 000
	625		3 000
			300 000
			135 600
			25 000
本期发生额	370 125	本期发生额	835 600
期末余额	284 525		

图4-4 银行存款“T”形账户

三、账户与会计科目的关系

在会计学中，账户和会计科目是两个既有联系又有区别的不同概念。

账户和会计科目的联系是：账户和会计科目都是按照相同的经济内容来设置的，账户是根据会计科目开设的，根据一级科目开设的账户就是一级账户或称总账账户，根据二级科目开设的账户就是二级账户，根据三级科目开设的账户就是三级账户，其中二级账户和三级账户也称明细账户。会计科目是账户的名称，会计科目规定的核算内容就是相应账户记录和反映的经济内容。会计科目和账户在有关账页中有机结合，构成了会计账簿的统一体。正因为如此，在实际工作中，人们常常把会计科目作为账户的同义词。

账户和会计科目的区别是：会计科目是按照经济内容对会计要素的具体内容进行分类的项目名称，它只是对账户的核算内容进行高度抽象与概括，不存在结构问题；账户则是在会计科目分类的基础上，对由于经济业务引起的会计要素增减变动情况及其结果进行全面、连续、系统的记录。因此，账户不仅要有反映的内容，还必须具备一定的结构。也可以说，账户是各个会计主体记录、加工、整理、汇总各种会计信息的载体，而会计科目则只是一个抽象概括的项目名称；会计科目由国家统一制定，并在会计准则或会计制度中以会计科目表的形式列示，它的设置只是名称的限定，不构成会计核算的方法，而账户的设置则构成了会计核算的专门方法之一。

导读测评

4-3

第三节 复式记账

一、记账方法的含义

设置会计科目和根据会计科目在账簿中开设了账户，就为会计核算准备了必要的载体和工具。但是，如何把经济业务产生的数据记录到账户载体中去呢？如何运用账户工具去记账呢？这就涉及记账方法的问题。

所谓记账方法（bookkeeping system），是指根据记账原理，遵循一定的记账规则，将所发生的经济业务登记到账户中的方式和做法。记账方法由记账符号、账户体系、账户结构、记账规则、试算平衡等构成。

二、记账方法的种类

记账方法随着会计的产生和发展，经历了一个逐渐完善的过程。从历史上看，记账方法有单式记账法和复式记账法之分，并且复式记账法是从单式记账法发展而来的。

单式记账法（single entry bookkeeping）是最早出现的一种记账方法，它是对发生的经济业务只在某一账户中进行单方面记录，或者有时也在两个或两个以上的账户中记录，但账户之间的记录没有必然联系、没有相互平衡关系的一种记账方法。采用单式记账法时，通常只记录现金、银行存款收付的业务和应收、应付款结算的业务，不记录原材料、商品等实物资产的增减业务；除了对有关应收、应付款结算涉及现金、银行存款收付的业务在两个或两个以上账户中各自登记外，其他业务只在一个账户中登记甚至不予登记。例如，企业以现金支付水电费，只记录现金减少，对于费用发生情况则不予反映；企业采购原材料，材料已收到，款项尚未支付，只记录应付款增加，不记录原材料增加。

采用单式记账法，由于不需要全面反映经济业务的发生情况，因而不需要完整地设置账户，其账户不能构成一个完整的体系；对于发生的经济业务，账户之间的记录不存在直接联系，也没有相互平衡的关系，因而账户记录不能全面、系统地反映经济业务的来龙去脉，也不便于检查经济业务的真实性、合法性和账户记录的正确性。由于单式记账法是一种不太严密、不够科学的记账方法，现在已很少使用。在实际工作中，单式记账法一般只用于备查账簿的登记。

知识拓展

张鹏自己做会计

三、复式记账法的概述

（一）复式记账法的含义及特征

复式记账法（double entry bookkeeping）是指对每一项经济业务，都以相等的金额同时在相互联系的两个或两个以上的账户中进行登记的一类记账方法。例如，企业以现金支付水电费，它一方面要记录现金的减少，另一方面还要记录费用的增加，且现金减少的金额与费用增加的金额完全相等。与单式记账法相比，复式记账法主要有以下特征：

（1）双重记录。复式记账法对每一项经济业务，都以相等的金额在两个或两个以上相互联系的账户中同时进行记录，并形成科学的记账规则。

（2）全面记录。复式记账法要记录所有引起会计要素增减变动的经济业务，不仅要记录货币资金的收付和债权债务的发生，而且要记录所有财产和全部权益的增减变动情况，以及经营过程中所发生的费用和取得的收入。所以，复式记账法需要设置完整的账户体系。

（3）账户对应。复式记账法对发生的经济业务在两个或两个以上相互联系的账户中进行记录时，账户之间存在对应关系，以便反映资金运动的来龙去脉。例如，企业以现金采购材料，记录现金减少，原材料增加，表明现金的去向是原材料的增加，原材料的来源是现金的减少。

（4）试算平衡。根据会计等式的平衡关系以及相应的记账规则，可以对一定时期所发生的全部经济业务的账户记录进行综合试算，以检查账户记录是否正确。

（二）复式记账法的理论基础

复式记账法是以会计等式“资产=负债+所有者权益”所反映的资金平衡原理为理论基础的。会计核算和监督的内容是企业的资金运动，而企业发生经济业务引起资金运动时，无非就是涉及资金的增加和减少两个方面，并且某一项资金在量上的增加或减少，总是与另一项资金在量上的增加或减少相伴而生。例如，企业以银行存款采购原材料，必然引起银行存款减少，原材料增加；企业将原材料加工成产品，必然引起原材料减少，产成品增加。资金运动的这一内在规律反映在会计等式上，就是必须引起“资产=负债+所有者权益”左右两边一个或两个会计要素发生相互联系的等量变化，即：当涉及等式两边的会计要素时，必然会出现相同方向同增或同减的变化；当仅涉及等式一边的会计要素时，就必然会出现一个项目增加另一个项目减少的变化。增减变动的结果永远不会破坏资产、负债、所有者权益之间的平衡关系。复式记账法就是把这种客观存在的、一项业务必然引起会计要素中至少两个项目以相等的金额增减变动而又永远维持会计等式平衡的必然规律作为基本原理，通过两个或两个以上相互联系的账户将经济业务引起的会计要素中至少两个项目以相等的金额记录下来，然后再用这种平衡关系检查记录的结果是否正确。

（三）复式记账法的种类

西方现代会计普遍采用借贷记账法。在很多西方国家，人们认为借贷记账法是唯一的复式记账法。在我国，由于历史原因，在20世纪60年代以后曾经出现多个复式记账方法并存的局面。我国复式记账法按采用的记账符号和记账规则的不同，可分为增减记账法、收付记账法和借贷记账法三种，如图4-5所示。

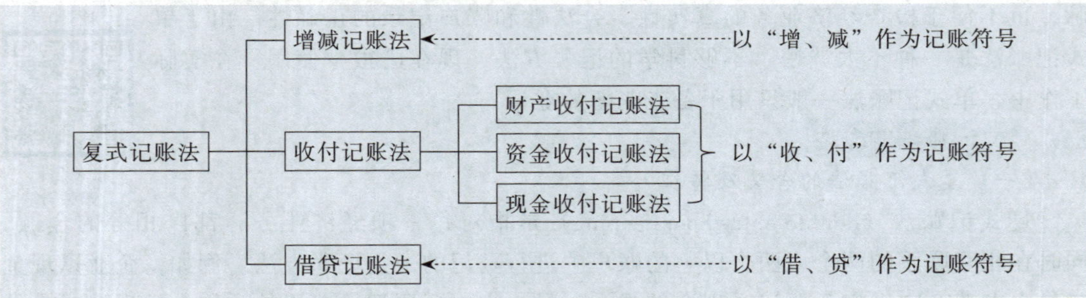

图4-5　复式记账法的基本分类

增减记账法（increase-decrease bookkeeping）是1964年由中国会计学家根据借贷记账法和收付记账法的特点创立的一种复式记账法，曾一度在商品流通企业广泛使用。收付记账法（receipts-payment bookkeeping）是在我国传统的收付记账法的基础上发展起来的一种复式记账法，有财产收付记账法、资金收付记账法、现金收付记账法三种，资金收付记账法曾在我国行政事业单位广泛使用，现金收付记账法曾在我国金融系统广泛使用。但是，收付记账法和增减记账法都不如借贷记账法科学、简洁和严密，借贷记账法是举世公认的科学的记账方法。

知识拓展

我国近代记账方法演变

借贷记账法是清朝末年从日本传入我国。我国最早介绍借贷记账法的书籍是1905年由蔡锡勇所著的《连环账谱》，这一方法在我国会计实务中的应用始于1908年创办大清银行之时。此后，我国著名会计学家潘序伦、赵锡禹、徐永祚等在引进借贷记账法及会计方法改良中做出了重要贡献。为了使我国会计与国际会计尽快接轨，我国财政部1992年11月30日颁布的《企业会计准则》和1997年5月28日颁布的《事业单位会计准则》均做出规定，会计记账采用借贷记账法。从此，我国企业、行政事业单位的会计核算均统一采用借贷记账法，从而使借贷记账法成为我国法定的记账方法。

导读测评

4-4

第四节　借贷记账法

一、借贷记账法的记账符号

记账符号是表明经济业务应记入的账户方向和金额增减变化的一种记号。借贷记账法（debit-credit bookkeeping）以“借”和“贷”作为记账符号，其中“借”（debitor，简写为Dr）表示记入账户的借方，“贷”（creditor，简写为Cr）表示记入账户的贷方。

借贷记账法起源于13世纪资本主义萌芽时期的意大利，是为了适应借贷资本家记录其货币借入和贷出的需要而逐步形成的一种记账方法。借贷资本家把贷出的款项记在借主（debitor）的名下，表示自身债权增加；把借入的款项记在贷主（creditor）的名下，表示自身债务增加。这时，“借”和“贷”两字分别表示借贷资本家债权（应收款）和债务（应付款）的增减变动。随着商品经济的发展，经济活动的内容日趋复杂，借贷记账法由银行业推广到制造业、商品流通业以及其他行业，记录的会计事项也不再仅限于货币资金，还包括经营资本、财产物资和经营损益等。为了保持记账的一致性，对于非货币资金经济业务，也采用“借”和“贷”反映其增减变化情况。此时，“借”“贷”已失去其原有的字面含义，转化为记账符号。

二、借贷记账法的账户结构

在借贷记账法下，账户的基本结构分为“借方”和“贷方”。按照惯例，把账户的左方称为“借方”，账户的右方称为“贷方”，一个用来登记增加数，另一个用来登记减少数。具体哪一方登记增加，哪一方登记减少，主要由账户的性质或账户反映的经济内容来决定。

（一）资产类账户的结构

资产类账户的结构一般是：借方登记资产的增加额，贷方登记资产的减少额或转销额，期末余额一般在借方，表示期末资产的结存数。资产类账户简化成“T”形账，其结构如图4-6所示。

借方	账户名称		贷方
期初余额	×××		
本期增加额	××× ××× ⋮	本期减少额	××× ××× ⋮
本期发生额	×××	本期发生额	×××
期末余额	×××		

图4-6　资产类账户的结构

资产类账户的借方期末余额等于借方期初余额加上借方本期发生额，再减去贷方本期发生额，用公式表示如下：

借方期末余额=借方期初余额+借方本期发生额-贷方本期发生额

（二）负债及所有者权益类账户的结构

负债及所有者权益类账户所记录的经济内容与资产类账户所记录的经济内容是同一事物的两个不同方面，二者体现为对立统一的关系，因而其结构与资产类账户的结构正好相反。具体来说，负债及所有者权益类账户的结构是：贷方登记负债、所有者权益的增加额，借方登记负债、所有者权益的减少额，期末余额一般在贷方，表示期末负债、所有者权益的结存数。负债及所有者权益类账户简化成“T”形账，其结构如图4-7所示。

借方	账户名称		贷方
		期初余额	×××
本期减少额	×××	本期增加额	×××
	×××		×××
	⋮		⋮
本期发生额	×××	本期发生额	×××
		期末余额	×××

图4-7 负债及所有者权益类账户的结构

负债及所有者权益类账户的贷方期末余额等于贷方期初余额加上贷方本期发生额，再减去借方本期发生额，用公式表示如下：

贷方期末余额=贷方期初余额+贷方本期发生额-借方本期发生额

（三）费用类账户的结构

企业生产经营中发生的各种耗费大多由资产转化而来，所以费用在抵减收入之前，可将其视为一种特殊的资产，因此费用类账户的结构与资产类账户基本相同。具体来说，费用类账户的结构为：借方登记费用的增加额，贷方登记费用的减少额和转销额，由于期末要将借方与贷方的差额从贷方全部转出，所以费用类账户一般没有期末余额。费用类账户简化成“T”形账，其结构如图4-8所示。

借方	账户名称		贷方
本期增加额	×××	本期减少额	×××
	⋮		⋮
		本期转销额	×××
本期发生额	×××	本期发生额	×××

图4-8 费用类账户的结构

（四）收入类账户的结构

由于企业生产经营产生的收入是经营利益的流入，在没有对费用进行抵补之前会导致所有者权益的增加，所以收入类账户的结构与权益类账户的结构基本相同。具体来说，收入类账户的结构为：贷方登记收入的增加额，借方登记收入的减少额和转销额，由于期末要将贷方与借方的差额从借方全部转出，所以收入类账户一般没有期末余额。收入类账户简化成“T”形账，其结构如图4-9所示。

借方		账户名称	贷方
本期减少额	×××	本期增加额	×××
	⋮		⋮
本期转销额	×××		
本期发生额	×××	本期发生额	×××

图4-9　收入类账户的结构

（五）利润类账户的结构

企业收入与费用相抵后的利润属于所有者权益的内容，所以利润类账户的结构与权益类账户的结构基本相同。具体来说，利润类账户的结构为：贷方登记利润的增加额，借方登记利润的减少额；期末如有余额，可能在贷方，也可能在借方，借方余额表示亏损。利润类账户简化成“T”形账，其结构如图4-10所示。

借方		账户名称	贷方
		期初余额	×××
本期减少额	×××	本期增加额	×××
	×××		×××
	⋮		⋮
本期发生额	×××	本期发生额	×××
		期末余额	×××

图4-10　利润类账户的结构

根据上述内容，可以将借贷记账法下各类账户的结构归纳见表4-5。

表4-5　借贷记账法下各类账户的结构

账户类别		借方	贷方	余额方向
资产类		增加	减少	借方
负债类		减少	增加	贷方
所有者权益类		减少	增加	贷方
损益类	收入类	减少（或转销）	增加	期末结转后无余额
	费用类	增加	减少（或转销）	期末结转后无余额
利润类		减少	增加	一般在贷方，借方表示亏损

应当指出的是，由于会计要素之间特别是属于资产的债权与属于负债的债务之间有时会相互转化，加之为了简化核算工作的需要，借贷记账法下还可以设置双重性质的账户，即在同一个账户中既用来核算资产等要素的内容，又用来核算负债等要素的内容。双重性

质账户结构相当于两种不同性质账户结构的叠加，这类账户的期末余额方向应根据计算结果确定，可能在借方，也可能在贷方。例如，“其他往来”账户就属于双重性质的账户，可以同时用来核算债权和债务。

三、借贷记账法的记账规则

记账规则（recording rules）是会计运用记账方法记录经济业务时应当遵循的规律。根据复式记账原理，对每一项经济业务都要以相等的金额同时在两个或两个以上相互联系的账户中进行登记。那么在借贷记账法下，究竟如何记录经济业务呢？下面通过几笔简单的业务实例说明借贷记账法的具体运用，进而总结出借贷记账法的记账规则。

【例4-2】假设金麓公司202×年6月发生了以下经济业务：

（1）收到某单位投入的资金250 000元存入银行。

这项经济业务的发生，使得金麓公司资产要素中的“银行存款”增加，应记入“银行存款”账户的借方，同时所有者权益要素中的“实收资本”增加，应记入“实收资本”账户的贷方。在相应账户中的记录情况如下：

借方　银行存款	贷方	借方　实收资本	贷方
250 000			250 000

（2）从银行取得长期借款150 000元存入银行。

这项经济业务的发生，使得金麓公司资产要素中的“银行存款”增加，应记入“银行存款”账户的借方，同时负债要素中的“长期借款”增加，应记入“长期借款”账户的贷方。在相应账户中的记录情况如下：

借方　银行存款	贷方	借方　长期借款	贷方
150 000			150 000

（3）用银行存款50 000元偿还前欠某企业账款。

这项经济业务的发生，使得金麓公司资产要素中的“银行存款”减少，应记入“银行存款”账户的贷方，同时负债要素中的“应付账款”减少，应记入“应付账款”账户的借方。在相应账户中的记录情况如下：

借方　银行存款	贷方	借方　应付账款	贷方
	50 000	50 000	

（4）用银行存款120 000元购入一台机器设备。

这项经济业务的发生，使得金麓公司资产要素中的“银行存款”减少，应记入“银行存款”账户的贷方，同时资产要素中的“固定资产”增加，应记入“固定资产”账户的借方。在相应账户中的记录情况如下：

借方　银行存款	贷方	借方　固定资产	贷方
	120 000	120 000	

（5）将资本公积200 000元按法定程序转增资本。

这项经济业务的发生，使得金麓公司所有者权益要素中的“资本公积”减少，应记入“资本公积”账户的借方，同时所有者权益要素中的“实收资本”增加，应记入“实收资本”账户的贷方。在相应账户中的记录情况如下：

借方	实收资本	贷方
		200 000

借方	资本公积	贷方
200 000		

从以上所举的几个例子可以看出，每一项经济业务发生之后，运用借贷记账法进行账务处理时，都必须是在记入某一个账户借方的同时记入另一个账户的贷方，而且记入借方与记入贷方的金额总是相等的。因此，我们可以总结出借贷记账法的记账规则是：有借必有贷，借贷必相等。

四、账户对应关系和会计分录

（一）账户对应关系

账户对应关系（debit-credit relationship）是指运用借贷记账法的记账规则记录经济业务时，该经济业务所涉及的两个或两个以上账户之间形成的应借、应贷的相互依存关系。存在对应关系的账户互为对应账户（corresponding accounts）。例如，以银行存款偿还短期借款50 000元，按照借贷记账法的记账规则，该笔经济业务应记入“短期借款”账户借方50 000元和“银行存款”账户贷方50 000元。这样，“短期借款”和“银行存款”两个账户之间就形成了应借、应贷的相互依存关系。由于二者存在对应关系，因而“短期借款”账户借方对应的贷方账户是“银行存款”账户，“银行存款”账户贷方对应的借方账户是“短期借款”账户。

账户对应关系对于了解经济业务、检查经济业务是否合法合规具有重要意义。首先，通过账户对应关系，可以了解经济业务的内容以及会计要素具体项目增减变化的来龙去脉。例如，假设某企业202×年5月6日在“原材料”账户的借方和“银行存款”账户的贷方同时登记了200 000元。根据这两个账户之间的对应关系，可以推断该企业发生了“以银行存款200 000元购买原材料”的经济业务，原材料的增加是由于支付了银行存款，而银行存款的减少则是由于购买了原材料。其次，通过账户对应关系可以检查企业发生的经济业务是否合法合规。例如，该企业如果于202×年5月6日在“原材料”账户的借方和“库存现金”的贷方同时登记了200 000元，则根据“原材料”和“库存现金”两个账户之间的对应关系，可以推断该企业发生了“以库存现金200 000元购买原材料”的经济业务。虽然记账正确，但企业发生的这笔经济业务并不符合国家有关现金管理的规定。因为根据我国《现金管理暂行条例》的规定，企业之间的大额款项结算，应当通过银行办理转账结算，不得直接进行现金收付。

知识拓展

库存现金使用规定

（二）会计分录

会计分录（accounting entry），简称分录，是指对发生的每一笔经济业务，按照借贷记账法的要求，分别列示应借应贷账户名称及其金额的一种记录方式。每一笔会计分录应包括三项要素：一是记账符号，表明记账方向，即应该记入借方还是贷方；二是账户名称，即经济业务所涉及的会计科目名称；三是金额，即经济业务所涉及会计要素具体项目增减变动的情况。

会计分录是会计特有的记录语言，实务工作中将其写在具有一定格式的记账凭证中（参见后续章节内容）。编制会计分录是会计工作的初始阶段，一般按三个步骤进行：首先，分析所发生的经济业务的内容，弄清楚涉及的会计要素，进一步明确它涉及哪些账户，各自是增加还是减少，金额是多少；其次，根据分析结果，明确各个账户的性质；最后，根据借贷记账法下账户结构的基本原理，确定各个账户是记入借方还是记入贷方。在教学过程中，会计分录一般应按如下格式进行书写：

（1）上借下贷，借和贷后面加冒号；

（2）借和贷错开一定位置（一般错一格），表示借在前贷在后；

（3）会计科目与金额之间空开一定位置；

（4）金额后面不注明计量单位“元”。

以【例4-2】金麓公司202×年6月发生的5笔经济业务为例，编制会计分录如下：

分录	借方金额	贷方金额
（1）借：银行存款	250 000	
贷：实收资本		250 000
（2）借：银行存款	150 000	
贷：长期借款		150 000
（3）借：应付账款	50 000	
贷：银行存款		50 000
（4）借：固定资产	120 000	
贷：银行存款		120 000
（5）借：资本公积	200 000	
贷：实收资本		200 000

会计分录按其运用账户的多少分为简单会计分录（simple entry）和复合会计分录（compound entry）两种。简单分录只涉及两个账户，其表现形式是“一借一贷”。前例中5项经济业务的会计分录均属于简单会计分录。复合会计分录涉及两个以上账户，其表现形式为“一借多贷”“多借一贷”“多借多贷”。编制复合会计分录，既可以简化记账手续，又能集中反映某项经济业务的全面情况。现举例说明如下：

【例4-3】承【例4-2】，假定金麓公司202×年6月还发生了以下经济业务：

（6）购进原材料30 000元，其中20 000元货款已用银行存款付讫，其余10 000元货款尚未支付（暂不考虑增值税）。

这项经济业务的发生，使得金麓公司资产要素中的“原材料”增加，应记入“原材料”账户的借方，同时资产要素中的“银行存款”减少，负债要素中的“应付账款”增加，应记入“银行存款”账户和“应付账款”账户的贷方。其会计分录为：

分录	借方金额	贷方金额
借：原材料	30 000	
贷：银行存款		20 000
应付账款		10 000

（7）以银行存款70 000元偿还银行短期借款50 000元和前欠某单位货款20 000元。

这项经济业务的发生，使得金麓公司资产要素中的“银行存款”减少，应记入“银行存款”账户的贷方，同时负债要素中的“短期借款”和“应付账款”减少，应记入“短期借款”账户和“应付账款”账户的借方。其会计分录为：

分录	借方金额	贷方金额
借：短期借款	50 000	
应付账款	20 000	
贷：银行存款		70 000

在实际工作中，如果一笔经济业务涉及多借多贷的账户时，为了全面地反映该笔经济

业务的内容，可以编制多借多贷的复合分录。但是，不允许将不同类型的经济业务合并到一起编制多借多贷的复合分录，以尽可能地保持账户对应关系清晰明了。

五、借贷记账法的试算平衡

试算平衡（trial balancing），是指根据会计等式的平衡原理和记账规则的要求，通过汇总计算和比较，检查账户记录的正确性、完整性而采用的一种技术方法。借贷记账法的试算平衡，包括发生额试算平衡和余额试算平衡两个方面。

发生额试算平衡是由借贷记账法的记账规则决定的。根据借贷记账法的记账规则，任何一笔经济业务，不论是涉及两个还是两个以上的账户，其借贷双方的发生额必须相等。因此，当一定时期的全部经济业务都记入相关账户后，所有账户的借方发生额合计数必然与贷方发生额合计数相等。用公式表示为：

全部账户借方发生额合计=全部账户贷方发生额合计

余额试算平衡是由会计等式的平衡原理决定的。根据会计等式的基本原理，在任何时点，企业的资产总额与负债、所有者权益总额必然相等；同时，根据借贷记账法下账户结构的原理，期末余额在借方的是资产类账户，期末余额在贷方的是负债和所有者权益类账户。因此，全部账户借方和贷方的期末余额合计数必然相等，用公式表示为：

全部账户借方余额合计=全部账户贷方余额合计

借贷记账法的试算平衡工作，一般是在月末结出各个账户的本月发生额和月末余额后，通过编制“总分类账户本期发生额试算平衡表”和“总分类账户期末余额试算平衡表”的方式来进行。在日常工作中，一般将二者合并为“总分类账户本期发生额及余额试算平衡表”。现举例说明如下：

【例4-4】202×年5月31日，金麓公司各资产、负债、所有者权益账户的期末余额见表4-6，6月份发生了上述【例4-2】、【例4-3】的（1）~（7）笔经济业务。

表4-6 资产负债表

编制单位：金麓公司　　202×年5月31日　　单位：元

资产	金额	负债及所有者权益	金额
银行存款	350 000	短期借款	100 000
原材料	80 000	应付账款	70 000
固定资产	290 000	实收资本	300 000
		资本公积	250 000
合计	720 000	合计	720 000

首先，开设金麓公司经济业务核算所必需的账户，将各账户的期初余额记入，然后根据本期发生的经济业务编写会计分录（本例中会计分录编写已在前面会计分录的相关内容讲解中完成），再按照会计分录列明的账户名称、记账方向和记账金额记账，在所有经济业务的会计分录全部记入相应账户后结算出每个账户的本期发生额和期末余额。具体过程如下：

银行存款

期初余额	350 000		
(1)	250 000	(3)	50 000
(2)	150 000	(4)	120 000
		(6)	20 000
		(7)	70 000
本期发生额	400 000	本期发生额	260 000
期末余额	490 000		

原材料

期初余额	80 000		
(6)	30 000		
本期发生额	30 000	本期发生额	0
期末余额	110 000		

固定资产

期初余额	290 000		
(4)	120 000		
本期发生额	120 000	本期发生额	0
期末余额	410 000		

短期借款

		期初余额	100 000
(7)	50 000		
本期发生额	50 000	本期发生额	0
		期末余额	50 000

应付账款

		期初余额	70 000
(3)	50 000	(6)	10 000
(7)	20 000		
本期发生额	70 000	本期发生额	10 000
		期末余额	10 000

资本公积

		期初余额	250 000
(5)	200 000		
本期发生额	200 000	本期发生额	0
		期末余额	50 000

长期借款

		期初余额	0
		(2)	150 000
本期发生额	0	本期发生额	150 000
		期末余额	150 000

实收资本

		期初余额	300 000
		(1)	250 000
		(5)	200 000
本期发生额	0	本期发生额	450 000
		期末余额	750 000

然后，根据每个账户结算出的本期发生额和期末余额编制试算平衡表，具体见表4-7和表4-8。

表4-7 **总分类账户发生额试算平衡表** 单位：元

账户名称	本期发生额	
	借方	贷方
银行存款	400 000	260 000
原材料	30 000	0
固定资产	120 000	0
短期借款	50 000	0
应付账款	70 000	10 000
长期借款	0	150 000
实收资本	0	450 000
资本公积	200 000	0
合计	870 000	870 000

表4-8 总分类账户余额试算平衡表 单位：元

账户名称	期末余额	
	借方	贷方
银行存款	490 000	
原材料	110 000	
固定资产	410 000	
短期借款		50 000
应付账款		10 000
长期借款		150 000
实收资本		750 000
资本公积		50 000
合计	1 010 000	1 010 000

在日常工作中，为了方便起见，一般都将上述总分类账户发生额试算平衡表和余额试算平衡表合并在一起，并结合各账户的期初余额数，编制总分类账户发生额及余额试算平衡表，具体见表4-9。

表4-9 总分类账户发生额及余额试算平衡表 单位：元

账户名称	期初余额		本期发生额		期末余额	
	借方	贷方	借方	贷方	借方	贷方
银行存款	350 000		400 000	260 000	490 000	
原材料	80 000		30 000	0	110 000	
固定资产	290 000		120 000	0	410 000	
短期借款		100 000	50 000	0		50 000
应付账款		70 000	70 000	10 000		10 000
长期借款		0	0	150 000		150 000
实收资本		300 000	0	450 000		750 000
资本公积		250 000	200 000	0		50 000
合计	720 000	720 000	870 000	870 000	1 010 000	1 010 000

在编制总分类账户发生额及余额试算平衡表时，应注意以下几点：

第一，必须保证将全部账户的本期发生额和余额记入该表。

第二，如果该表中期初余额、本期发生额、期末余额三大栏各自的借方合计数和贷方合计数不相等，说明总分类账户记录肯定有错，应仔细查找差错的原因并加以更正。

第三，如果该表中三大栏的借方合计数和贷方合计数各自相等，也不能说明账户记录一定正确。因为在记账时，如果发生借方和贷方账户都多记或少记相同的金额，或者将应记账的账户名称弄错，如将“借：银行存款”记为“借：库存现金”，或者将应借应贷账户的记账方向搞反，如将“借：银行存款，贷：库存现金”记为“借：库存现金，贷：银行存款”，这些情况都不会影响该表中借贷双方的平衡关系。正是因为如此，试算平衡表只能被视为检查账户记录是否正确初步采用的一种方法。

立德树人：借贷记账法中的辩证思维

马克思主义唯物辩证法认为，一切事物都包含着矛盾，矛盾双方既对立又统一，双方相比较而存在，相斗争而发展。借贷记账法作为人类智慧的绝妙创造，体现出这种既对立又统一的辩证思维，显得科学而严密。

借贷记账法规定账户分为左右两方，左方为借方，右方为贷方；同时规定资产增加记在借方，权益增加记在贷方，资产减少记在贷方，权益减少记在借方。这一规定有两个特点：一是资产（或权益）一方登记增加，则另一方必然登记减少；二是资产增加（或减少）与权益增加（或减少）不在同一方登记。一笔经济业务发生对会计等式“资产=权益”的影响可归纳为四种情况：资产增加，权益等额增加；资产减少，权益等额减少；资产内部项目有增有减，增减金额相等；权益内部项目有增有减，增减金额相等。

根据上述借贷记账法记账方向的规定，不论哪种情况，都是：一方面有借必有贷，形成“借”与“贷”的对立；另一方面借贷金额相等，反映出资产的来龙去脉，形成“借”与“贷”的统一。正是由于这种对立统一的辩证关系，借贷记账法形成了“有借必有贷，借贷必相等”的记账规则，账户期初余额、本期发生额、期末余额借贷平衡，账户之间关系清晰。

本章要点概览

1.会计科目是对会计要素进一步分类的项目名称。会计科目按提供会计信息的详细程度不同可以分为总分类科目和明细分类科目。会计科目是为了满足全面、系统、详细地核算各项会计要素具体内容的增减变化情况，分门别类提供会计核算信息的需要。

2.账户是根据会计科目设置，具有一定结构形式，用以连续、系统、全面地记录交易或事项，反映会计要素增减变动及其结果的一种工具。账户的结构包括账户名称、日期、凭证字号、摘要、金额五个部分。

3.记账方法经历了由单式记账法到复式记账法的演进历程。复式记账法以会计等式为理论依据，对发生的经济业务按相等的金额同时在两个或两个以上相关的账户中进行登记，优点在于账户记录能够反映会计事项的来龙去脉。

4.借贷记账法是以“借”和“贷”为记账符号、以“有借必有贷，借贷必相等”为记账规则的一种复式记账法。在借贷记账法下，资产、费用类账户借方登记增加额，贷方登记减少额；负债、所有者权益、收入类账户借方登记减少额，贷方登记增加额。通常资产类账户期末有余额在借方，负债和所有者权益类账户期末有余额在贷方。

5.会计核算中，采用编制会计分录的方式来明确发生的会计事项所涉及的账户及记账方向、金额，并记载在记账凭证上。会计分录有“一借一贷”的简单分录和“一借多贷”

“多借一贷”“多借多贷”的复合分录。

6.借贷记账法的试算平衡包括发生额平衡和余额平衡两个方面。发生额平衡是指所有账户的借方发生额合计与贷方发生额合计相等，其理论依据是“有借必有贷，借贷必相等”；余额平衡是指所有账户的借方余额合计与贷方余额合计相等，其理论依据是会计恒等式“资产=负债+所有者权益”。

本章练习题

1.假设某公司202×年4月份根据发生的经济业务编制了如下会计分录：

(1) 借：银行存款　　15 000
　　贷：库存现金　　15 000

(2) 借：应收账款　　20 000
　　贷：主营业务收入　　20 000

(3) 借：固定资产　　36 000
　　贷：银行存款　　36 000

(4) 借：原材料　　58 000
　　贷：应付账款　　58 000

(5) 借：银行存款　　300 000
　　贷：长期借款　　300 000

(6) 借：无形资产　　120 000
　　贷：实收资本　　120 000

(7) 借：应交税费　　4 500
　　贷：银行存款　　4 500

(8) 借：应付账款　　20 000
　　贷：银行存款　　20 000

要求：请根据会计分录将经济业务的具体内容表述出来。

2.假设某公司202×年5月31日各资产、负债、所有者权益账户的余额为：库存现金5 000元、银行存款160 000元、应收账款50 000元、其他应收款2 000元、原材料80 000元、固定资产880 000元、短期借款200 000元、应付职工薪酬35 000元、应付账款85 700元、应交税费56 300元、实收资本800 000元。202×年6月该公司发生的经济业务如下：

(1) 购入价值10 000元的原材料，材料已验收入库，货款暂欠。

(2) 收到所有者投入的货币资金400 000元，存入银行。

(3) 用银行存款购入一台机器设备，价值128 000元。

(4) 从银行提取现金40 000元，以备零星开支。

(5) 用银行存款47 500元偿还前欠供应商的货款。

(6) 以银行存款100 000元归还短期借款。

(7) 采购员出差预借差旅费5 000元，以现金支付。

(8) 收到某购货单位前欠货款35 000元，已送存银行。

(9) 以银行存款46 300元缴纳税金。

（10）用银行存款支付职工工资32 000元。

要求：（1）针对该公司6月份发生的经济业务编制会计分录；（2）开设“T”形账，根据给出资料登记期初余额，并根据所编制的会计分录登记各账户本期发生额，结出期末余额；（3）根据“T”形账登记结果编制该公司202×年6月30日的发生额及余额试算平衡表。

参考答案

第五章

制造企业主要经济业务核算

学习目标与要求

本章系统阐述借贷记账法在制造企业的应用，内容涉及如何根据制造企业的主要经济业务设置账户，进行账务处理。通过本章学习，应该了解制造企业主要经济业务的内容，了解增值税的基本原理，掌握制造企业筹资、生产准备、生产、销售、利润形成及分配的账户设置和账务处理，掌握材料采购成本、产品生产成本、销售成本计算的基本方法。

引导案例

李航学习借贷记账法后，一直在思考如何利用借贷记账法对企业进行会计核算，并向他爸爸了解金岳公司会计方面的问题。李航爸爸考虑到自己对会计工作不熟悉，介绍李航认识了金岳公司财务部的罗经理。罗经理是高级会计师、注册会计师，从事财务工作十年，工作经验丰富。当李航向罗经理表达自己的想法后，罗经理欣然接受，并向李航详细介绍了金岳公司的主要经济业务及其会计核算内容。金岳公司的主要经济业务包括采购生产自动化设备所需的各种零部件，在生产车间将零部件装配加工成自动化设备，再将设备销售给客户并收回货款。为提高产品市场占有率，金岳公司每季度都会投入资金在当地电视台打广告，设立售后服务部为客户提供售后维修服务，同时规定质保期内免费维修，超过质保期收取适当的维修费。目前，公司在银行有100万元的贷款需要按季度支付利息。另外，为扩大经营规模，金岳公司正考虑扩大公司股本，引入新的投资者。金岳公司的会计核算结合采购、生产、销售等不同业务环节展开，其中采购业务环节是根据发生的采购费用核算各种零部件的采购成本，生产业务环节是根据生产车间发生的生产费用按产品型号核算设备的生产成本，销售业务环节是核算当期实现的收入和发生的销售成本、销售费用，最后根据当期的收入和费用核算利润。此外，公司还要按月向税务局申报纳税。听完罗经理的介绍后，李航感到企业的业务纷繁复杂，非常有必要对每一项业务的具体会计核算进行深入学习。同学们，你们是否也有同样的感觉？希望大家通过本章学习系统掌握如何利用借贷记账法核算企业的主要经济业务。

导读测评

5-1

第一节　制造企业经济业务概述

企业是以营利为目的的经济组织，但不同企业的经营活动内容各有不同。资金在企业经营过程中的不同阶段，其运动的方式和表现的形态不同，因而核算的内容也就不同。制造企业（工业企业）主要从事产品生产和销售，商业企业主要从事商品销售，劳务企业主要是提供劳务。还有一些比较特殊的企业，如金融企业主要从事吸收存款和发放贷款，证券公司主要从事证券自营和代理承销，保险公司主要从事各种保险业务。不同企业的业务不同，导致了账务处理也各有其自身的特点。

制造企业是产品生产单位，与其他企业相比，其经营过程相对比较复杂。在实际工作中，一般将制造企业的经营过程分为三个阶段：生产准备过程、产品生产过程和产品销售过程，也就是供、产、销三个环节。企业为了进行生产经营活动，生产出适销对路的产品，必须拥有一定数量的经营资金，而这些经营资金都是通过一定的渠道取得的。因此，除经营过程外，制造企业还有筹资、投资等业务。经营资金在生产经营过程中被具体运用时表现为不同的占用形态，一般可以分为货币资金、储备资金、生产资金、成品资金等形态。

筹资业务是企业获取经营资金、保证企业经营活动正常进行必不可少的活动，也是开展经营活动的前提。企业筹集资金有两条渠道：一是吸收投资者向企业投入资金，即权益筹资（equity financing）；二是通过向银行等金融机构借款、发行债券、商业信用等方式筹资，即债务筹资（debt financing）。筹集是企业资金循环的起点，大部分情况下，企业初始筹集的资金为货币资金形态。

采购业务是为企业生产做准备的环节。企业进行生产经营离不开各种材料、房屋、建筑物和机器设备等。这些资产在购建后形成生产储备，用以保证生产的正常进行。房屋、建筑物和机器设备为固定资产，购买或建造后可供企业长期使用；各种材料在购买后会短期储存，在短期内被生产活动消耗。企业购建固定资产和原材料，其资金形态相应地从货币资金转化为固定资金和储备资金。

生产业务是制造企业区别于其他企业的主要标志。在生产过程中，劳动者借助劳动资料对劳动对象进行加工，生产出各种各样适销对路的产品，以满足社会的需要。产品的生产需要耗费材料、人工、燃料、水、电等，同时厂房、机器设备等也要发生损耗。生产过程中发生的这些生产耗费总和构成产品的生产成本，也称为制造成本。在会计核算中，需要对这些生产费用进行归集，按生产对象进行分配，最终计算和结转产成品的成本。在这个阶段，储备资金和固定资金转化或逐步转化为生产资金，然后形成成品资金。

销售业务是企业向购买方提供产品或服务并收取货款的活动，是产品价值的实现过程。在销售过程中，企业通过销售产品，并按照销售价格与购买单位办理各种款项的结算，收回货款，从而使得成品资金转化为货币资金，回到资金运动的起点状态，完成一次资金的循环。

利润形成和分配业务包括两方面：一是将企业在生产经营过程中所获得的各项收入遵循配比的要求抵偿各项成本、费用，形成企业的利润；二是将企业实现的利润按照规定的程序在各有关方面进行合理的分配，一部分以所得税的形式上缴国家，形成国家的财政收入，另一部分成为企业的税后利润，用于弥补企业以前年度发生的亏损或进行利润分配。通过利润分配，一部分资金要退出企业，一部分资金要以公积金等形式继续参与企业的资金周转。

上述这些业务内容综合在一起，形成制造企业的全部会计核算的内容。

综上所述，企业在经营过程中发生的主要经济业务内容包括筹资活动、生产准备过程、生产过程、销售过程、利润形成与利润分配。本章后续内容即对制造企业的这五项主要经济业务的会计核算进行详细讲解。

第二节　筹资活动核算

导读测评

5-2

企业的资金来源主要有两大部分：一是所有者投入的资金及其增值，形成所有者权益，具体包括所有者投入的资本、其他综合收益、留存收益等；二是企业借入的资金和业务结算债务，形成债权人权益（负债），具体包括向金融机构的借款、企业发行的债券、往来结算中形成的应付未付款项等。本节主要介绍所有者投入资本和借款两项筹资活动的核算。

一、所有者投入资本的核算

投入资本是投资者实际投入企业经营活动的各种财产物资的货币表现。它包括投资者原始投入及以后的追加投资。按照投资主体的不同，可以分为国家投资、法人投资、个人投资、外商投资等。按投资者投入资金的形式不同，可以分为货币、固定资产、专利权、材料等。不论以何种形式投资，都必须经工商管理部门注册登记。企业成立时的投入资本须经过法定程序，明确是属于谁的出资，因此它又称法定注册资本金。这是属于企业的母体资本，是企业经营的“本”，是承担债务的保障以及按出资比例进行利润分配的依据。实收资本（股本）入账后，在企业清算前，除依法转让外，通常不得提前退出企业。

（一）账户设置

1.“实收资本”账户

知识拓展

注册资本认缴登记制

“实收资本（paid-in capital）属于所有者权益类账户，股份有限公司设置“股本”账户。该账户用以核算投资者投入资本的增减变动及实有资本情况，贷方登记企业收到投资者符合注册资本的出资额，借方登记按法定程序经批准减少的资本额。余额在贷方，表示企业在期末的实有资本额。该账户应按投资者设置明细账，进行明细分类核算。

2.“资本公积”账户

“资本公积”（capital reserve）属于所有者权益类账户，用以核算企业资本公积的增减变动情况。贷方登记资本公积的增加数，借方登记资本公积的减少数。在筹资阶段，资本公积主要是由资本溢价形成，即投资者投入的资金超过其在注册资本中的出资额。该账户余额在贷方，表示企业资本公积的结余数。该账户应按资本公积的形成原因设置明细账（如“资本溢价”“其他资本公积”），进行明细分类核算。

3.“银行存款”账户

“银行存款”（cash in bank）属于资产类账户，用以核算企业在银行或其他金融机构的存款。借方登记存款的增加数，贷方登记存款的减少数。余额在借方，表示企业实有存款额。该账户应按存款机构和币种设置银行存款日记账，进行序时明细核算。需要注意的是，银行汇票存款、银行本票存款、信用卡存款、信用证保证金存款、存出投资款、外埠存款等应通过“其他货币资金”账户核算。

4.“库存现金”账户

“库存现金”（cash on hand）属于资产类账户，用以核算企业的库存现金增减变动及结余情况。借方登记现金的增加数，贷方登记现金的减少数。余额在借方，表示企业实际持有的库存现金。该账户应按币种设置库存现金日记账，进行序时明细核算。

5.“固定资产”账户

“固定资产”（fixed assets）属于资产类账户，用以核算企业持有固定资产的原始价值。借方登记企业增加的固定资产原值，贷方登记减少的固定资产原值。余额在借方，表示期末企业拥有固定资产的原始成本。该账户应按固定资产的种类设置明细账，进行明细分类核算。

6.“无形资产”账户

“无形资产”（intangible assets）属于资产类账户，用以核算企业专利权、非专利技术、商标权、土地使用权等无形资产的增减变动及其结果。借方登记无形资产的增加额，贷方登记无形资产的减少额，余额在借方，表示期末无形资产的结余额。该账户应按无形资产的类别设置明细账，进行明细分类核算。

（二）账务处理

1.初始投入资本的核算

企业收到投资者投入企业的资本时，应根据资产的具体形态进行会计处理：

（1）货币资金。企业收到投资者投入现金或银行存款时，应按货币金额借记“银行存款”账户，贷记“实收资本（股本）”账户。

（2）实物资产。企业收到投资者作价投入的房屋、机器设备、材料物质等资产时，应按投资合同或协议约定价值（投资合同或协议约定价值不公允的除外），借记“固定资产”“原材料”等账户，贷记“实收资本（股本）”账户。

（3）无形资产。企业收到投资者作价投入的专利权、商标权、著作权等资产时，应按投资合同或协议约定价值（投资合同或协议约定价值不公允的除外），借记“无形资产”账户，贷记“实收资本（股本）”账户。

“投资合同或协议约定价值不公允”指的是合同或协议约定的价值与非货币性资产的公允价值相差太多。例如，某企业接受投资者投入一台设备，该设备的市场售价约为20万元，假如投资合同中约定该台设备的价值为40万元，这种情况即为“投资合同或协议约定价值不公允”，应对投资合同或协议约定价值进行调整，按市场售价20万入账。

【例5-1】202×年1月，甲、乙、丙签订投资协议共同出资设立金麓有限责任公司，公司注册资本为1 000 000元，投资协议约定甲、乙、丙持股比例分别为50%、30%、20%。金麓公司收到甲投资者投入的资金500 000元，款项存入银行。

这笔经济业务发生，使得金麓公司的银行存款增加500 000元，记入“银行存款”账户借方；甲投资者对金麓公司的投资增加500 000元，属于所有者权益增加，记入“实收资本”账户贷方。会计分录如下：

借：银行存款	500 000	
贷：实收资本——甲投资者		500 000

【例5-2】202×年1月，金麓公司收到乙投资者投入的不需安装的全新机器设备一台，合同约定价值为300 000元；收到丙投资者投入的原材料一批，合同约定价值为200 000元。假设机器设备、原材料合同约定价值与公允价值相符，不考虑税费等因素。

这笔经济业务发生，使得金麓公司的固定资产增加300 000元，原材料增加200 000元，记入“固定资产”“原材料”账户借方；乙投资者、丙投资者对金麓公司的投资增加，属于所有者权益增加，记入“实收资本”账户贷方。会计分录如下：

借：固定资产	300 000	
原材料	200 000	
贷：实收资本——乙投资者		300 000
——丙投资者		200 000

2.经营期间增加资本的核算

企业在经营期间增加资本的途径一般有三个：一是所有者追加投资（包括原企业所有者和新投资者）；二是将资本公积转为实收资本或股本；三是将盈余公积转为实收资本或

股本。

（1）企业接受追加投资时，根据收到的相关资产价值，借记“银行存款”“固定资产”等账户，按投资者在注册资本中所占份额，贷记“实收资本（股本）”账户，按出资额超过其注册资本份额部分，贷记“资本公积——资本（股本）溢价”账户。

（2）企业将资本公积转增实收资本时，借记“资本公积——资本（股本）溢价”账户，贷记“实收资本（股本）”账户。

（3）企业将盈余公积转增实收资本时，借记“盈余公积”账户，贷记“实收资本（股本）”账户。

资本公积或盈余公积转增资本时，企业如为独资企业的，直接结转即可。企业为股份有限公司或有限责任公司的，应按原投资者所持股份同比例增加各股东的股权。

【例5-3】202×年10月，金麓公司在持续经营8个月后，为扩大经营规模，经各位股东协商同意，决定引入丁投资者加入。金麓公司收到丁投资者投入的资金800 000元，款项存入银行；收到丁投资者投入的专利技术一项，合同约定价值为400 000元。投资协议约定，丁投资者在金麓公司享有的注册资本份额为1 000 000元。假设专利权合同约定价值与公允价值相符，不考虑税费等因素。

这笔经济业务发生，使得金麓公司的银行存款增加800 000元，无形资产增加400 000元，记入“银行存款”“无形资产”账户借方；另一方面，丁投资者在金麓公司享有的资本份额1 000 000元记入“实收资本”账户贷方，超出资本份额的200 000元投资属于资本溢价，记入“资本公积”账户贷方。会计分录如下：

借：银行存款　　800 000
　　无形资产　　400 000
　贷：实收资本——丁投资者　　1 000 000
　　　资本公积——资本溢价　　200 000

接受丁投资者的投资后，金麓公司的注册资本达到2 000 000元。各投资者在金麓公司的投资比例为：甲25%，乙15%，丙10%，丁50%。

【例5-4】202×年10月，金麓公司因扩大规模需要，将公司200 000元资本公积转增资本，并已办妥法定增资手续。

这笔经济业务是所有者权益项目内部转化的业务，金麓公司的资本公积减少200 000元，记入“资本公积”账户借方；金麓公司的注册资金增加200 000元，记入“实收资本”账户贷方。资本公积转增实收资本不涉及投资者向企业追加投资，因而要按原持股比例分配该笔转增，即甲、乙、丙、丁四位投资者享有该笔转增的份额分别为50 000元、30 000元、20 000元和100 000元，转增后保持原有股权结构不变。会计分录如下：

借：资本公积——资本溢价　　200 000
　贷：实收资本——甲投资者　　50 000
　　　　　　　——乙投资者　　30 000
　　　　　　　——丙投资者　　20 000
　　　　　　　——丁投资者　　100 000

二、借款的核算

借款是指向银行或其他金融机构（保险公司、证券公司、信托投资机构等）借入的资金。借款的核算包括本金的取得和偿还、利息的处理。根据借款偿还期限的不同，可将银行借款分为短期借款和长期借款两类。

短期借款是企业向银行或其他金融机构等借入的期限在1年以下（含1年）的各种借款。短期借款属于企业的流动负债，企业通过短期借款方式获取资金的主要目的是弥补日常经营中流动资金的不足。

长期借款是企业向银行或其他金融机构等借入的期限在1年以上（不含1年）的各种借款。长期借款属于企业的非流动负债。企业通过长期借款方式获取的资金一般用于购建大型固定资产、购置地产等长期资产或维持流动资金的正常需要。

（一）账户设置

1.“短期借款”账户

“短期借款”（bank loans-short term）属于负债类账户，用以核算企业向银行或其他金融机构等借入的短期借款本金增减变动。贷方登记取得的借款本金数额，借方登记已归还的借款本金数额，期末余额在贷方，表示尚未归还的短期借款本金。该账户应按贷款单位、借款种类和币种设置明细账户，进行明细分类核算。

2.“长期借款”账户

“长期借款”（bank loans-long term）属于负债类账户，用以核算企业向银行或其他金融机构等借入的长期借款。贷方登记长期借款的增加数（本金、长期应付而未付利息），借方登记长期借款的减少数（归还本金、支付长期应付利息）。期末余额在贷方，表示尚未偿还的长期借款本息数额。该账户应按贷款单位、借款种类和币种设置明细账户，进行明细分类核算。

3.“应付利息”账户

“应付利息”（interest payable）属于负债类账户，用以核算企业按借款合同约定应支付的利息。应付利息为流动负债项目，所以该账户核算的是将会在一年（含一年）内支付的利息金额，包括短期借款利息、分期付息的长期借款利息。而对于一次还本付息的长期借款利息，应通过“长期借款”账户核算。“应付利息”账户贷方登记按合同利率计算确定的应付未付利息，借方登记支付的利息。期末余额在贷方，表示应付而未付的利息。该账户按债权人（贷款单位）设置明细账户，进行明细分类核算。

4.“财务费用”账户

“财务费用”（financial expenses）属于损益类账户，用以核算企业为筹集生产经营所需资金或办理财务结算等而发生的相关费用，主要包括利息支出（减利息收入）、汇兑损益、为筹资发生的相关手续费等。借方登记本期发生的各项财务费用，贷方登记应冲减财务费用的利息收入等。期末余额应转入“本年利润”账户，结转后该账户无余额。该账户应按费用项目设置明细账，进行明细分类核算。

（二）短期借款的核算

企业借入各种短期借款时，应根据借入的本金数，借记“银行存款”账户，贷记“短期借款”账户；归还借款本金时，做相反的会计分录。对于借款产生的利息费用，应区别不同情况来处理：

（1）如果利息费用按月支付，则在支付利息时确认当月费用，同时记银行存款减少，即借记“财务费用”账户，贷记“银行存款”账户。

（2）如果利息费用的支付方式是按月结算、定期支付或连同本金一并支付，则应按权责发生制在利息归属当月进行费用确认，同时记应付利息增加，这种处理方式称为计提利息。月末计提利息时，借记“财务费用”账户，贷记“应付利息”账户；后期支付时，借记“应付利息”账户，贷记“银行存款”账户。

【例5-5】202×年10月1日，金麓公司取得借款500 000元，款项存入银行，该笔借款期限为3个月，年利率6%。借款协议注明该笔借款利息按月支付，到期一次还本。

202×年10月1日取得借款时，金麓公司的银行存款增加500 000元，记入“银行存款”账户借方；金麓公司向银行的短期借款增加500 000元，记入“短期借款”账户贷方。会计分录如下：

借：银行存款　　　　500 000

　贷：短期借款　　　　500 000

202×年10月31日和11月30日按月向银行支付利息时，金麓公司向银行支付利息产生财务费用2 500元，记入“财务费用”账户借方；金麓公司支付利息导致银行存款减少2 500元，记入“银行存款”账户贷方。会计分录如下：

借：财务费用　　　　2 500

　贷：银行存款　　　　2 500

202×年12月31日偿还借款本金并支付12月的利息时，金麓公司短期借款减少500 000元，记入“短期借款”账户借方，向银行支付12月份利息产生财务费用2 500元，记入“财务费用”账户借方；金麓公司银行存款减少502 500元，记入“银行存款”账户贷方。会计分录如下：

借：短期借款　　　　500 000

　　财务费用　　　　2 500

　贷：银行存款　　　　502 500

【例5-6】202×年10月1日，金麓公司取得借款1 000 000元，款项存入银行，该笔借款期限为1年，年利率9%。借款协议约定该笔借款每季付息一次，到期一次还本。

202×年10月1日取得借款时，金麓公司的银行存款增加1 000 000元，记入“银行存款”账户借方；金麓公司向银行的短期借款增加1 000 000元，记入“短期借款”账户贷方。会计分录如下：

借：银行存款　　　　1 000 000

　贷：短期借款　　　　1 000 000

202×年10月31日和11月30日，金麓公司应按权责发生制原则计算本月应承担的利息费用7 500元，记入“财务费用”账户借方；利息目前还未支付给银行，金麓公司应付银行的利息增加，记入“应付利息”账户贷方。会计分录如下：

借：财务费用　　　　7 500

　贷：应付利息　　　　7 500

202×年12月31日，金麓公司支付给银行的利息为22 500元，其中15 000元是10月和11月的利息，已分别在10月31日和11月30日确认为负债，支付利息时负债减少，记入“应付利息”账户借方，7 500元是12月的利息，直接确认为本月的财务费用，记“财务费用”借方。金麓公司银行存款减少22 500元，记入“银行存款”账户贷方。会计分录如下：

借：应付利息　　15 000

　　财务费用　　7 500

　　贷：银行存款　　22 500

第二年9月30日，金麓公司向银行偿还本金1 000 000元，记入“短期借款”账户借方，支付最后一个季度的利息225 000元，其中15 000元是7月份和8月份已经计提的利息，记入“应付利息”账户借方，7 500元属于9月份的利息费用，记入“财务费用”账户借方。金麓公司银行存款减少1 022 500元，应记入“银行存款”账户贷方。会计分录如下：

借：短期借款　　1 000 000

　　应付利息　　15 000

　　财务费用　　7 500

　　贷：银行存款　　1 022 500

（三）长期借款的核算

企业借入各种长期借款时，应根据借入的本金数，借记“银行存款”账户，贷记“长期借款”账户；归还借款本金时，做相反的会计分录。

长期借款利息费用，如果可直接归属于所购建的长期资产或生产项目的，应将其计入相关资产的购建成本或生产成本，称为“资本化”。不满足资本化条件或在资产达到预定可使用状态后发生的利息费用，则在发生当期直接计入财务费用。由于利息费用资本化处理相对比较复杂，在本教材学习阶段暂不做介绍。

【例5-7】202×年6月1日，金麓公司取得借款2 000 000元，款项存入银行，该笔借款期限为2年。

202×年6月1日取得借款时，金麓公司的银行存款增加2 000 000元，记入“银行存款”账户借方；金麓公司向银行的长期借款增加2 000 000元，记入“长期借款”账户贷方。会计分录如下：

借：银行存款　　2 000 000

　　贷：长期借款　　2 000 000

这笔借款到期偿还本金时，金麓公司的长期借款减少2 000 000元，记入“长期借款”账户借方；金麓公司的银行存款减少2 000 000元，记入“银行存款”账户贷方。会计分录如下：

借：长期借款　　2 000 000

　　贷：银行存款　　2 000 000

第三节 生产准备过程核算

导读测评

5-3

企业从不同途径筹集到资金后，就可以将这些资金投入到企业正常的生产经营活动中去，发挥资金应有的作用，通过资金在企业内部的循环与周转，为企业带来经济利益，使得资金增值。生产准备过程是为生产产品做准备的过程，主要包括两方面的经济业务：一是购建机器设备等固定资产（fixed assets）；二是采购生产经营所需要的各种原材料（raw materials），作为生产储备。

一、固定资产购建的核算

固定资产是指为生产产品、提供劳务、出租或经营管理而持有的、使用寿命超过一个会计年度的有形资产。企业持有的固定资产是企业的劳动工具或手段，而不是用于出售的产品，企业需要在日常的生产经营活动中使用固定资产，或者出租给其他单位使用。

固定资产应以取得时的实际成本计价，构成固定资产取得时的实际成本是指企业购建某项固定资产达到预定可使用状态前发生的一切合理、必要的支出。如购入的固定资产不需要安装即可使用，则购入时就达到预定可使用状态；如购入的固定资产需要安装，则在安装调试并检验达标后才为达到预定可使用状态。

企业固定资产取得可以有多种途径（如购入、自建、投资者投入、非货币性资产交换、债务重组、企业合并、租入等），不同的途径形成的固定资产，其价值构成的具体内容可能不同，因而，固定资产取得时的入账价值应根据具体情况和涉及的具体内容分别确定。以外购或自建为例，其具体内容包括买价、运输费、装卸费、保险费、包装费、安装成本及相关税费等。

（一）账户设置

1.“工程物资”账户

“工程物资”（project material）属于资产类账户，用以核算企业为在建工程所准备的各种物资的成本，包括工程用材料、尚未投入安装的设备以及为生产准备的器具等的成本。其借方登记企业购入为建设项目准备的工程物资成本，贷方登记领用的工程物资成本。余额在借方，表示企业为工程准备的各种工程物资的成本。该账户可按物资类别或用途设置明细账户，进行明细核算。

2.“在建工程”账户

“在建工程”（construction in progress）属于资产类账户，用以核算企业在建造固定资产过程中所发生的费用。其借方登记企业在购建固定资产时支付的买价、运杂费、建筑安装费、调试费等各项支出，贷方登记转出的达到预定可使用状态固定资产的价值。余额在借方，表示尚未完工的在建工程价值。该账户应按工程项目设置明细账户，进行明细分类核算。

3.“应交税费——应交增值税”账户

知识拓展

增值税

“应交税费——应交增值税”（taxes payable-VAT payable）属于负债类账户，用以核算企业应交增值税情况的账户，“应交税费”为一级科目，“应交增值税”为二级科目。企业购进物资或接受劳务时向供应商支付的增值税称为进项税额，记入该账户的借方；企业在销售商品时向购买单位收取的增值税称为销项税额，记入该账户的贷方。期末余额如果在贷方，表示企业应交而未交的增值税；期末余额如果在借方，表示企业本期尚未抵扣或预交的增值税，尚未抵扣完的进项税额可以留待以后月份继续抵扣。

（二）账务处理

1.购入不需安装固定资产的核算

购置不需要经过建造安装即可投入使用的固定资产，按购置过程中实际支付的买价、包装费、运杂费以及缴纳的有关税金等（不包括可抵扣的增值税），作为固定资产的入账价值，借记“固定资产”账户，按可抵扣的增值税，借记“应交税费——应交增值税（进项税额）”账户，按支付的各项款项，贷记“银行存款”等账户。

【例5-8】202×年6月10日，金麓公司购入一台生产用设备，增值税专用发票上注明价款1 200 000元，增值税税额为156 000元。设备由厂商负责运输和调试，目前已经达到可使用状态，相关款项均以银行存款支付。

这笔经济业务当中，金麓公司购买的生产设备达到可使用状态，固定资产增加1 200 000元，记入“固定资产”账户借方；支付的增值税156 000元是可以抵扣的进项税额，不属于固定资产成本，记入“应交税费——应交增值税（进项税额）”账户借方。金麓公司的银行存款减少1 356 000元，记入“银行存款”账户贷方。会计分录如下：

借：固定资产　　1 200 000

　　应交税费——应交增值税（进项税额）　　156 000

　贷：银行存款　　1 356 000

2.购建需要安装固定资产的核算

自行建造完成或者是购入需要安装的固定资产，按照购建该项固定资产达到预定可使用状态前所发生的一切合理、必要的支出作为其入账价值。在固定资产达到预定可使用状态之前，通过“在建工程”账户归集该项资产的购建成本；在所购建资产达到预定可使用状态、竣工验收交付使用时，再将该资产的购建成本从“在建工程”账户转入“固定资产”账户。

【例5-9】202×年6月15日，金麓公司购入一台需要安装的生产设备，取得的增值税专用发票上注明的设备价款为5 750 000元，增值税税额为747 500元；从物流公司取得的增值税专用发票上注明的运输费用为50 000元，增值税税额为4 500元（物流属于交通运输服务，增值税税率为9%，后同）；设备运抵企业进行安装后，从安装公司取得的增值税专用发票上注明的安装费用为10 000元，增值税税额为900元（安装服务增值税税率为9%，后同）。所有款项均以银行存款支付。7月10日，设备安装完毕，达到预定可使用状态，交付使用。

202×年6月15日，金麓公司购入需要安装的生产设备5 750 000元，属于工程物资增加，记入“工程物资”账户借方；购买生产设备支付的增值税747 500元是可以抵扣的进项税额，不属于固定资产的成本，记入“应交税费——应交增值税（进项税额）”账户借方。金麓公司以银行存款支付设备价款和增值税6 552 000元，记入“银行存款”账户贷方。会计分录如下：

借：工程物资　　5 800 000

　　应交税费——应交增值税（进项税额）　　752 000

　贷：银行存款　　6 552 000

购入的生产设备投入安装时，应将工程物资转为在建工程，借记“在建工程”账户，贷记“工程物资”账户；支付的安装费用10 000元属于在建工程的成本，记入“在建工程”账户借方，向安装公司支付的增值税900元也是可以抵扣的进项税额，不属于在建工程的成本，记入“应交税费——应交增值税（进项税额）”账户借方。银行存款减少10 900元，记入“银行存款”账户贷方。会计分录如下：

借：在建工程　　5 810 000

　　应交税费——应交增值税（进项税额）　　900

贷：工程物资 5 800 000

银行存款 10 900

7月10日，设备达到预定可使用状态时，该项资产的购建成本包括生产设备的价款5 800 000元和安装费10 000元，应将在建工程的全部购建成本转为固定资产，借记“固定资产”账户，贷记“在建工程”账户。会计分录如下：

借：固定资产 5 810 000

贷：在建工程 5 810 000

二、材料采购的核算

（一）材料采购成本构成及计算

制造业要进行产品的生产和销售，就必须购买和储备一定种类和数量的原材料。原材料是指企业在生产过程中经过加工改变其形态或性质并构成产品主要实体的各种原料、主要材料、外购半成品，以及不构成产品实体但有助于产品形成的辅助材料。具体包括原料及主要材料、辅助材料、外购半成品、修理用备件（备品备件）、包装材料、燃料等。

材料采购过程通常是指从材料采购开始到验收入库为止的整个过程。在材料采购过程中，企业应按规定与供货方办理结算手续，支付材料货款，并支付运输费、装卸费等各项采购成本。因此，材料采购主要核算业务包括两方面：一是取得材料物资，计算材料物资采购成本并进行材料验收入库，以备生产领用；二是与材料供应单位或提供相关服务的单位办理款项结算业务。

材料采购成本（material purchased cost）是指企业采购材料到入库前发生的全部合理、必要的支出，由以下几项内容组成：

（1）买价，即购货发票所注明的货物金额；

（2）采购过程中发生的运输费、包装费、装卸费、保险费、仓储费等；

（3）材料在运输途中发生的合理损耗；

（4）材料入库前发生的整理挑选费用；

（5）按规定应计入材料采购成本中的相关税费（不包括可以抵扣的进项税额）；

（6）其他可归属于材料采购成本的费用。

计算材料采购成本时，将应归属于某批材料的买价、运输费、包装费等支出全部加总，即为该批材料的总成本。但在实际采购过程中，经常会发生采购费用由几种材料共同负担的情况，这时就需要采用恰当的分配标准将采购费用在各种材料之间进行分配。例如，某企业在同一个地点采购两种材料并同时运回，两种材料发生一笔运输费用，这时计算材料采购成本就要考虑将运输费在两种材料之间分配的问题。所谓恰当的分配标准，是指分配标准应与费用的发生有密切联系，以使实际导致费用发生较多的材料分配的费用较多。常见的分配标准有重量、体积、价值、数量等。费用分配的计算公式如下：

$$\text{分配率}=\frac{\text{待分配费用总额}}{\text{分配标准总额}}$$

某种材料应分配的采购费用=该种材料的分配标准量×分配率

【例5-10】202×年7月20日，金麓公司采购A材料2 000千克，单价6元/千克，货款12 000元；采购B材料500千克，单价5元/千克，货款2 500元。两种材料共发生运输费

5 000元，发生采购手续费1 450元。假设采购材料的运输费是依据材料的重量计算的，手续费是依据材料的采购价值计算的，因此按重量分配运输费，按材料价值分配采购手续费，计算两种材料的采购成本。

$$运输费分配率=\frac{5\ 000}{2\ 000+500}=2（元/千克）$$

$$手续费分配率=\frac{1\ 450}{12\ 000+2\ 500}=10\%$$

A材料采购成本=12 000+2 000×2+12 000×10%=17 200（元）

B材料采购成本=2 500+500×2+2 500×10%=3 750（元）

（二）账户设置

1.“在途物资”账户

“在途物资”（goods in transit）属于资产类账户，用以核算企业购买材料的实际采购成本。该账户借方登记采购材料实际发生的各项成本，贷方登记已验收入库材料的实际采购成本。该账户期末如有余额，应在借方，表示已采购但尚未运达企业，或虽已运达企业但尚未验收入库的材料的实际采购成本。“在途物资”账户的借方起着归集材料采购成本的作用，因而具有成本类账户的特征。该账户应按材料品种或规格设置明细账户，进行明细分类核算。

2.“原材料”账户

“原材料”（raw materials）属于资产类账户，用以核算企业库存材料的增减变动及结存情况。该账户借方登记已验收入库材料的成本，贷方登记发出材料的成本。期末余额在借方，表示结存材料的成本。该账户应按材料的品种或规格设置明细账户，进行明细分类核算。

3.“预付账款”账户

“预付账款”（prepaid accounts）属于资产类账户，用以核算企业因向供应单位预付货款，而与供应单位发生的结算债权的增减变动及余额情况。该账户借方登记企业向供应单位支付的预付账款，贷方登记收到货物进行结算而冲销的预付账款。期末余额一般在借方，表示企业已支付而尚未进行结算的预付账款。如期末余额在贷方，表示企业的应付货款。该账户应按供应单位设置明细账户，进行明细分类核算。

4.“应付账款”账户

“应付账款”（accounts payable）属于负债类账户，用以核算企业赊购货物或接受劳务而与供应单位发生的结算债务的增减变动及余额情况。当企业购进货物时，未支付的款项登记在该账户的贷方；企业偿还应付账款时，登记在该账户的借方。期末如有余额一般应在贷方，表示尚未支付的应付账款。该账户应按债权单位设置明细账户，进行明细分类核算。

5.“应付票据”账户

“应付票据”（notes payable）属于负债类账户，用以核算企业采用商业汇票（包括商业承兑汇票和银行承兑汇票）采购货物而与供应单位发生的结算债务的增减变动金额及余额情况。当企业开出商业汇票结算货款时，登记在该账户的贷方；企业偿还应付票据时，登记在该账户的借方。期末如有余额，应在贷方，表示尚未到期支付的应付票据。该账户应按债权单位设置明细账

知识拓展

商业汇票

户，进行明细分类核算。

（三）账务处理

企业的材料可以按照实际成本计价组织收发核算，也可以按计划成本计价组织收发核算。具体采用哪一种方法，由企业根据具体情况自行决定。根据我国《企业会计准则应用指南》的规定，材料采购业务采用计划成本法核算时设置“材料采购”账户归集采购成本，采用实际成本法核算时则设置“在途物资”账户归集采购成本。本教材主要介绍采用实际成本法核算材料采购成本的基本原理，通过“在途物资”账户归集材料采购的实际成本。

企业材料采购业务流程一般分两步：一是向供应商下订单采购材料，同时发生相关的采购费用；二是材料采购回来后，需要对采购的材料进行检验，当采购材料的型号、质量与采购订单一致时，办理材料入库手续，将材料验收入库。因此，材料采购业务的账务处理一般也相应地分两步：向供应商下订单采购材料后，将材料采购发生的各项成本记入“在途物资”账户借方，将可抵扣的进项增值税记入“应交税费——应交增值税”账户借方，同时记入“银行存款”“应付账款”等账户贷方；当材料运达验收合格并办理完入库手续后，将材料的实际采购成本由“在途物资”账户贷方转入“原材料”账户借方。对于一些采购周期比较短，采购即送达并验收入库的材料，也可以在材料验收入库后直接记入“原材料”账户借方。

【例5-11】202×年12月5日，金麓公司从外地某厂购入A材料4 000千克，单价5元/千克，收到的增值税专用发票上注明的材料价款为20 000元、增值税税额为2 600元，价税合计22 600元通过银行支付（假设金麓公司为增值税一般纳税人，后同）。

这笔经济业务当中，金麓公司采购A材料成本增加20 000元，记入“在途物资”账户借方，支付的增值税2 600元是可以抵扣的进项税额，不属于材料采购成本，记入“应交税费——应交增值税（进项税额）”账户借方；金麓公司的银行存款减少22 600元，记入“银行存款”账户贷方。会计分录如下：

借：在途物资——A材料	20 000	
应交税费——应交增值税（进项税额）	2 600	
贷：银行存款		22 600

【例5-12】202×年12月8日，金麓公司从物流公司取得上述A材料运输费的增值税专用发票，注明该批材料的运输费为2 000元，增值税税额为180元，价税合计2 180元通过银行支付。

这笔经济业务当中，运输费2 000元属于A材料的采购成本，记入“在途物资”账户借方，支付的增值税180元是可以抵扣的进项税额，不属于A材料采购成本，记入“应交税费——应交增值税（进项税额）”账户借方；银行存款减少2 180元，记入“银行存款”账户贷方。会计分录如下：

借：在途物资——A材料	2 000	
应交税费——应交增值税（进项税额）	180	
贷：银行存款		2 180

【例5-13】202×年12月10日，金麓公司采购的A材料运达并验收入库。

这笔经济业务是结转该批A材料的采购成本。该批A材料的采购成本包括价款20 000

元和运输费2 000元，材料运达并验收入库，应将材料采购成本由“在途物资”账户转至“原材料”账户借方。会计分录如下：

借：原材料——A材料　　22 000

　贷：在途物资——A材料　　22 000

【例5-14】202×年12月15日，金麓公司从湘波公司购入三种材料：A材料4 000千克，单价6元/千克；B材料2 000千克，单价5.5元/千克；C材料3 000千克，单价为3元/千克。收到的增值税发票上注明材料总价款为44 000元、增值税税额为5 720元，价税合计49 720元，开具银行承兑汇票结算。

这笔经济业务当中，金麓公司开具银行承兑汇票结算采购材料的价税款，该笔款项暂时还未支付，属于负债增加，记入“应付票据”账户贷方。会计分录如下：

借：在途物资——A材料　　24 000

　　　　　　——B材料　　11 000

　　　　　　——C材料　　9 000

　应交税费——应交增值税（进项税额）　　5 720

　贷：应付票据——湘波公司　　49 720

【例5-15】202×年12月16日，金麓公司从物流公司取得上述A材料、B材料、C材料运输费的增值税专用发票，注明三种材料的运输费为2 700元，增值税税额为243元，价税合计2 943元通过银行支付。

这笔经济业务当中，运输费2 700元属于三种材料共同发生的采购成本，首先应按三种材料的重量比例进行分配，然后再按材料种类记入“在途物资”账户借方。分配过程及会计分录如下：

$$\text{运输费分配率}=\frac{2\ 700}{4\ 000+2\ 000+3\ 000}=0.3\text{（元/千克）}$$

A材料应负担运费=4 000×0.3=1 200（元）

B材料应负担运费=2 000×0.3=600（元）

C材料应负担运费=3 000×0.3=900（元）

借：在途物资——A材料　　1 200

　　　　　　——B材料　　600

　　　　　　——C材料　　900

　应交税费——应交增值税（进项税额）　　243

　贷：银行存款　　2 943

【例5-16】202×年12月20日，金麓公司采购的A材料、B材料、C材料运达，将三种材料验收入库。

这笔经济业务是结转材料的采购成本。该批材料的采购成本包括材料价款和运输费，其中A材料是25 200元，B材料是11 600元，C材料是9 900元。材料运达并验收入库，应将材料采购成本由“在途物资”账户转至“原材料”账户借方。会计分录如下：

借：原材料——A材料　　25 200

　　　　　——B材料　　11 600

　　　　　——C材料　　9 900

贷：在途物资——A材料 25 200

——B材料 11 600

——C材料 9 900

【例5-17】202×年12月22日，金麓公司按照合同规定向海天公司预付12 000元，用于购买B材料。

这笔经济业务当中，金麓公司预付购买B材料的货款，属于债权资产增加，记入“预付账款”账户借方，银行存款减少记入“银行存款”账户贷方。会计分录如下：

借：预付账款——海天公司 12 000

贷：银行存款 12 000

【例5-18】202×年12月26日，金麓公司收到海天公司按照合同规定发来的B材料3 000千克，单价4.5元/千克，收到的增值税发票上注明材料价款13 500元，增值税税额1 755元。该批材料由供应商提供运输并于当日运达企业验收入库。

这笔经济业务当中，B材料于当日运达企业并验收入库，材料采购成本13 500元直接记入“原材料”账户借方；该笔材料的价税款15 255元大于金麓公司的预付款12 000元，表明金麓公司收到B材料后对海天公司的债权债务关系由预付12 000元变为应付3 255元。但是，对于同一供应单位海天公司，实务中一般不同时开设“预付账款——海天公司”和“应付账款——海天公司”两个明细结算账户，那样不便于往来款项的管理。因此，金麓公司收到B材料后结算的价税款全部记入“预付账款——海天公司”账户贷方，该账户贷方余额3 255元是对海天公司的应付款，属于负债。会计分录如下：

借：原材料——B材料 13 500

应交税费——应交增值税（进项税额） 1 755

贷：预付账款——海天公司 15 255

【例5-19】金麓公司202×年12月15日采购A材料、B材料、C材料时开具给湘波公司的银行承兑汇票到期，通过银行支付湘波公司49 720元。

这笔经济业务当中，金麓公司开具的银行承兑汇票到期，需要向持票人支付相应的款项，记入“应付票据”账户借方；银行存款减少记入“银行存款”账户贷方。会计分录如下：

借：应付票据——湘波公司 49 720

贷：银行存款 49 720

【例5-20】富达公司为增值税小规模纳税人企业，202×年10月20日，从瑞利公司购进一批生产用的D材料，数量为2 000米，单价20元/米，增值税5 200元，价税合计45 200元尚未支付。

这笔经济业务当中，富达公司是增值税小规模纳税人。根据税法规定，小规模纳税人采用简化方法核算增值税，在购进货物、应税劳务或发生其他应税行为时支付的增值税不允许在以后的纳税环节抵扣，而应直接计入相关成本费用。因而富达公司尽管在采购D材料时需支付增值税5 200元，但由于不允许抵扣，应计入D材料的采购成本，故D材料采购成本为45 200元，记入“原材料”账户借方；价税款未付，记入“应付账款”账户贷方。会计分录如下：

借：原材料——D材料 45 200

贷：应付账款——瑞利公司 45 200

第四节 生产过程核算

导读测评

5-4

制造企业从投入材料进行生产开始，到产品完工入库为止的全部过程称为生产过程。产品的生产过程是制造企业生产经营活动的中心环节，同时又是各种费用的发生过程。企业为了生产产品，要消耗各种材料，发生固定资产损耗，支付职工工资和其他费用。这些围绕着产品生产而发生的费用，要按生产对象进行归集和分配，最终形成产品的生产成本。

一、产品生产成本的形成

（一）支出、费用与成本

生产过程核算关键是要熟悉产品成本的内容并准确计算产品成本，而在学习这些知识点之前必须掌握支出、费用、成本三个概念。企业的支出是为了达到特定目的的经济主体的支付行为而导致的资源减少，包括资本性支出、收益性支出、偿债性支出、权益性支出。值得注意的是，损失虽然也导致企业资源的减少，但损失与支出有显著区别，损失是无目的的，是边缘性、偶发性、被动性的资源减少，它不是管理层能够控制的事项。

企业的费用是在生产经营过程中产生的资源耗费，其表现形式为资产减少或负债增加，费用的本质是为取得各期收入而发生的资产耗费。费用最终引起所有者权益减少，但不包括向所有者进行分配而引起的经济利益减少。制造企业在日常活动中所发生的费用，可划分为两类：一类是期间费用，是指为经营管理整个企业、与产品生产数量和生产过程无直接关联的费用，包括管理费用、财务费用、销售费用，这些费用应在发生时直接计入当期损益；另一类是生产费用，是指生产车间生产产品所发生的材料费用、人工费用、折旧费用、水电费等，企业发生的生产费用构成产品成本，在产品完工后转为库存商品的成本，并在销售后计入当期损益。

产品成本是产品在生产加工过程中消耗的各项资源，是生产费用对象化的结果。通俗地说，将生产耗费归集到具体的产品对象，各产品所归集的生产费用即为该产品的生产成本或制造成本。生产费用与产品成本是既有联系又有区别的两个概念。生产费用与某一特定的时期相关系，通常是按会计期间归集，例如某企业202×年10月的生产费用是450万元；产品成本与一定种类、一定数量的产品相联系，例如某企业202×年10月完工甲产品的成本是400万元。很多情况下，一定种类、一定数量的产品从投产到完工都要跨越会计期间，比如当月投产的产品要到下个月才能完工，因此当月发生的生产费用并不一定等于当月完工产品的成本。

（二）产品成本项目

产品生产发生的材料费、人工费、折旧费、水电费等均属于生产费用，最终构成产品成本。为了提供产品成本构成的详细信息，可以将产品的生产成本划分为具体的成本项目，如直接材料、直接人工、直接动力、制造费用等。产品生产的直接耗费统称为直接费用，制造费用则是间接费用。

1. 直接材料

企业在生产过程中由于产品生产工艺本身的需要，而被产品消耗的主要材料、辅助材料、设备配件、外购半成品等，这类耗费称为直接材料。在制造企业，有一些材料的消耗不是被产品生产所耗用，则不应归入直接材料，如机物料消耗应该归入制造费用。

2.直接人工

企业直接从事产品生产人员的职工薪酬，通常称为直接人工，如工资、福利费、奖金、津贴、补贴等。

3.制造费用

在生产车间，除了直接的材料费用和人工费用外，为生产产品或提供劳务还会发生各种间接费用，通常称为制造费用，如车间管理人员、车间技术人员的职工薪酬，车间使用的固定资产折旧费，劳动保护费，设计制图费，机物料消耗，季节性停工损失等。

在燃料、动力、停工损失发生金额较多的企业，应单独设置直接燃料、直接动力、停工损失等成本项目。

二、生产过程的账户设置

1.“生产成本”账户

“生产成本”（manufacturing cost）属于成本类账户，用以核算企业生产过程中为生产产品而发生的各项费用。该账户借方登记生产产品所发生的直接材料、直接人工以及月末转入的间接费用（制造费用），贷方登记转出的完工产品的实际生产成本。期末如有余额，应在借方，表示期末尚未完工产品（月末在产品）的实际生产成本。该账户应按成本计算对象（如产品品种）设置明细账户，进行明细分类核算。

2.“制造费用”账户

“制造费用”（manufacturing expenses）属于成本类账户，用以核算企业生产车间为生产产品或提供劳务而发生的各项间接费用。该账户借方登记企业发生的各项制造费用，贷方登记期末分配结转至各对象“生产成本”的金额。该账户月末经分配结转后一般无余额。该账户应按生产车间设置明细账，并在账户内按费用项目设置专项栏目，进行明细分类核算。

3.“应付职工薪酬”账户

“应付职工薪酬”（remuneration payable to staffs）属于负债类账户，用以核算企业应付给职工的各种薪酬，包括工资、奖金、津贴、补贴、福利费、社会保险费、住房公积金、工会经费、职工教育经费、非货币性福利、因解除与职工的劳动关系给予的补偿等。该账户贷方登记应付职工的薪酬金额，借方登记实际发放或支付的薪酬金额。期末如有余额，一般在贷方，表示尚未支付的职工薪酬。该账户应按“工资”、“职工福利”、“社会保险费”、“住房公积金”、“工会经费”、“职工教育经费”及“非货币性福利”等薪酬内容设置明细账户，进行明细分类核算。

4.“累计折旧”账户

“累计折旧”（accumulated depreciation）属于资产类账户，是“固定资产”账户的调整抵减账户，用以核算企业所使用固定资产的折旧额提取和注销情况。固定资产折旧额是固定资产因使用而转移到企业成本、费用中去的金额。该账户贷方登记固定资产损耗的价值（折旧额），借方登记固定资产因处置而应注销的累计折旧额。期末余额在贷方，表示企业现有固定资产已提取的累计折旧额。

5.“长期待摊费用”账户

“长期待摊费用”(long-term prepaid expenses)属于资产类账户，用以核算企业已经支出，但摊销期限在1年以上（不含1年）的各项费用。该账户借方登记企业已经支出但需要在以后期间分摊的费用金额，贷方登记在各期进行分摊的费用金额。期末余额在借方，表示尚未摊销完毕的待摊费用余值。该账户应按具体的费用项目设置明细账户，进行明细核算。

6.“库存商品”账户

“库存商品”(merchandise inventory)属于资产类账户，用来核算库存商品的收到、发出和结存情况。该账户的借方登记已完工产品的实际制造成本或购入成本，贷方登记已销售产品的实际制造成本或购入成本，期末借方余额反映尚未售出的库存商品的实际制造成本或购入成本。该账户应按库存商品的品种或类别设置明细账，进行明细核算。

7.“管理费用”账户

“管理费用”(general & administrative expenses)属于损益类账户中的费用账户，用以核算企业为组织和管理企业生产经营所发生的各项管理费用。该账户借方登记企业在本期间发生的管理费用，贷方登记期末转入“本年利润”账户的金额，期末结转后应无余额。该账户应按具体的费用项目设置明细账户，进行明细核算。

8.“销售费用”账户

“销售费用”(sales expenses)属于损益类账户中的费用账户，用以核算企业销售过程所发生的各项销售费用。该账户借方登记企业在本期间发生的销售费用，贷方登记期末转入“本年利润”账户的金额，期末结转后应无余额。该账户应按具体的费用项目设置明细账户，进行明细核算。

三、生产过程的账务处理

不同类型的企业，由于生产组织和工艺过程各不相同，因而在计算完工产品成本时，成本核算也各有不同，由此产生了不同的成本核算方法，如品种法（costing variety method)、分批法、分步法等，其中品种法为最基本的成本核算方法，因而本部分以品种法为例阐述制造企业产品成本的核算及账务处理。在品种法下，按产品的品种设置“生产成本——××产品”明细账归集该产品的生产费用，计算各种产品的生产总成本和单位成本。不同种类的生产费用计入“生产成本——××产品”的方式如图5-1所示。

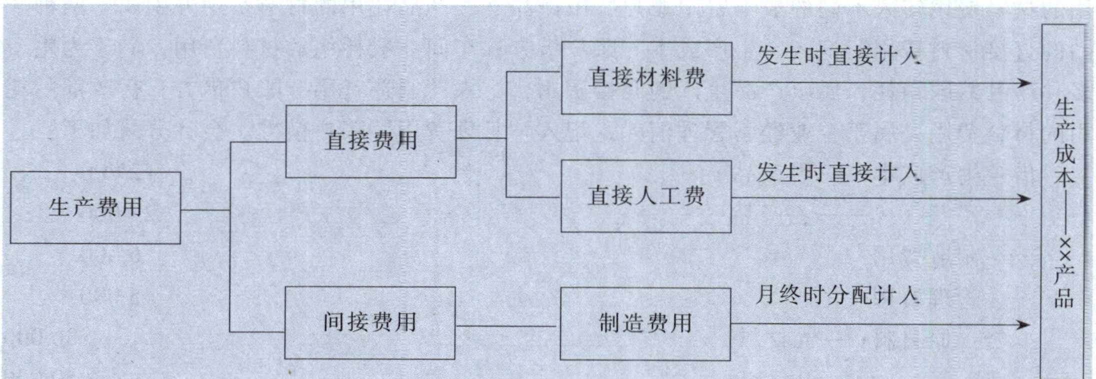

图5-1　不同种类生产费用计入生产成本方式

（一）生产费用归集的核算

1.材料费用的核算

生产部门或其他部门领用材料时，应填写领料单，向仓库办理领料手续。仓库保管员做了必要的登记后将领料凭证交财务部门进行账务处理。财务部门在对发出材料进行计价时，可选择先进先出法、加权平均法、个别计价法等方法（这些方法的具体操作将在《财务会计》中详细介绍）。根据上述方法确定发出材料的成本，并按领料部门和领料用途将材料的成本分配记入有关账户：生产车间为生产产品领用的材料应记入产品的“生产成本”账户；车间一般耗用材料应记入该车间的“制造费用”账户；行政部门领用的材料应记入“管理费用”账户；在建工程领用的材料应记入“在建工程”账户。另一方面，企业的原材料由于被领用而减少，应贷记“原材料”账户。

如果生产多种产品共同耗用某一种原材料时，应按一定标准（如产量、定额、重量等）在各受益对象之间分配，进行明细核算，以区分不同产品的材料成本。

【例5-21】金麓公司采用加权平均法确定发出原材料的成本，假设A、B两种原材料的加权平均单位成本分别为6元/千克、5元/千克。202×年12月31日，金麓公司汇总原材料仓库发料情况，见表5-1。

表5-1　　金麓公司202×年12月原材料发料汇总表

材料 用途	A材料		B材料		金额合计（元）
	数量（千克）	金额（元）	数量（千克）	金额（元）	
甲产品耗用	2 000	12 000	6 000	30 000	42 000
乙产品耗用	2 000	12 000	3 000	15 000	27 000
小计	4 000	24 000	9 000	45 000	69 000
车间一般耗用	1 000	6 000			6 000
行政部门领用			1 000	5 000	5 000
合计	5 000	30 000	10 000	50 000	80 000

这笔经济业务中，金麓公司本月的原材料由于被领用而减少80 000元，记入“原材料”账户贷方；原材料被消耗导致成本费用增加80 000元，根据领用材料的用途不同将耗用的材料费用转入不同的成本费用账户。甲产品、乙产品耗用的材料费用分别属于两种产品的直接材料费用，记入“生产成本”账户借方；车间一般耗用的材料费用，属于为生产多种产品共同消耗，属于产品生产的间接费用，记入“制造费用”账户借方；行政部门耗用的材料费用，属于企业经营管理消耗，记入“管理费用”账户借方。会计分录如下：

借：生产成本——甲产品　　42 000
　　　　　　——乙产品　　27 000
　　制造费用　　6 000
　　管理费用　　5 000
　贷：原材料——A材料　　30 000
　　　　　　——B材料　　50 000

【例5-22】202×年12月31日，金麓公司生产甲、乙产品共同耗用辅助材料C材料

6 270元。金麓公司采用定额比例法分配甲、乙产品共同耗用辅助材料C材料的费用，两种产品消耗C材料的定额资料为：甲产品2 000件，单位定额费用1.8元/件；乙产品1 000件，单位定额费用3元/件。

这笔经济业务当中，甲、乙产品消耗C材料的定额是指产品生产之前设定的额度，可以理解为生产一定数量的甲、乙产品按相关标准应该要消耗的C材料，将应该要消耗的定额与实际消耗对比可以反映C材料消耗的节约或超支情况。C材料在甲、乙产品之间的具体分配过程及会计分录如下：

$$\text{甲产品的定额费用}=2\,000\times1.8=3\,600\text{（元）}$$

$$\text{乙产品的定额费用}=1\,000\times3=3\,000\text{（元）}$$

$$\text{分配率}=\frac{6\,270}{3\,600+3\,000}=0.95$$

$$\text{甲产品应分配的C材料费用}=3\,600\times0.95=3\,420\text{（元）}$$

$$\text{乙产品应分配的C材料费用}=3\,000\times0.95=2\,850\text{（元）}$$

然后，应编制如下会计分录：

借：生产成本——甲产品	3 420	
——乙产品	2 850	
贷：原材料——C材料		6 270

2.人工费用的核算

（1）人工费用的内容

人工费用即职工薪酬，是指企业为获得职工提供的服务或解除劳动关系而给予的各种形式的报酬。职工薪酬包括短期薪酬、离职后福利、辞退福利和其他长期职工福利。企业提供给职工配偶、子女、受赡养人、已故员工遗属及其他受益人等的福利，也属于职工薪酬。短期薪酬是较为常见的职工薪酬，其具体内容如下：

①职工工资、奖金、津贴和补贴，是指企业按照构成职工工资总额的计时工资、计件工资、支付给职工的超额劳动报酬和增收节支的劳动报酬、为补偿职工特殊或额外的劳动消耗和因其他特殊原因支付给职工的津贴，以及为保证职工工资水平不受物价影响支付给职工的物价补贴等。

②职工福利费，是指企业发放给职工的各项福利待遇或为职工支付的非货币性集体福利，如为职工卫生保健、生活等发放或支付的各项现金补贴和非货币性福利，企业内设集体福利部门发生的设备、设施和人员费用，职工生活困难补助等。

③社会保险费，是指医疗保险、养老保险、失业保险、工伤保险和生育保险。社会保险费由企业按照政府部门规定的基数和比例计算，向政府相关经办机构缴纳，不同地区的缴费基数和比例有所不同。

④住房公积金，是指企业按照政府部门规定的基数和比例计算，向住房公积金管理机构缴存、用于解决职工住房问题的专项资金，缴费比例为企业5%～10%，职工个人5%～10%。

⑤工会经费，是指企业为改善职工文化生活、开展工会活动等发生的支出。根据《中华人民共和国工会法》规定，企业按全部职工工资总额的2%向工会拨缴经费。

⑥职工教育经费，是指企业为职工学习先进技术、提高文化水平与业务素质，进行职工教育及职业技能培训等发生的支出。根据相关规定，职工教育经费支出不超过全部职工

工资总额8%的部分，准予在计算当年企业的应纳税所得额时扣除。

⑦短期带薪缺勤，是指职工虽然缺勤但企业仍向其支付报酬的安排，包括年休假、病假、婚假、产假、丧假、探亲假等。

⑧短期利润分享计划，是指企业因职工提供服务而与职工达成的基于利润或其他经营成果提供薪酬的协议。

（2）人工费用的归集

企业应当在职工为其提供服务的会计期间，根据考勤记录、产量记录等原始记录以及相关规定、标准计算应付工资、职工福利费、应由企业负担的社会保险费和住房公积金、工会经费、职工教育经费等职工薪酬。对于职工福利费、社会保险费、住房公积金、工会经费、职工教育经费等职工薪酬，国家相关法律规定了计提基数和比例的，应按照国家规定的标准计提；国家没有规定计提基数和比例的，企业应根据历史经验数据和实际情况合理预计后计提。对于多种产品共同发生的人工费用且无法直接认定的，应按照一定标准（如生产工时、机器工时、定额工时等）进行分配，分别计入各受益对象的成本。

企业发生人工费用，一方面会导致资产或费用增加，应计入相关资产成本或当期的费用，一般根据职工的工作内容或所属部门确定其薪酬费用归集的账户：生产部门人员的职工薪酬，记入“生产成本”“制造费用”等账户；管理部门人员的职工薪酬，记入“管理费用”账户；专设销售人员的职工薪酬，记入“销售费用”账户；应由在建工程、研发支出负担的职工薪酬，分别记入“在建工程”“研发支出”等账户。另一方面，人工费用的发生在没有支付之前，会导致企业负债增加，应记入“应付职工薪酬”相应明细账户的贷方。

【例5-23】202×年12月31日，金麓公司根据当月的考勤记录和产量记录等资料，计算分配本月的职工工资，见表5-2。

表5-2 **金麓公司202×年12月工资分配汇总表** 单位：元

应借科目	生产工人		车间管理人员	行政管理人员	销售人员	应付工资合计
	甲产品	乙产品				
生产成本	38 800	42 000				80 800
制造费用			11 000			11 000
管理费用				49 600		49 600
销售费用					25 500	25 500
应付工资合计	38 800	42 000	11 000	49 600	25 500	166 900

这笔经济业务发生，金麓公司由于职工的有偿劳务服务而增加了成本费用，应根据职工所属部门和工作性质的不同分别记入不同的项目，甲、乙产品生产工人的工资记入“生产成本”账户借方，车间管理人员的工资记入“制造费用”账户借方，行政管理人员的工资记入“管理费用”账户借方，销售人员的工资记入“销售费用”账户借方。同时，金麓公司增加了一笔应付给职工的工资，记入“应付职工薪酬——工资”账户贷方。会计分录如下：

借：生产成本——甲产品　　38 800
　　　　　　——乙产品　　42 000
　　制造费用　　11 000
　　管理费用　　49 600
　　销售费用　　25 500
　贷：应付职工薪酬——工资　　166 900

【例5-24】202×年12月31日，金麓公司根据本月各部门职工应付工资的一定比例计提社会保险费和住房公积金，见表5-3。

表5-3 金麓公司202×年12月社会保险费和住房公积金计提表 单位：元

应借科目		应付工资	养老保险（16%）	医疗保险（8%）	失业保险（0.7%）	工伤保险（1%）	住房公积金（10%）	合计
生产成本	甲产品	38 800	6 208	3 104	271.6	388	3 880	13 851.6
	乙产品	42 000	6 720	3 360	294	420	4 200	14 994
制造费用		11 000	1 760	880	77	110	1 100	3 927
管理费用		49 600	7 936	3 968	347.2	496	4 960	17 707.2
销售费用		25 500	4 080	2 040	178.5	255	2 550	9 103.5
合计		166 900	26 704	13 352	1 168.3	1 669	16 690	59 583.3

这笔经济业务当中，养老保险等社会保险费和住房公积金根据国家相关规定应由企业和职工个人共同负担。金麓公司按规定缴费基数和比例承担职工的社会保险费、住房公积金导致成本费用增加，应根据职工所属部门和工作性质的不同记入相应账户借方；另一方面，社会保险费、住房公积金暂时还未向政府相关部门缴纳，负债增加，应记入“应付职工薪酬”相关明细账户贷方。会计分录如下：

借：生产成本——甲产品 13 851.6
　　　　　　——乙产品 14 994
　　制造费用 3 927
　　管理费用 17 707.2
　　销售费用 9 103.5
　贷：应付职工薪酬——养老保险 26 704
　　　　　　　　——医疗保险 13 352
　　　　　　　　——失业保险 1 168.3
　　　　　　　　——工伤保险 1 669
　　　　　　　　——住房公积金 16 690

【例5-25】202×年12月31日，金麓公司根据本月各部门职工应付工资的一定比例计提职工福利费、工会经费和职工教育经费，见表5-4。

表5-4 金麓公司202×年12月福利费、工会经费、教育经费计提表 单位：元

应借科目		应付工资	职工福利费（5%）	工会经费（2%）	职工教育经费（8%）	合计
生产成本	甲产品	38 800	1 940	776	3 104	5 820
	乙产品	42 000	2 100	840	3 360	6 300
制造费用		11 000	550	220	880	1 650
管理费用		49 600	2 480	992	3 968	7 440
销售费用		25 500	1 275	510	2 040	3 825
合计		166 900	8 345	3 338	13 352	25 035

这笔经济业务当中，金麓公司由于要按工资的一定比例或标准给职工发放福利、向工会拨付经费、计提职工的教育经费，必然导致成本费用增加，应根据职工所属部门和工作性质的不同记入相应账户借方；另一方面，职工福利费、工会经费、职工教育经费均属于预提的费用，还未实际发生的支出，应记入“应付职工薪酬”相关明细账户贷方。会计分录如下：

借：生产成本——甲产品	5 820	
——乙产品	6 300	
制造费用	1 650	
管理费用	7 440	
销售费用	3 825	
贷：应付职工薪酬——职工福利		8 345
——工会经费		3 338
——职工教育经费		13 352

（3）人工费用的支付

企业支付人工费用包括向职工发放工资、缴纳社会保险费和住房公积金以及支付职工福利费、工会经费和职工教育经费等。企业在向职工个人发放工资之前，必须按照国家相关法律法规的规定将由职工个人负担、由企业代缴的社会保险费、住房公积金、个人所得税从职工的应付工资中扣除，记入“应付职工薪酬——工资”账户借方，同时记入“其他应付款”“应交税费——应交个人所得税”贷方。支付人工费用时，应记入“应付职工薪酬”账户借方，同时记入“银行存款”“库存现金”等账户贷方。

【例5-26】金麓公司从202×年12月的应付工资中扣除应由职工个人负担的养老保险、医疗保险、失业保险、住房公积金、个人所得税等代扣代缴项目，并通过银行将实发工资发放给职工个人，其中代扣代缴项目见表5-5。

表5-5　**金麓公司202×年12月职工代扣代缴项目表**　单位：元

项目		应付工资	代扣代缴项目					实发工资
			养老保险（8%）	医疗保险（2%）	失业保险（0.9%）	住房公积金（10%）	个人所得税	
生产工人	甲产品	38 800	3 104	776	349.2	3 880	1 164	29 526.8
	乙产品	42 000	3 360	840	378	4 200	1 260	31 962
车间管理人员		11 000	880	220	99	1 100	330	8 371
行政管理人员		49 600	3 968	992	446.4	4 960	1 488	37 745.6
销售人员		25 500	2 040	510	229.5	2 550	765	19 405.5
合计		166 900	13 352	3 338	1 502.1	16 690	5 007	127 010.9

这笔经济业务当中，金麓公司应代扣由职工个人负担、企业代缴的社会保险费、住房公积金、个人所得税，导致应付工资减少，记入“应付职工薪酬——工资”账户借方；代扣代缴的个人所得税记入“应交税费——应交个人所得税”账户贷方，代扣代缴的社会保险费、住房公积金、记入“其他应付款”账户贷方。会计分录如下：

借：应付职工薪酬——工资　　39 889.1

贷：应交税费——应交个人所得税　　5 007
　　其他应付款——养老保险　　13 352
　　　　——医疗保险　　3 338
　　　　——失业保险　　1 502.1
　　　　——住房公积金　　16 690

应付工资扣除由职工个人负担的社会保险费、住房公积金、个人所得税后为实发工资，通过银行发放给职工时应付工资减少，记入“应付职工薪酬——工资”账户借方；银行存款减少，记入“银行存款”账户贷方。会计分录如下：

借：应付职工薪酬——工资　　127 010.9
　贷：银行存款　　127 010.9

【例5-27】金麓公司通过银行支付代扣的202×年12月个人所得税5 007元。

这笔经济业务发生，金麓公司应交的个人所得税减少，记入“应交税费——应交个人所得税”账户借方；银行存款减少，记入“银行存款”账户贷方。会计分录如下：

借：应交税费——应交个人所得税　　5 007
　贷：银行存款　　5 007

【例5-28】202×年12月，金麓公司购买一批职工福利物资，用于过节给职工发放福利，收到的增值税专用发票注明价款为16 000元，增值税税额为2 080元，款项通过银行转账支付。

这笔经济业务当中，金麓公司购进的该批物资用于给职工发放福利，没有用于加工产品、提供劳务等增值税应税项目。根据《中华人民共和国增值税暂行条例》的规定，用于非增值税应税项目的购进物资，其进项增值税不可以从销项税中抵扣。因此，金麓公司购买该批福利物资支付的增值税2 080元不能记入“应交税费——应交增值税（进项税额）”账户借方，应计为该物资的采购成本，即该批福利物资的采购成本为18 080元。购买福利物资发放给职工时，应付职工福利减少，记入“应付职工薪酬——职工福利”账户借方；银行存款减少，记入“银行存款”账户贷方。会计分录如下：

借：应付职工薪酬——职工福利　　18 080
　贷：银行存款　　18 080

3.固定资产折旧费用的核算

固定资产折旧费，是指固定资产因使用损耗而转移到企业成本、费用中去的金额。根据权责发生制的要求，固定资产折旧费用应按一定的方法计算提取，计提折旧常见的方法有年限平均法、工作量法、双倍余额递减法、年数总和法等。企业使用的固定资产按月计算出折旧额后，应根据固定资产的用途进行分配。根据计算的各部门固定资产的折旧额，借记相关费用，贷记“累计折旧”账户。通常，车间使用固定资产的折旧费用记入“制造费用”账户，行政部门使用固定资产的折旧费用记入“管理费用”账户，专设销售机构使用固定资产的折旧费用记入“销售费用”账户，依此类推。

【例5-29】202×年12月31日，金麓公司固定资产折旧费总计7 023元，其中，车间固定资产折旧费为5 323元，行政部门固定资产折旧费为800元，销售部门固定资产折旧费为900元。

这笔经济业务当中，金麓公司的固定资产由于使用等原因产生磨损，导致固定资产的价值发生减损，即折旧增加，记入“累计折旧”账户贷方；另一方面，固定资产由于使用导致价值减损，其实质也是资源的消耗和企业费用的增加，应根据固定资产使用部门分别记入“制造费用”“管理费用”“销售费用”等账户的借方。会计分录如下：

借：制造费用　　5 323
　　管理费用　　800
　　销售费用　　900
　贷：累计折旧　　7 023

4.其他费用的核算

企业除生产产品发生的材料费用、人工费用、折旧费用外，在组织、管理生产活动中还会发生一些其他费用，如办公费、水电费、劳动保护费等，企业应根据费用发生的具体用途分别计入相关费用。

【例5-30】202×年12月，金麓公司通过银行支付其后两年的厂房租金120 000元。

这笔经济业务当中，金麓公司通过银行支付的厂房租金将在其后两年内摊销，属于长期待摊费用增加，记入“长期待摊费用”账户借方；银行存款减少，记入“银行存款”账户贷方。会计分录如下：

借：长期待摊费用——厂房租金　　120 000
　贷：银行存款　　120 000

【例5-31】202×年12月31日，金麓公司摊销应由本月负担的厂房租金5 000元，相关税费忽略不计。

这笔经济业务当中，金麓公司摊销由本月负担的厂房租金，属于本月的生产间接费用增加，记入“制造费用”账户借方；长期待摊费用由于摊销而减少，记入“长期待摊费用”账户贷方。会计分录如下：

借：制造费用　　5 000
　贷：长期待摊费用——厂房租金　　5 000

【例5-32】202×年12月31日，金麓公司收到供电局寄来本月电费的增值税专用发票，注明本月的电费1 564.4元、增值税税额203.4元（供电行业增值税税率为13%）。其中，生产车间甲产品生产用电508.4元，乙产品生产用电456元，生产车间一般耗电100元，行政部门用电300元，销售部门用电200元。电费尚未支付。

这笔经济业务当中，金麓公司由于消耗电力而增加成本费用，应根据消耗电力的不同用途将相应的电费记入不同的成本费用账户借方；支付的增值税属于可抵扣的进项税额，记入“应交税费——应交增值税（进项税额）”账户借方。电费尚未支付，金麓公司增加一笔负债，记入“应付账款”账户贷方。会计分录如下：

借：生产成本——甲产品　　508.4
　　　　　　——乙产品　　456
　　制造费用　　100
　　管理费用　　300
　　销售费用　　200
　　应交税费——应交增值税（进项税额）　　203.4
　贷：应付账款——供电局　　1 767.8

（二）制造费用的分配结转

制造费用发生时，以生产车间为单位在“制造费用”账户进行归集，会计期末应按谁受益谁分摊费用的原则，采用合理的分配标准将每个生产车间发生的制造费用在本车间受益的各产品之间进行分配，计入不同产品的成本。制造费用常见的分配标准有生产工时、机器工时、生产工人的工资等。制造费用按产品分配好后，应记入“生产成本——××产品”账户借方，同时记入“制造费用”账户贷方。“制造费用”账户在月末分配结转后一般无余额。

【例5-33】202×年12月31日，金麓公司汇总本月甲、乙产品生产车间发生的制造费用33 000元。金麓公司生产车间甲、乙两种产品应承担的制造费用按生产工时比例进行分配，其中甲产品生产工时400小时，乙产品生产工时200小时。

这笔经济业务当中，制造费用是甲、乙产品共同受益的间接生产费用，按生产工时比例分配转入两种产品的成本。结转制造费用时，甲、乙产品由于要分摊费用导致生产成本增加，记入“生产成本”账户借方，制造费用由于结转而减少，记入“制造费用”账户贷方。制造费用具体分配过程及会计分录如下：

$$分配率=\frac{33\ 000}{400+200}=55（元/小时）$$

$$甲产品应承担的制造费用=400\times55=22\ 000（元）$$

$$乙产品应承担的制造费用=200\times55=11\ 000（元）$$

借：生产成本——甲产品　　22 000

　　　　　　——乙产品　　11 000

　贷：制造费用　　33 000

（三）完工产品的成本结转

产品的生产费用通过前述的归集和分配后，都归集到“生产成本——××产品”明细账户的借方。如果月末产品全部完工，则产品“生产成本——××产品”账户所归集的生产费用（包括期初在产品成本和本期发生的费用）就是完工产品的成本；如果月末有在产品，就应该将归集的某种产品生产费用在本月完工产品和月末在产品之间进行分配，确定完工产品的生产成本；如果月末产品全部未完工，则“生产成本——××产品”明细账户所归集的生产费用都是在产品成本。已完工产品的生产成本应从“生产成本——××产品”账户贷方转出，转至“库存商品”账户借方，作为待销售产品的实际生产成本。

【例5-34】假设金麓公司202×年12月初甲、乙两种产品均无在产品。本月“生产成本——甲产品”明细账归集的生产费用为126 400元，“生产成本——乙产品”明细账归集的生产费用为104 600元。本月投产甲产品2 000件月末全部完工；本月投产乙产品1 000件，月末完工800件，假设完工乙产品的成本为96 000元（其中直接材料27 800元，直接人工57 800元，制造费用10 400元）。完工产品经检验合格，办理入库手续，结转完工产品成本。

这笔经济业务发生，使金麓公司库存的商品增加，记入“库存商品”账户借方；另一方面，由于产品验收入库导致生产车间占用的资金减少，记入“生产成本”账户贷方。甲产品由于全部完工，月末没有未完工的在产品，因而“生产成本——甲产品”账户没有余额；而乙产品仅部分完工，月末仍有未完工的在产品需要继续加工，因而“生产成本——

乙产品”账户月末有余额8 600元，表示生产车间未完工乙产品的成本。会计分录如下：

借：库存商品——甲产品　　126 400

　　　　　　——乙产品　　96 000

　贷：生产成本——甲产品　　126 400

　　　　　　——乙产品　　96 000

根据本节例题编制的乙产品生产成本明细账见表5-6。

表5-6　**生产成本明细账**

产品名称：乙产品

202×年		凭证号数	摘　要	借方				贷方	余额
月	日			直接材料	直接人工	制造费用	合计		
12	1		期初余额	0	0	0	0		0
	31	5-21	领用材料	27 000			27 000		
	31	5-22	领用材料	2 850			2 850		
	31	5-23	结算工资		42 000		42 000		
	31	5-24	计提社保等		14 994		14 994		
	31	5-25	计提福利费等		6 300		6 300		
	31	5-32	结算电费	456			456		
	31	5-33	分配制造费用			11 000	11 000		
			生产费用合计	30 306	63 294	11 000	104 600		
	31	5-34	结转完工产品	27 800	57 800	10 400		96 000	
			期末余额	2 506	5 494	600	8 600		8 600

导读测评

5-5

第五节　销售过程核算

销售是企业商品价值和经营成果的实现过程，企业只有将生产出来的产品通过销售环节提供给消费者，用收回的资金重新购买原材料等物资，开展新一轮的产品生产活动，企业的资金循环才不会中断。因此，销售业务是制造企业经营过程以及资金循环过程中的重要环节。

一、销售过程的核算内容

销售过程主要涉及销售收入确认、销售货款结算、销售成本结转、销售费用处理、税金及附加的计算和缴纳。

（一）销售收入确认

企业为了管理需要，通常将日常经营活动区分为主营业务和附属（兼营）业务，所取得的收入分别为主营业务收入和其他业务收入。商品销售收入的确认关键是何时确认收入。根据2017年修订的《企业会计准则第14号——收入》的规定，企业应当在履行了合同中的履约义务，即在客户取得相关商品控制权时确认收入。其中，客户取得相关商品控制权是指能够主导该商品的使用并从中获得几乎全部的经济利益，也指有能力阻止其他方主导该商品的使用并从中获得经济利益。在判断时，包括三个要素：

（1）客户必须拥有现时权利；

（2）客户有能力主导该商品的使用；

（3）客户能够获得商品几乎全部的经济利益。

企业与客户之间的合同，则应当满足下列五项条件：

（1）合同各方已批准该合同并承诺将履行各自义务；

（2）该合同明确了合同各方与所转让的商品相关的权利和义务；

（3）该合同有明确的与所转让的商品相关的支付条款；

（4）该合同具有商业实质，即履行该合同将改变企业未来现金流量的风险、时间分布或金额；

（5）企业因向客户转让商品而有权取得的对价很可能收回。

本书后续例题中，假定在商品已经发出，收取价款或取得收取价款的凭据时即满足上述条件，确认销售收入。

（二）销售货款结算

企业将产品销售给购货方，应及时办理款项的结算并收回货款。货款结算的方式多种多样，常见的方式有以下几种：

（1）现款交易。现款交易是指企业与购货方在销售商品时即以货币资金进行结算的方式，如现金、支票、银行汇票、银行本票、信用卡等。现款交易在收到有关货币资金时通过“库存现金”、“银行存款”或“其他货币资金”科目核算。

（2）赊销。赊销是指企业销售产品后，货款暂未收到（包括收到购货方提供的商业汇票）。赊销方式下企业应通过“应收账款”“应收票据”等科目进行核算。

此外，企业也可能采取预收货款的方式销售商品，如在销售商品之前预收客户货款的，则可通过“预收账款”科目进行核算。

（三）销售成本结转

销售成本是指企业为取得销售收入所发生的已销商品的制造成本或购入成本，它是企业在取得销售收入过程中所必须付出的代价。销售成本的核算必须与已销产品所取得的收入进行配比，即计算销售成本的商品及其数量与计算销售收入的商品及其数量必须保持一致。例如，某企业202×年12月生产甲产品120件，每件产品的生产成本为800元，但本月销售甲产品只有100件，每件售价2 000元，取得销售收入20万元，则该企业202×年12月甲产品的销售成本为80 000元（100×800）。销售成本结转是指将已出售的产品制造成本或购入成本由“库存商品”账户的贷方转入“主营业务成本”账户的借方，以便计入当期损益。

（四）销售费用处理

销售费用是企业在销售商品、自制半成品、材料及提供劳务的过程中发生的各项费用以及为销售本企业商品而专设的销售机构（含销售网点、售后服务网点等）的经营费用，具体包括：产品自销费用，如由企业负担的包装费、运输费、广告费、装卸费、保险费、商品维修费、预计产品质量保证损失等；委托代销费用，如委托代销手续费；产品促销费用，如展览费、场地租赁费和销售服务费；专设销售人员和机构的费用，如销售人员工资、职工福利费、办公费、折旧费等。企业按照销售过程中实际发生的金额为当期的销售费用处理。

（五）税金及附加计缴

税金及附加是指企业在取得营业收入的同时，按规定的税种和税率向国家缴纳的税金及附加，包括日常营业活动中产生的消费税、城市维护建设税、教育费附加、资源税、环境保护税、房产税、城镇土地使用税、土地增值税、车船税、印花税、耕地占用税、契税、车辆购置税等。税金及附加一般根据当月销售额或税额为计税基数，按规定的税率计算缴纳，同时作为当期费用列支。

二、销售过程的账户设置

1.“主营业务收入”账户

“主营业务收入”（prime operating revenue）属于损益类账户，用来核算企业在一定会计期间因销售商品、提供劳务而取得的收入。贷方登记企业销售产品、提供劳务而取得的收入；借方登记销货退回应冲减的收入金额；期末转入“本年利润”账户，结转后本账户应无余额。在制造企业，该账户应按销售产品类别或品种设立明细账户，进行明细分类核算。

2.“其他业务收入”账户

“其他业务收入”（other operating revenue）属于损益类账户，用来核算企业除主营业务收入外的其他业务实现的收入，包括出租固定资产、出租无形资产、出租包装物和商品、销售原材料等所取得的收入。该账户贷方登记企业确认的其他业务取得的收入；借方登记销货退回应冲减的收入金额；期末转入“本年利润”账户，结转后应无余额。该账户应按业务类别设立明细账户，进行明细分类核算。

3.“主营业务成本”账户

“主营业务成本”（prime operating cost）属于损益类账户，用来核算企业销售产品、提供劳务等而发生的已售产品或已提供劳务的实际成本。借方登记本期为取得主营业务收入已发生的成本；贷方登记销售退回应冲减的销售成本；期末转入“本年利润”账户，结转后无余额。在制造企业，该账户应按产品类别设置明细账，进行明细分类核算。

4.“其他业务成本”账户

“其他业务成本”（other operating cost）属于损益类账户，用来核算企业除主营业务活动以外的其他业务活动发生的支出。其借方登记因获取其他业务收入而发生的相关成本；贷方登记销售退回应冲减的其他业务成本；期末转入“本年利润”账户，结转后无余额。该账户应按业务类别设立明细账户，进行明细核算。

在规模较小的企业，可以不区分主营业务和其他业务，直接设置“营业收入”和“营业成本”两个账户进行会计核算。

5.“应收账款”账户

“应收账款”（accounts receivable）属于资产类账户，用来核算和监督企业因销售产品、提供劳务等，应向购货单位或接受劳务单位收取的款项。其借方登记企业发生的应收账款，其中包括企业代购货单位垫付的包装费、运杂费等；贷方登记因收回欠款等情况而减少的应收账款；期末余额在借方，表示企业尚未收回的应收账款。该账户应按购货单位或接受劳务单位设置明细账户，进行明细分类核算。

6.“应收票据”账户

“应收票据”（notes receivable）属于资产类账户，是用来反映和监督企业销售产品采用商业汇票（包括商业承兑汇票和银行承兑汇票）结算货款时的结算债权的账户。该账户借方登记由于销售产品而收到商业汇票的面值；贷方登记收回款项的应收票据账面价值；期末余额一般在借方，表示企业持有的期末尚未收回的票据应收款。该账户应按购货单位或接受劳务单位设置明细账户，进行明细分类核算。

为了解每一应收票据的结算状况，企业应设置“应收票据备查簿”，逐项登记每一应收票据的详细资料，应收票据到期结清票款后，应在备查簿内逐项注销。

7.“预收账款”账户

“预收账款”（deposit received）属于负债类账户，用来核算企业销售产品、提供劳务等预收购买单位款项的发生和偿付情况。该账户的贷方登记预收的款项；借方登记销售单位以提供商品或劳务的方式冲销的预收款项。期末余额如在贷方，表示企业尚未用商品或劳务偿付的预收款项；期末余额如在借方，表示企业应收购货方的款项。该账户应按购货单位设明细账户，进行明细分类核算。

8.“周转材料”账户

“周转材料”（turnover material）属于资产类账户，用来核算企业能够多次使用但不符合固定资产定义的材料。企业的周转材料主要分为两类：一是包装物，是指为了包装商品而储备的各种包装物资；二是低值易耗品，包括各种工具、管理用具、玻璃器皿、劳动保护用品以及在经营过程中周转使用的容器等。该账户借方表示周转材料增加，贷方表示周转材料减少，期末余额在借方，表示期末结存的周转材料。该账户可分为“包装物”“低值易耗品”等明细账户进行核算。

9.“税金及附加”账户

“税金及附加”（tax and additional）属于损益类账户，用来核算企业销售产品、提供劳务等经济活动按规定计算应缴纳的相关税金及附加费。其借方登记在经营活动中按规定计算确定的税金及附加；贷方登记期末转入“本年利润”账户的数额；期末结转后应无余额。

三、销售业务的账务处理

（一）商品销售收入的核算

【例5-35】202×年12月6日，金麓公司销售给长顺公司甲产品1 500件，每件售价140元，货款计210 000元，开具的增值税发票上注明增值税27 300元，产品已发出，款项已收存银行。

这笔经济业务当中，金麓公司向长顺公司收取销售甲产品的货款210 000元和增值税27 300元，银行存款合计增加237 300元，记入“银行存款”账户借方。同时，产品销售是金麓公司的主要业务，销售甲产品的货款210 000元属于主营业务收入，记入“主营业务收入”账户贷方；收取的增值税27 300元不属于公司的收入，是企业应交的增值税，记入“应交税费——应交增值税（销项税额）”账户贷方。会计分录如下：

借：银行存款	237 300	
贷：主营业务收入——甲产品		210 000
应交税费——应交增值税（销项税额）		27 300

【例5-36】202×年12月11日，金麓公司销售给明达公司甲产品1 000件，每件售价140元，乙产品300件，每件售价240元，货款总计212 000元，开具的增值税发票上注明增值税27 560元，产品已发出，款项暂未收到。

这笔经济业务当中，金麓公司产品已发出，增值税发票已开具，表明销售已实现，应确认主营业务收入和应交增值税销项税额增加；同时，由于还没有收到货款，金麓公司拥有向明达公司收取货款的权利，因此应确认应收账款增加，记入“应收账款”账户借方。会计分录如下：

借：应收账款——明达公司　　239 560
　贷：主营业务收入——甲产品　　140 000
　　　　　　　　——乙产品　　72 000
　　应交税费——应交增值税（销项税额）　　27 560

【例5-37】202×年11月23日，金麓公司预收永达公司货款50 000元存入银行。

这笔经济业务当中，金麓公司的银行存款增加，记入“银行存款”账户借方；同时，由于货物还未交付，没有实现销售，因此不能确认销售收入，预收的货款先作为一项负债记入“预收账款”账户贷方。会计分录如下：

借：银行存款　　50 000
　贷：预收账款——永达公司　　50 000

【例5-38】202×年12月15日，金麓公司根据合同向永达公司发出乙产品300件，每件售价230元，货款计69 000元，开具的增值税发票上注明税款8 970元，价税款合计77 970元。

这笔经济业务当中，金麓公司发出产品，增值税发票已开具，表明销售已实现，应确认主营业务收入和应交增值税销项税额增加；另一方面，由于完成了销售义务，作为负债的50 000元预收账款减少，还增加一笔对永达公司的应收账款27 970元（69 000+8 970-50 000）。但对于同一客户永达公司，实务中一般不同时开设“预收账款——永达公司”“应收账款——永达公司”两个明细结算账户，那样不便于往来款项的管理。因此，金麓公司销售产品结算的价税款77 970元全部记入“预收账款——永达公司”账户借方，该账户借方余额27 970元是对永达公司的应收款，属于资产。会计分录如下：

借：预收账款——永达公司　　77 970
　贷：主营业务收入——乙产品　　69 000
　　应交税费——应交增值税（销项税额）　　8 970

【例5-39】202×年12月17日，金麓公司销售给达美公司甲产品800件，每件售价140元，货款计112 000元，开具的增值税发票上注明税款14 560元，价税款合计126 560元。产品已发出，收到达美公司面值为126 560元的银行承兑汇票一张。

这笔经济业务当中，金麓公司增值税发票已开具，表明销售已实现，应确认主营业务收入和应交增值税销项税额增加；另一方面，金麓公司收到达美公司开具的银行承兑汇票，拥有一项要求对方开户银行到期兑现汇票的权利，应记入“应收票据”账户借方。会计分录如下：

借：应收票据——达美公司　　126 560
　贷：主营业务收入——甲产品　　112 000
　　应交税费——应交增值税（销项税额）　　14 560

【例5-40】202×年12月20日，金麓公司利用剩余生产能力生产并销售一批高档化妆品，售价50 000元，开具的增值税专用发票注明的增值税税额为6 500元，款项已存入银行。

这笔经济业务当中，金麓公司利用剩余生产能力生产并销售高档化妆品属于主营业务，取得的销售收入记入“主营业务收入”账户贷方，收取的增值税记入“应交税费——应交增值税（销项税额）”账户贷方；同时，银行存款增加记入“银行存款”账户借方。会计分录如下：

借：银行存款　　56 500

　贷：主营业务收入——化妆品　　50 000

　　　应交税费——应交增值税（销项税额）　　6 500

（二）商品销售成本的核算

企业销售商品取得销售收入，其库存的商品必定会减少。企业本期商品的销售成本=本期销售商品的数量×商品的单位成本。但是，由于库存的商品不一定是同一批次生产完工（或购买）入库的，所以每一批次入库的商品其单位成本不一定会相同。此时，对于本月销售发出商品的成本应如何计价？其单位成本应如何确定？这个问题与前面讲过的原材料发出的计价方法相同，可选用先进先出法、个别计价法、加权平均法等方法来确定发出商品的成本。

【例5-41】金麓公司按加权平均法确定已销产品成本，202×年12月发出甲产品3 300件，加权平均单位成本为60元/件，发出甲产品的总成本为198 000元；发出乙产品600件，加权平均单位成本为120元/件，发出乙产品的总成本为72 000元。本月利用剩余生产能力生产并销售的高档化妆品，其生产成本为14 808.3元。结转本月已销产品的成本。

这笔经济业务当中，金麓公司按照配比原则计算本月售出甲、乙产品的成本。由于产品已经售出，金麓公司库存的商品减少，应记入“库存商品”账户贷方；另一方面，已售产品是取得销售收入付出的成本，记入“主营业务成本”账户借方。会计分录如下：

借：主营业务成本——甲产品　　198 000

　　　　　　　——乙产品　　72 000

　　　　　　　——化妆品　　14 808.3

　贷：库存商品——甲产品　　198 000

　　　　　　——乙产品　　72 000

　　　　　　——化妆品　　14 808.3

（三）其他业务收支的核算

【例5-42】202×年12月26日，金麓公司将多余的C材料1 100千克按4元/千克的单价售出，货款4 400元，增值税税额572元，价税合计4 972元已通过银行收讫。

这笔经济业务当中，金麓公司销售多余的C材料不属于主营业务活动，属于兼营业务，应作为其他业务核算，取得的收入记入“其他业务收入”账户贷方。会计分录如下：

借：银行存款　　4 972

　贷：其他业务收入——材料销售　　4 400

　　　应交税费——应交增值税（销项税额）　　572

【例5-43】202×年12月31日，金麓公司结转本月所售C材料的成本，本月C材料的实际采购成本为每千克3.3元，C材料的销售成本为3 630元。

这笔经济业务当中，金麓公司按照配比原则计算本月售出C材料的成本。由于C材料已经售出，金麓公司的原材料减少，应记入“原材料”账户贷方；另一方面，已售材料是取得其他业务收入的成本，记入“其他业务成本”账户借方。会计分录如下：

借：其他业务成本——材料销售　　3 630

　贷：原材料——C材料　　3 630

【例5-44】202×年12月10日，金麓公司将一批包装物出租给客户，收取租金2 000元，增值税税额260元，合计2 260元存入银行。

这笔经济业务当中，金麓公司出租包装物属于兼营业务，应作为其他业务核算，取得的收入记入“其他业务收入”账户贷方。会计分录如下：

借：银行存款　　2 260

　贷：其他业务收入——包装物出租　　2 000

　　应交税费——应交增值税（销项税额）　　260

【例5-45】202×年12月31日，金麓公司按会计核算制度的规定摊销本月出租包装物应分摊的成本1 800元。

这笔经济业务当中，金麓公司出租包装物应分摊的成本是取得其他业务收入的成本，记入“其他业务成本”账户借方；另一方面，包装物属于企业的周转材料，在出租使用过程中会发生价值损耗，记入“周转材料”账户贷方。会计分录如下：

借：其他业务成本——包装物出租　　1 800

　贷：周转材料——包装物　　1 800

（四）销售费用、税金及附加的核算

企业进行商品销售或提供服务，除了商品或服务本身的成本，在组织销售或服务提供的过程中，还会发生销售费用，产生税金及附加，其具体内容在前面已经介绍。下面针对三种传统的税金及附加进行阐述：

（1）消费税。消费税是一种间接税，是只针对特定的消费品和消费行为征收的一种流转税，一般在生产环节征收，税率实行从价定率、从量定额以及从价从量复合计征三种方法。消费税是价内税，是商品价格的组成部分。

（2）城市维护建设税和教育费附加。城市维护建设税和教育费附加的缴纳义务人是缴纳增值税、消费税的单位和个人。计税依据均为企业实际缴纳的增值税、消费税合计数。城市维护建设税按纳税人所在地的不同，税率分为7%（市区）、3%（县城、建制镇）和1%（其他）。教育费附加的征收比率为3%。

【例5-46】202×年12月7日，金麓公司与承运的物流公司结算本月销售产品发生的运费，增值税专用发票注明本月的运费5 000元，增值税税额450元，共计5 450元已通过银行支付。

这笔经济业务当中，金麓公司销售产品发生的运费属于销售费用，记入“销售费用”账户借方，向物流公司支付的增值税可以抵扣，记入“应交税费——应交增值税（进项税额）”借方；银行存款减少，记入“银行存款”账户贷方。会计分录如下：

借：销售费用　　5 000

　　应交税费——应交增值税（进项税额）　　450

　贷：银行存款　　5 450

【例5-47】202×年12月28日，金麓公司开出银行转账支票，支付本月的广告费8 000

元，增值税税额480元（广告传媒属于现代服务，增值税税率为6%）。

这笔经济业务当中，金麓公司支付的广告费属于销售费用，记入“销售费用”账户借方，向广告公司支付的增值税可以抵扣，记入“应交税费——应交增值税（进项税额）”账户借方；银行存款减少，记入“银行存款”账户贷方。会计分录如下：

借：销售费用　　8 000

　　应交税费——应交增值税（进项税额）　　480

　贷：银行存款　　8 480

【例5-48】金麓公司202×年12月销售的高档化妆品属于应税消费品，销售额为50 000元，适用的消费税税率为15%，计算并确认本月应缴纳的消费税。

这笔经济业务当中，金麓公司销售的高档化妆品属于应税消费品，应按规定的税率缴纳消费税。由于消费税是价内税，缴纳消费税会导致企业的税金费用增加，应记入“税金及附加”账户借方；同时，由于消费税暂时还未缴纳，金麓公司的应交税费增加，记入“应交税费——应交消费税”账户贷方。会计分录如下：

借：税金及附加　　7 500

　贷：应交税费——应交消费税　　7 500

【例5-49】202×年12月31日，金麓公司按实际缴纳增值税税额和消费税税额的7%和3%计算应交的城市维护建设税和教育费附加。根据金麓公司本月发生的经济业务，假设本月允许抵扣的增值税进项税额为11 739.4元，本月的增值税销项税额87 082元，则本月实际缴纳增值税75 342.6元（销项税额87 082−进项税额11 739.4）；本月实际缴纳消费税7 500元。

这笔经济业务当中，金麓公司本月应缴纳的城市维护建设税是5 800元（（75 342.6+7 500）×7%）；应缴纳的教育费附加是2 486元（（75 342.6+7 500）×3%）。由于要缴纳城市维护建设税和教育费附加，导致金麓公司本月的税金费用增加，记入“税金及附加”账户借方；另一方面，城市维护建设税和教育费附加暂时还没有缴纳，金麓公司的应交税费增加，记入“应交税费”账户贷方。会计分录如下：

借：税金及附加　　8 286

　贷：应交税费——应交城市维护建设税　　5 800

　　　　　　——应交教育费附加　　2 486

需要注意的是，增值税和其他税费不同，并不通过“税金及附加”科目核算。根据我国现行税法规定，企业只要发生应税的经济行为，就应该依法纳税，包括销售环节的各种税金及附加。在这些税费中，增值税是一种价外税，即在产品销售收入之外向购货方收取并缴纳给国家税务机关的税金，不增加企业的费用支出。而消费税、城市维护建设税、教育费附加等属于价内税，企业核算销售收入时包括了这些税费，因而在缴纳时会增加企业的费用支出，应从产品销售收入中得到补偿。所以在核算时，这些税费均通过“税金及附加”进行核算，计入当期的费用。

导读测评

5-6

第六节　利润及利润分配核算

利润是企业生产经营活动的最终成果。利润的核算内容分为利润形成和利润分配。根据配比原则，在计算利润的时候，将一定时期内相关的收入与费用进行配比，收入大于费用支出则形成利润，反之则为亏损。取得利润后，企业首先应按规定计算并缴纳企业所得税，扣除所得税费用后得到本期的净利润。净利润按照法律规定和企业自身需要进行分配。

一、利润的核算

（一）利润的计算

利润包括营业利润和营业外收支净额（即直接计入当期利润的利得和损失），在此基础上扣除所得税费用后形成净利润。因此，根据利润形成的层次，可以将利润计算分成三个步骤：营业利润、利润总额、净利润。

1.营业利润的计算

营业利润是按照配比原则的要求，将一定时期内的日常营业活动的收入与费用进行配比而形成的结果。

营业利润=营业收入-营业成本-税金及附加-销售费用-管理费用-财务费用-资产减值损失+公允价值变动收益(-损失)+投资收益(-损失)

其中，营业收入包括主营业务收入和其他业务收入，营业成本包括主营业务成本和其他业务成本，营业收入扣除营业成本就是企业的毛利。

2.利润总额的计算

利润总额是包含日常活动产生的营业利润，以及非日常活动产生的营业外收支净额。

利润总额=营业利润+营业外收入-营业外支出

上式中，营业外收入即直接计入当期利润的利得，是企业发生的与其经营活动无直接关系的各项净收入。营业外收入不是经常发生的，带有偶发性，不具有重复性，主要包括罚款收入、债务重组利得、盘盈利得、接受捐赠利得、确实无法支付的应付账款和按规定程序经批准后划转出去的应付款项等。

营业外支出即直接计入当期利润的损失，是企业发生的与其经营活动无直接关系的各项净支出，营业外支出不是经常发生的，带有偶发性，不具有重复性，包括非流动资产报废损失、捐赠支出、罚款支出、债务重组损失、自然灾害造成的损失等。

3.净利润的计算

企业实现了利润，就必须按税法规定缴纳企业所得税。所得税是对企业的所得额征收的一种税，具有强制性、无偿性的特点。企业在核算时将其视为一项费用，在利润总额的基础上进行扣除，扣除所得税后的利润即为净利润。

净利润=利润总额-所得税费用

（二）账户设置

1.“本年利润”账户

“本年利润”（profit for the year）属于所有者权益类账户，用来核算企业在本年度实现的利润（或亏损）总额。该账户借方登记期末从所有费用类账户的转入数，贷方登记期末从所有收入类账户的转入数。年终时，将本年收入和支出相抵后结出本年实现的利润（或亏损）总额，全部转入“利润分配”账户。如为利润总额，应从本账户的借方转入“利润分配——未分配利润”账户的贷方；如为亏损总额，则从本账户的贷方转入“利润分配——未分配利润”账户的借方。年末结转后该账户无余额。

2.“投资收益”账户

“投资收益”（investment income）属于损益类账户，用来核算企业对外投资取得的收入或发生的损失。该账户的贷方登记取得的投资收益和期末投资净损失的转出数，借方登记投资损失和期末净收益的转出数，期末结转后该账户应无余额。该账户应按投资项目设置明细账户，进行明细分类核算。

3.“交易性金融资产”账户

“交易性金融资产”（financial assets held for trading）属于资产类账户，用来核算以赚取差价为目的从二级市场购入的股票、债券、基金等金融资产。该账户借方登记交易性金融资产的购入（增加），贷方登记已出售的交易性金融资产，期末借方余额反映尚未出售的交易性金融资产。该账户可按金融资产类别和品种，下设“成本”和“公允价值变动”等明细账户，进行明细核算。

4.“营业外收入”账户

“营业外收入”（non-operating revenue）属于损益类账户，用来核算企业发生的与企业生产经营无直接关系的各项利得收入。该账户的贷方登记企业取得的各项营业外收入，期末将当期实现的营业外收入转入“本年利润”账户，期末结转后应无余额。该账户可按营业外收入项目设置明细账户，进行明细分类核算。

5.“营业外支出”账户

“营业外支出”（non-operating expenditure）属于损益类账户，用来核算企业发生的与企业生产经营无直接关系的各项支出。该账户借方登记企业发生的各项营业外支出，期末将当期发生的营业外支出转入“本年利润”账户，期末结转后应无余额。该账户可按营业外支出项目设置明细账户，进行明细分类核算。

6.“所得税费用”账户

“所得税费用”（income tax expenses）属于损益类账户，用来核算企业按规定应从当期利润总额中扣除的所得税费用。该账户的借方登记企业本期应负担的所得税费用，贷方登记企业会计期末转入“本年利润”账户的所得税费用。期末结转后该账户应无余额。

（三）账务处理

1.投资收益的核算

企业除通过自身生产经营活动获得利润之外，还可以将资金对外投资获取投资收益。企业可以现金、实物、无形资产方式直接对被投资单位投资，或者以购买股票、债券等有价证券方式进行投资。从内容上来说，包括交易性金融资产投资、长期股权投资、债权投资、其他债权投资、其他权益工具投资等。大部分投资业务核算复杂，本书仅进行简单介绍。

【例5-50】202×年12月4日，金麓公司投资2 000 000元购买了某上市公司股票，并支付佣金和税费2 000元。

这笔经济业务当中，金麓公司购买的股票属于交易性金融资产，应按该金融资产取得时的公允价值作为其初始入账金额，记入“交易性金融资产——成本”账户借方，发生的交易费用应计入当期收益，记入“投资收益”账户借方；支付的款项记入“银行存款”账户贷方。会计分录如下：

借：交易性金融资产——成本　　2 000 000
　　投资收益　　2 000
　贷：银行存款　　2 002 000

【例5-51】202×年12月20日，金麓公司将所持有该上市公司股票全部出售，取得价款2 080 000元，支付佣金和手续费用2 100元。

这笔经济业务发生，金麓公司的银行存款增加2 077 900元（2 080 000-2 100），记入“银行存款”账户借方；交易性金融资产减少2 000 000元，记入“交易性金融资产”账户贷方，银行存款增加与交易性金融资产减少之间的差额77 900元（2 077 900-2 000 000）属于投资收益，记入“投资收益”账户贷方。该笔短期投资购买时发生的交易费用直接冲减投资收益2 000元，出售时获得投资收益77 900元，前后总共实现净收益为75 900元。会计分录如下：

借：银行存款　　2 077 900
　贷：交易性金融资产——成本　　2 000 000
　　　投资收益　　77 900

【例5-52】202×年12月31日，金麓公司收到国债利息存入银行。债券本金100 000元，票面年利率为6%，每月付息。

这笔经济业务当中，金麓公司每月的利息收入为500元（100 000×6%÷12）。金麓公司收到国债利息收入使银行存款增加，记入“银行存款”账户借方；另一方面，收到的国债利息收入属于投资收益，记入“投资收益”账户贷方。会计分录如下：

借：银行存款　　500
　贷：投资收益　　500

2.营业外收支的核算

【例5-53】202×年12月10日，金麓公司委托顺风物流公司运送货物。由于顺风物流公司工作人员失误导致运送延误，按合同规定应支付赔偿金800元，顺风物流公司已同意赔付，但赔偿款尚未收到。

这笔经济业务当中，赔偿款是金麓公司与经营活动无直接关系的偶发性事项产生的利得，属于营业外收入，记入“营业外收入”账户贷方；另一方面，赔偿款暂时还未收到，金麓公司增加一项向顺风物流公司收取赔偿款的权利，记入“其他应收款”账户借方。会计分录如下：

借：其他应收款——顺风物流公司　　800
　贷：营业外收入——罚款收入　　800

【例5-54】202×年12月20日，金麓公司的某项非专利技术因为目前已经被其他技术替代，决定将其转入报废处理，原账面余额200 000元，已摊销180 000元，未计提减值准备。

这笔经济业务当中，金麓公司该项非专利技术属于无形资产，报废时无形资产账面余额减少200 000元，记入“无形资产”账户贷方，该项无形资产已计提的累计摊销180 000元也应转销，记入“累计摊销”账户借方；无形资产报废产生的净损失20 000元属于营业外支出，记入“营业外支出”账户借方。会计分录如下：

借：累计摊销　　180 000

借：营业外支出——无形资产报废　　20 000

　贷：无形资产——非专利技术　　200 000

【例5-55】202×年12月25日，金麓公司以银行存款向某灾区捐赠救济金20 000元。

这笔经济业务当中，金麓公司向某灾区捐赠救济金属于与经营活动无直接关系的偶发性事项导致的支出，记入“营业外支出”账户借方。会计分录如下：

借：营业外支出——捐赠支出　　20 000

　贷：银行存款　　20 000

3.结转损益的核算

利润核算在账务处理上是通过损益结转来实现的。其操作为：将损益类账户的发生额向“本年利润”账户进行汇集结转，然后经过借贷方数据的对比得到损益结果。收入类账户的发生额转入“本年利润”账户贷方，会计分录为“借：收入类账户，贷：本年利润”；费用类账户的发生额转入“本年利润”账户借方，会计分录为“借：本年利润，贷：费用类账户”。结转完毕后，所有收入类损益账户、费用类损益账户的期末余额为零，其发生额都汇集至“本年利润”账户。

根据损益结转时间点的不同，其结转入“本年利润”账户的方法分为两种：账结法和表结法。

（1）账结法：是指企业每个月月末都将本月收入类账户和费用类账户的发生额结转至“本年利润”账户，通过对比确定当月实现的利润额；采用这种方法进行结转时，收入类账户和费用类账户每个月月末都没有余额。

（2）表结法：是指企业在平时每个月月末不结转收入类账户和费用类账户的发生额，而是在年末进行一次性结转；平时每个月实现的利润是通过编制利润计算表得到的，收入类账户和费用类账户在1—11月各月月末有余额，只有年终结转后这两类账户才无余额。

【例5-56】金麓公司采用账结法进行利润核算。根据金麓公司202×年12月发生的经济业务，将金麓公司所有损益类账户12月的发生额（见表5-7）进行汇总，并将各损益类账户的本期发生额结转至“本年利润”账户，计算金麓公司本月利润总额。

表5-7　**金麓公司202×年12月损益类账户的发生额**　单位：元

账户名称	借方发生额	贷方发生额
主营业务收入		653 000
其他业务收入		6 400
投资收益		76 400
营业外收入		800
主营业务成本	284 808.3	
其他业务成本	5 430	
税金及附加	15 786	
管理费用	80 847.2	
销售费用	47 528.5	
财务费用	10 000	
营业外支出	40 000	
合计	484 400	736 600

首先将实现的收入转入本年利润。根据表5-7可知，收入类账户的发生额均在贷方，将其进行结转时收入类账户减少，分别记入“主营业务收入”“其他业务收入”等账户借方；同时增加本年利润，记入“本年利润”账户贷方。会计分录如下：

借：主营业务收入　　653 000
　　其他业务收入　　6 400
　　投资收益　　76 400
　　营业外收入　　800
　贷：本年利润　　736 600

然后将发生的费用转入本年利润。根据表5-7可知，费用类账户的发生额均在借方，将其进行结转时费用类账户减少，分别记入“主营业务成本”“其他业务成本”“税金及附加”“管理费用”等账户贷方；同时减少本年利润，记入“本年利润”账户借方。会计分录如下：

借：本年利润　　484 400
　贷：主营业务成本　　284 808.3
　　　其他业务成本　　5 430
　　　税金及附加　　15 786
　　　管理费用　　80 847.2
　　　销售费用　　47 528.5
　　　财务费用　　10 000
　　　营业外支出　　40 000

通过以上会计分录进行损益结转后，金麓公司202×年12月末收入类账户、费用类账户的期末余额均为零，其发生额均汇集至“本年利润”账户。此时，“本年利润”账户的贷方发生额为736 600元，借方发生额为484 400元。将“本年利润”账户的贷方发生额与借方发生额相抵即可得到金麓公司202×年12月的利润总额为252 200元。

4.所得税费用的核算

所得税是指企业按照税法的规定，根据其经营所得和其他所得按规定的所得税税率计算缴纳的一种税款。目前，我国一般企业所得税的适用税率为25%。企业的所得额按不同标准分为会计所得和纳税所得，前者是企业的税前会计利润，后者是企业的应纳税所得额，二者存在一定差异。企业应交所得税计算公式如下：

应纳税所得额=税前会计利润+纳税调整增加额-纳税调整减少额

应交所得税=应纳税所得额×所得税税率

纳税调整增加额，是企业已计入当期费用损失，但超过税法规定扣除标准，或税法不允许扣除的金额，比如超标准的职工福利、业务招待费、广告费、税收滞纳金、罚金、罚款等。

纳税调整减少额，是按企业所得税法规定允许弥补的亏损和准予免税的项目，如前5年内未弥补亏损、国债利息收入等。

企业所得税是根据企业一定期间的经营所得计算的税金，不同于经营过程中的其他税费，所以不通过“税金及附加”科目核算；所得税费用的会计核算包括两项内容：一是在计算所得税时，借记“所得税费用”账户，贷记“应交税费——应交所得税”账户；二是将本期确认的所得税费用结转至“本年利润”账户，借记“本年利润”账户，贷记“所得税费用”账户。

【例5-57】假如金麓公司202×年的利润总额（税前会计利润）为3 246 000元，其中包括本年收到的国债利息收入6 000元，所得税税率25%，无其他纳税调整事项，计算所得税，并结转所得税费用至“本年利润”账户。

这笔经济业务当中，国债利息收入属于企业所得税的免税项目，应从金麓公司202×年度的应纳税所得额中扣除，所以金麓公司该年度的应纳税所得额为3 240 000元（3 246 000-6 000），应交企业所得税为810 000元（3 240 000×25%）。金麓公司由于要向国家缴纳企业所得税而导致费用增加，记入“所得税费用”账户借方；另一方面，企业所得税暂时还未缴纳，记入“应交税费——应交所得税”账户贷方。会计分录如下：

借：所得税费用　　　　810 000

　贷：应交税费——应交所得税　　　　810 000

所得税费用结转至本年利润时，所得税费用减少，记入“所得税费用”账户贷方；同时本年利润减少，记入“本年利润”账户借方。会计分录如下：

借：本年利润　　　　810 000

　贷：所得税费用　　　　810 000

金麓公司向国家缴纳企业所得税时，属于负债减少，记入“应交税费——应交所得税”账户借方；同时银行存款减少，记入“银行存款”账户贷方。会计分录如下：

借：应交税费——应交所得税　　　　810 000

　贷：银行存款　　　　810 000

税法规定企业所得税的计征实行按年计算，按月或季度预缴，年终汇算清缴，多退少补的方法。月份或季度终了后15日内预缴，年度终了后5个月内汇算清缴。少缴的所得税应在下一年度补交，多缴的所得税，应由税务机关退还，或者用于抵充下一年度的税款。

5.结转净利润的核算

通过前述结转损益和所得税费用的账务处理后，企业本会计期间所有的损益全部结转至“本年利润”账户，通过“本年利润”账户借方发生额和贷方发生额相对比，即可得出企业在本会计期间形成的净利润或发生的亏损。企业1—11月的净利润或亏损保留在“本年利润”账户，累计反映当年的经营成果，年末时需要将“本年利润”账户余额结转至“利润分配”账户，以便进行年度利润分配。

如果当年实现净利润，则借记“本年利润”账户，贷记“利润分配”账户。如果当年发生净亏损，则做相反分录。结转后“本年利润”账户无余额。

【例5-58】金麓公司202×年的利润总额（税前会计利润）为3 246 000元，所得税费用810 000元，计算全年实现的净利润并结转至“利润分配”账户。

这笔经济业务当中，金麓公司202×年实现的净利润为2 436 000元（3 246 000-810 000）。年末将本年实现的净利润结转至利润分配时，金麓公司本年度的利润减少，记入“本年利润账户”账户借方；可供分配的利润增加，记入“利润分配”账户贷方。会计分录如下：

借：本年利润　　　　2 436 000

　贷：利润分配　　　　2 436 000

二、利润分配的核算

（一）利润分配的内容

企业实现的净利润应当按照规定的程序进行分配，以保证投资者的合法权益和企业的长远发展。但是，基于企业长远发展的考虑，企业实现的净利润一般不能全部分配给投资者，而应当留存一部分，用于企业以后的生产经营活动。企业可供分配的利润包括三部分：一是本年度实现的净利润；二是以前年度积累的未分配利润；三是其他转入金额（如盈余公积转入）。

知识拓展

弥补亏损的规定

根据我国《公司法》的相关规定，企业当年实现的净利润首先弥补以前年度的亏损，然后提取盈余公积，再向投资者分配利润。分配后留有的余额则为未分配利润。如果可供分配的利润为负数（即累计亏损），则不能进行后续分配。

1.提取法定盈余公积

企业当年如实现净利润，则应按一定比例提取盈余公积。根据我国《公司法》的规定，公司应当按净利润的10%提取法定盈余公积。公司法定盈余公积累计达到公司注册资本50%以上的，可以不再提取。盈余公积主要用于以后年度的亏损弥补和转增资本。

2.提取任意盈余公积

企业提取法定盈余公积后，经股东会或者股东大会决议，还可以根据企业需要从税后利润中提取任意盈余公积。任意盈余公积的提取比例由企业自行决定。

3.向投资者分配利润

企业提取盈余公积后，可以按照规定向投资者分配利润。向投资者分配利润应按照实缴的出资比例或持有股份的比例进行分配，但投资者另有约定或公司章程另有规定的除外。

（二）账户设置

1.“利润分配”账户

“利润分配（appropriation of profits）”属于所有者权益类账户，用来核算企业利润的分配情况。该账户的借方登记从“本年利润”账户贷方转入的全年净亏损以及利润分配金额；贷方登记从“本年利润”账户借方转入的全年净利润；年末贷方余额为未分配利润，借方余额为未弥补亏损金额。“利润分配”账户应按利润分配来源和去向分别开设明细账户，进行明细分类核算，如“未分配利润”“盈余公积补亏”“提取法定盈余公积”“提取任意盈余公积”“应付利润”等。

2.“盈余公积”账户

“盈余公积（surplus reserves）”属于所有者权益类账户，用来核算企业从税后利润中提取的盈余公积。该账户贷方登记盈余公积的提取数，借方登记盈余公积弥补亏损或转增资本数；期末余额在贷方，表示盈余公积的实际结存数。该账户应分别设置“法定盈余公积”“任意盈余公积”明细账户，进行明细核算。

3.“应付股利”账户

“应付股利（dividends payable）”属于负债类账户，用来核算公司经董事会或股东大会决议确定分配的现金股利（股票股利不通过该账户核算）。该账户贷方登记公司通过股利分配方案应付的现金股利金额，借方登记公司实际支付股利金额。该账户期末如有余额应在贷方，表示公司尚未支付的现金股利。如为非股份有限公司，则通过“应付利润”账户核算。该账户应按投资者设置明细账户，进行明细核算。

（三）账务处理

进行利润分配前，首先应该完成利润的结转，即将当年实现的净利润转入“利润分配”账户。结转前，如果“利润分配”账户的期初余额在贷方，表示以前年度留存的未分配利润，加上转入的当年净利润为可供分配利润。反之，如果净利润结转前“利润分配”账户的期初余额在借方，表示以前年度未弥补的亏损，当年转入的净利润与期初亏损自动抵补，不需另行编制会计分录。弥补亏损后，再进行后续分配程序。

【例5-59】金麓公司202×年实现的净利润为2 436 000元，假如“利润分配”账户没有期初余额。经股东大会决议，年度利润分配方案为：(1) 按当年实现净利润的10%提取法定盈余公积；(2) 按当年实现净利润的5%提取任意盈余公积；(3) 向投资者分配利润1 000 000元（金麓公司四个投资者的持股比例为：甲25%，乙15%，丙10%，丁50%）。

这笔经济业务当中，金麓公司“利润分配”账户没有期初余额，表明以前年度既没有留存的未分配利润，也没有未弥补的亏损，当年实现的净利润即为可供分配利润。进行利润分配时，可供分配利润减少，记入“利润分配”账户借方；提取法定盈余公积243 600元（2 436 000×10%），提取任意盈余公积121 800元（2 436 000×5%），留存的盈余公积金，记入“盈余公积”账户贷方；应付给甲、乙、丙、丁四个投资者的利润增加，记入“应付利润”账户贷方。会计分录如下：

(1) 提取法定盈余公积

	借方	贷方
借：利润分配	243 600	
贷：盈余公积——法定盈余公积		243 600

(2) 提取任意盈余公积

	借方	贷方
借：利润分配	121 800	
贷：盈余公积——任意盈余公积		121 800

(3) 向投资者分配利润

	借方	贷方
借：利润分配	1 000 000	
贷：应付利润——甲投资者		250 000
——乙投资者		150 000
——丙投资者		100 000
——丁投资者		500 000

【例5-60】金麓公司向投资者支付202×年度分配的利润1 000 000元。

这笔经济业务当中，金麓公司支付分配的利润时应付给甲、乙、丙、丁四个投资者的利润减少，记入“应付利润”账户借方；银行存款减少，记入“银行存款”账户贷方。会计分录如下：

	借方	贷方
借：应付利润——甲投资者	250 000	
——乙投资者	150 000	
——丙投资者	100 000	
——丁投资者	500 000	
贷：银行存款		1 000 000

上述分配完成后，“利润分配”科目的贷方余额为1 070 600元（2 436 000-1 365 400），表示企业尚余未分配利润金额。

立德树人：弘扬会计工匠精神

我国是全球货物贸易第一大国、当之无愧的世界工厂，“中国制造”成为我国在世界上认知度最高的标签。我国如何守住“中国制造”这张名片，并进一步将其提升为“中国精造”“中国创造”呢？这要求我们必须大力弘扬工匠精神，培养高技能人才和大国工匠。工匠精神是人们对产品不断精益求精、追求极致的理念，是职业道德、职业能力、职业品质的集中体现。会计人员整天与数字信息打交道，追求精确、完整，也需要大力弘扬工匠精神。作为一名会计初学者，如何弘扬工匠精神、成长为会计行业的“大国工匠”呢？

首先要爱岗敬业。爱岗敬业就是要热爱财务工作，有敬业精神，在任何时候和任何场合都能够做到忠于职守、尽职尽责。会计是一种专业性很强的工作，要求从业人员努力钻研业务知识，不断提升自我，刻苦钻研业务，其知识和能力才能适应具体会计工作的要求。因此，会计人员要能够耐得住寂寞，经得住诱惑，具有将毕生精力奉献给会计事业的信仰。

其次要严谨精益。严谨就是在工作的时候要认真，严肃谨慎地做事情；精益就是要执着、坚守、精进，不断追求极致与完美。近代以来，会计前辈们在自己的工作领域内精雕细琢，从不同方面打造会计精品，推动了我国会计事业的蓬勃发展。例如，葛家澍先生致力于会计准则和会计概念框架的研究，潘序伦先生致力于我国注册会计师事业的发展和会计人才培养，他们严谨精益的工匠精神值得我们敬仰，更需要我们传承和发扬光大。

最后要创新引领。创新是一个民族进步的灵魂，是一个国家兴旺发达的不竭动力。会计人要不断创新理念，提高会计信息使用价值，要充分理解企业的战略和经营意图，创造性地服务于企业的管理决策。同时，随着信息技术的发展，会计人的工作方式也要不断创新，要充分利用大数据、人工智能技术处理会计数据，逐渐提高工作效率和效果。

本章要点概览

1.制造企业的生产经营过程包括生产准备过程、生产过程、销售过程三个主要阶段，另外，企业为了获取经营所需资金，还需要向外筹集资金，会计期间结束时还需要结算本期的财务成果，进行利润分配。因此，制造企业的主要经济业务包括筹集资金、生产准备、产品生产、产品销售、利润的形成与分配等。

2.筹集资金是企业生产经营的起点，包括所有者权益资金和债权人资金两个来源。在本章中，主要介绍了其中的所有者投入资金、借款两种具体形式的业务核算。所有者投入资金形态有货币、实物资产、无形资产等，投资额在注册资本中的部分作为实收资本，溢价部分作为资本公积。借款按期限分为短期借款、长期借款，涉及本金、利息的处理，利息按权责发生制确认为所属期间的财务费用。

3.生产准备过程包括材料采购、固定资产购建业务的核算。材料的采购成本和生产设备时的购建成本是指为取得该资产所发生的必要的支出，一般包括买价、运费、保险费、税费（不包含可抵扣的增值税）等，固定资产在达到预定可使用状态前发生的安装费等也应计入购建成本。

4.产品生产过程涉及材料费用、人工费用、制造费用的核算以及完工产品成本的结转。生产过程中的费用应该按受益对象进行归集和分配，计入所生产产品的成本，并在产品完工后转入库存商品成本。期间费用不计入产品成本，而应在发生时直接计入当期损益。

5.产品销售业务包括销售收入的确认、销售成本的结转、销售税费的计算缴纳等。产品销售收入应该在满足收入确认条件时予以确认，与获得收入相对应的成本也应在当期进行结转。与产品销售相关的税费有增值税、消费税、城建税、教育费附加等，增值税属于价外税，与其他几项税的账务处理不同。

6.经营成果的核算涉及收入和费用的结转、所得税费用的核算、利润的结转分配。期末通过损益的结转计算本期利润，如有盈利则应计算缴纳企业所得税，剩下的才是净利润，由所有者决议分配。

本章练习题

1．假设某公司202×年发生了以下筹资业务：

（1）3月20日，该公司注册成立，永久公司投入货币资金300 000元并存入银行；恒心公司投入一台全新设备和一项专利权，评估价值分别为150 000元和50 000元。

（2）6月24日，收到三元公司投入一批原材料，评估价值为350 000元，同时确认三元公司在公司股本份额为300 000元。

（3）7月1日，向银行借入期限为3个月的短期借款500 000元；借款协议注明年利率为6%，到期利息和本金一起支付，款项已存入银行。

（4）7—8月每月末，确认上述短期借款的应付利息。

（5）9月30日，该笔短期借款到期，偿还本金500 000元，支付利息7 500元。

要求：编写上述经济业务的会计分录。

2.假设某公司202×年发生了以下机器设备、原材料的采购业务：

（1）4月20日，购进一台机器设备，取得的增值税专用发票上注明的价款为200 000元，增值税税额为26 000元；从物流公司取得的专用发票上注明的运输费用为3 000元，增值税税额为270元。所有款项均以银行存款支付，该机器设备经验收合格后直接投入使用。

（2）5月10日，购入一台需要安装的设备，取得的增值税专用发票上注明的价款为250 000元，增值税税额为32 500元；从物流公司取得的专用发票上注明的运输费用为15 000元，增值税税额为1 350元。所有款项均以银行存款支付，该机器设备已运回，经检验合格。

（3）5月12日，购入的机器设备投入安装，以现金支付上述机器设备安装工人工资3 000元，设备安装调试中使用各种材料价值2 500元。

（4）5月25日，上述机器设备安装完毕交付使用。

（5）6月2日，从永发公司购入A材料100千克，每千克200元，B材料50千克，每千克100元，取得的增值税专用发票上注明的价款为25 000元，增值税税额为3 250元，所有款项均以银行存款支付，材料尚未验收入库。

（6）6月4日，从物流公司取得的增值税专用发票注明上述A、B材料的运输费为1 200元，增值税税额为108元，所有款项以银行存款支付；运输费按购入A、B材料的重量比例分配。

（7）6月5日，办理上述A、B材料的验收入库手续，结转其采购成本。

（8）6月8日，向永星公司购进C材料1 000千克，每千克20元，取得的增值税专用发票上注明的价款为20 000元，增值税税额为2 600元，开具期限为3个月、面值为22 600元的商业汇票交给永星公司。

（9）6月10日，从永星公司购买的C材料运到，办理入库手续，结转其采购成本。

（10）6月15日，以银行存款预付给金波公司购买B材料货款60 000元。

（11）6月24日，预付给金波公司货款的B材料发货，B材料数量为500千克，每千克100元，取得的增值税专用发票上注明的价款为50 000元，增值税税额为6 500元。

（12）6月25日，从金波公司购买的B材料运到，办理入库手续，结转其采购成本。

（13）9月8日，应付永星公司的22 600元商业汇票到期，用银行存款兑付。

要求：编写上述经济业务的会计分录。

3.假设某公司202×年6月初投产甲和乙两种产品，6月份关于生产两种产品的经济业务如下：

（1）材料仓库汇总本月发出的原材料，其中生产甲产品领料48 000元，生产乙产品领料20 000元，车间一般性消耗领料5 200元，行政管理部门领料6 800元，合计80 000元。

（2）根据考勤和产量记录计算分配本月工资，其中甲产品生产工人工资24 000元，乙产品生产工人工资16 000元，车间管理人员工资5 000元，工厂行政管理人员工资8 400元，本月应付职工工资合计53 400元。

（3）计提本月各部门职工的社会保险费和住房公积金，其中计提基数为各部门职工的应付工资，计提比例为养老保险16%、医疗保险8%、失业保险0.7%、工伤保险1%、住房公积金10%。

（4）计提本月各部门职工的福利费、工会经费和职工教育经费，其中计提基数为各部门职工的应付工资，计提比例为福利费5%、工会经费2%、职工教育经费8%。

（5）从本月各部门职工的应付工资中扣除社会保险费、住房公积金、个人所得税等代扣代缴项目，其中养老保险、医疗保险、失业保险、住房公积金分别按应付工资的8%、2%、0.9%、10%代扣代缴，按个人所得税法规定计算出本月各部门职工应交个人所得税2 670元。

（6）以银行存款发放本月各部门职工的实发工资39 569.4元。

（7）计提本月固定资产折旧9 500元，其中生产车间固定资产应计提折旧6 700元，工厂行政管理部门固定资产应计提折旧2 800元。

（8）摊销应由本月负担的生产车间租金4 000元，相关税费忽略不计（假设该生产车间的租金前年已经预付，并作为一项资产记为“长期待摊费用”）。

（9）以银行存款支付本月应负担的财产保险费4 265元，其中生产车间2 965元，工厂行政管理部门1 300元，相关税费忽略不计。

（10）收到供电局寄来本月电费的增值税专用发票，注明本月的电费6 000元，增值税税额780元，其中甲产品生产用电3 200元，乙产品生产用电1 700元，生产车间一般消耗用电600元，工厂行政管理部门用电500元，电费尚未支付。

（11）汇总本月生产车间发生的制造费用，并按甲、乙两种产品的生产工时比例分配本月的制造费用，其中甲产品生产工时360小时，乙产品生产工时240小时。

（12）投产的甲产品4 000件、乙产品500件已全部完工，经检验合格将其验收入库，结转完工入库产品制造成本。

要求：编写上述经济业务的会计分录。

4.假设某公司202×年12月发生的销售与利润核算相关经济业务如下：

（1）4日，销售给永发公司甲产品1 000件，每件售价500元，乙产品200件，每件售价160元，货款为532 000元，增值税税额为69 160元，价税款均已收存银行。

（2）6日，以20元/股的价格购买了某上市公司的股票25 000股作为交易性金融资产持有，投资款为500 000元，并支付佣金和税费1 200元，所有款项以银行存款支付。

（3）16日，通过网银支付本月的广告费3 200元、增值税税额192元。

（4）16日，销售给永达公司甲产品400件，每件售价500元，货款为200 000元，增值税税额为26 000元，价税款尚未收到。

（5）17日，将持有的25 000股某上市公司股票以26元/股的价格全部出售，取得价款650 000元，支付佣金和手续费用2 000元，相关款项收存银行。

（6）18日，向永星公司出售原材料，货款20 000元，增值税税额为2 600元，价税款均已收存银行。

（7）19日，通过网银支付行政管理部门的办公费9 200元，相关税费忽略不计。

（8）20日，收到星海公司违反合同的违约金5 000元，存入银行。

（9）21日，以银行存款向某遭受洪灾地区捐赠救济金24 000元。

（10）24日，公司持有的国债结算利息，收到国债利息20 000元存入银行。

（11）27日，某项非专利技术已被其他技术替代，决定将其做报废处理，原账面余额150 000元，已摊销120 000元，未计提减值准备。

（12）31日，结转本月已售产品的成本，本月销售甲产品1 400件，单位成本240元/件，销售乙产品200件，单位成本110元/件。

（13）31日，结转向永星公司出售原材料的成本12 000元。

（14）31日，支付本季度短期借款利息36 000元，其中10月、11月已计提应付利息24 000元，本月应负担的利息为12 000元。

（15）31日，确认本月应税消费品应缴纳的消费税10 000元以及城市维护建设税700元、教育费附加300元，相关税费尚未缴纳。

（16）31日，将各损益类账户本月发生额结转至“本年利润”账户。

（17）31日，计算并确认本年应缴纳的企业所得税（税率25%），假设该公司12月初“本年利润”账户贷方余额为1 560 000元，且1—11月不存在所得税纳税调整事项；将所得税费用转入“本年利润”账户。

（18）31日，将“本年利润”账户的余额结转至“利润分配”账户。

（19）31日，按本年税后利润的10%提取盈余公积。

（20）从税后利润中分配给投资者利润500 000元，拟定于明年3月31日前支付。

要求：编写上述经济业务的会计分录。

5.假设某公司适应的所得税税率为25%，202×年收入类损益类账户贷方发生额为：主营业务收入150万元、其他业务收入5万元、投资收益8万元、营业外收入0.5万元；

费用类损益类账户借方发生额为：主营业务成本65万元、其他业务成本3.5万元、税金及附加2.2万元、销售费用15万元、财务费用9万元、管理费用12万元、营业外支出0.8万元。

要求：计算该公司202×年的营业毛利、营业利润、利润总额、所得税费用和净利润。

参考答案

第六章

账户的分类

学习目标与要求

本章系统阐述账户设置与复式记账的基本原理，内容主要包括会计科目、会计账户、复式记账以及借贷记账法。通过本章学习，应该了解会计科目的意义与设置原则，理解会计账户的结构、复式记账原理，掌握借贷记账法的记账规则、会计分录编制以及试算平衡的基本原理与方法。

引导案例

李航学习制造企业主要经济业务核算后，知道企业发生的经济业务都必须通过账户进行核算。由于企业的经济业务纷繁复杂，不同企业的经济业务各不相同，因而会计核算中涉及的账户非常多。每个账户具有特定的结构和用途，用来核算企业某一特定业务内容。为尽快熟悉账户的核算内容、结构特点，李航决定将已经学习的账户进行梳理分类，以便于理解记忆。但究竟按什么方法将众多账户进行分类呢？由于账户根据会计科目开设，而会计科目是会计要素进一步分类的结果，李航首先想到按六大会计要素对账户进行分类。但在具体划分时李航碰到一个疑问，主要是“生产成本”“制造费用”两个账户怎么分类：这两个账户核算的内容是生产车间为生产产品而发生的各项费用，从这个视角理解应该属于费用类账户；但生产车间的产品完工并验收入库后是企业的库存商品，未验收入库的是企业未完工的在产品，而库存商品和在产品都属于企业的资产，从这个视角理解应该属于资产类账户。此外，李航还发现某些账户具有共同特点，例如“原材料”“库存商品”两个账户都反映企业的有形资产，可以通过实地盘点检查这些账户记录的内容，“应收账款”“应付账款”两个账户分别反映企业生产经营过程中形成的应收款和应付款。李航考虑要不要将这些账户全部找出来并单独分类，但又找不到一个合适的分类方法。同学们，你们是否也有同样的疑问？众多的账户究竟怎么分类？不同类型的账户有何特点？希望大家通过本章学习获得明确答案。

导读测评

6-1

第一节　账户分类概述

一、账户分类的意义

账户分类就是根据各个账户的共性和特性，对账户按不同的标准进行的归类，使众多账户条理化和系统化，形成一个完整的账户体系，以掌握各类账户在提供会计信息方面的规律性。我国的《企业会计准则应用指南》中设置了百余个会计账户，这些账户有各自的经济特性、用途和结构，但它们又形成一个有机联系的体系。通过前面讲述的内容，我们已经了解了账户的意义、结构及一些账户的用法，为了正确地设置和运用账户，还需要进一步从理论上认识不同账户的用途、具体结构和核算内容，了解每个账户在整个账户体系中的地位和具体作用，以掌握账户在提供核算指标方面的规律性。按不同标志对账户进行分类，从不同角度考察账户，具有以下几个方面的非常重要的意义：

首先，对账户进行分类，便于设置完整的账户体系，有利于从理论上加深对账户的全面认识，了解会计要素之间的钩稽关系，正确认识各种账户在整个账户体系中的地位和作用，有助于正确运用设置账户这种会计核算的专门方法，建立起更加完善的会计核算体系。

其次，对账户进行分类，有利于了解整个账户体系中不同账户之间的特性和共性，便于根据不同的账户设计会计账簿的不同格式，熟悉各种账户在具体运用和提供核算指标方面的规律性，从而做到正确、熟练使用账户。

最后，对账户进行分类，能够正确认识会计要素的经济内容，有利于对数据根据报表信息的要求进行分类，形成报表所需要揭示的系统化的财务信息，从而便于财务报表的编制。

二、账户分类的原则

对账户的分类应坚持以下四项原则：

（一）满足经济管理的要求

在对账户进行分类时，不仅要考虑会计对象的特点，把性质和作用相同的账户划分为一类，而且要根据经济管理的实际要求，把反映同一方面信息的账户分为同一类。这样的账户体系才能既符合会计对象的特点，又能满足经济管理的要求。

（二）反映不同账户的共性和特点

只有清晰明了地反映不同账户所具有的共性和特点，才能通过账户分类使各种账户主次分明、关系明了，才能清楚地体现各个账户在账户体系中所处的地位、作用及各个账户的经济内容、用途和结构，使各个账户在实际工作中得到更好的运用，从而达到账户分类的目的。

（三）有利于信息处理和报表编制

会计的目标是向财务报表的使用者提供对决策有用的信息。因此，通过账户分类必须有利于会计信息的处理，要使企业发生的经济业务经过加工处理形成的会计信息，能够准确可靠地反映企业的财务状况、经营成果、现金流量，从而有利于财务报表的编制。

（四）做到完整性和互斥性相结合

一方面，账户的分类要能够涵盖会计对象所涉及的全部账户，每一个账户必须有其所属的类别；另一方面，各个类别的账户又要有明确的界限，不能相互交叉、相互混淆，做到完整性和互斥性有机结合。

三、账户分类的标志

账户可以依据不同的标志进行分类。运用以下不同的标志对账户进行分类，可以从不同的角度全方位观察账户体系的全貌。

（一）以经济内容作为分类标志

企业设置的全部账户必须能够综合反映和控制这个企业的会计内容，与此同时，会计核算和监督的具体内容又必须通过一个完整的账户体系来实现。账户体系与会计具体内容（即会计要素）的一致性，决定了账户体系的分类与会计具体内容的一致性，因此，可将账户体系按照经济内容进行分类。例如，把共同反映各类资产增减变化情况的账户分为一类，把共同反映企业利润形成过程的账户分为另一类等。账户以经济内容作为分类标志，是账户最基本的分类标志。

（二）以用途和结构作为分类标志

由于各个账户的使用方法不同，在账户体系中起着不同的作用，从不同的角度反映经济活动的某一侧面，提供着不同的信息，因此，在对账户按经济内容分类的基础上，还可以按用途和结构对账户进行分类。账户的用途和结构是账户分类的另一个主要标志。账户按用途分类，可以了解其所提供的信息及所起的作用，解决在什么条件下使用哪一类账户的问题；账户按结构分类，可以明确账户的借方、贷方所登记的具体内容和余额表示的含义，有利于掌握各类账户的使用方法，解决各类账户具体提供何种信息的问题。

（三）以统驭与被统驭关系作为分类标志

账户按其提供会计资料的详细程度不同，可分为总分类账户和明细分类账户。这种分类标志表明会计资料具有不同的层次和等级，各层次会计资料具有控制与被控制、统驭与被统驭的关系。

（四）以账户与财务报表的关系作为分类标志

账户的类别不同，由此形成的会计数据对财务报表的作用也不同。例如，资产、负债和所有者权益类账户，无论在平时或结账后，通常都有余额，分别表示资产、负债和所有者权益的实有数，这些账户的余额表明企业的财务状况，直接为资产负债表的编制提供资料。这种分类标志表明，账户和财务报表作为会计核算方法体系的重要组成部分，两者互相联系，不可分割。

导读测评

6-2

第二节　账户按经济内容分类

账户的经济内容（economic content of accounts），即账户所核算与监督的会计对象的具体内容。在企业里，会计对象的具体内容表现为资产、负债、所有者权益、收入、费用和利润六个要素，从理论上讲，账户的经济内容就是这六个要素。在实践中，为了提供某些指标的需要，分类时可适当调整。在产品制造企业或提供劳务的企业，账户按其所反映的经济内容进行分类，主要包括“资产类”、“负债类”、“所有者权益类”、“成本类”和“损益类”五大类，这和会计科目的分类是一致的。

一、资产类账户

资产类账户是反映企业各类资产的增减变化及结存情况的账户，有关资产的备抵账户也包括在内。按照资产的流动性和经营管理核算的需要，资产类账户又可以分为流动资产账户和非流动资产账户。

（一）流动资产账户

流动资产账户反映可以在一年或者超过一年的一个营业周期内变现或者耗用的资产。按照资产在生产经营活动中存在的不同形态和作用，又分为如下几类：

（1）货币资金类的资产，如“库存现金”、“银行存款”和“其他货币资金”等。

（2）结算债权类的资产，如“应收票据”、“应收账款”、“其他应收款”、“预付账款”、“坏账准备”、“应收利息”和“应收股利”等。

（3）存货类的资产，如“材料采购”、“在途物资”、“原材料”、“库存商品”、“材料成本差异”、“存货跌价准备”和“待处理资产损溢——待处理流动资产损溢”等。

（二）非流动资产账户

非流动资产账户反映企业的长期投资、固定资产、无形资产等资产，如“长期股权投资”、“固定资产”和“无形资产”等。

二、负债类账户

负债类账户是反映企业各种债务的增减变化及余额情况的账户。负债类账户按照债务偿还期的长短分为流动负债账户和非流动负债账户两类。

（一）流动负债账户

流动负债账户反映企业将在一年或超过一年的一个营业周期内偿付的债务，如“短期借款”、“应付账款”、“预收账款”、“应付职工薪酬”、“应交税费”及“应付利息”等。

（二）非流动负债账户

非流动负债账户反映企业将在一年或超过一年的一个营业周期以上偿付的债务，如“长期借款”“应付债券”“长期应付款”等。

三、所有者权益类账户

所有者权益类账户是反映企业所有者权益各个构成部分的增减变化及余额的账户，按照所有者权益来源的不同，分为两类：

（1）反映所有者原始投入以及投资本身引起的增值的账户，如“实收资本（股本）”“资本公积”。

（2）反映资本收益的账户，如“本年利润”“利润分配”“盈余公积”等。

四、成本类账户

成本类账户是用来归集生产经营过程中发生的费用并据以计算成本的账户，包括“制造费用”“生产成本”“劳务成本”等账户。

五、损益类账户

损益类账户是反映那些核算内容与损益计算直接相关的账户，它既包括来自生产经营方面已实现的各项收入、已耗费需要在本期配比的各项费用，也包括来自其他方面的业务收支，以及发生的各项营业外收支等。一般来说，该类账户又可以划分为收入类账户和费用类账户两大类。

（一）收入类账户

收入类账户反映企业在销售商品、提供劳务及让渡资产使用权等日常活动和非日常活动中所形成的经济利润总流入，如“主营业务收入”“其他业务收入”“投资收益”“营业外收入”等。

（二）费用类账户

费用类账户反映企业为销售商品、提供劳务及让渡资产使用权等日常活动和非日常活动中所发生的经济利润总流出，如“主营业务成本”“其他业务成本”“税金及附加”“管理费用”“销售费用”“财务费用”“营业外支出”“所得税费用”等。

值得一提的是，按经济内容分类的五类账户并不就是绝对独立的，它们之间存在着紧密的联系。比如说“应收账款”，一般情况下，其余额在借方，表示企业的一项资产，但也有的时候其余额会在贷方，表示企业的一项负债。再比如成本类账户和资产类账户，资产一经耗用就转化为费用成本，所以，成本类账户的期末借方余额属于企业的资产，如“生产成本”账户的借方余额为在产品，在编制资产负债表时归入“存货”这个资产项目。

账户按经济内容的分类如图6-1所示。

- 账户
  - 资产类账户
    - 流动资产账户：库存现金、银行存款、其他货币资金、交易性金融资产、应收票据、应收账款、坏账准备、预付账款、其他应收款、材料采购、原材料、库存商品、应收利息……
    - 非流动资产账户：长期股权投资、固定资产、累计折旧、固定资产清理、在建工程、无形资产……
  - 负债类账户
    - 流动负债账户：短期借款、应付票据、应付账款、预收账款、其他应付款、应付职工薪酬、应付股利、交易性金融负债、应交税费、应付利息……
    - 非流动负债账户：长期借款、应付债券、长期应付款、专项应付款、预计负债、递延所得税负债……
  - 所有者权益类账户：实收资本（股本）、资本公积、本年利润、盈余公积、利润分配
  - 成本类账户：生产成本、制造费用、劳务成本……
  - 损益类账户
    - 收入类账户：主营业务收入、其他业务收入、投资收益、营业外收入、公允价值变动损益……
    - 费用类账户：主营业务成本、其他业务成本、税金及附加、销售费用、管理费用、财务费用、营业外支出、所得税费用、资产减值损失……

图6-1　账户按经济内容的分类

导读测评

6-3

第三节　账户按用途和结构分类

账户按用途和结构分类是对账户按经济内容分类的必要补充。按用途和结构分类，便于我们了解各账户的使用规律，正确地运用账户。

账户的用途指通过账户记录能够提供什么核算资料。比如“累计折旧”账户，其用途主要是核算企业所使用固定资产的折旧额，用以反映厂房、设备等固定资产在使用中的价值损耗情况。

账户的结构是指在账户中如何进行记录，借方登记什么，贷方登记什么，余额如何计算及体现什么内容。比如“累计折旧”账户，其贷方登记固定资产损耗的价值（折旧额），借方登记固定资产因处置而应注销的累计折旧额。期末余额在贷方，表示企业现有固定资产已提取的累计折旧额。

账户按用途和结构划分，可以分为三大类，如图6-2所示。

- 账户
  - 基本账户：盘存账户、资本及留存收益账户、结算账户、跨期摊配账户
  - 调整账户：备抵账户、附加账户、备抵附加账户
  - 业务账户：集合分配账户、成本计算账户、损益汇转账户、财务成果计算账户、暂记账户

图6-2　账户按用途和结构分类

一、基本账户

基本账户主要是用来核算和监督企业资产、负债和所有者权益的增减变动和实有数情况的账户。

（一）盘存账户

盘存账户（inventory accounts）是用来核算和监督可以进行实物盘点的各种财产物资

和货币资金的增减变动及实有数额的账户。这类账户包括了企业的主要资产，如“库存现金”、“银行存款”、“原材料”、“库存商品”和“固定资产”等。这些账户的主要特点是：(1) 从账户的用途来看，各账户都是反映资产的结存数，而且可以通过实物盘点等方法来确定其实存数额，保证账实相符；(2) 从账户的结构来看，借方登记货币资金和财产物资的增加额，贷方登记货币资金和财产物资的减少额，余额一般在借方，表示各货币资金和财产物资的实有额。盘存账户如图6-3所示。

盘存账户	
期初余额：资产的期初实有额 发生额：本期增加额	发生额：本期减少额
期末余额：资产的期末实有额	

图6-3 盘存账户

(二) 资本及留存收益账户

资本账户 (capital accounts) 和留存收益账户 (retained earnings accounts)，是用来核算和监督企业从外部取得的各种投资、增收的资本及收益留存数额的增减变化及其结果的账户。这类账户有“实收资本（股本）”“资本公积”“盈余公积”“利润分配”。这类账户的主要特点是：(1) 从账户的用途来看，都是反映所有者权益内容的变化及其结果。(2) 从结构来看，贷方登记所有者权益的增加，借方登记所在者权益的减少，余额一般在贷方，表示所有者权益各项内容的实有数额。资本及留存收益账户如图6-4所示。

资本及留存收益账户	
发生额：本期减少额	期初余额：资本或留存收益的期初实有额 发生额：本期增加额
	期末余额：资本或留存收益的期末实有额

图6-4 资本及留存收益账户

(三) 结算账户

结算账户 (settlement accounts) 是用来核算和监督企业同其他单位或个人以及企业内部各单位之间债权、债务结算关系的账户。其按结算的性质又可分为债权结算账户、债务结算账户和债权债务结算账户三类。

1.债权结算账户

债权结算账户 (accounts for settlement of claim) 就是用来核算和监督企业同其他单位或个人之间在经济往来中发生结算关系而形成的债权账户，如“应收账款”“应收票据”“其他应收款”等。这类账户的结构特点是：借方登记债权的增加，贷方登记债权的减少，余额在借方，表示债权的实有数额。债权结算账户如图6-5所示。

<table>
<tr><th colspan="2">债权结算账户</th></tr>
<tr><td>期初余额：债权的期初实有数
发生额：债权的增加</td><td>发生额：债权的减少</td></tr>
<tr><td>期末余额：债权的期末实有数</td><td></td></tr>
</table>

图6-5　债权结算账户

2.债务结算账户

债务结算账户（accounts for settlement of debt）就是用来核算和监督企业同其他单位或个人之间在经济往来中发生结算关系而形成的债务账户，如“应付账款”“应付票据”“其他应付款”等。这类账户的结构特点是：贷方登记债务的增加，借方登记债务的减少，余额在贷方，表示债务的实有数额。债务结算账户如图6-6所示。

<table>
<tr><th colspan="2">债务结算账户</th></tr>
<tr><td>发生额：债务的减少</td><td>期初余额：债务的期初实有数
发生额：债务的增加</td></tr>
<tr><td></td><td>期末余额：债务的期末实有数</td></tr>
</table>

图6-6　债务结算账户

3.债权债务结算账户

债权债务结算账户（accounts for settlement of claim and debt）是用来核算企业与其他单位或个人以及企业内部之间的一般款项往来结算情况的账户，因为相互之间的往来结算的性质会经常变动，所以有时是企业的债权，有时则是企业的债务。比如，在预收货款时，该预收账款对本企业是一笔负债，而当发货额超过了预收货款时，则超出的货款又转变成一笔债权。为了集中反映本企业同某一业务单位或个人经常发生的债权债务关系及结余情况，企业可以在一个账户中同时反映债权和债务的增减变动及结余情况。如果企业预收账款不多，可以不单设“预收账款”账户，而是通过“应收账款”同时反映企业应收和预收款项的增减变动及结果。如果企业预付账款不多，可以不单设“预付账款”账户，而是通过“应付账款”同时反映企业应付和预付款项的增减变动及结果。这种情况下，“应收账款”“应付账款”就成了债权债务账户，同样性质的账户还有“应交税费”等。债权债务结算账户如图6-7所示。

<table>
<tr><th colspan="2">债权债务结算账户</th></tr>
<tr><td>期初余额：债权的期初实有数
发生额：债权的增加或债务的减少</td><td>期初余额：债务的期初实有数
发生额：债务的增加或债权的减少</td></tr>
<tr><td>期末余额：债权的期末实有数</td><td>期末余额：债务的期末实有数</td></tr>
</table>

图6-7　债权债务结算账户

需要指出的是，由于债权债务结算账户的双重性，在编制资产负债表时，不能只根据债权债务结算账户总账的借方余额或贷方余额直接填列，而是应该根据这类账户明细账户的方向分析判断后计算填列。

（四）跨期摊配账户

跨期摊配账户（inter-period allocation accounts）是用来核算和监督应由若干个会计期间共同负担的费用，并将这些费用摊配于各个相应的会计期间的账户。企业在生产经营过程中所发生的费用，有些是应由几个会计期间共同负担的，按权责发生制的要求，必须严格划分费用的归属期，把应由若干个会计期间共同负担的费用合理地分摊到各个会计期间。为此，需要设置跨期摊配账户来实现权责发生制的要求。

我国现行的《企业会计准则应用指南》中，已经不再设立“待摊费用”账户和“预提费用”账户，只对需要长期摊配的费用设立“长期待摊费用”账户。该账户的借方登记长期待摊费用的增加，贷方登记长期待摊费用的减少，余额在借方，表示已支付但尚未摊销的费用。长期待摊费用账户如图6-8所示。

长期待摊费用账户	
期初余额：已支付但尚未摊销的期初数 发生额：支付的长期待摊费用 （长期待摊费用的增加）	 发生额：分摊的长期待摊费用 （长期待摊费用的减少）
期末余额：尚未摊销的期末数	

图6-8 长期待摊费用账户

二、调整账户

调整账户（adjustment accounts）是用来调整有关账户的账面余额而设置的账户。在会计核算中，由于经营管理或其他方面的需要，有时对一些会计要素项目，既需要保持原始数据，又需要反映该项目的变化调整，而且还可以利用这两个不同性质的数据计算出一个新的会计数据。对于这样的项目，可以开设两个账户来进行反映，其中一个账户记录项目的原始数据，另一个账户记录对原始数据的调整数据。记录原始数据的账户称为被调整账户，记录调整数据的账户称为调整账户。将原始数据与调整数据相加或相减，就可以求得项目的现有实存数据。

根据调整账户对被调整账户的调整方式不同，调整账户可以分为备抵账户、附加账户和备抵附加账户。

（一）备抵账户

备抵账户（provision accounts）是用来抵减被调整账户余额以求得被调整账户实际余额的账户。其调整方式为：

被调整账户实际余额=被调整账户余额-备抵账户余额

备抵账户的结构与被调整账户的结构正好相反。如果被调整账户借方登记增加数，贷方登记减少数，余额在借方，则其备抵账户就是贷方登记增加数，借方登记减少数，余额在贷方；反之亦然。例如，“累计折旧”是备抵账户，“固定资产”是被调整账户，“固定资产”账户的借方余额表示固定资产的原始价值，“累计折旧”账户的贷方余额表示固定资产的累计折旧额，将“固定资产”账户借方余额减去“累计折旧”账户的贷方余额即为固定资产的净值。备抵账户如图6-9所示。

被调整账户（资产）

借方	贷方
期初余额：某资产原始价值的期初数 发生额：本期增加的资产原始价值	发生额：本期减少的资产原始价值
期末余额：该资产原始价值的期末数	

调整账户（资产）

借方	贷方
发生额：本期减少的抵减数	期初余额：期初累计抵减数 发生额：本期增加的抵减数
	期末余额：期末累计抵减数

图 6-9 备抵账户

假设被调整账户“固定资产”的期末借方余额为500 000元，调整账户“累计折旧”的期末贷方余额为150 000元，该账户记录表明，期末固定资产原始价值为500 000元，已累计计提折旧150 000元，两账户抵减后得到固定资产净值为350 000元。

（二）附加账户

附加账户（adjunct accounts）是用来增加被调整账户的余额以求得被调整账户实际余额的账户。其调整方式为：

被调整账户实际余额=被调整账户余额+附加账户余额

附加账户的结构与被调整账户的结构是相同的。如果被调整账户借方登记增加数，贷方登记减少数，余额在借方，则其附加账户也是如此；反之亦然。例如，溢价发行债券时，“应付债券——面值”账户和“应付债券——利息调整”账户即是如此。附加账户如图 6-10所示。

被调整账户（权益）

借方	贷方
发生额：本期某权益的减少额	期初余额：某权益的期初数 发生额：本期某权益的增加额
	期末余额：某权益的期末数

调整账户（权益）

借方	贷方
发生额：本期减少的调整数	期初余额：期初累计调整数 发生额：本期增加的调整数
	期末余额：期末累计调整数

图 6-10 附加账户

假设被调整账户“应付债券——面值”的期末贷方余额为20 000 000元，调整账户“应付债券——利息调整”的期末贷方余额为5 000 000元，该账户记录表明，期末应付债券面值为20 000 000元，尚未调整的溢价为5 000 000元，两账户相加后得到应付债券价值为25 000 000元。

（三）备抵附加账户

有一些调整账户，同时具备抵减调整和附加调整的功能，即为备抵附加账户（provision and adjunct accounts），如“材料成本差异”“商品进销差价”等。在对存货采用计划成本计价的企业，“原材料”账户都以计划成本登记，材料的实际成本与计划成本的差异通过“材料成本差异”反映：当实际成本大于计划成本时就是超支差异，反映在“材料成本差异”账户的借方，此时“材料成本差异”账户对“原材料”账户起到附加调整的作用；当实际成本小于计划成本时就是节约差异，反映在“材料成本差异”账户的贷方，此时“材料成本差异”账户对“原材料”账户起到抵减调整的作用。

图6-11中的两个账户记录表明原材料的实际成本为51 000元，“材料成本差异”对“原材料”账户起附加调整作用。

原材料

期末余额：计划成本　50 000	

材料成本差异

期初余额：超支差异　1 000	

图6-11　附加调整

图6-12中的两个账户表明原材料的实际成本为49 000元，“材料成本差异”对“原材料”账户起抵减调整作用。

原材料

期末余额：计划成本　50 000	

材料成本差异

	期初余额：节约差异　1 000

图6-12　抵减调整

三、业务账户

（一）集合分配账户

集合分配账户（clearing accounts）是用来归集和分配生产经营过程中某一阶段所发生的某种费用的账户，如“制造费用”账户。集合分配账户属于一种过渡性质的账户，它的用途是汇总费用，再以一定的分配方法将汇总的费用全部分配下去。其结构上的特点是借方登记费用的汇总，贷方登记费用的分配数，一般情况下在期末分配后无余额。集合分配账户如图6-13所示。

集合分配账户	
发生额：本期费用发生额	发生额：本期费用分配转出额
余额：0	

图6-13 集合分配账户

（二）成本计算账户

成本计算账户（costing accounts）是用来归集生产经营过程中某一阶段某对象所发生的全部费用，并据以计算确定各个成本计算对象实际成本的账户。其结构上的特点是借方登记某对象在某生产经营阶段发生的费用，贷方登记该对象成本的转出数额，期末余额在借方，表示尚未完成某阶段的该对象的实际成本。常见的成本计算账户有“材料采购”“生产成本”“劳务成本”“在建工程”等。该账户应按成本计算对象设置明细账户，进行明细核算。成本计算账户如图6-14所示。

成本计算账户	
期初余额：期初尚未完成某阶段的某对象的实际成本 发生额：本期所发生的费用	发生额：本期转出的成本数额
期末余额：期末尚未完成某阶段的某对象的实际成本	

图6-14 成本计算账户

（三）损益汇转账户

损益汇转账户是用来核算企业某一会计期间影响本期损益的收入、费用，并通过在期末汇总结转来确定本期损益的账户，包括收入汇转账户和费用汇转账户。

1.收入汇转账户

收入汇转账户是用来核算某会计期间的收入、直接计入当期损益的利得等收益的账户，如“主营业务收入”“其他业务收入”“营业外收入”等。其结构上的特点是贷方登记本期收益的增加，借方登记期末结转到“本年利润”账户的数额，结转后无余额。收入汇转账户如图6-15所示。

收入汇转账户	
发生额：本期期末转出数额	发生额：本期增加的收益
	余额：0

图6-15 收入汇转账户

2.费用汇转账户

费用汇转账户是用来核算某会计期间的费用、直接计入当期损益的损失等的账户，如“主营业务成本”、“其他业务成本”、“营业外支出”、“财务费用”、“管理费用”、“销售费用”及“所得税费用”等。其结构上的特点是借方登记本期发生的费用损失，贷方登记期末结转到“本年利润”账户的数额，结转后无余额。费用汇转账户如图6-16所示。

费用汇转账户	
发生额：本期发生的费用、损失	发生额：本期期末转出数额
余额：0	

图 6-16　费用汇转账户

对收入和费用进行期末结转是遵循收入和费用配比的原则，也就是说，费用是为取得收入而发生的，本期损益的计算必须考虑两者之间的配比关系。因此，损益汇转账户也称为配比账户。

（四）财务成果计算账户

财务成果计算账户是核算企业在一定会计期间财务成果形成的账户。“本年利润”就是典型的财务成果计算账户。其结构上的特点是：借方登记本期汇转来的费用和损失，贷方登记本期汇转来的收益，通过借方发生额和贷方发生额的比较，就可以确定本会计期间的财务成果。如贷方的收益大于借方的费用和损失，则本期实现利润；反之，则为亏损。期末余额如在贷方，则表示为本年累计实现的利润；期末余额如在借方，则表示为本年累计发生的亏损。年终决算时，应将“本年利润”账户计算的利润或亏损结转到“利润分配”账户，结转后该账户年末无余额。财务成果计算账户如图 6-17 所示。

财务成果计算账户	
期初余额：期初本年累计发生亏损 发生额：本期转入的费用和损失	期初余额：期初本年累计实现利润 发生额：本期转入的收益
期末余额：期末本年累计发生亏损 …… 年末转出：本年累计发生亏损	期末余额：期末本年累计实现利润 …… 年末转出：本年累计实现利润

图 6-17　财务成果计算账户

（五）暂记账户

暂记账户也称临时过渡账户、待处理账户，是用来核算和监督某些一时难以确定其应借或应贷的经济业务的账户。实务中，有些特殊业务在没有进一步处理结果前，一时无法判断其对具体会计要素账户的影响方向和金额，可以通过暂记账户进行过渡性的处理，待业务进一步明确后再转记到其他确定账户。

最典型的暂记账户就是“待处理财产损溢”账户，用于核算在财产清查等事项中发现的盘盈、盘亏和毁损在查明原因之前的资产损溢，以保证账实相符，该账户在查明原因之后应予以转销。“待处理财产损溢”账户的借方登记：①发生的待处理财产盘亏或毁损额；②经批准转销的待处理财产盘盈额。该账户贷方登记：①发生的待处理财产盘盈额；②经批准转销的待处理财产盘亏或毁损额。转销后该账户应无余额。暂记账户如图 6-18 所示。

待处理财产损溢	
发生额： 待处理财产盘亏或毁损额 经批准转销的待处理财产盘盈额	发生额： 待处理财产盘盈额 经批准转销的待处理财产盘亏或毁损额

图 6-18　暂记账户

导读测评

6-4

第四节　账户按其他标志分类

一、按账户的统驭与被统驭的关系分类

账户是根据会计科目开设的。会计科目按提供指标的详细程度分类，分为总分类科目（或总账科目）和明细分类科目（或明细科目），所以账户也就此分为总分类账户（总账账户或一级账户）和明细分类账户（明细账户）。

总分类账户（general accounts），简称总账，是根据总分类会计科目设置的、提供总括分类核算资料指标的账户。总分类账户总括反映会计要素即资产、负债、所有者权益、收入、费用、利润的增减变动情况。由于总分类账户只反映总括情况，因此它只能用货币量度进行金额核算，是对所属明细分类账户资料的综合。

明细分类账户（subsidiary accounts），简称明细账，是根据实际需要，在总分类账户下开设的，用来详细反映会计要素的增减变化情况，提供详细核算资料的账户，它是对总分类账户的补充和说明。明细分类账户除了用货币计量外，必要时还需要用实物或劳动量计量单位从数量和时间上进行反映。

总账和其所属的明细账核算内容相同，只不过反映内容的详细程度不同。两者相互补充，相互制约，相互核对。总账统驭和控制明细账，是明细账的统驭账户。所谓统驭，就是指总分类账户所登记的金额和方向，任何时候都必须与它所属的各明细账户中的金额和方向相符，从而对它们起控制和统驭作用。两者之间产生一种控制和被控制、统驭和被统驭的关系。倘若两者不符，就说明记录中发生了差错，应立即查明纠正。

把总分类账户和明细分类账户结合起来，就能既总括又详细地反映某一方面的情况，这对于加强经济管理具有重要意义。例如，“应收账款”是一个总分类账户，它能够反映企业与购货单位之间因采用商业信用行为销售商品而出现的债权的产生与收回情况，但从资金管理的角度看，仅靠这些资料是不够的，还必须在“应收账款”账户下，按购货单位的名称设置明细分类账户，以反映每个购货单位所欠企业货款的收回及结余情况。

二、按账户与会计报表的关系分类

账户的类别不同，显然会导致形成的会计数据对于会计报表的作用也不同。根据账户与财务报表的关系，可分为资产负债表账户和利润表账户。

资产负债表账户（balance sheet accounts）包括资产类、负债类、所有者权益类账户。资产负债表账户无论在平时或结账以后，通常都有余额，分别表示资产、负债和所有者权益的实存数，这些账户的余额表明企业的财务状况，直接为资产负债表的编制提供资料。

知识拓展

利润表账户（income statement accounts）包括收入类账户、费用类账户。利润表账户主要用来登记企业已经实现的收入和利得，以及发生的费用和损失，在每个会计期末都要将发生额结转至“本年利润”账户，期末一般无余额。

表外账户

最后需要说明的是：

（1）账户按本章所介绍的分类标准进行的分类也并不是绝对的，有些账户具有多重性

质，如“生产成本”账户，既是盘存账户，又是成本计算账户。

（2）有少数账户，由于其内容比较特殊，并不能归入上述的任何一类，在以后课程的学习过程中再对其内容和结构进行介绍。

立德树人：传承中华优秀传统文化

中华民族有着5 000年的悠久历史，中华传统文化源远流长、博大精深，在人类文明史上独树一帜，是中华民族的宝贵精神财富。作为一个新时代的会计人，一定要传承好我国的传统文化，充分汲取优秀传统文化的思想精髓，深入挖掘优秀传统文化的时代价值和会计价值，做一个中华优秀传统文化的践行者和传播者。

中华优秀传统文化的一个重要组成部分是讲究孝、悌、忠、信、礼、义、廉、耻，会计人员要深刻理解其精髓，在学习和工作中践行好孝文化、悌文化、忠文化、信文化、礼文化、义文化、廉文化、耻文化。例如，单位员工父母去世，单位分文不出，员工请假回家办丧事超过几天还扣工资，这就不太符合孝文化；工作稍不如意就辞职跳槽，甚者干一些损害原单位利益的事情，这就不太符合忠文化；工作中不讲信用，故意拖欠供应商货款，提供虚假财务信息谋取私利，这就不符合信文化；自己困难的时候别人帮助过自己，但当别人有困难需要伸出援手时却视而不见，或者以各种理由逃避援助责任，这就不符合礼文化；工作中缺乏正义感，对公司偷逃税款、转移资金、出纳挪用公款等违法犯罪行为视而不见，甚至还助纣为虐，这就不符合义文化；贪污浪费、收受贿赂，这不但不符合廉文化，更是触犯了法律；对做假账、故意赖账、行贿、挥霍公款、溜须拍马等可耻之事不以为耻，反以为荣，这就不符合耻文化。

本章要点概览

任何一个账户都有其独特的经济性质、用途和结构，一般不能用其他账户进行替代。为了正确地设置和运用账户，就必须认识各账户核算的内容和结构。总结账户体系中存在的规律和共性，对日常经济业务的账务处理有着重要意义。

账户的分类有不同标准，一般可按账户经济内容、账户的用途和结构等进行分类。按反映的经济内容不同，账户可分为资产类账户、负债类账户、所有者权益账户、成本类账户和损益类账户；按用途和结构不同，账户可分为盘存账户、资本及留存收益账户、结算账户、跨期摊配账户、备抵账户、附加账户、备抵附加账户、集合分配账户、成本计算账户、损益汇转账户、财务成果计算账户、暂记账户；按统驭与被统驭关系，账户可分为总分类账户和明细分类账户；按账户与会计报表的关系，账户可分为资产负债表账户和利润表账户。

本章练习题

1.假设某公司在材料采购债权债务核算中设置了“应付账款”和“预付账款”两个账户。202×年6月份“应付账款”和“预付账款”账户及其所属明细分类账户的期初余额为：应付账款76 000元（贷方），其中应付账款——海天公司30 000元，应付账款——金地公司46 000元；预付账款59 000元（借方），其中预付账款——湘江公司42 000元，预付账款——江华公司17 000元。该公司6月份发生的经济业务如下：

（1）收到湘江公司发来的材料，增值税专用发票上注明的材料价款为50 000元，增值税税额为6 500元，材料验收入库，款项上个月已经预付42 000元，差额部分暂欠未付。

（2）以银行存款20 000元偿还所欠海天公司的货款。

（3）从金地公司购买材料，收到的增值税专用发票上注明的材料价款为15 000元，增值税税额为1 950元，款项尚未支付，材料未验收入库。

（4）收到江华公司发来的材料，增值税专用发票上注明的材料价款为10 000元，增值税进项税额1 300元，材料验收入库，款项从上个月预付的款项中抵扣。

要求：（1）编制上述经济业务的会计分录；（2）开设“应付账款”和“预付账款”总账及其所属明细账的“T”形账户；（3）将编制的会计分录在“T”形账户中进行登记，并结算出每个账户的本期发生额及余额。

2.企业进行会计核算的常用账户有：库存现金、应收账款、应付账款、短期借款、制造费用、银行存款、应付票据、预付账款、长期待摊费用、本年利润、实收资本、财务费用、管理费用、生产成本、累计折旧、盈余公积、库存商品、利润分配、应交税费、固定资产、主营业务收入、主营业务成本、其他业务成本。

要求：请将上述账户按经济内容和用途结构进行分类，填入表6-1中相应的位置。

表6-1 **账户按经济内容和用途结构进行分类**

	资产类账户	负债类账户	所有者权益类账户	成本类账户	损益类账户
盘存账户					
结算账户					
跨期摊配账户					
资本账户					
调整账户					
集合分配账户					
成本计算账户					
损益计算账户					

参考答案

第七章

会计凭证

学习目标与要求

本章系统阐述会计凭证的填制和审核，内容主要包括会计凭证的意义和种类，原始凭证及记账凭证的概念、种类、基本内容、填制方法、审核要求以及会计凭证的传递和保管。通过本章学习，应该明确会计凭证在会计核算中的作用，理解和掌握各种会计凭证取得、填制、审核、传递与保管的基本常识和技术方法。

引导案例

李航认识金岳公司财务部罗经理后，对罗经理非常尊敬，经常向他请教会计问题，有时也央求罗经理分享他的工作经验。有一次，罗经理向李航分享了自己大学刚毕业时的工作经历。罗经理大学毕业后第一个工作单位是一家物业公司，该公司经营4个物业项目，每月向业主收取物业管理费。由于4个物业项目分布在城市的不同区域，该公司在每个项目部配备了一名专职收款员。专职收款员的工作职责包括收取物业管理费、给已交费业主开具发票、催收物业管理费等。罗经理当时协助财务经理管理专职收款员，按照财务经理的要求每月从税务局申领税务发票，同时从文具店购买部分收据，在空白发票和空白收据的收款联上盖好公司财务专用章后交给专职收款员到各个项目部收取物业管理费，定期汇总收款情况并登记收款台账。按照财务经理的要求，专职收款员收到物业管理费后，业主明确要求开发票的就给其开具税务发票，否则开具普通收据。由于催收物业管理费工作难度大，该公司的专职收款员流动性很大。罗经理在该公司工作半年后，有一天税务稽查局突然到该公司进行税收稽查，有业主举报该公司存在偷逃税款现象。税务稽查局查明该公司收取物业管理费后开具的票据有三种，分别为税务发票、盖有公司财务专用章的收据、没有加盖财务专用章的收据。听到这里，李航感到非常困惑，该公司收到物业管理费后为什么要给业主开具发票或收据？开具的税务发票、盖有财务专用章的收据、没有加盖财务专用章的收据各有什么不同的法律效力？没有加盖财务专用章的收据又是怎么回事？同学们，你们是否也有同样的疑问？希望大家通过本章学习获得明确答案。

导读测评

7-1

第一节　会议凭证的意义和种类

一、会计凭证的意义

会计凭证（accounting documents）是记录经济业务、明确经济责任并据以登记账簿的书面证明。

为了保证会计信息的可靠性，如实反映发生的各项经济业务，各企事业、机关等单位必须在经济业务发生时填制或取得相关会计凭证。会计凭证由执行、完成该项经济业务的有关人员从外部取得或自行填制，以纸质会计凭证或电子会计凭证两种形式来反映经济业务的发生或完成情况。会计凭证必须载明经济业务的内容、数量、金额并签名或盖章，以明确对该项经济业务的真实性、准确性所负的责任。一切会计凭证都应由专人进行严格的审核，只有经过审核无误的凭证，才能作为记账的依据。在实际工作中，购买材料时由供货单位提供的采购发票，支付款项时银行开具的支付单据，财产物资收发时由经办人员开具的出、入库单等，都属于会计凭证。

会计核算工作程序主要包括“凭证—账簿—报表”三个步骤，而填制和审核会计凭证是会计核算工作的起点和基础，这个环节正确与否，直接关系到会计循环中其他步骤内容的准确性。因此，准确填制和严格审核会计凭证，对于完成会计工作、实现会计的职能、充分发挥会计的作用，具有重要意义。

第一，填制和审核会计凭证，可以及时、正确地反映各项经济业务的发生和完成情况，为登记账簿提供依据。各单位发生的各项经济业务，无论是货币资金的收付，还是财产物资的进出，首先都应取得会计凭证。会计凭证详细记录每一项经济业务的发生及完成情况，为会计核算提供第一手真实的数据资料。《会计法》第九条规定，各单位必须根据实际发生的经济业务事项进行会计核算，填制会计凭证，登记会计账簿，编制财务会计报告。任何单位不得以虚假的经济业务事项或者资料进行会计核算。《会计基础工作规范》规定，除结账和更正错误的记账凭证可以不附原始凭证外，其他记账凭证必须附有原始凭证。会计人员通过对这些资料的分类、汇总和审核，使经济业务的原始资料转换成会计信息，从而为登记账簿提供真实、可靠的依据。

第二，填制和审核会计凭证，可以加强经济管理中的责任制。经济业务发生后，应取得和填制适当的会计凭证，相关经办部门和人员都应在凭证上签名盖章，以明确经济责任。这样一方面加强了有关人员的责任感，促使他们在自己的职责范围内严格地按经济法令、规章制度办事，各司其职，各负其责；另一方面通过会计凭证的传递可以将单位内部各经办业务部门和人员紧密联系在一起，使有关部门和人员之间相互监督、相互牵制，实现基本的内部控制。

第三，填制和审核会计凭证，可以加强会计监督。会计凭证是对经济业务的记录，通过对会计凭证的审核，可以检查单位发生的各项经济业务是否符合国家有关的法律、法规、准则、制度的规定，及时发现和纠正经济管理中存在的问题，以确保经济业务的真实性、合法性和合理性。填制和审核会计凭证，能监督经济业务的发生，控制经济业务的有效实施，防止违法违纪、损害公共利益的行为发生，帮助企业改善经营管理，提高经济效益。

二、会计凭证的种类

会计凭证的形式是多种多样的，可以按不同的标准进行不同的分类。在会计实际工作中，主要按用途和填制程序的不同将会计凭证分为原始凭证和记账凭证两类。

（一）原始凭证

原始凭证（original voucher）是在经济业务发生时填制或取得的，用以记录和证明经济业务发生和完成情况的原始凭据。一般而言，在会计核算过程中，凡能证明经济业务的发生和完成情况的就可以成为原始凭证，如购货时的发票、运杂费收据、材料出入库单、差旅费报销单、支票存根、银行进账单等均为原始凭证，而生产计划书、采购计划书、银行对账单等因不能证明经济业务的发生及完成情况，不能视为原始凭证。原始凭证是会计核算的原始资料和主要依据，真实有效的原始凭证具有法律效力。原始凭证可以表现为纸质会计凭证，也可以是电子会计凭证。为适应电子商务、电子政务发展，规范各类原始凭证的报销入账归档，财政部规定：单位从外接受的来源合法、真实的电子会计凭证，包括电子发票、财政电子票据、电子客票、银行电子回单、电子海关缴款书等与纸质会计凭证具有同等法律效力，应当按照相关规定使用电子会计凭证进行报销入账归档。以电子凭证纸质打印件作为报销入账依据的，必须同时保存打印该纸质件的电子凭证。

（二）记账凭证

记账凭证（bookkeeping voucher）是根据审核无误的原始凭证填制的，用以记录经济业务的主要内容，确定会计分录，并作为登记账簿直接依据的凭证。常用的记账凭证有专用记账凭证和通用记账凭证。

原始凭证和记账凭证两者之间存在一定的联系，又有着本质的区别。两者的联系是：原始凭证是编制记账凭证的依据，记账凭证是对原始凭证的加工。两者的区别在于：原始凭证记录的是经济业务发生和完成的原始资料，记录的是经济信息，是会计核算的基础；记账凭证是确定会计分录、登记账簿的直接依据，记录的是会计信息，是会计核算的依据。

导读测评 7-2

第二节 原始凭证的填制和审核

一、原始凭证的基本内容

由于经济业务的复杂性，涉及的原始凭证内容和格式也多种多样。但为了能够客观反映经济业务的发生和完成情况，原始凭证都应具备下列基本内容：

（1）原始凭证的名称。

（2）填制原始凭证的日期和编号。

（3）填制凭证单位的名称或填制人的姓名。

（4）接受凭证的单位或个人的名称。

（5）经济业务的内容摘要。

（6）经济业务所涉及的数量、单价及金额。

（7）经办部门和人员的签名和盖章。如果是外来原始凭证，还要有填制单位的财务专用章或公章。

在实际应用中，原始凭证还可视实际需要增加某些内容，如凭证有关项目附有外文，专用凭证加印单位地址、开户银行和账号、税务登记号，加注凭证使用说明，加印空白备注栏等。

二、原始凭证的种类

原始凭证的种类繁多，通常可以按照凭证的来源渠道、填制手续和方法、用途等不同标准进行分类。

（一）按来源渠道不同分类

1. 自制原始凭证

自制原始凭证是由本单位内部业务经办部门或人员在办理某项经济业务时自行填制的，用以记录经济业务发生及完成情况的原始凭证。例如，仓库保管人员在材料验收入库时填制的收料单（格式见表7-1）、职工出差填制的借支单（格式见表7-2）、发放工资时编制的工资计算表等。

表 7-1

收 料 单

供货单位：长岛机电厂　　　　　　　　　　　　　　　　　　编　　号：005

发 票 号：4100183160　　　　202×年 6 月 2 日　　　　收料仓库：2 号库

编 号	材料名称	规 格	计量单位	数 量		单价	金 额
				应收	实收		
1001	A 材料		千克	1 200	1 200	6.00	7 200
1002	B 材料		千克	2 000	2 000	5.50	11 000
	……						
备注							

表 7-2

借 支 单

202×年 5 月 24 日

姓名	赵元	工作部门	办公室	职务	主任
借款原因	购买办公用品		领导审批	同意 王军	
借支金额	人民币（大写）：贰仟伍佰元整 ¥2 500.00				
备　注					

会计主管：杨亮　　　　　　　　　　　　　　　　出纳：白雪

2.外来原始凭证

外来原始凭证是指在经济业务发生时，从其他单位或个人取得的用以记录经济业务发生及完成情况的原始凭证，如从供货单位取得的增值税专用发票（格式见表 7-3）、运输单位填制的运杂费收据、开户银行转来的银行进账单或银行信汇凭证等。

知识拓展

增值税专用发票

表 7-3

湖南增值税专用发票

发票联

No 05187351

2200107531　　　　　　　　　　　　　　　　开票日期：202×年 6 月 28 日

购货方	名　　称：湖南金麓机械厂 纳税人识别号：4300123239××××× 地 址 、电 话：长沙市五一路209号0731-82345678 开户行及账号：建行湖南省分行452367832480				密码区	略		
货物及应税劳务名称	规格型号	单 位	数 量	单 价	金 额	税率	税额	
甲材料		千克	1 200	20	24 000.00	13%	3 120.00	
合　计					¥24 000.00		¥3 120.00	
价 税 合 计（大写）	贰万柒仟壹佰贰拾元整				（小写）¥27 120.00			
销售方	名　　称：湘麓机械有限公司 纳税人识别号：4330238921××××× 地 址 、电 话：湘潭市双塘路185号0732-87654321 开户行及账号：中国银行湘潭分行678452348032				备注			

第二联：发票联　购货方记账凭证

收款人：李芳　　　　复核：王兰　　　　开票人：刘力　　　　销售单位：（章）

（二）按填制手续和方法不同分类

1. 一次凭证

一次凭证是指一张凭证上只反映一项经济业务，或同时反映若干项同类性质经济业务，填制手续是一次完成的原始凭证。如领料时填制的领料单（格式见表7-4），又如表7-1、表7-2所示的“收料单”“借支单”等都是一次凭证。此外，外来原始凭证一般均为一次凭证。一次凭证在使用上方便灵活，但是当经济业务较多时，填制大量的一次凭证会给会计核算工作带来不便。

表7-4　领料单

领料单位：生产车间　　编　　号：008

用　　途：生产甲产品　　202×年6月12日　　发料仓库：2号库

编　号	材料名称	规　格	计量单位	数量		单价	金　额
				请领	实领		
1001	A材料		千克	500	500	6.00	3 000
1002	B材料		千克	1 200	1 200	5.50	6 600
	……						
备注							

2. 累计凭证

累计凭证是指在一张凭证上连续记载一定时期内重复发生的若干相同经济业务，需要分次完成填制的自制原始凭证。它的填制手续不是一次完成，而是随着经济业务的陆续发生分次进行的，所以称为累计凭证，如限额领料单等（格式见表7-5）。使用累计凭证可在一定程度上简化工作手续，同时对经济业务可起到一定的控制作用。

表7-5　限额领料单

领料部门：生产车间　　编　　号：007

用　　途：生产乙产品　　202×年6月12日　　发料仓库：2号库

材料类别	材料编号	材料名称及规格	计量单位	领用限额	实际领用	单　价	金　额	备　注
	1002	B材料	千克	800	780	5.50	4 290	
日期	请　领		实发			限额结余	退　库	
	数量	领料单位负责人	数量	发料人	领料人		数量	退库单
6月1日	300	张进	300	陈楚	刘兰	500		
6月8日	200	张进	200	陈楚	刘兰	300		
6月9日	280	张进	280	陈楚	刘兰	20		
		……						
合计	780		780			20		

3. 汇总凭证

汇总凭证是指在一张凭证上，将一定时期内反映相同经济业务的多张原始凭证信息加以汇总，用以集中反映某类经济业务总括情况的原始凭证，如“发料凭证汇总表”（格式见表7-6）和“工资汇总表”等。

表 7-6

发料凭证汇总表

202×年6月

单位：元

领用部门＼材料品种	A材料	B材料	C材料	合计
生产部门生产领用	30 000	20 000	10 000	60 000
车间一般维修领用	10 000	24 000	15 000	49 000
行政管理部门领用	2 000	1 200	200	3 400
在建工程领用	600	1 800	800	3 200
合　计	42 600	47 000	26 000	115 600

（三）按用途不同分类

1.通知凭证

通知凭证是指要求、指示或命令企业进行某项经济业务的原始凭证，如“付款通知单”“罚款通知单”等。

2.执行凭证

执行凭证是证明某项经济业务已经完成的原始凭证，如“增值税专用发票”“收料单”“领料单”等。

3.计算凭证

计算凭证是对已进行或完成的经济业务进行计算而编制的原始凭证，如“产品成本计算表”“制造费用分配表”“工资计算表”等。

以上是按不同的标准对原始凭证进行的分类，它们之间是相互联系、相互依存的。如材料采购时取得的采购发票，对采购单位来讲是外来原始凭证，而对开出发票的单位来讲则是自制原始凭证，同时，它既是一次凭证，又是执行凭证。

上述对原始凭证的分类可归纳如图7-1所示。

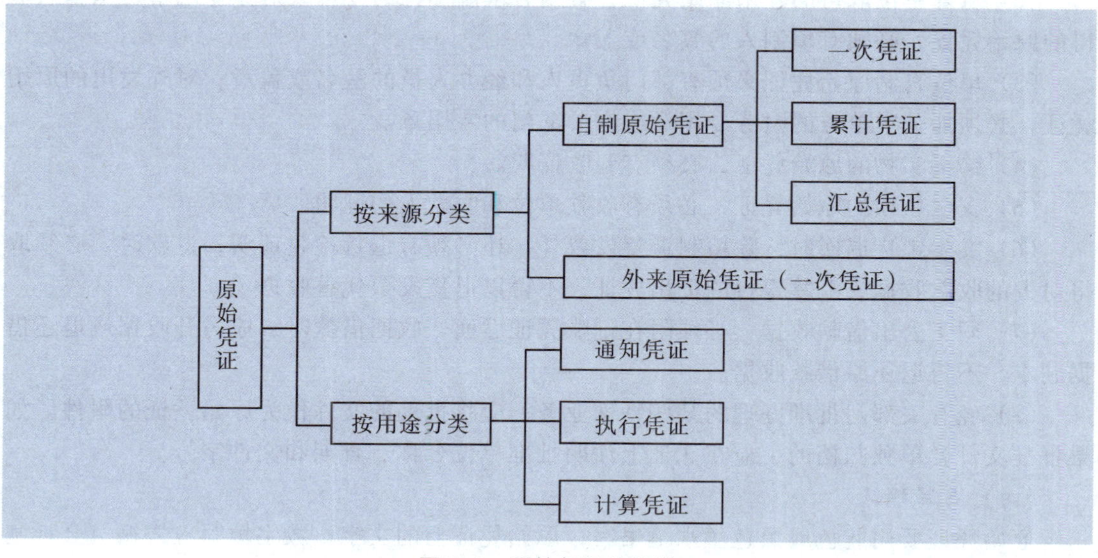

图7-1　原始凭证的分类

三、原始凭证的填制要求

各原始凭证反映的内容是进行会计信息加工的基础，为确保会计核算资料的真实性、正确性和及时性，应按照以下要求填制原始凭证：

（一）记录真实

填制原始凭证前必须审核经济业务是否符合国家有关方针、政策、法规、制度的要求，经审核无误后，方可填制凭证。对不符合规定的业务，不得填制凭证，并需查明原因，提请有关方面进行相应的处理。经审核确认为合法、合理的经济业务，应据实填制凭证，确保凭证上所填制的内容同实际情况一致，内容真实可靠。对业务所涉及的实物数量均须检查验收，对业务所涉及的金额应认真计算核对，确保无误。从外单位取得的原始凭证如有遗失，应取得原签发单位盖有公章的证明，并注明原凭证的编号、金额及内容，经单位负责人批准后，可代作原始凭证。对确实无法取得证明的，如火车票、飞机票等凭证，由当事人写出详细情况，由经办单位负责人批准后，可代作原始凭证。

（二）内容完整

知识拓展

李明出差

原始凭证的各项内容必须详尽地填写齐全，不得遗漏。凡是填有大小写金额的原始凭证，大小写必须相符。一式几联的原始凭证，应当注明各联的用途；一式几联的发票或收据，必须套写，并连续编号，作废时应加盖“作废”戳记，连同存根一起保存，不得撕毁，联次不能短缺。在原始凭证上，应按照凭证已有的项目或内容逐项填列，不得随意增加或减少应该填写的项目或内容。

（三）手续完备

原始凭证的填制手续必须完备，符合内部控制的要求，防止错误或舞弊的发生。具体需要注意以下问题：

（1）原始凭证必须有相关经办人员和有关部门负责人的签名或盖章，以对凭证的真实性、正确性负责。

（2）从外单位取得的外来原始凭证，必须有填制单位的公章或财务专用章；从个人取得的原始凭证，必须有填制人的签名或盖章。

（3）单位自制原始凭证必须有部门负责人和经办人员的签名或盖章；对外发出的原始凭证，必须加盖本单位的财务专用章或有关部门的专用章。

（4）购买实物的原始凭证，必须有验收证明。

（5）支付款项的原始凭证，必须有收款单位和收款人的证明。

（6）发生销货退回时，除填制退货发票外，还必须有退货验收证明；退款时，必须取得对方的收款收据或汇款银行的汇出凭证，不得以退货发票代替收据。

（7）职工公出借款收据，必须附在记账凭证后面，收回借款时，应另开收据或退还借据副本，不得退还原借款收据。

（8）经有关部门批准办理的某些特殊业务，应将批准的文件作为原始凭证的附件。如果批准文件要单独归档的，应在凭证上注明批准单位名称、日期和文件字号。

（四）书写规范

原始凭证要用蓝色或黑色墨水笔书写，原始凭证上的文字、数字填写应遵循《会计基础工作规范》的要求，字迹清晰，易于辨认，具体包括以下几个方面：

（1）书写的文字应使用规范的简化字，阿拉伯数字要逐个填写，不得连写。阿拉伯金额数字前面应当书写货币币种符号或者货币名称简写和币种符号，以人民币结算时书写“¥”（用外币计价、结算的凭证，金额前应标明外币符号），且币种符号与阿拉伯金额数字之间不得留有空白。凡阿拉伯数字前写有币种符号的，数字后面不再写货币单位。

（2）所有以元为单位（其他货币种类为货币基本单位，下同）的阿拉伯数字，除表示单价等情况外，一律填写到角分；无角分的，角位和分位可写“00”，或者符号“——”；有角无分的，分位应当写“0”，不得用符号“——”代替。

（3）汉字大写数字金额如零、壹、贰、叁、肆、伍、陆、柒、捌、玖、拾、佰、仟、万、亿等，一律用正楷或者行书体书写，不得用0、一、二、三、四、五、六、七、八、九、十等简化字代替，不得任意自造简化字。大写金额数字到元或者角为止的，在“元”或者“角”字之后应当写“整”字或者“正”字；大写金额数字有分的，分字后面不写“整”或者“正”字。

（4）大写金额数字前未印有货币名称的，应当加填货币名称，货币名称与金额数字之间不得留有空白。

（5）阿拉伯金额数字中间有“0”时，汉字大写金额要写“零”字；阿拉伯数字金额中间连续有几个“0”时，汉字大写金额中可以只写一个“零”字；阿拉伯金额数字元位是“0”，或者数字中间连续有几个“0”、元位也是“0”但角位不是“0”时，汉字大写金额可以只写一个“零”字，也可以不写“零”字。如小写金额为¥20 004.80，大写金额应该为“人民币贰万零肆元捌角整”。

（6）一式几联的发票和收据，必须用双面复写纸（发票和收据本身具备复写纸功能的除外）套写，并连续编号。多联凭证要保证复写质量，避免字迹、图章模糊不清，辨认困难，以造成差错。

（7）各种原始凭证不得随意涂改、刮擦、挖补，如果填写错误应当由出具单位重开或者按规定的方法予以更正，更正处应当加盖出具单位的公章。对于重要的原始凭证，如支票以及各种结算凭证等，一律不得更改。

（五）填制及时

按照及时性要求，各单位应根据经济业务的发生或完成情况，及时填制或取得原始凭证，并交会计部门审核，作为会计核算的依据。不得拖延或积压，以免影响会计部门对交易或事项进行会计处理。

（六）连续编号

各种凭证要连续编号，以便检查。如果凭证已预先印定编号，如发票、支票等重要凭证，在因错作废时，应加盖“作废”戳记，妥善保管，不得撕毁。

四、原始凭证的审核

审核原始凭证不但是保证会计资料真实可靠的重要措施，也是发挥会计监督作用的重要手段。原始凭证的审核主要从以下四个方面进行：

（一）真实性审核

真实性审核即审核原始凭证所记载的内容是否与实际发生的经济业务一致，包括对原始凭证填制日期、经济业务内容、数量及金额的真实性审核。

（二）合法性、合理性审核

合法性、合理性审核即审核原始凭证所记载的经济内容是否符合国家政策、法律法规、财经制度和结算纪律的规定，是否符合企业生产经营活动的需要，是否符合企业的相关计划、预算等。审核企业有无弄虚作假、违法乱纪、贪污舞弊等行为；审核经济业务活动是否符合提高经济效益的要求；是否符合规定的开支标准；是否符合勤俭节约的原则；审核财产物资的收发、领退、报废等是否按规定手续办理；各项费用的开支是否符合会计制度中成本开支的范围与标准；有没有巧立名目滥发奖金、津贴、补助，或者随意购买国家控购商品，挥霍浪费。

（三）完整性审核

完整性审核即审核原始凭证的基本内容是否填写齐全；审核原始凭证的手续是否完备，有关单位和经办人的签章是否齐全，是否经过主管人员审核批准等。

（四）正确性审核

正确性审核即审核原始凭证上的摘要和数字及其他项目是否填写正确，数量、单价、金额及合计是否填写无误，大小写是否相符等。

原始凭证的审核是一项政策性很强的工作，也是十分细致和严肃的工作。会计机构和会计人员必须认真执行《会计法》所赋予的职责、权限，坚守制度，坚持原则，按照国家统一的会计制度规定对原始凭证进行审核。经审核后的原始凭证应根据不同的情况处理：

（1）对于符合要求的原始凭证，应及时据以编制记账凭证并入账。

（2）对记录不准确、内容不完整、手续不完备或数字有差错的原始凭证予以退回，并要求按照规定进行更正和补充。

（3）对不真实、不合法的原始凭证，会计机构、会计人员有权不予受理，同时应当予以扣留，并向单位负责人报告，请求查明原因，追究当事人的责任。

导读测评

7-3

第三节　记账凭证的填制与审核

一、记账凭证的基本内容

记账凭证是由财会部门根据审核无误的原始凭证加以归类整理而填制的，记载经济业务的简要内容，确定会计分录，作为登记账簿依据的一种会计凭证。在实际工作中，不同单位所使用的记账凭证会因会计核算的繁简程度不同而存在差异，但一般均包括以下内容：

（1）记账凭证的名称；

（2）填制凭证日期和凭证编号；

（3）经济业务内容摘要；

（4）应借应贷的账户名称、方向和金额；

（5）过账标记；

（6）所附原始凭证张数；

（7）制单、审核、记账、会计主管等有关人员的签名或盖章，收、付款凭证还应有出纳人员的签名或盖章。

二、记账凭证的种类

记账凭证种类甚多，一般可按使用范围、填制方法及凭证是否经过汇总等标准对其进行分类。

（一）按使用范围不同分类

1.专用记账凭证

专用记账凭证（special-purpose voucher）是专门用于记录某一类经济业务的记账凭证。专用记账凭证按其所记录的经济业务是否与库存现金和银行存款等货币资金的收付有关系，可分为收款凭证、付款凭证和转账凭证。

（1）收款凭证（receipt voucher）。收款凭证是用来记录库存现金和银行存款等货币资金收款业务的记账凭证。收款凭证又可根据反映具体对象的不同区分为现金收款凭证和银行存款收款凭证。现金收款凭证是根据反映库存现金收款业务的原始凭证填制的收款凭证，银行存款收款凭证是根据反映银行存款收款业务的原始凭证填制的收款凭证。收款凭证的格式及内容见表7-7。

表7-7 **收 款 凭 证**

借方科目： 年 月 日 字 号

摘要	贷方科目		金额									记账
	总账科目	二级或明细科目	百	十	万	千	百	十	元	角	分	
合 计												

附单据 张

会计主管： 记账： 出纳： 复核： 制单：

（2）付款凭证（payment voucher）。付款凭证是用来记录库存现金和银行存款等货币资金支付业务的记账凭证。付款凭证又可根据业务反映具体对象的不同区分为现金付款凭证和银行存款付款凭证。现金付款凭证是根据反映库存现金付款业务的原始凭证填制的付款凭证，银行存款付款凭证是根据反映银行存款付款业务的原始凭证填制的付款凭证。付款凭证的格式及内容见表7-8。

表7-8 **付 款 凭 证**

贷方科目： 年 月 日 字 号

摘要	借方科目		金额									记账
	总账科目	二级或明细科目	百	十	万	千	百	十	元	角	分	
合 计												

附单据 张

会计主管： 记账： 出纳： 复核： 制单：

（3）转账凭证（transfer voucher）。转账凭证是用来记录与货币资金收付无关的转账业务的记账凭证。凡是不涉及现金收付和银行存款收付的其他经济业务，均为转账业务。转账凭证根据有关转账业务的原始凭证填制，其格式及内容见表7-9。

表7-9

转账凭证

年 月 日 字 号

摘要	总账科目	明细科目	借方金额									贷方金额									记账
			百	十	万	千	百	十	元	角	分	百	十	万	千	百	十	元	角	分	
合计																					

附单据 张

会计主管： 记账： 复核： 制单：

收款凭证、付款凭证和转账凭证分别记录货币资金收款业务、货币资金支付业务和不涉及货币资金增减的业务。在实际工作中，某些经济业务既是货币资金收入业务，又是货币资金支出业务，如库存现金和银行存款之间的划转业务。为避免重复记账，对于该类业务一般只编制付款凭证，不编制收款凭证，即将现金存入银行，只填制现金付款凭证，从银行取现，只填制银行存款付款凭证。为便于识别，会计实务中各种记账凭证一般会印制成不同颜色。

2.通用记账凭证

通用记账凭证（general purpose voucher），是一种适合于任何经济业务的记账凭证。在经济业务较简单的单位，为简化凭证，可以使用通用记账凭证记录所发生的各项业务。通用记账凭证的格式及内容见表7-10。

表7-10

记账凭证

年 月 日 字 号

摘要	总账科目	明细科目	借方金额									贷方金额									记账
			百	十	万	千	百	十	元	角	分	百	十	万	千	百	十	元	角	分	
合计																					

附单据 张

会计主管： 记账： 出纳： 复核： 制单：

（二）按填制方法不同分类

1.单式记账凭证

单式记账凭证（single accounting voucher）又叫单科目记账凭证，是在一张记账凭证上只填写一个会计科目，而对应科目仅作参考，不据以记账，其中只填列借方科目的称借项记账凭证，只填列贷方科目的称贷项记账凭证。一般一笔经济业务涉及几个会计科目，就要填写几张凭证，并用一定的编号方法将它们联系起来。在单式记账凭证中所列示的对应总账科目只起参考作用，不作为登记账簿的依据。其格式见表7-11、表7-12。

表7-11

借项记账凭证

202×年6月8日

借字12号

摘要	总账科目	二级或明细科目	金额									记账
			百	十	万	千	百	十	元	角	分	
计提车间设备折旧	制造费用	折旧费用				1	0	0	0	0	0	√
对应总账科目：累计折旧	合　计				¥	1	0	0	0	0	0	

附单据壹张

会计主管：杨亮　　记账：周轩　　出纳：白雪　　复核：姜燕　　制单：三华

表7-12

贷项记账凭证

202×年6月5日

贷字13号

摘要	总账科目	二级或明细科目	金额									记账
			百	十	万	千	百	十	元	角	分	
计提车间设备折旧	累计折旧	车间设备				1	0	0	0	0	0	√
对应总账科目：制造费用	合　计				¥	1	0	0	0	0	0	

附单据壹张

会计主管：杨亮　　记账：周轩　　出纳：白雪　　复核：姜燕　　制单：王华

单式记账凭证的优点是便于归类、整理和传递，便于会计人员进行分工，汇总时可按凭证上借方科目金额和贷方科目金额一次加计总额，从而节约了汇总资料的时间，能够提高工作效率；其缺点是凭证资料过于分散，不能集中体现经济业务的全貌，同时增加了凭证保管的难度。这种凭证主要适用于经济业务单一或有特殊使用需要的单位，适用范围较窄。

2.复式记账凭证

复式记账凭证（multiple account titles voucher）是把一项经济业务所涉及的对应会计科目都集中填写在一张记账凭证中的记账凭证。前述收款凭证、付款凭证和转账凭证及通用记账凭证都属于复式记账凭证。

复式记账凭证的优点是每张记账凭证都能反映一笔经济业务的全貌，也便于反映该笔经济业务所涉及的所有科目及其对应关系，而且填写比较方便，附件集中，便于凭证的分析和审核；其缺点是不便于分工记账和科目的汇总，没有单式记账凭证灵活。复式记账凭证由于其优点比较显著，因而为绝大多数企业单位采用，适用范围广泛。

（三）按是否经过汇总分类

1.汇总类记账凭证

汇总类记账凭证按汇总方法的不同，可分为分类汇总记账凭证和全部汇总记账凭证。分类汇总记账凭证是根据一定期间的记账凭证按其种类分别汇总填制的，如汇总收款凭证、汇总付款凭证以及汇总转账凭证；全部汇总记账凭证是根据一定期间的全部记账凭证汇总填制的，如科目汇总表。该部分内容在第十一章介绍账务处理程序时再详细阐述。

2.非汇总记账凭证

非汇总记账凭证是指没有经过汇总的记账凭证，前面介绍的收款凭证、付款凭证和转账凭证以及通用记账凭证都是非汇总记账凭证。

上述对记账凭证的分类可归纳如图7-2所示。

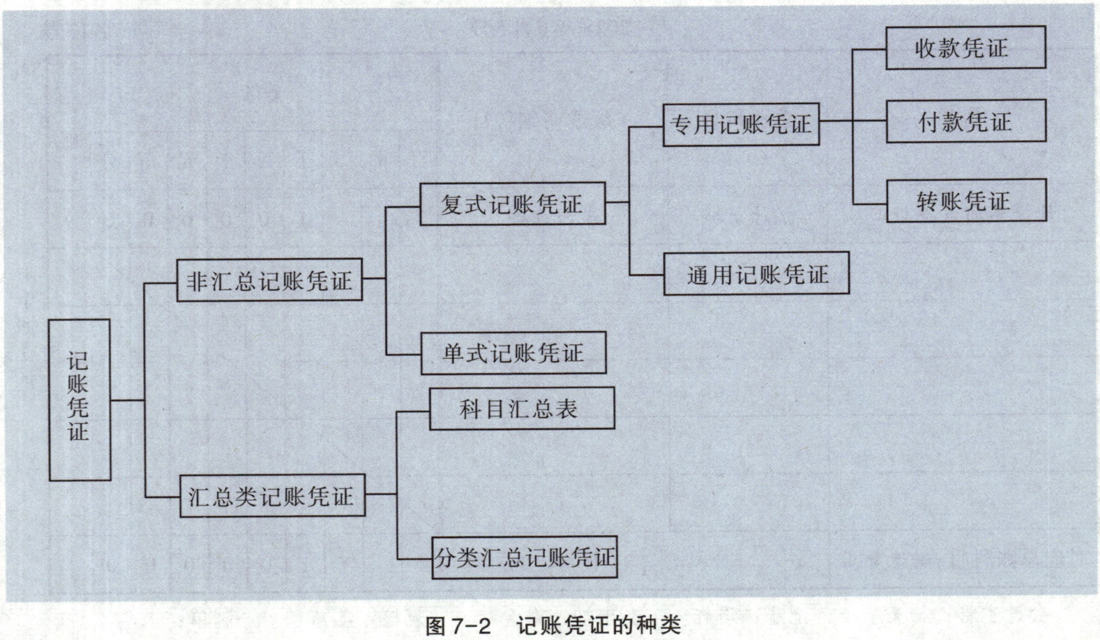

图7-2 记账凭证的种类

三、记账凭证的填制

（一）记账凭证的填制要求

（1）依据真实可靠。记账凭证必须以审核无误的原始凭证为依据，记账凭证可以根据每一张原始凭证单独填制，也可以根据若干张同类原始凭证汇总填制，还可以根据原始凭证汇总表编制，但不得将不同内容和类别的原始凭证汇总编制在一张记账凭证上。

（2）摘要简明扼要。记账凭证的摘要应简明扼要，概括出经济业务的主要内容，既要防止简而不明，又要避免过于烦琐。为了满足登记明细分类账的需要，对不同性质的账户，其摘要填写应有所区别。例如，对于反映原材料等实物资产的账户，摘要中应注明品种、数量、单价；反映现金、银行存款或借款的账户，摘要中应注明结算凭证的号码，以及款项增减原因、收付款单位名称等。

（3）日期填写正确。记账凭证的日期一般应为会计人员填制记账凭证当天的日期，也可以根据管理需要，填写经济业务发生的日期或月末日期。例如，报销差旅费的记账凭证填写报销当日的日期；收、付款凭证一般应按库存现金、银行存款的收、付款日期填写；属于计提和分配费用等转账业务的，应当按当月月末的日期填写。

（4）分录编制正确。记账凭证必须按照会计准则的要求准确使用会计科目，不得随意简化或改动；不得只写科目编号，不写科目名称；记账凭证上需要列示二级或明细科目的应填列齐全。应借、应贷的记账方向和账户对应关系必须清楚，数字必须正确，符合数字书写规范，角分位不留空格。记账凭证应按行次逐项填写，不能跳行。记账凭证填制完成后，如金额栏有空行，应在金额栏自最后一笔金额数字下方的空行处至合计数上方的空行处划线注销。合计金额栏的第一位数字前要填写人民币（¥）等货币符号。

（5）附件数量完整。除期末结账和更正错账的记账凭证可以不附原始凭证以外，其余的记账凭证都必须附原始凭证，并注明所附原始凭证张数，以便日后查阅。附件张数一般以原始凭证的自然张数为准；记账凭证若附有原始凭证汇总表，应将其一并计入附件的张数之内。但报销差旅费的零散票券，可以粘贴在一张纸上，作为一张原始凭证。如果一张原始凭证同时涉及几张记账凭证，可以把原始凭证附在一张主要的记账凭证后面，并在其他记账凭证上注明附有该原始凭证的记账凭证的编号或者附原始凭证复印件。如果一张原始凭证所列支出由几个单位共同负担的，应对其他单位负担的部分，开给对方原始凭证分割单，进行结算。

（6）编号连续科学。编号是为了分清记账凭证的先后顺序，便于登记账簿以及日后记账凭证与会计账簿之间的核对，防止散失。记账凭证应根据经济业务发生顺序按不同种类进行顺序编号。采用通用记账凭证的企业，可按全部经济业务发生的先后顺序编号，将所有记账凭证分月按自然数1、2、3…顺序连续编号。采用专用记账凭证的企业，可按凭证类别分类编号，即按收款凭证、付款凭证和转账凭证分为收、付、转三类进行编号，每月从收字第1号、付字第1号、转字第1号开始编起，编至本月最后一笔业务上。如果企业每月发生的经济业务很多，也可以将收款凭证、付款凭证再细分为现收、银收、现付、银付进行编号，对转账凭证仍按一类编号，这样就形成了五类编号。若一笔经济业务需要填制多张记账凭证的，可采用分数编号法。例如，一笔经济业务需要编制两张转账凭证，凭证的顺序号为2时，这两张凭证的编号为转字第$2\frac{1}{2}$、$2\frac{2}{2}$号，前面的整数表示业务顺序，分母表示该笔业务共有2张凭证，分子表示这是2张中的第几张。

（7）复核与检查。记账凭证填写完毕，应进行复核和检查，并按所使用的记账方法进行试算平衡，有关人员均要签名或盖章。出纳人员根据收款凭证收款，或根据付款凭证付款，应在凭证上加盖“收讫”或“付讫”字样，以免重收重付，防止差错。填制记账凭证时若发生错误，应当重新编制正确的记账凭证。已登记入账的记账凭证，在当年内发现填写错误时，可以用红字填写一张内容相同的记账凭证，在摘要栏注明“注销某月某日某号凭证”字样，同时再用蓝字重新编制一张正确的记账凭证，摘要栏中注明“订正某月某日某号凭证”字样。如果会计科目没有错误，只是金额错误，也可以将正确数字与错误数字之间的差额，另填制一张调整的记账凭证，调增金额用蓝字，调减金额用红字。发现以前年度记账凭证有错误的，应当区分资产负债表日后事项或非日后事项进行会计处理。

（二）记账凭证的填制方法

1.专用记账凭证的填制方法

（1）收款凭证的填制方法。填制收款凭证时，在凭证左上角的“借方科目”处，按照业务内容选填“库存现金”或“银行存款”科目；凭证上中方的“日期”处填写制证的日期；凭证右上角的“凭证字号”处填写“收字第×号”或“银收字第×号”、“现收字第×号”字样；“摘要”栏填写反映经济业务性质和特征的简要说明；“贷方科目”栏填写与收入现金或银行存款相对应的贷方总账科目和明细科目；“金额”栏填写与同一行科目对应的发生额；“合计”栏填写各发生额的合计数；凭证右边“附单据×张”处填写所附原始凭证的张数；凭证下应加盖相关人员签章；“记账”栏登记记入账簿的页次或划“√”表示已经入账，以免发生漏记或重记错误。

（2）付款凭证的填制方法。付款凭证的填制方法与收款凭证基本相同，只是将凭证的借方、贷方科目栏交换位置。填制时先根据付款方式将“库存现金”或“银行存款”科目填入“贷方科目”处，再填制与付出现金或银行存款相对应的借方总账科目和明细科目。

收款凭证和付款凭证既是登记库存现金日记账、银行存款日记账、明细分类账及总分类账等账簿的依据，也是出纳人员办理收付款业务的依据。出纳人员不能依据现金、银行存款收付业务的原始凭证办理收付款业务，必须根据会计主管人员或指定人员审核批准的收款凭证和付款凭证办理收付款业务，以加强对货币资金的管理。

（3）转账凭证的填制方法。转账凭证的格式与收、付款凭证不同，不设主体科目，将经济业务所涉及的会计科目全部填列在记账凭证内，借方科目在先，贷方科目在后，将各会计科目所记应借、应贷的金额填列在“借方金额”和“贷方金额”栏内，借、贷方金额合计数应该相等。“日期”、“摘要”、“凭证字号”、“记账”栏等的填制方法与收、付款凭证相同。

假设金麓公司202×年7月发生了以下5笔经济业务，要求针对该公司发生的经济业务编制相应的记账凭证。

（1）7月1日，通过银行支付前欠蓝天公司的货款4 000元；

（2）7月5日，销售甲商品一批，售价50 000元，增值税6 500元，价税款已经通过银行收妥；

（3）7月25日，从银行取现20 000元，以备发放工资；

（4）7月26日，用库存现金发放工资20 000元；

（5）7月31日，结转本月完工产品成本15 000元。

金麓公司202×年7月发生的以上5笔经济业务分别需要编制银行存款付款凭证、银行存款收款凭证、银行存款付款凭证、现金付款凭证和转账凭证。编制的记账凭证具体见表7-13到表7-17。

表7-13

付款凭证

贷方科目：银行存款　　　　202×年7月1日　　　　银付字1号

摘要	借方科目		金额									记账
	总账科目	二级或明细科目	百	十	万	千	百	十	元	角	分	
支付前欠货款	应付账款	蓝天公司				4	0	0	0	0	0	√
合计					¥	4	0	0	0	0	0	

附单据壹张

会计主管：田胜　　记账：王飞　　出纳：陈欣　　复核：姜甜　　制单：周玉

表7-14

收款凭证

借方科目：银行存款　　　　202×年7月5日　　　　银收字1号

摘要	贷方科目		金额									记账
	总账科目	二级或明细科目	百	十	万	千	百	十	元	角	分	
销售商品收到货款	主营业务收入	甲产品			5	0	0	0	0	0	0	√
	应交税费	应交增值税（销项税额）				6	5	0	0	0	0	√
合计				¥	5	6	5	0	0	0	0	

附单据贰张

会计主管：田胜　　记账：王飞　　出纳：陈欣　　复核：姜甜　　制单：周玉

表7-15

付款凭证

贷方科目：银行存款　　　　202×年7月25日　　　　银付字2号

摘要	借方科目		金额									记账
	总账科目	二级或明细科目	百	十	万	千	百	十	元	角	分	
提取现金	库存现金				2	0	0	0	0	0	0	√
合计				¥	2	0	0	0	0	0	0	

附单据壹张

会计主管：田胜　　记账：王飞　　出纳：陈欣　　复核：姜甜　　制单：周玉

表 7-16

付款凭证

贷方科目：库存现金　　　　202× 年 7 月 26 日　　　　现付字 1 号

摘要	借方科目		金额									记账
	总账科目	二级或明细科目	百	十	万	千	百	十	元	角	分	
发放职工工资	应付职工薪酬	工资			2	0	0	0	0	0	0	√
合　计				¥	2	0	0	0	0	0	0	

附单据壹张

会计主管：田胜　　记账：王飞　　出纳：陈欣　　复核：姜甜　　制单：周玉

表 7-17

转账凭证

202× 年 7 月 31 日　　　　转字 1 号

摘要	总账科目	明细科目	借方金额									贷方金额									记账
			百	十	万	千	百	十	元	角	分	百	十	万	千	百	十	元	角	分	
结转完工产品成本	库存商品	甲商品			1	5	0	0	0	0	0										√
	生产成本	甲商品												1	5	0	0	0	0	0	√
合　计				¥	1	5	0	0	0	0	0		¥	1	5	0	0	0	0	0	

附单据壹张

会计主管：田胜　　记账：王飞　　出纳：陈欣　　复核：姜甜　　制单：周玉

2.通用记账凭证的填制方法

通用记账凭证是将所有经济业务都反映在同一格式的记账凭证上。其填制方法与转账凭证相同，只是“凭证字号”需根据实际业务性质分类设置连续的凭证字号。以前例中（1）支付前欠蓝天公司货款的经济业务为例，编制记账凭证见表 7-18。

表 7-18

记账凭证

202× 年 7 月 1 日　　　　银付字 1 号

摘要	总账科目	明细科目	借方金额									贷方金额									记账
			百	十	万	千	百	十	元	角	分	百	十	万	千	百	十	元	角	分	
支付前欠货款	应付账款	蓝天公司				4	0	0	0	0	0										√
	银行存款														4	0	0	0	0	0	√
合　计					¥	4	0	0	0	0	0			¥	4	0	0	0	0	0	

附单据壹张

会计主管：田胜　　记账：王飞　　出纳：陈欣　　复核：姜甜　　制单：周玉

四、记账凭证的审核

记账凭证是登记账簿的依据，为了保证账簿记录的准确性，除填制记账凭证人员应当认真负责、正确地填制和核对外，会计部门还应当指定专人对已编制好的记账凭证进行审核，建立记账凭证审核制度。对记账凭证的审核主要包括以下几个方面：

第一，按原始凭证审核的要求，对所附的原始凭证进行复核。

第二，审核记账凭证所附的原始凭证是否齐全，记账凭证上记录的经济内容与所附原始凭证的内容是否相符，金额是否一致等。对一些需要单独保管的原始凭证和文件，应在记账凭证上加注说明。

第三，审核记账凭证中使用的会计科目是否准确，借、贷方金额是否相等，账户的借贷对应关系是否清晰，核算的内容是否符合会计准则的相关规定等。

第四，审核记账凭证中所需要填写的项目是否填写完整，有关人员是否都已签章等。

实行会计电算化的单位，对于机制记账凭证，要认真审核，做到会计科目使用正确，数字准确无误，借贷对应关系清晰。打印的机制记账凭证要加盖制单人员、审核人员、记账人员、会计机构负责人及会计主管人员的签章，以加强审核，明确责任。

在审核过程中如发现记账凭证存在问题，应重新填制或按规定办理更正手续。只有经过审核无误的记账凭证，才能据以登记账簿。

第四节　会计凭证的传递和保管

导读测评

7-4

一、会计凭证的传递

会计凭证的传递，是指会计凭证从填制或取得起，经过审核、记账、装订到归档为止，在企业内部有关部门和人员之间按照规定的路线、时间传递和处理的程序。正确、合理地组织会计凭证的传递，对及时地反映和监督经济业务的发生和完成情况，合理地组织经济活动，加强经济管理具有重要意义。

合理地组织会计凭证的传递，应当注意以下三个方面的问题：

（一）确定有序的传递路线

各企业单位应根据自身经济业务的特点、机构设置和人员分工情况，恰当地规定会计凭证填制的联数和流经的必要环节，使各有关部门和人员既能按照规定的程序及时办理凭证手续，了解经济业务情况，又要避免会计凭证在不必要的环节停留，以便提高工作效率。

（二）明确合理的传递时间

各企业单位应考虑各部门和有关人员在正常情况下办理经济业务时间上的需求，合理规定各种凭证在各环节上停留的时间，不能拖延和积压会计凭证，要保证会计凭证的及时传递。一切会计凭证的传递和处理，都应在报告期内完成，不允许跨期；否则，将影响会计核算的准确性和及时性。

（三）规定严密的衔接手续

会计凭证传递过程中的衔接手续，应该做到既完备严密，又方便易行。凭证的收发、交接都应按一定的制度办理，以保证会计凭证的安全和完整。

会计凭证的传递路线、传递时间和衔接手续明确后，可制成会计凭证流转图，制定凭证传递程序，规定凭证传递的路线、环节及在各环节上的时间、处理内容、交接手续等，使凭证传递工作能按规定顺利完成。关于会计凭证的传递可通过图7-3加以理解。

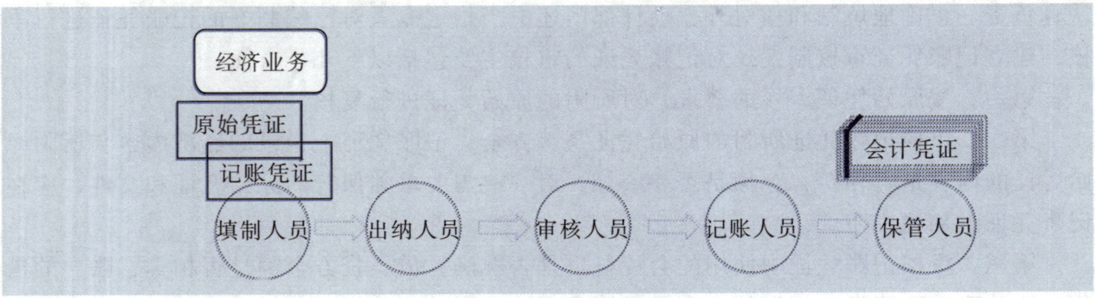

图7-3 会计凭证传递路线

二、会计凭证的保管

会计凭证的保管，是指会计凭证记账后的整理、装订和归档存查。会计凭证是各项经济活动的历史记录，是重要的经济资料和会计档案。各种会计凭证在办理完各项业务手续，并据以记账后，应由财会部门加以整理、归类、编号、装订，并妥善保管。

会计凭证保管的基本方法和要求是：

（一）整理归类，装订成册

每月记账完毕，要将本月各种记账凭证加以整理，检查有无缺号和附件是否齐全。然后将各类记账凭证连同所附原始凭证和原始凭证汇总表，分类按顺序编号装订成册，并加具封面、封底，注明单位名称、凭证种类、所属年月、起讫日期、起讫号码和凭证张数等。为防止任意拆装，应在装订处贴上封签，并由经办人员在封签处加盖骑缝章。

如果一个月内的凭证数量多，可分装若干册，在封面上加注共几册字样。对一些重要的、数量多的原始凭证，如各种经济合同，可以单独装订保管，在封面上写明记账凭证的日期、编号、种类，同时在记账凭证上注明“附件另订”。

（二）编造清册，归档保管

每个会计年度终了，会计部门应按照会计凭证的归档要求整理立卷。当年的会计凭证可以在年度结束后，由会计部门保管1年，期满后应由会计部门编造清册，移交本单位档案部门保管。

（三）妥善保管，控制借阅

对单位的会计凭证要妥善保管，既要防止自然环境等因素可能对会计凭证造成的破坏，也要防止人为原因的损坏和丢失等。保管的会计凭证原则上不能借出，其他单位因有特殊原因需要使用凭证时，经本单位领导批准，可以复制，但应在专门的登记簿上进行登记，并由提供人员和收取人员共同签章。

（四）保管期满，酌情处理

根据财政部、国家档案局令第79号《会计档案管理办法》的规定，会计凭证的保管期限为30年。保管期未满，任何人不能随意销毁会计凭证。对保管期满的会计凭证，经上级相关主管部门批准后才能销毁。会计凭证销毁时，必须开列清单，由档案部门和会计部门共同派员监销。在销毁会计凭证之前，监销人员应认真清点核对，销毁后，应在销毁清册上签章，并将监销情况报告本单位负责人。

立德树人：杜绝虚假会计凭证

原始凭证是记录经济活动、明确经济责任的证明文件，是据以编制记账凭证、登记账簿、进行会计监督的重要依据。《会计法》第九条规定，各单位必须根据实际发生的经济业务事项进行会计核算，填制会计凭证，登记会计账簿，编制财务会计报告。任何单位不得以虚假的经济业务事项或者资料进行会计核算。第十四条规定，会计机构、会计人员必须按照国家统一的会计制度的规定对原始凭证进行审核，对不真实、不合法的原始凭证有权不予接受，并向单位负责人报告；对记载不准确、不完整的原始凭证予以退回，并要求按照国家统一的会计制度的规定更正、补充。因此，会计人员一定要学会有效鉴别不同类型原始凭证的法律效力，严格审核并杜绝虚假会计凭证。实际工作中，虚假会计凭证主要有以下表现形式：

（1）不如实填写、伪造、篡改原始凭证。行为人授意开票人开出不真实的原始凭证，或对已开出的原始凭证使用涂改等手法更改原始凭证相关内容。如根据需要更改凭证的日期、摘要、数量、单价、金额等，或采用伪造印鉴等方式，来制造证明经济业务已经发生的原始凭证。

（2）白条抵账。白条是指行为人开具或索取不符合正规凭证要求的发票和收付款凭据，以逃避监督或偷漏税款的一种舞弊手段。主要手法有：一是打白条子，直接在白纸上书写证明收支款项字样，作为税务发票来充当原始凭证；二是开白条收据代替发票；三是不按规定开具发票。实际工作中，有的单位由于各种原因，将钱花掉了，又无法获取正式发票，为了弥补货币资金出现的短缺，只好用白条抵库或者自行编制费用报销单据进行会计核算。

（3）取得虚假发票。虚假发票包括两种情形：一是发票本身是假的，即不是由税务部门统一印制的发票；二是发票所记载的经济业务内容是虚假的，例如购买香烟、白酒等个人消费用品，却要求开具办公用品的发票。

本章要点概览

1. 会计凭证是记录经济业务，明确经济责任并据以登记账簿的书面证明。填制和审核会计凭证是会计核算的重要方法之一，也是会计循环工作的起点和基础。会计凭证按填制程序和用途可分为原始凭证和记账凭证。

2. 原始凭证是在经济业务发生时填制或取得的，用以记录和证明经济业务的发生和完成情况的书面证明文件。原始凭证按来源不同可分为外来凭证和自制凭证；按填制手续和方法不同可分为一次凭证、累计凭证和汇总凭证；按用途不同可分为通知凭证、执行凭证和计算凭证。原始凭证填制要求是记录真实、内容完整、手续完备、书写规范、填制及时、连续编号。审核无误的原始凭证是编制记账凭证的依据。

3. 记账凭证是根据审核无误的原始凭证填制的，用以记录经济业务的主要内容，确定会计分录，并作为登记账簿直接依据的凭证。记账凭证按其用途和格式可分为专用记账凭证和通用记账凭证，专用记账凭证按所反映经济业务内容又可分为收款凭证、付款凭证和转账凭证。

4.企业应当按照规定的传递程序、传递时间和传递手续传递会计凭证，并定期对会计凭证进行整理归档、归档保管、控制借阅。《会计档案管理办法》规定，会计凭证的保管期限为30年。

本章练习题

1.假设某公司202×年7月发生的部分经济业务如下：

（1）8日，向城北工厂采购材料一批，增值税专用发票注明价款50 000元，增值税税额6 500元，已验收入库，货款尚未支付。

（2）15日，签发转账支票一张，支付办公室采购办公用品5 000元，增值税税额650元。

（3）21日，销售甲产品一批，增值税专用发票上注明价款10 000元，增值税税额1 300元，价税款已通过银行收妥。

（4）25日，从银行提取现金10 000元。

（5）25日，以现金发放职工工资10 000元。

（6）26日，预收金岳公司货款10 000元，存入银行。

（7）31日，用银行存款支付电费，其中生产车间生产甲产品用电2 500元，生产乙产品用电1 600元，车间一般性耗电800元，行政部门耗电600元，增值税专用发票注明的增值税税额715元。

（8）31日，结转完工产品成本，其中完工甲产品成本4 600元，完工乙产品成本3 400元。

要求：请根据上述经济业务编制收款凭证、付款凭证和转账凭证。

2.假设某公司202×年8月份发生的部分经济业务如下：

（1）1日，向湘江公司销售甲产品1 000件，每件80元，增值税税率13%，价税款已通过银行收妥。

（2）3日，从嘉盛公司采购A材料500千克，单价60元/千克，增值税税率13%，材料尚未入库，价税款未支付。

（3）5日，上述A材料运到，验收入库。

（4）15日，通过银行支付前欠嘉盛公司价税款33 900元。

（5）31日，计提本月固定资产折旧5 400元，其中车间固定资产应计提折旧3 200元，管理部门固定资产应计提折旧2 200元。

（6）31日，汇总本月A材料耗用情况，生产部门为生产甲产品领用5 000元，生产乙产品领用4 000元，车间领用1 500元，行政部门领用500元。

（7）31日，公司投资持有的国债结算利息，收到国债利息30 000元存入银行。

（8）31日，结转已售甲产品成本45 000元。

要求：请根据上述经济业务编制通用记账凭证。

参考答案

第八章

会计账簿

学习目标与要求

本章系统阐述设置和登记会计账簿的基本原理和方法，内容主要包括会计账簿的意义、种类、设置、登记规则，不同账簿的登记方法，错账更正方法及期末的对账和结账工作。通过本章学习，应该了解会计账簿的意义和种类，掌握会计账簿的设置和登记方法、错账的更正方法，熟悉会计期末的结账和对账工作。

引导案例

李航学习完会计凭证后产生了一个疑问，那就是记账凭证上记录的经济业务都是分散的，一张记账凭证只能记录一笔经济业务或某一类经济业务，那么如何记录某一个账户的变动情况？李航将这一问题向罗经理求教，罗经理结合自身的工作经历为李航做了细致解答。罗经理介绍，记录某一账户变动情况是通过会计账簿实现的，会计信息连续、分类地记录于会计账簿中，填制记账凭证时涉及的每一个账户都必须在会计账簿中设置对应账页进行记录，做会计工作首先要学会建账和登账。罗经理还特意向李航分享了自己大学毕业前在一家会计师事务所实习的经历。那家会计师事务所从事代理记账业务，开始实习的第一天，正好有一个新客户委托事务所代理记账，实习导师问罗经理会不会建账，并给罗经理列出采购清单，要求他去文具店购买会计用品，具体包括库存现金日记账1本、银行存款日记账1本、数量金额式明细账2本、借方多栏明细账1本、贷方多栏明细账1本、三栏明细账1本、总账1本。购买这些会计账簿后，罗经理在实习导师的指导下完成了该公司的建账工作。听完罗经理的分享后，李航的疑问更多了：企业记账为什么需要那么多会计账簿？每一种会计账簿记录的内容有何不同？究竟应该如何完成建账工作？同学们，你们是否也有同样的疑问？希望大家通过本章学习获得明确答案。

导读测评

8-1

第一节 会计账簿概述

一、会计账簿的意义

会计账簿（book of accounts）是以审核无误的会计凭证为依据，由具有专门格式、相互联系的账页组成，用以序时、连续、分类地记录和反映各项经济业务的发生及完成情况的簿籍。设置和登记账簿是编制会计报表的基础，是会计核算的一种专门方法。

企事业单位对日常发生的各项经济业务，首先必须取得和填制会计凭证，这是会计核算工作的起点和基础。但是，会计凭证对各项经济业务内容的反映是分散的、零星的、片段的，每张会计凭证只反映单个业务，不能把单位在某一时期内发生的全部交易或事项全面、连续、分类地反映出来，因此，为了解单位在某一时期内的全部经济活动情况，必须设置和登记会计账簿，以便分门别类地归集并储存会计信息，为编制会计报表提供依据。设置和登记会计账簿是会计核算工作的一个重要环节，在经济管理中具有重要意义。账簿和账户之间存在联系但也有所区别。账户是在账簿中按会计科目开设的，用来反映某一个会计科目所要核算的经济业务内容及其增减变动和结果。账簿是对经济活动的全面反映，是积累、存储经济活动情况的数据库。账簿是账户的外表形式，而账户记录则是账簿的内容，因此账簿和账户是形式和内容的关系。具体来讲，会计账簿的作用和意义可以概括为以下四个方面：

第一，会计账簿是系统归纳、储存会计信息的工具。通过设置和登记会计账簿，可以对会计凭证所记录的大量核算资料进行归类、汇总、整理，并予以储存。通过账簿中记录的会计信息，一方面可以分门别类地反映企业各项资产、负债、所有者权益、收入、费用、利润的变化，提供一定时期内经济活动的详细情况；另一方面可以通过合计发生额、计算余额，向各方面提供其所需要的总括会计信息，为会计信息的进一步加工提供依据。

第二，会计账簿是编制会计报表的依据。在会计期末，为了反映一定日期的财务状况及一定时期的经营成果，应定期对账簿进行结账，计算出本期发生额和余额，并进行有关账簿之间的核对。通过对会计账簿所储存的各项会计信息的加工和整理，能够形成会计报表中有关项目的数据资料，使日常的各项交易事项以更集中、系统的方式体现出来。可见会计账簿为编制会计报表提供了依据，会计账簿设置和登记的准确性直接决定了会计报表的质量。

第三，会计账簿是保证财产物资安全的重要手段。通过设置和登记会计账簿，可以连续反映各项财产物资的增减变动及结存情况，并借助于财产清查、账目核对等方法，反映财产物资的具体情况，如发现问题应及时解决，以保证财产物资的安全和完整，并要确保账实相符，以提供真实、可靠的会计信息。

第四，会计账簿是会计分析和会计检查的依据。通过会计账簿记录的会计信息，可以将企业现实的财务状况、经营成果和现金流量与预先制订的计划相比较，进而对企业经营管理中存在的问题进行分析和评价，以查找原因，不断提高经营管理水平；同时，有利于参照会计核算资料进行会计检查，实施会计监督。

二、设置会计账簿的原则

为了科学地反映经济业务，应根据企业规模大小、业务繁简及管理上的需要设置会计账簿，应力求科学严谨、层次分明，在保证能连续、系统、完整、综合地反映经济业务的前提下，要便于看账、查账，既要简便实用，防止重复记账、登记烦琐、浪费人力，又要防止只考虑简便实用性，不考虑资料的完善性。只有这样，才能充分发挥账簿的作用，提高会计核算工作的质量。设置会计账簿，一般应遵循下列原则：

（一）依法设置

依法设置会计账簿，可以保证会计核算的规范性及会计信息的合规性和完整性。《会计法》第十六条规定："各单位发生的各项经济业务事项应当在依法设置的会计账簿上统一登记、核算，不得违反本法和国家统一的会计制度的规定私设会计账簿登记、核算。"

（二）满足需要

设置会计账簿时，必须考虑到所设置的账簿能够连续、系统、完整、综合地反映经济活动情况，为经济管理和编制财务报告提供系统、分类的资料。

（三）组织严密

在设置会计账簿时，必须利用账簿之间的数据关系，在账簿之间形成一种严谨的钩稽关系，并通过记账人员的合理分工进行对账与查账，避免重记、漏记和错记，有效地避免在经济活动中出现违规、违纪、违法等事件，从而顺利地完成会计的核算和监督工作。

（四）简便实用

在满足经济管理需要和组织严谨原则的前提下，账簿的格式应当按照“既能记录所发生的经济业务内容，又能提供需要的核算指标”的原则进行设计，做到简便实用，避免提供重复的或无实用价值的数据资料及浪费人力，同时也可节省资料存储空间（尤其是实行会计电算化的单位）。但是也应注意，不能因片面追求简便而忽视管理的需要。

三、会计账簿的种类

会计账簿的种类多种多样，按照不同的标准可划分以下几类：

（一）账簿按用途分类

账簿按用途分类，可以分为序时账簿、分类账簿和备查账簿。

1.序时账簿

序时账簿也称日记账，是按照经济业务发生的时间先后顺序，逐日逐笔进行登记的账簿。序时账簿按照记录和反映的内容不同分为特种日记账和普通日记账。

特种日记账也称专用日记账，是专门用来记录某一特定种类经济业务的日记账，如库存现金日记账、银行存款日记账、材料采购日记账、商品销售日记账等。在我国，大多数企业一般只设库存现金日记账和银行存款日记账。

普通日记账也称通用日记账，是用来登记单位全部经济业务会计分录的日记账。在这种日记账中，根据全部经济业务发生的顺序，逐日逐项编制会计分录，因此这种日记账又称分录日记账或分录簿。

设置序时账簿有利于了解有关经济业务的来龙去脉，能及时进行账证核对，确保会计记录的完整性和准确性。

2.分类账簿

分类账簿也称分类账，是对全部经济业务按照总分类账户和明细分类账户进行分类登记的账簿。分类账簿按其反映内容的详细程度不同，分为总分类账簿和明细分类账簿。

总分类账簿，又称总分类账或总账，是按照总分类账户分类登记经济业务的账簿，用来核算某类经济业务的总括情况。总分类账具有汇总记录的特点，为了确保账簿记录及会计信息的正确性，并提供会计要素的总括指标，必须按每一总分类科目开设相应的总分类账簿。

明细分类账簿，又称明细分类账或明细账，是按照明细分类账户分类登记的账簿，用以记录某一类经济业务的明细项目，提供其明细核算资料的情况。

分类账簿可以反映和监督各项资产、负债、所有者权益、收入、费用和利润的增减变动情况及结果。其中总分类账提供总括的会计信息，明细分类账提供详细的会计信息，两者相辅相成，互为补充，为编制会计报表提供依据。

分类账簿和序时账簿的作用不同。序时账簿能提供连续、系统的信息，反映企业资金运动的全貌；分类账簿则是按照经营与决策的需要设置的账簿，其归集并汇总各类信息，反映资金运动的各种状态、形式及构成。在账簿组织中，分类账簿占有特别重要的地位，只有通过分类账簿，才能使数据按账户形成不同的信息，满足编制会计报表的需要。

3.备查账簿

备查账簿也称辅助账簿，是对某些在序时账簿和分类账簿中未能反映和记录的事项进行补充登记的账簿，主要用来记录一些供日后查考的有关经济事项，如委托加工物资登记簿、租入固定资产登记簿等。备查账簿没有固定的格式，可由各单位根据管理需要自行设计。

备查账簿与序时账簿及分类账簿相比，存在以下特点：一是登记时不需要会计凭证；二是备查账簿的格式和登记方法与序时账簿和分类账簿不同，备查账簿更注重用文字表述某项经济业务的发生情况；三是备查账簿只是对账簿记录的一种补充，它与其他账簿之间不存在严密的依存、钩稽关系。

（二）账簿按外表形式分类

账簿按外表形式分类，可分为订本式账簿、活页式账簿和卡片式账簿。

1.订本式账簿

订本式账簿又称订本账，是指在启用前按顺序进行编号并固定装订成册的账簿。采用订本式账簿，优点是可以避免账页散失，防止账页抽换；缺点是由于账页固定，预留账页与实际需要量可能不一致，导致某些账户账页不足或浪费，而且同一时间只能由一个人登账，不便于分工。这种账簿一般用于登记库存现金日记账、银行存款日记账和总分类账等。

2.活页式账簿

活页式账簿又称活页账，是指把账页装订在账夹内，可以随时增添或重新排列账页的账簿。采用活页式账簿，优点是可以根据实际工作需要增减或重新排列账页，使用灵活，同时在同一时间内可实行分工记账；缺点是账页容易丢失或被抽换。采用活页式账簿，平时应按实际账页顺序编号，并定期（通常是一个会计年度结束后）装订成册。这种账簿主要应用于登记各种明细分类账。

3.卡片式账簿

卡片式账簿又称卡片账，是由具有专门格式、分散的卡片作为账页组成的账簿。这种卡片账页通常置放于卡片箱中，可以随取随放及跨年度使用。“固定资产明细账”一般采用这种形式的账簿。

（三）账簿按账页格式分类

账簿按账页格式分类，可分为三栏式账簿、数量金额式账簿和多栏式账簿等。

1.三栏式账簿

三栏式账簿是指由设置借方、贷方、余额三个金额栏的账页组成的账簿。库存现金日记账和银行存款日记账、总分类账以及资本、债权债务等明细账一般采用三栏式账簿。

2.数量金额式账簿

数量金额式账簿是指在账簿的借方、贷方和余额三个栏目内，都分设数量、单价、金额三小栏，借以反映财产物资的实物数量和价值的账簿。原材料、库存商品等明细账一般采用数量金额式账簿。

3.多栏式账簿

多栏式账簿是在账簿的借方和贷方两个基本栏按需要分设若干专栏的账簿，如多栏式日记账、多栏式明细账。专栏设置在借方还是设置在贷方，或是两方同时设专栏，设多少专栏，则要根据需要确定。收入、费用明细账一般采用这种格式的账簿。

上述会计账簿的种类可以归纳如图8-1所示。

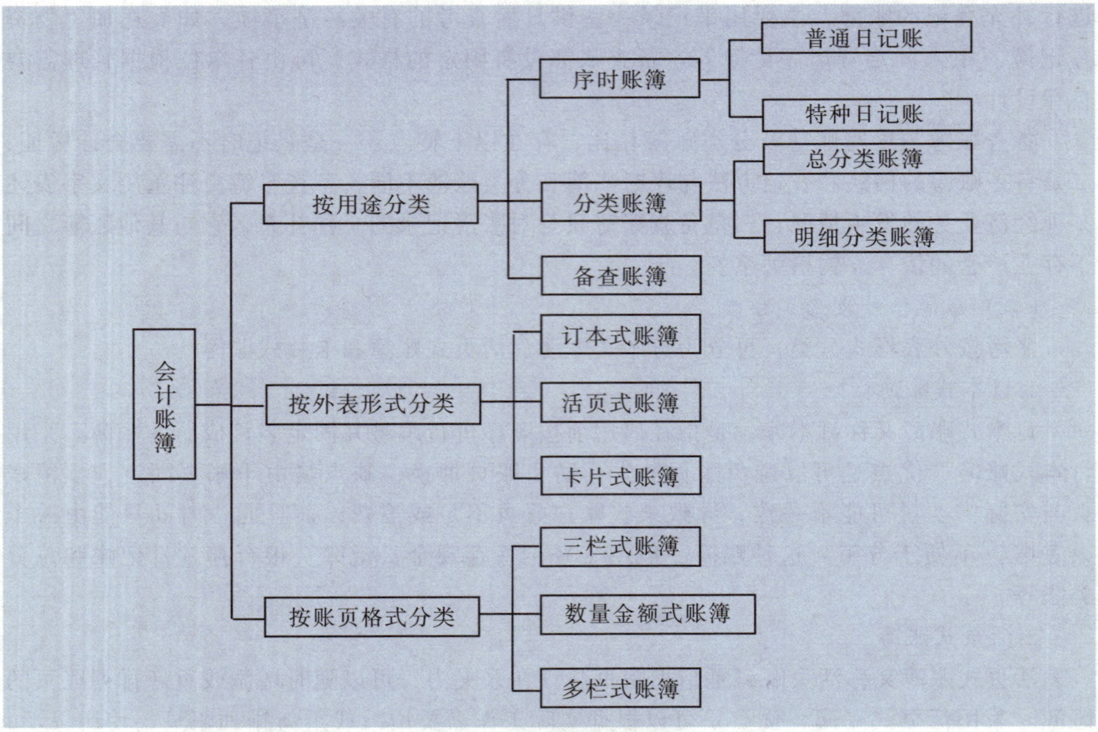

图8-1 会计账簿的种类

四、会计账簿的基本内容

各单位使用的会计账簿，尽管其所记录的经济业务内容不同，且账簿的格式又多种多样，但各种账簿都应具备以下基本内容：

（一）封面

封面主要标明账簿名称，如总账、债权债务明细账等；同时封面还要注明记账单位的名称。

（二）扉页

扉页主要用来登载账簿启用及经管人员一览表，其主要内容包括单位名称、账簿名称、账簿编号、账簿页数、启用日期、经管人员、移交人员签章及移交日期登记、接管人签章和接管日期登记、账户目录等。其格式见表8-1和表8-2。

表8-1 **账簿启用及经管人员一览表**

单位名称		金麓有限责任公司								单位盖章
账簿名称		总分类账								
账簿编号		总字第1号第1册共1册								
账簿页数		本账簿共计100页								
启用日期		202×年1月1日								
经管人员		接管			移交			会计负责人		备注
姓名	盖章	年	月	日	年	月	日	姓名	签章	
王飞	王飞	202×	1	1				田胜	田胜	

表 8-2　　目录表（科目索引表）

序号	编号	科　目	页次	序号	编号	科　目	页次
1	1001	库存现金	1～2	13	2001	短期借款	25～26
2	1002	银行存款	3～4	14	2201	应付票据	27～28
3	1121	应收票据	5～6	15	2202	应付账款	29～30
4	1122	应收账款	7～8	16	2211	应付职工薪酬	31～32
5	1123	预付账款	9～10	17	2221	应交税费	33～34
6	1131	应收股利	11～12	18	2231	应付利息	35～36
7	1221	其他应收款	13～14	19	4001	实收资本	37～38
8	1401	在途物资	15～16	20	4002	资本公积	39～40
9	1403	原材料	17～18	21	4101	盈余公积	41～42
10	1411	周转材料	19～20				
11	1601	固定资产	21～22				
12	1602	累计折旧	23～24				

（三）账页

知识拓展

单位公章使用

账页是账簿的主要内容，尽管账页的格式因反映经济业务内容的不同而有所不同，但其基本内容如下：

（1）账户名称（或称会计科目）；

（2）登记日期栏；

（3）凭证种类和号数栏；

（4）摘要栏（对经济业务内容的简要说明）；

（5）借、贷方金额及余额的方向、余额栏；

（6）总页次和分户页次。

导读测评

8-2

第二节　序时账簿的设置与登记

序时账簿（book of chronological entry）又称日记账，是按时间顺序逐日逐笔地记录和反映全部经济业务的发生和完成情况，也可以用来序时记录和反映某一类经济业务的发生和完成情况的账簿。根据不同需要，企业设置的序时账簿有特种日记账、普通日记账等。

一、特种日记账的设置与登记

特种日记账是专门用来登记某一类经济业务的日记账。特种日记账的主要作用是便于会计人员分工，减少过账工作，提高工作效率。常见的特种日记账一般有库存现金日记账、银行存款日记账、购货日记账、销货日记账等。在会计实务中，为了加强货币资金的管理与监督，各单位必须设置库存现金日记账和银行存款日记账，其他特种日记账一般不再设置。

（一）库存现金日记账的设置与登记

库存现金日记账（cash journal）是由出纳人员根据审核无误的现金收款凭证、现金付款凭证和银行存款付款凭证，按经济业务发生的时间先后顺序，逐日逐笔地记录和反映库存现金增减变动及结余情况的特种日记账。该账簿在外表形式上应采用订本式账簿，账页格式有三栏式和多栏式两种。企业的库存现金日记账一般采用三栏式，其格式及登记见表8-3。

表8-3　　　　**库存现金日记账（三栏式）**

202×年		凭证		摘要	对方科目	收入	支出	结余
月	日	字	号					
9	1			月初余额				2 000
	8	现付	1	支付办公室费用	管理费用		100	
	8	现付	2	借支职工差旅费	其他应收款		500	
	8	现收	1	收零星材料出售货款	其他业务收入	80		
	8	银付	2	从银行取现	银行存款	5 000		
	8			本日合计		5 080	600	6 480
				……				
	30			本日合计		6 520	4 728	3 792
9	30			本月合计		13 200	11 408	3 792

三栏式库存现金日记账登记方法如下：

（1）日期栏，根据实际收付现金的日期登记。

（2）凭证栏，根据现金收款凭证、现金付款凭证及银行存款付款凭证的相关编号登记。

（3）摘要栏，简要概述经济业务内容，一般根据会计凭证中的摘要栏登记。

（4）对方科目栏，根据库存现金收入或付出所涉及的对应科目来登记，通过该栏可了解经济业务的来龙去脉。

（5）收入栏，根据现金收款凭证及银行存款付款凭证（对于从银行提取现金的业务，为避免重复记账，一般只填制付款凭证）登记库存现金的增加数。

（6）支出栏，根据现金付款凭证登记库存现金的减少数。

（7）结余栏，每日收付款项逐笔登记完毕后，应分别计算现金增加和减少的合计数，结出账面余额，并将库存现金日记账的账面余额同库存现金实存额核对相符，做到“日清”。月末应计算本月合计和月末余额，与总分类账核对，进行“月结”。

库存现金日记账也可以采用多栏式的格式，即在收入栏和支出栏下分别按照对应科目设置若干专栏，也就是按收入的来源和支出的用途设专栏。这种格式的库存现金日记账在月末结账时，通过分栏加计发生额，能清楚了解全月库存现金的收入来源及支出去向，为企业的经济活动分析和财务收支分析提供详细具体的资料。多栏式库存现金日记账的格式及登记见表8-4。

表8-4 库存现金日记账（多栏式）

202×年		凭证号	摘要	收入				支出					结余
				应贷科目				应借科目					
月	日			银行存款	其他业务收入	……	合计	管理费用	其他应收款	在途物资	……	合计	
9	1		月初余额										2 000
	8	12	支付办公室费用					100				100	
	8	14	借支职工差旅费						500			500	
	8	21	出售零星材料收入		80		80						
	8	24	从银行取现	5 000			5 000						
	8	29	本日合计	5 000	80		5 080	100	500			600	6 480
			……										
	30		本日合计	4 500	2 020		6 520	1 500	2 330	898		4 728	3 792
9	30		本月合计				13 200					11 408	3 792

有的单位现金收付款业务比较多，而且比较复杂，如果采用上述多栏式库存现金日记账篇幅就会过长，因此，还可以采用收付分页式，即将上述表格一分为二，分别设置库存现金收入日记账和库存现金支出日记账。此时，现金的“结余”栏设在库存现金收入日记账中，并且在库存现金收入日记账中还需设置“支出合计”栏。每日终了，出纳人员应在库存现金支出日记账中计算出本日支出合计并将其转记至库存现金收入日记账的“支出合计”栏内，然后在库存现金收入日记账中计算填写本日结余金额。其格式及登记见表8-5、表8-6。

表8-5 库存现金收入日记账（多栏式）

202×年		凭证号	摘要	贷方科目			收入合计	支出合计	结余
月	日			银行存款	其他应收款	……			
9	1		月初余额						2 000
	5	2	提取现金	4 000			4 000		6 000
	5	6	退回借支差旅费		1 500		1 500		7 500
	5		由支出日记账转记					4 700	2 800

表8-6 库存现金支出日记账（多栏式）

202×年		凭证号	摘要	借方科目				支出合计
月	日			在途物资	管理费用	其他应付款	……	
9	5	12	支付采购材料款	3 500				3 500
	5	13	购买办公用品		1 200			1 200
			本日合计	3 500	1 200			4 700

（二）银行存款日记账的设置与登记

银行存款日记账（deposit journal）是由出纳人员根据审核无误的银行存款收款凭证、银行存款付款凭证和现金付款凭证，按经济业务发生的时间先后顺序，逐日逐笔地记录和反映银行存款增减变动及结余情况的特种日记账。通过银行存款日记账的设置和登记，可以加强对银行存款的日常监督和管理，并便于与开户银行进行账项的核对。

该账簿在外表形式上应采用订本式账簿，账页格式有三栏式和多栏式两种，企业一般采用三栏式，其基本结构与库存现金日记账类同。由于银行存款的收付都是根据特定的银行结算凭证进行的，因此增设了结算凭证种类、号数栏。其格式及登记见表8-7。

表8-7 银行存款日记账（三栏式）

202×年		凭证		摘要	结算凭证		对方科目	收入	支出	结余
月	日	字	号		种类	号数				
9	1			月初余额						532 000
	8	银付	1	支付货款	转账支票	0021	在途物资		12 300	
	8	银收	1	收到欠款	转账支票	2112	应收账款	52 700		
	8	银付	2	提取现金	现金支票	3218	库存现金		5 000	
	8	银付	3	预付货款	转账支票	0022	预付账款		100 000	
	8			本日合计				52 700	117 300	467 400
				……						
9	30			本月合计				433 200	115 402	849 798

三栏式银行存款日记账登记方法与三栏式库存现金日记账登记方法基本相同，但需注意银行存款日记账的登记依据为银行存款收、付款凭证，现金存入银行业务应根据现金付款凭证登记。每日终了，应分别计算银行存款收入、支出的合计数和本日余额，以便于检查和监督银行存款的收支情况，并定期同银行对账单逐笔核对。

多栏式银行存款日记账登记方法同多栏式库存现金日记账的登记方法类似。同样，为了避免多栏式银行存款日记账的篇幅过大，在实际工作中，一般也将其划分为银行存款收入日记账和银行存款支出日记账，其格式与库存现金收入日记账和库存现金支出日记账基本相同，此处不再赘述。

二、普通日记账的设置与登记

普通日记账是序时地登记全部经济业务的日记账。它是根据日常发生经济业务所取得的原始凭证直接编制会计分录，并作为过入分类账的依据，所以这种日记账起到了记账凭证的作用。其结构一般包括：日期栏、摘要栏、会计科目栏、借方金额栏、贷方金额栏、过账栏。由于只有两个金额栏，因此，这种账簿又称为“两栏式”账簿。其格式见表8-8。

表8-8　　普通日记账

202×年		摘　要	会计科目	借方金额	贷方金额	过账
月	日					
9	1	预付采购材料货款	预付账款	20 000		√
			银行存款		20 000	√
9	3	从银行提取现金	库存现金	10 000		√
			银行存款		10 000	√
9	3	以现金支付办公费	管理费用	600		√
			库存现金		600	√

普通日记账的登记方法如下：

（1）日期栏，按经济业务发生的时间先后顺序逐项登记。

（2）摘要栏，简要说明经济业务事项的主要内容。

（3）会计科目及借方金额、贷方金额栏，应先填经济业务涉及的借方科目，并将其金额填入借方金额栏中，再填入贷方科目，并将金额填入对应的贷方金额栏中。

（4）过账栏，每天应当根据普通日记账上的应借、应贷科目及金额逐笔登记总分类账，并标记“√”符号，表示已过账。

早期的会计核算主要采用普通日记账，用一本账集中地、序时地记录一个会计主体的全部经济业务，但只用一本日记账不便于记账分工，而且登记在日记账里的经济业务必须逐笔过入总分类账，过账工作量大，因此我国企业现在很少采用此种账簿。

第三节　分类账簿的设置与登记

导读测评

8-3

分类账簿是对全部经济业务按照总分类账户和明细分类账户进行分类登记的账簿。按反映内容的详细程度，将其分为总分类账簿和明细分类账簿。

一、总分类账簿的设置与登记

总分类账簿（general ledger）简称总账，是根据总分类科目开设、用以记录全部经济业务、提供总括核算资料的分类账簿。因为总分类账能分类、连续、全面、总括地反映企业经济活动的情况，并为编制会计报表提供资料，所以，每一个企业必须设置总分类账簿。

总分类账簿一般采用三栏订本式账簿，其账页格式及登记见表8-9。

表8-9 **总分类账**

会计科目：原材料

202×年		凭证		摘　要	借方								贷方								借或贷	余额							
月	日	字	号		十	万	千	百	十	元	角	分	十	万	千	百	十	元	角	分		十	万	千	百	十	元	角	分
9	1			月初余额																	借		6	8	5	0	0	0	0
	2	付	4	购入A材料		2	0	0	0	0	0	0									借		8	8	5	0	0	0	0
	13	转	6	领用B材料										1	5	0	0	0	0	0	借		7	3	5	0	0	0	0
	18	转	8	购入B材料		3	0	0	0	0	0	0									借	1	0	3	5	0	0	0	0
				……																									
9	30			本月合计	3	2	1	4	0	0	0	0	2	1	3	2	0	0	0	0	借	1	7	6	7	0	0	0	0

总分类账的格式也可以采用多栏式。多栏式总分类账按会计科目分设专栏，所有的经济业务根据记账凭证序时、分类地直接登记入账。它是将序时账簿与分类账簿结合使用的联合账簿，也称为日记总账。采用这种总分类账，可减少记账工作量，并能较全面地反映资金运动情况，适用于经济业务较少的单位。其账页格式及登记见表8-10。

表8-10 **多栏式总分类账（日记总账）**

202×年		凭证		摘　要	发生额	银行存款		实收资本		应收账款		……	
月	日	字	号			借方	贷方	借方	贷方	借方	贷方	借方	贷方
9	1			月初余额		30 000			500 000	20 000			
	8	收	1	收到投资款	200 000	200 000			200 000				
	12	收	2	收到前欠货款	15 000	15 000					15 000		
				……									
9	30			本月发生额									
9	30			月末余额									

总分类账可以直接根据各种记账凭证逐笔登记（见表8-9），也可以通过一定的汇总方法把各种记账凭证进行汇总，编制科目汇总表或汇总记账凭证，再据以登记。这主要取决于各单位所采取的账务处理程序，不同的账务处理程序登记总账的依据和格式就会不一样。主要的账务处理程序有记账凭证账务处理程序、科目汇总表账务处理程序、汇总记账凭证账务处理程序等，具体情况将在第十一章中进行说明及举例。

二、明细分类账簿的设置与登记

明细分类账簿（subsidiary ledger）简称明细账，是根据总账科目所属的明细科目设置、用以记录某一类经济业务明细核算资料的分类账。明细分类账对于加强监督财产的收发和保管、往来款项的结算、收入的取得以及费用的开支等，都起着重要的作用。每个单位都必须在设置总分类账的基础上，根据管理需要，设置必要的明细账，对总分类账进行补充。企业一般应设置原材料、商品、债权及债务、固定资产、业务收入、费用开支以及其他各种必要的明细分类账。根据管理的要求和各种明细账记录的经济内容不同，明细分类账在外表上一般可采用活页式账簿，也可以采用卡片式账簿（如固定资产明细账），账页格式有三栏式、数量金额栏式、多栏式等。

（一）三栏式明细分类账

三栏式明细分类账的格式同三栏式总分类账相同，即账页只设有借方、贷方和余额三个金额栏，用来分类核算各项经济业务，提供详细的核算资料。这种格式适用于那些只需要进行金额核算而不需要进行数量核算的账户，如“应收账款”“应付账款”等债权债务结算科目的明细分类核算。其账页格式及登记见表8-11。

表8-11　　**应收账款明细分类账（三栏式）**

二级或明细科目：长兴公司

202×年		凭证号	摘　要	借方									贷方									借或贷	余额								
月	日			百	十	万	千	百	十	元	角	分	百	十	万	千	百	十	元	角	分		百	十	万	千	百	十	元	角	分
9	1		月初余额																			借			2	8	5	0	0	0	0
	9	36	销售产品		1	1	3	0	0	0	0	0										借		1	4	1	5	0	0	0	0
	24	49	收回货款											1	2	0	0	0	0	0	0	借			2	1	5	0	0	0	0
			……																												
9	30		本月合计		2	4	5	0	0	0	0	0		2	3	8	0	0	0	0	0	借			3	5	5	0	0	0	0

（二）数量金额式明细分类账

数量金额式明细分类账在借方（收入）、贷方（支出）、余额（结存）三栏下分别设置数量、单价及金额栏。这种格式适用于既要进行金额核算，又要进行实物数量核算的各种财产物资科目，如“原材料”“库存商品”等科目的明细分类核算。其账页格式及登记见表8-12。

表8-12　　**原材料明细分类账（数量金额式）**

材料类别：钢材

名称及规格：普碳钢　　　　计量单位：千克　　　　存放地点：1号仓库

202×年		凭证		摘　要	收　入			发　出			结　存		
月	日	字	号		数量	单价	金额	数量	单价	金额	数量	单价	金额
9	1			月初余额							3 000	8.00	24 000
	11	付	14	购入	1 500	8.00	12 000				4 500	8.00	36 000
	13	转	12	领用				2 000	8.00	16 000	2 500	8.00	20 000
				……									
9	30			本月合计	7 500	8.00	60 000	9 000	8.00	72 000	1 500	8.00	12 000

（三）多栏式明细分类账

多栏式明细分类账根据经济业务的特点和经营管理的需要，将同属于一个总账科目的各明细科目合并在一张账页内，分设专栏进行集中登记。这种格式适用明细项目多，借贷方向单一且无须数量核算的费用、成本、收入、利润等科目的明细分类核算。多栏式明细分类账又分为借方多栏式明细账、贷方多栏式明细账和借方贷方多栏式明细账三种。

（1）借方多栏式明细账。该明细账适用于借方需要开设多个明细项目的科目，如“制造费用”、“生产成本”、“销售费用”、“管理费用”及“营业外支出”等科目的明细核算。对发生的各项费用支出等可按项目在明细账上设借项多栏进行登记，对需要冲减有关费用的事项，可以在明细账中以红字在借方登记（以加框数字表示红字，下同）。会计期末将借方净发生额从贷方转入“本年利润”或其他相关科目。其账页格式及登记见表8-13。

表8-13 **销售费用明细账（借方多栏）**

202×年		凭证		摘要	借方							贷方	余额
月	日	字	号		广告费	展览费	差旅费	工资	五险一金	其他	合计		
9	9	付	8	支付广告费	8 000						8 000		8 000
	12	付	13	支付展览费		5 000					5 000		13 000
	24	付	21	刘洋报销差旅费			2 600				2 600		15 600
	28	付	24	销售产品运费						840	840		16 440
	30	转	16	结算销售人员工资及五险一金				23 600	8 260		31 860		48 300
	30	转	24	结转至本年利润								48 300	0
9	30	转	22	本月发生额及余额	8 000	5 000	2 600	23 600	8 260	840	48 300	48 300	0

借方多栏式明细分类账也可采用不设置贷方栏的明细分类账，其账页格式及登记见表8-14。

表8-14 **生产成本明细账（借方多栏）**

产品名称：甲产品

202×年		凭证		摘要	借方			
月	日	字	号		直接材料	直接人工	制造费用	合计
9	1			月初余额	6 000	2 500	1 000	9 500
	30	转	15	领用原材料	42 000			42 000
	30	转	16	分配职工薪酬		30 000		30 000
	30	转	17	结转制造费用			7 500	7 500
	30			本月合计	42 000	30 000	7 500	79 500
				累计	48 000	32 500	8 500	89 000
	30	转	18	完工结转	45 000	30 000	7 500	82 500
9	30			月末余额	3 000	2 500	1 000	6 500

（2）贷方多栏式明细账。该明细账适用于贷方需要开设多个明细项目的科目，如“主营业务收入”“其他业务收入”“营业外收入”等科目的明细核算。对发生的各项收入等可按项目在明细账上设贷项多栏进行登记，对需要冲减有关收入的事项，可以在明细账中以红字在贷方登记。会计期末将贷方净发生额从借方转入“本年利润”等科目。其账页格式及登记见表8-15。

表8-15　**主营业务收入明细账（贷方多栏）**

202×年		凭证		摘　要	借方	贷方					余额
月	日	字	号			甲产品	乙产品	丙产品	丁产品	合计	
9	14	收	23	销售甲产品		24 000				24 000	24 000
	15	转	8	销售乙产品			36 800			36 800	60 800
	22	收	26	销售丁产品					45 000	45 000	105 800
	29	收	28	销售丙产品				16 000		16 000	121 800
	30	转	25	结转至本年利润	121 800						0
9	30	转	21	本月发生额及余额	121 800	24 000	36 800	16 000	45 000	121 800	0

贷方多栏式明细账也可采用不设置借方栏的明细分类账，其账页格式及登记见表8-16。

表8-16　**其他业务收入明细账（贷方多栏）**

202×年		凭证		摘　要	贷方				
月	日	字	号		材料销售	包装物出租	维修服务	其他	合计
9	8	收	4	销售多余A材料	2 200				2 200
	11	收	15	收到维修费			1 500		1 500
	22	收	17	收到专利使用费				5 000	5 000
	30	转	14	结算包装物租金		3 000			3 000
	30			本月合计	2 200	3 000	1 500	5 000	11 700
9	30	转	21	结转至本年利润	2 200	3 000	1 500	5 000	11 700

（3）借方贷方多栏式明细账。该明细账适用于借方和贷方均需要设明细项目的科目，如“本年利润”、“利润分配”及“应交税费”等科目的明细核算。以“应交税费——应交增值税”为例，借方贷方多栏式明细账的账页格式及登记见表8-17。

表8-17　　**应交税费——应交增值税明细账（借方贷方多栏）**

202×年		凭证		摘　要	借方		贷方			借或贷	余额
月	日	字	号		进项税额	已交税金	销项税额	进项税额转出	出口退税		
9	1			月初余额						借	2 600
	8	付	2	购入A材料	9 100					借	11 700
	12	收	4	销售甲产品			6 500			借	5 200
	15	转	2	购入B材料	3 900					借	9 100
	27	转	10	销售乙产品			7 800			借	1 300
9	30			本月合计	13 000		14 300			借	1 300

（四）平行登记式明细分类账

平行登记式明细分类账也称横线登记式明细分类账，其特点是将前后密切相关的经济业务在同一横线内进行详细登记，以检查每笔经济业务的完成和变动情况。以“其他应收款”的备用金等项目为例，平行登记式明细账的账页格式及登记见表8-18。

表8-18　　**其他应收款明细账（借方贷方多栏）**

项目：备用金

202×年		凭证		摘　要	借方	202×年		凭证		摘要	贷方	借或贷	余额
月	日	字	号			月	日	字	号				
9	9	付	7	王超预借差旅费	5 000	9	19	转	14	王超报销差旅费	5 000	平	θ
	22	付	20	刘洋预借差旅费	8 000								

各种明细分类账，应根据记账凭证及所附原始凭证登记。在登记时，可以根据这些凭证逐笔登记或逐日、定期汇总登记。一般来说，固定资产、债权债务等明细分类账应当逐笔登记；商品、材料物资明细分类账可以逐笔登记，也可以逐日汇总登记；业务收入、费用开支等明细分类账可以逐笔登记，也可以逐日或定期汇总登记。各种明细分类账在每次登记完毕后，都应结算出余额。为了便于事后检查和核对账目，在明细分类账的摘要栏内，必须将有关经济业务的简要内容填写清楚。

三、总分类账与所属明细分类账的平行登记

总分类账和其所属的明细分类账之间存在着统驭与从属关系。总分类账是所属明细分类账的统驭账户，对所属明细分类账起着控制作用；而明细分类账则是相应总分类账的从属账户，对其所隶属的总分类账起着补充作用。某一总分类账与其所属的明细分类账的核算对象是一致的，总分类账提供的是总括信息指标，明细分类账提供的是详细信息指标，它们所提供的核算资料相互补充，只有将两者结合起来，才能既总括又详细地反映某一核算内容。因此，在登记总分类账和所属明细分类账时，应进行平行登记。

（一）平行登记的原理

所谓平行登记，是指在经济业务发生后，以会计凭证为依据，一方面在有关的总分类账中进行总括登记，另一方面在所属的明细分类账中进行详细登记。平行登记的要点可归

纳如下：

（1）登记的时间相同。对于发生的各项经济业务，一方面应在有关总分类账中进行总括的登记，另一方面应同时在相关明细分类账中进行详细登记。

（2）登记的方向相同。在总分类账及其所属明细分类账中登记某项经济业务时，登记的方向应该是相同的，即总分类账登记在借方，则同时登记的明细分类账也应登记在借方；如果总分类账登记在贷方，则同时登记的明细分类账也应登记在贷方。

（3）登记的金额相等。某一经济业务发生时，记入总分类账的金额应与所属明细分类账登记的金额之和相等。

综上所述，总分类账及其所属各明细分类账的平行登记要点可以概括为“同时、同向、等额”，即时间相同、方向相同、金额相等。采用平行登记的方法，必然使某总账账户的金额与其所属明细分类账户之间形成相互核对的数量关系，用公式表示为：

某总账账户本期借方发生额=该总账账户所属明细分类账户本期借方发生额合计

某总账账户本期贷方发生额=该总账账户所属明细分类账户本期贷方发生额合计

某总账账户期末（初）余额=该总账账户所属明细分类账户期末（初）余额合计

总账账户与其所属明细账户之间的核对属于账账核对的范畴，在实际工作中往往通过编制“明细分类账户本期发生额和余额明细表”的方式进行。

（二）平行登记的应用

现以“原材料”和“应付账款”两个账户为例，说明总分类账和明细分类账平行登记的基本原理。

【例8-1】假设金麓公司202×年9月“原材料”“应付账款”总账及其明细账的月初余额见表8-19。

表8-19　**“原材料”和“应付账款”账户期初余额资料**　金额单位：元

分类账户名称	计量单位	结存数量	材料单价（元/千克）	结存金额	分类账户名称	结存金额
原材料总账				27 000	应付账款总账	25 000
A材料明细账	千克	2 000	6.00	12 000	大新工厂明细账	23 000
B材料明细账	千克	3 000	5.00	15 000	南方工厂明细账	2 000

该公司本月发生下列经济业务：

（1）2日，向大新工厂采购A材料1 000千克，单价6.00元/千克，共计6 000元，增值税780元，价税款尚未支付。当即入库。

（2）7日，向南方工厂采购B材料3 000千克，单价5.00元/千克，共计15 000元，增值税1 950元，价税款尚未支付。当即入库。

（3）15日，生产领用A材料1 500千克，单价6.00元/千克，共计9 000元；领用B材料1 800千克，单价5.00元/千克，共计9 000元。

（4）24日，通过银行归还应付大新工厂货款24 640元。

根据上述资料，对原材料、应付账款总分类账户及其明细分类账户进行平行登记的具体步骤如下：

第一步，开设原材料总账账户及其所属A材料、B材料的明细账户，应付账款总账账户及其所属大新工厂、南方工厂的明细账户，并登记期初余额（此项工作在月初完成）。

第二步，根据本月发生的经济业务编制会计分录，并登记到有关总分类账户及其所属明细分类账户中。

（1）借：原材料——A材料　　6 000
　　　　应交税费——应交增值税（进项税额）　　780
　　　贷：应付账款——大新工厂　　6 780

（2）借：原材料——B材料　　15 000
　　　　应交税费——应交增值税（进项税额）　　1 950
　　　贷：应付账款——南方工厂　　16 950

（3）借：生产成本　　18 000
　　　贷：原材料——A材料　　9 000
　　　　　　　——B材料　　9 000

（4）借：应付账款——大新工厂　　24 640
　　　贷：银行存款　　24 640

根据会计分录，应在“原材料”“应交税费”“应付账款”“生产成本”“银行存款”账户中进行登记。“原材料”和“应付账款”账簿登记见表8-20至表8-25，所涉及的“应交税费”“生产成本”“银行存款”等账户的登记此处从略。

表8-20

总分类账

会计科目：原材料

202×年		凭证		摘要	借方								贷方								借或贷	余额							
月	日	字	号		十	万	千	百	十	元	角	分	十	万	千	百	十	元	角	分		十	万	千	百	十	元	角	分
9	1			月初余额																	借		2	7	0	0	0	0	0
	2	转	1	购入A材料			6	0	0	0	0	0									借		3	3	0	0	0	0	0
	7	转	2	购入B材料		1	5	0	0	0	0	0									借		4	8	0	0	0	0	0
	15	转	3	领用材料										1	8	0	0	0	0	0	借		3	0	0	0	0	0	0
9	30			本月合计		2	1	0	0	0	0	0		1	8	0	0	0	0	0	借		3	0	0	0	0	0	0

表8-21

总分类账

会计科目：应付账款

202×年		凭证		摘要	借方								贷方								借或贷	余额							
月	日	字	号		十	万	千	百	十	元	角	分	十	万	千	百	十	元	角	分		十	万	千	百	十	元	角	分
9	1			月初余额																	贷		2	5	0	0	0	0	0
	2	转	1	购入A材料											6	7	8	0	0	0	贷		3	1	7	8	0	0	0
	7	转	2	购入B材料										1	6	9	5	0	0	0	贷		4	8	7	3	0	0	0
	24	付	1	偿还前欠货款		2	4	6	4	0	0	0									贷		2	4	0	9	0	0	0
9	30			本月合计		2	4	6	4	0	0	0		2	3	7	3	0	0	0	贷		2	4	0	9	0	0	0

表 8-22

原材料明细分类账

材料类别：

名称或规格：A 材料　　　　计量单位：千克　　　　存放地点：1 号仓库

202×年		凭证		摘　要	收　入			发　出			结　存		
月	日	字	号		数量	单价	金额	数量	单价	金额	数量	单价	金额
9	1			月初余额							2 000	6.00	12 000
	2	转	1	购入 A 材料	1 000	6.00	6 000				3 000	6.00	18 000
	15	转	3	领用 A 材料				1 500	6.00	9 000	1 500	6.00	9 000
9	30			本月合计	1 000	6.00	6 000	1 500	6.00	9 000	1 500	6.00	9 000

表 8-23

原材料明细分类账

材料类别：

名称或规格：B 材料　　　　计量单位：千克　　　　存放地点：2 号仓库

202×年		凭证		摘　要	收　入			发　出			结　存		
月	日	字	号		数量	单价	金额	数量	单价	金额	数量	单价	金额
9	1			月初余额							3 000	5.00	15 000
	7	转	2	购入 B 材料	3 000	5.00	15 000				6 000	5.00	30 000
	15	转	3	领用 B 材料				1 800	5.00	9 000	4 200	5.00	21 000
9	30			本月合计	3 000	5.00	15 000	1 800	5.00	9 000	4 200	5.00	21 000

表 8-24

应付账款明细分类账

二级或明细科目：大新工厂

202×年		凭证		摘　要	借方								贷方								借或贷	余额							
月	日	字	号		十	万	千	百	十	元	角	分	十	万	千	百	十	元	角	分		十	万	千	百	十	元	角	分
9	1			月初余额																	贷		2	3	0	0	0	0	0
	2	转	1	购入 A 材料											6	7	8	0	0	0	贷		2	9	7	8	0	0	0
	24	付	1	偿还前欠货款		2	4	6	4	0	0	0									贷			5	1	4	0	0	0
9	30			本月合计		2	4	6	4	0	0	0			6	7	8	0	0	0	贷			5	1	4	0	0	0

表 8-25

应付账款明细分类账

二级或明细科目：南方工厂

202×年		凭证		摘　要	借方								贷方								借或贷	余额							
月	日	字	号		十	万	千	百	十	元	角	分	十	万	千	百	十	元	角	分		十	万	千	百	十	元	角	分
9	1			月初余额																	贷			2	0	0	0	0	0
	7	转	2	购入 B 材料										1	6	9	5	0	0	0	贷		1	8	9	5	0	0	0
9	30			本月合计										1	6	9	5	0	0	0	贷		1	8	9	5	0	0	0

第三步，期末结账，分别在“原材料”“应付账款”的总账及其所属明细账户中结出本月的发生额合计数，并计算出期末余额。然后编制“明细分类账户本期发生额和余额明细表”，核对总分类账和明细分类账的记录是否正确，见表8-26和表8-27。

表8-26 原材料明细分类账户本期发生额和余额明细表

二级或明细科目	期初余额		本期发生额		期末余额	
	借方	贷方	借方	贷方	借方	贷方
A材料	12 000		6 000	9 000	9 000	
B材料	15 000		15 000	9 000	21 000	
合　计	27 000		21 000	18 000	30 000	

表8-27 应付账款明细分类账户本期发生额和余额明细表

二级或明细科目	期初余额		本期发生额		期末余额	
	借方	贷方	借方	贷方	借方	贷方
大新工厂		23 000	24 640	6 780		5 140
南方工厂		2 000		16 950		18 950
合　计		25 000	24 640	23 730		24 090

导读测评

8-4

第四节　会计账簿的启用与登记

一、账簿的启用规则

账簿是储存会计信息的载体，是重要的会计档案。为了确保账簿记录的合法性和完整性，明确记账责任和便于日后查核，在启用新账簿时必须遵循账簿的启用规则，做好以下几项工作：

（1）在账簿的封面上填写单位名称和账簿名称，在账簿的扉页上填写“账簿启用及接交表”的有关内容，加盖单位公章和有关个人名章。

（2）启用订本式会计账簿，一般页码预先已经印好不需再填；对于未预先印制顺序号的会计账簿，则应从第一页开始到最后一页为止按顺序编定页码，不得跳页、缺码。启用活页式账簿，账页应当按账户顺序编号，页码可以等到装订成册时按实际使用的账页顺序编定，并在账户目录中记明每个账户的名称和页次。

（3）在账页上开设账户，即填明会计科目的名称。

（4）记载资金的账簿，按实收资本和资本公积合计金额的0.5‰减半缴纳印花税。企业应当在资金记载账簿的账簿启用表上粘贴印花税票，并划线注销；如使用缴款书缴纳印花税时，应在粘贴印花税票处注明“印花税已交”及缴款金额。

知识拓展

印花税

当记账人员、会计部门负责人或会计主管人员工作变动时，应先办妥账簿移交手续，在“账簿启用及接交表”的交接记录栏内填明交接人员姓名、职别、交接日期和监交人员姓名，由交接双方签字并盖章，以分清责任。一般会计人员办理交接手续，由会计部门负责人监交，会计部门负责人办理交接手续，由单位负责人监交。

二、账簿的登记规则

账簿是编制会计报表、进行会计分析和检查的重要依据。为确保账簿记录的准确性，记账人员应以审核无误的会计凭证为依据，并在登记账簿时遵循以下规定：

（1）登记会计账簿时，应当将会计凭证日期、编号、业务内容摘要、金额和其他有关资料逐项记入账内，做到数字准确、摘要清楚、登记及时、字迹工整。

（2）登记完毕后，要在记账凭证上签名或者盖章，并注明已经登账的符号（如“√”），表示已经记账，以免发生漏记或重记。

（3）登记账簿要用蓝黑或碳素墨水笔书写，不得使用圆珠笔（银行的复写账簿除外）或铅笔书写。在账簿记录中，下列特殊情况可以用红色墨水笔记账：一是按照红字冲账的记账凭证，冲销错误记录；二是在不设借方（或贷方）栏目的多栏式账页中，登记减少数；三是在三栏式账簿的余额栏前，如未印明余额方向的，在余额栏内登记负数余额；四是根据国家统一会计制度的规定可以用红字登记的其他会计记录。

（4）账簿中书写的文字和数字上面要留适当空格，不要写满格，一般应占格距的1/2。一旦发生登记错误时，能比较容易地进行更正，同时也方便查账工作。

（5）各种账簿按页次顺序连续登记，不得跳行、隔页。如果发生跳行、隔页，应将空行、空页用红墨水笔划对角线注销，或注明“此行空白”或“此页空白”字样，并由记账人员和会计机构负责人（会计主管人员）签名或盖章。

（6）凡需要结出余额的账户，结出余额后，应在“借或贷”栏内写明“借”或“贷”字样，用来表示余额方向。没有余额的账户，应在“借或贷”栏内写“平”字，并在“余额”栏内用“θ”表示。库存现金日记账和银行存款日记账必须逐日结出余额。

（7）每一账页登记完毕结转下页时，应结出本页合计数及余额，分别写在本页最后一行和下页第一行有关金额栏内，并在本页的摘要栏内注明“转次页”或“过次页”字样，在次页的摘要栏内注明“承前页”字样，也可以将本页合计数及余额只写在下页第一行有关栏内，并在摘要栏内注明“承前页”字样。

对需要结计本月发生额的账户，结计“过次页”的本页合计数应当为自本月初起至本页末止的发生额合计数；对需要结计本年累计发生额的账户，结计“过次页”的本页合计数应当为自年初起至本页末止的累计数；对既不需要结计本月发生额也不需要结计本年累计发生额的账户，可以只将每页末的余额结转次页。

（8）账簿记录发生错误时，不得涂改、挖补、刮擦或者用药水消除字迹，不准重新抄写，而应根据错账的具体情况，按规定的方法进行更正。

三、错账的类型、查找方法及更正方法

（一）错账的基本类型

会计人员在记账过程中，由于种种原因可能产生凭证的编制错误或账簿的登记错误，即发生错账。错账的基本类型主要有以下几种：

（1）记账凭证正确，但依据正确的记账凭证登记账簿时发生过账错误。

（2）记账凭证错误，导致账簿登记也发生错误。这种类型的错误又包括三种情况：一是由于记账凭证上的会计科目用错而导致的错账；二是由于记账凭证上的金额多记而导致的错账；三是由于记账凭证上的金额少记而导致的错账。

（二）错账的查找方法

在日常的会计核算中，发生差错的现象时有发生。如发现错误：一是要确认错误的金额；二是要确认错在借方还是贷方；三是根据产生差错的具体情况，分析可能产生差错的

原因，采取相应的查找方法，以缩短查找差错的时间，减少工作量。

1.一般查错方法

一般情况下，账簿存在的错误很难一眼看出。经济业务比较复杂、账务较多的单位更要注意错账的查找方法，以做到有的放矢，提高效率。当发现账簿记录有错误时，一般的查错方法有以下三种：

（1）顺查法，即按照账务处理的程序，从头到尾进行全面检查的方法。采用这种方法，按照原始凭证→记账凭证→会计账簿→试算平衡表的顺序逐笔进行核对。其优点是查找错误比较彻底、准确率高，但费时费力。

（2）逆查法，即把账务处理的程序倒过来，从尾到头查找差错的方法。采用这种方法，按照试算平衡表→会计账簿→记账凭证→原始凭证的顺序查找差错。

（3）抽查法，即抽取记录中的某一部分进行局部检查的方法。在具体操作过程中，可根据差错的具体情况进行抽查，如差错的数字在角、分或整数时，可以缩小查找范围，也可根据自己的判断，针对不同的情况进行抽查。

2.账户差错发现方法

当确认了会计账簿中错账的金额后，可根据错账的数字，结合数字之间的某些规律运用数学知识来查找错误。具体方法有以下三种：

（1）差数法，即根据错账差数查找错账的方法。在记账过程中如果只登记了会计分录的借方或贷方，漏记了另一方，就会导致试算平衡中借方合计与贷方合计不等，对于这样的差错，可由会计人员通过回忆和与相关金额的核对来查找。

（2）除2法，即以差数除以2来查找错账的方法。当某个借方发生额错记入贷方（或相反）时，出现错账的差数表现为错误额的2倍，将此差数除以2，得出的商即是反向的金额。例如，发现差错是2 944.16，将此数除以2，商为1 472.08，再查找有无此数的记录，看是否记入反方向。用此法查找偶尔发生的一笔记入反方向的数字十分有效，但如果出现两笔或两笔以上的类似差错，由于它们是相互增减抵销的结果，会使差错无规律可循，则不宜采用此法。

（3）除9法，即指差错能被9除尽，根据商进行分析查找错误的方法。这种方法可用来查找由于数字写错位造成的差错，用差额除以9，得出的商可能就是差错缩小或扩大后的数字，如错把10 000写成1 000，差错是9 000，用差错9 000除以9，得出商1 000，再看登记时有无类似的整数1 000，就很容易找出差错。

（三）错账更正方法

当发现账簿记录错误时，不得随意更正，而应根据错误的具体情况，采用不同的错账更正方法进行更正。错账更正方法常用的有划线更正法、红字更正法和补充登记法三种。

1.划线更正法

划线更正法，又称红线更正法。在结账前，如果发现账簿记录有错误，而其所依据的记账凭证没有错误，即属于记账时文字或数字的笔误，应采用划线更正法进行更正。更正的方法是：首先，将错误的文字或数字划一条红色横线注销，但必须使原有字迹仍可辨认，以备查考；然后，在划线处上方的空白处用蓝字或黑字填写正确的文字或数字，并由更正人员在更正处盖章，以明确责任。对于文字差错，可只划去错误的部分，不必将与错字相关联的其他文字划去；但对于数字差错，应将错误的数额全部划线，不得只更正错误数额中的个别数字。具体见表 8-28。

表 8-28 总分类账

会计科目：应收账款

202×年		凭证		摘要	借方								贷方								借或贷	余额							
月	日	字	号		十	万	千	百	十	元	角	分	十	万	千	百	十	元	角	分		十	万	千	百	十	元	角	分
9	1			月初余额																	借		6	8	5	0	0	0	0
	2	收	1	销售甲产品			6	3	0	0	0	0									借		7	4	8	0	0	0	0
						~~6~~	~~3~~	~~0~~	~~0~~	~~0~~	~~0~~	~~0~~	周亮									~~1~~	~~3~~	~~1~~	~~5~~	~~0~~	~~0~~	~~0~~	~~0~~

2.红字更正法

红字更正法又称红字冲销法，是指由于记账凭证错误而使账簿记录发生错误，而用红字冲销原记账凭证，以更正账簿记录的一种方法。该方法适用于以下两种错误的更正：

（1）红字全额冲销。根据记账凭证所记录的内容记账以后，发现记账凭证中的应借、应贷会计科目或记账方向有错误，从而引起账簿记录的错误，应采用红字更正法进行更正。更正的方法是：先填制一张与原错误记账凭证内容完全相同的红字金额记账凭证，在“摘要”栏中写明“冲销错账”以及错误凭证的号数和日期，并据以用红字登记入账，冲销原有错误的账簿记录；然后再用蓝字或黑字填制一张正确的记账凭证，据以用蓝字或黑字登记入账。

【例 8-2】202×年 12 月 6 日，金麓公司为生产甲产品直接耗用 A 材料一批，价值 10 000 元，在填制记账凭证时误记入“管理费用”科目，并据以登记入账，其错误记账凭证所反映的会计分录为：

①借：管理费用　　10 000
　　贷：原材料——A 材料　　10 000

该项分录应借记“生产成本”科目，在更正时，应用红字金额编制如下记账凭证进行更正（分录中加框的数字表示红字，下同），并据以登记入账：

②借：管理费用　　[10 000]
　　贷：原材料——A 材料　　[10 000]

根据更正错账的记账凭证以红字金额记账后，表明已全部冲销原有错误记录，然后用蓝字或黑字填制如下正确分录，并据以登记入账：

③借：生产成本——甲产品　　10 000
　　贷：原材料——A 材料　　10 000

根据上述更正错误的记账凭证登记相关的账簿，就完成对有关错账的更正。登账记录如图 8-2 所示。

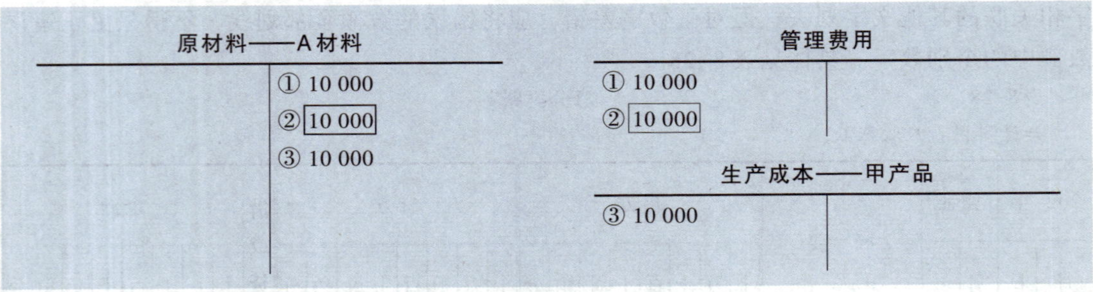

图8-2 登账记录

（2）红字差额冲销。根据记账凭证所记录的内容记账以后，发现记账凭证中应借、应贷的会计科目、记账方向没有错误，只是所记金额大于应记的正确金额，应采用红字更正法进行更正。更正的方法是：按多记的金额填制一张与原错误记账凭证所记载的应借、应贷会计科目及方向相同的红字金额记账凭证，并据以用红字登记入账，以冲销多记金额。

【例8-3】202×年12月15日，金麓公司从银行借入6个月期的借款50 000元，在填制记账凭证时，误记金额为500 000元，但会计科目、借贷方向均无错误，其错误记账凭证所反映的会计分录为：

①借：银行存款　　500 000

　贷：短期借款　　500 000

发现错误后，应根据多记金额450 000元（500 000-50 000）编制如下红字金额记账凭证进行更正：

②借：银行存款　　450 000

　贷：短期借款　　450 000

根据上述更正错误的记账凭证登记相关的账簿，即完成有关错账的更正。登账记录如图8-3所示。

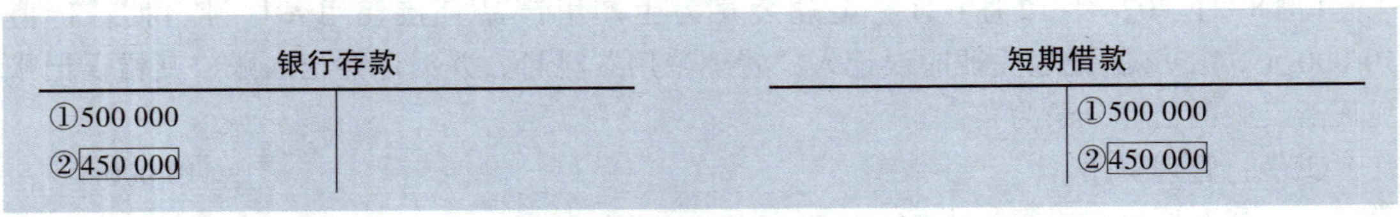

图8-3 登账记录

采用红字更正法进行错账更正时应注意，不得以蓝字或黑字金额填制与原错误记账凭证记账方向相反的记账凭证去冲销错误记录或冲销原错误金额，因为蓝字或黑字记账凭证反方向记载的会计分录反映某些特殊经济业务，而不反映错账更正内容。但发现以前年度的错误后，因错误的账簿记录已经在以前会计年度终了时进行了结账和决算，不可能再将已经决算的数字进行红字冲销，这时只能用蓝字或黑字凭证对除文字外的一切错账进行更正，并在更正凭证上，特别注明更正××年度错账的字样。

3.补充登记法

补充登记法，又称蓝字补记法。根据记账凭证所记录的内容记账以后，发现记账凭证中应借、应贷的会计科目和记账方向都没有错误，只是所记金额小于应记的正确金额，应采用补充登记法进行更正。更正的方法是：将少记的金额用蓝字或黑字填制一张与原错误记账凭证所记载的应借、应贷会计科目及方向相同的记账凭证，并据以登记入账，以补记少记金额。

【例 8-4】202×年 12 月 26 日，金麓公司车间一般耗用 A 材料 1 000 元，在填制记账凭证时，误记金额为 100 元，但会计科目、借贷方向均无错误，其错误记账凭证所反映的会计分录为：

①借：制造费用　　100

　　贷：原材料——A 材料　　100

在更正时，应用蓝字或黑字编制如下记账凭证进行更正：

②借：制造费用　　900

　　贷：原材料——A 材料　　900

根据更正错误的记账凭证以蓝字或黑字登入账簿后，即完成错账更正。登账记录如图 8-4 所示。

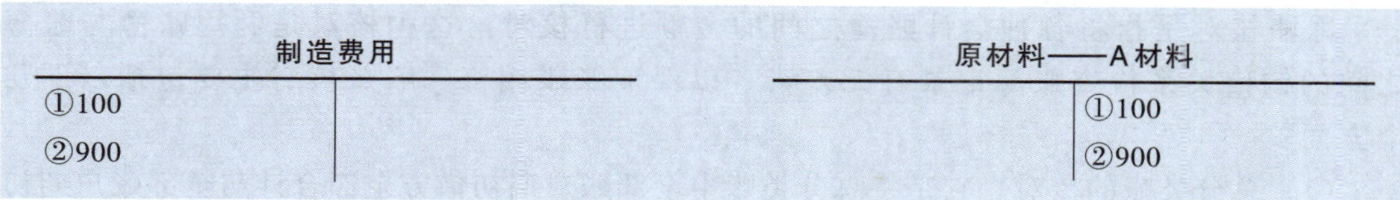

图 8-4　登账记录

各种错账的基本情况、更正方法及具体更正步骤可归纳见表 8-29。

表 8-29　错账基本情况及更正方法

<table>
<tr><th colspan="4">错账基本情况</th><th>错账更正方法</th><th>具体更正步骤</th></tr>
<tr><td rowspan="4">账簿记录错误</td><td colspan="3">记账凭证正确</td><td>划线更正法</td><td>用一条红线划去错误的文字或整个数字，然后在红线上方空白处用蓝字或黑字填写正确的文字或数字，并由更正人员在更正处签章</td></tr>
<tr><td rowspan="3">记账凭证错误</td><td colspan="2">会计科目错误</td><td>红字全额冲销</td><td>(1)用红字金额填制一张与原错误记账凭证完全相同的记账凭证，并登记入账(摘要栏写“冲销×年×月×日×号凭证错误”)；
(2)再用蓝字或黑字填一张正确的记账凭证，并登记入账</td></tr>
<tr><td rowspan="2">会计科目正确</td><td>金额多计</td><td>红字差额冲销</td><td>按多记金额用红字填写一张与原错误记账凭证的会计科目、借贷方向相同的记账凭证(摘要栏写“冲销×年×月×日×号凭证多记金额”)，并登记入账</td></tr>
<tr><td>金额少计</td><td>补充登记法</td><td>按少记金额用蓝字或黑字填写一张与原错误记账凭证的会计科目、借贷方向相同的记账凭证(摘要栏写“补充×年×月×日×号凭证少记金额”)，并登记入账</td></tr>
</table>

导读测评

8-5

第五节　对账和结账

为总结某一会计期间（月度、季度、半年度、年度）的经济活动情况，考核经营成果，便于编制会计报表，企业必须定期对账簿进行对账和结账工作。

一、对账

对账（checking），简而言之就是核对账目。它是指在会计核算中，对有关记录所进行的核对工作。这是对会计工作的基本要求，也是加强单位资产管理，保证会计资料如实反映资产情况、保证会计资料之间的相关记录彼此衔接的重要措施。在实际工作中，由于种种原因，账目难免会出现错漏，账实不符、账证不符、账账不符问题在许多单位经常发生，因此，每个企业、事业行政单位都应建立对账制度，以保证账簿记录和会计报表的真实、可靠、正确和完整。对账的内容一般包括以下几方面：

（一）账证核对

账证核对是指会计账簿记录与会计凭证有关内容的核对。会计凭证包括原始凭证和记账凭证，因此，会计账簿记录与会计凭证核对时，应当与这两种凭证进行核对：要具体核对会计账簿记录与原始凭证、记账凭证的时间、凭证字号、内容、金额是否一致，记账方向是否相符。可以逐笔核对，也可抽查核对；发现差错时，应查原始依据，并依据原始依据，按正常的账务处理程序采用恰当的方法予以更正，切实做到账证相符。

（二）账账核对

账账核对是指将各种会计账簿之间的金额进行核对。这种核对是利用账簿与账簿之间的钩稽关系检查账簿记录有无差错，以保证账账相符。账账核对主要包括以下几个方面：

（1）总分类账的核对。它是将总分类账中全部账户期初借方余额合计与全部账户期初贷方余额合计进行核对，全部账户本期借方发生额合计与全部账户本期贷方发生额合计进行核对，全部账户期末借方余额合计与全部账户期末贷方余额合计进行核对。这种核对通过编制总分类账试算平衡表进行，通过试算平衡检查总分类账户的记录是否正确。

（2）总分类账户与其所属明细分类账户的核对。它是将总分类账中各账户的期初余额、本期借方发生额、本期贷方发生额、期末余额与其所属的各明细分类账的期初余额合计、本期借方发生额合计、本期贷方发生额合计、期末余额合计进行核对。这种核对可通过编制明细分类账户本期发生额及余额对照表进行。

（3）总分类账与日记账之间的核对。它是将总分类账中的“库存现金”“银行存款”账户的期初余额、本期借方发生额、本期贷方发生额和期末余额与库存现金日记账、银行存款日记账的相应数字进行核对，检查总分类账与日记账的记录是否相符。

（4）财产物资明细分类账与财产物资保管账（卡）的核对。它是将会计部门的财产物资明细分类账结存（数量或金额）与财产物资保管或使用部门的财产物资保管账结存（数量或金额）进行核对，检查财产物资明细分类账与财产物资保管账（卡）记录是否相符。

（三）账实核对

账实核对是指会计账簿记录与实物、款项的实有数额的核对。具体来讲，要从以下几方面进行：

（1）库存现金日记账账面余额与现金实际库存数核对；

（2）银行存款日记账账面余额与银行对账单核对；

（3）各种财物明细账账面余额与财物实存数核对；

（4）各种应收、应付款明细账账面余额与有关债务、债权单位或者个人核对。

在核对过程中，要对财产进行清查，确定各种材料物资、货币资金和债权债务的实存数，检查账面结存数与实存数是否相符。对账实不符的，应查明原因并依照国家有关规定进行正确的会计处理，切实做到账实相符。

二、结账

结账（closing account）是指在将一定时期内的全部经济业务登记入账的基础上，按规定的方法对该期间内的账簿记录进行小结，结算出本期发生额合计和期末余额，并将余额转入下期或新账的过程。按期进行结账工作，一方面可以为编制会计报表提供资料，另一方面可以对这一会计期间的会计核算工作进行总结和检验，以提高会计核算质量。

为了保证账簿记录的完整，各单位不得提前结账或推迟结账。在结账前和结账过程中，应进行相应的对账工作，以保证账簿日常记录的真实、可靠，使记账、结账和对账成为三个相互联系、不可分割的工作环节。

（一）结账的工作程序

（1）结账前，应检查本期新发生的经济业务是否都已登记入账，检查是否有漏记、重记的经济业务，经济业务内容是否正确。

（2）在本期发生的经济业务全部登记入账的基础上，按权责发生制要求，将收入和费用归属于相应的会计期间，编制相关的调整分录，如摊销已登账的长期待摊费用，计提本期应负担而尚未支付的应付费用，确认已实现但尚未收到的应收收益等，并据以登记入账。

（3）每月终了应编制结转分录，将各损益类账户的发生额转入“本年利润”账户，结平所有损益类账户。年末结账时，还应将“本年利润”账户余额转入“利润分配”账户。

知识拓展

期末账项调整

（4）结出各总分类账、库存现金日记账、银行存款日记账、明细分类账的本期发生额合计及期末余额，并转入下期账簿记录。

（二）结账的种类及方法

结账按结账时间的不同分月结、季结、年结。具体结账方法如下：

1. 月结

月结是指在月度终了后计算各账户的本月发生额合计并结出月末余额的结账工作。月结时，在应结账账户最后一笔记录下划一条通栏红线；在红线下边空行的“摘要”栏中注明“本月合计”字样，并在相关栏目中结出本月发生额合计数和月末余额数；最后在月结记录下再划一条通栏红线。本月没有发生额的账户，不必进行月结。对于不需按月结计本期发生额的账户，如各项应收应付款明细账和各项财产物资明细账等，每次登记入账以后，都要随时结出余额，每月最后一笔余额即为月末余额，月结时只需在本月最后一笔经济业务记录之下划一条通栏单红线即可。

2. 季结

季结是指在季度终了后计算各账户的本季发生额合计并结出季末余额的结账工作。季结时，在应结账账户的季终月“本月合计”栏下边空行的“摘要”栏中注明“本季合计”字样，并在相关栏目中结出本季发生额合计数和季末余额数，最后在季结记录下划一条通栏单红线即可。

3. 年结

年结是指在年度终了后计算各账户的本年发生额合计并结出年末余额的结账工作。年结时，在应结账账户的第四季度“本季合计”栏下边空行的“摘要”栏中注明“本年合计”字样，并在相关栏目中结出本年发生额合计数和年末余额数，最后在年结记录下划通栏双红线，表示年终封账。

更换新的账簿时，将各账户的年末余额以相同方向过入新账中即可，在新账页第一行的“摘要”栏中注明“上年结转”或“年初余额”字样。

月结、季结和年结的具体方法见表8-30。

表8-30 总分类账

会计科目：应收账款

202×年		凭证		摘要	借方									贷方									借或贷	余额								
月	日	字	号		百	十	万	千	百	十	元	角	分	百	十	万	千	百	十	元	角	分		百	十	万	千	百	十	元	角	分
1	1			上年结转																			借		3	7	6	4	1	0	0	0
				……																			借									
12	1			月初余额																			借		4	2	8	6	0	0	0	0
12	10	科汇	1	1—10日发生额			8	4	0	0	0	0	0		1	3	2	8	0	0	0	0	借		3	7	9	8	0	0	0	0
12	20	科汇	2	11—20日发生额		2	3	2	0	0	0	0	0		1	1	6	0	0	0	0	0	借		4	9	5	8	0	0	0	0
12	31	科汇	3	21—31日发生额		1	7	4	0	0	0	0	0		2	0	0	0	0	0	0	0	借		4	6	9	8	0	0	0	0
	31			本月合计		4	9	0	0	0	0	0	0		4	4	8	8	0	0	0	0	借		4	6	9	8	0	0	0	0
	31			本季合计	1	2	5	4	3	0	0	0	0										借		4	6	9	8	0	0	0	0
	31			本年合计	3	8	6	2	4	0	0	0	0	3	7	6	9	0	1	0	0	0	借		4	6	9	8	0	0	0	0
	31			上年结转		3	7	6	4	1	0	0	0																			
	31			结转下年											4	6	9	8	0	0	0	0										
	31			本年总计	4	2	3	8	8	1	0	0	0	4	2	3	8	8	1	0	0	0	平							θ		

导读测评

8-6

第六节 会计账簿的更换与保管

一、账簿的更换

所谓账簿的更换，是指在会计年度开始时启用新的账簿，并将上年度的会计账簿归档保管的工作。为了清晰地反映每个会计年度的财务状况和经营成果，保持会计资料的连续性，企业应按相关会计准则的规定适时进行账簿的更换。

库存现金日记账、银行存款日记账、总分类账和大部分明细分类账，每年都应更换新账。个别可继续使用的明细分类账可不必每年更换新账，如固定资产明细账。这是因为固定资产明细账是卡片式账簿，因而可以跨年度长期使用。账簿更换的具体内容包括以下几个方面：

（1）检查本年度账簿记录在年终结账时是否全部结清，账户中借贷方合计数是否已经平衡相等；

（2）将本年度各账户的余额直接记入新年度账户第一行的“余额”栏中，在“借或贷”栏内注明余额方向，在“日期”栏中注明1月1日，并在“摘要”栏内注明“年初余额”或“上年结转”字样。

需注意的是，新旧账簿更换时账户余额的结转不需要编制记账凭证。因此，无须填制“凭证字号”栏，也不需要填制“借方”或“贷方”栏。

二、账簿的保管

各种账簿是企业重要的经济档案资料，在经营管理过程中起到重要作用，因此，各单位必须建立严密的账簿保管制度，以确保账簿的安全与完整。

账簿在平时的使用过程中应指定专人保管，分工明确，责任清楚。未经领导和会计负责人或有关人员批准，不许非经管人员翻阅、查看、摘抄和复制。会计账簿除非特殊需要，一般不允许外带。

对使用过的账簿，即年度终了时换下来的账簿，应按规定进行归类整理，收集齐全，装订成册，编制清单，并归档保管。根据2016年开始实施的《会计档案管理办法》规定，总账、日记账、明细账及其他辅助性账簿保管年限为30年，固定资产卡片明细账自固定资产报废清理后保管5年。保管期满后，按《会计档案管理办法》的规定，由财会部门和档案部门共同鉴定，报经批准后做相关处理。

立德树人：依法设置会计账簿

《会计法》第十六条规定，各单位发生的各项经济业务事项应当在依法设置的会计账簿上统一登记、核算，不得违反本法和国家统一的会计制度的规定私设会计账簿登记、核算。第四十二条规定，对于不依法设置会计账簿、私设会计账簿的，由县级以上人民政府财政部门责令限期改正，给予警告、通报批评，对单位可以并处二十万元以下的罚款，对其直接负责的主管人员和其他直接责任人员可以处五万元以下的罚款；情节严重的，对单位可以并处二十万元以上一百万元以下的罚款，对其直接负责的主管人员和其他直接责任人员可以处五万元以上五十万元以下的罚款；属于公职人员的，还应当依法给予处分。

但在实际工作中，部分单位往往违反《会计法》和相关规定，在法定账册之外另行设立账册，俗称“账外账”，个别公司甚至还有内账、税务账、上市账等多个账册，以满足向不同信息使用者提供不同会计信息的需要。例如，有些企业在生产经营过程中可能存在部分购入的材料不需或不能取得合法凭证，同时销售的部分产品又不需开具发票的情形。针对此种情况，个别企业将该部分业务在法定账册以外设立一个账册进行独立核算，以达到隐瞒收入、偷逃税款的目的。由于该部分业务的采购和销售都没有开具发票，税务部门无法对这一部分支出和收入进行有效监管，所以私设账册也是企业偷逃税款、逃避政府部门监管的一种主要方式。因此，违规设置账外账、多套账是提供虚假会计信息、扰乱正常经济秩序的罪魁祸首，也是政府部门严厉打击的违法犯罪行为之一。

本章要点概览

1.会计账簿是由具有专门格式、相互联系的账页组成，以审核无误的会计凭证为依据，用以序时、连续、分类、全面地记录和反映各项经济业务的簿籍。

2.账簿按用途可分为序时账簿、分类账簿及备查账簿，按外表形式可分为订本式账簿、活页式账簿及卡片式账簿，按账页格式可分为三栏式账簿、多栏式账簿、数量金额式账簿。

3.序时账又称日记账，企业一般设置库存现金日记账和银行存款日记账，由出纳人员根据收付款记账凭证逐日逐笔登记。

4.总分类账提供总括的会计信息，一般采用三栏订本式账簿。根据账务处理程序的不同，登记总账的依据和方法也不同，分别有记账凭证账务处理程序、科目汇总表账务处理程序、汇总记账凭证账务处理程序等。

5.明细分类账提供详细的会计信息，可根据管理需求采用三栏式、多栏式或数量金额式等。总分类账及明细分类账必须进行平行登记，做到同时、同向、等额。

6.企业经济活动过程中应严格遵守会计账簿的启用、登记、更正、保管的相关规则。会计账簿错账更正的方法有划线更正法、红字更正法、补充登记法。

7.为总结某一会计期间的经营情况，考核经营成果，便于编制会计报表，企业必须在对账的基础上定期结账。对账包括账账核对、账实核对、账证核对。结账包括月结、季结和年结。

本章练习题

假设某公司会计人员针对发生的经济业务编制了错误的记账凭证，并根据记账凭证登记了会计账簿。具体情况如下：

（1）行政部职工出差借支差旅费2 000元，以现金支付。编制的记账凭证会计分录为：

借：管理费用　　2 000

　　贷：库存现金　　2 000

（2）销售一批产品，增值税专用发票上注明价款20 000元，增值税税额2 600元，价税款已通过银行收妥。编制的记账凭证会计分录为：

借：银行存款　　22 600

　　贷：库存商品　　2 0000

　　　　应交税费——应交增值税　　2 600

（3）计提车间生产用固定资产折旧3 500元。编制的记账凭证会计分录为：

借：制造费用　　35 000

　　贷：累计折旧　　35 000

（4）用现金支付工人工资45 000元。编制的记账凭证会计分录为：

借：应付职工薪酬　　4 500

　　贷：库存现金　　4 500

要求：请指出上述错账应采用何种更正方法，并予以更正（包括编制会计分录、登记有关“T”形总账）。

参考答案

第九章

财产清查

学习目标与要求

本章系统阐述财产清查这种专门的会计核算方法，内容主要包括财产清查的作用和种类、财产清查的内容和方法以及财产清查结果的账务处理。通过本章学习，应该了解财产清查的作用和种类，熟悉财产清查的内容和方法，掌握银行存款余额调节表的编制以及财产清查结果的账务处理。

引导案例

李航学习完会计账簿后又产生了新的疑问，那就是会计账簿中某一账户记录的金额会不会跟实际情况存在差异？会不会出现这样的情形：某公司会计账簿中记录某种原材料的金额为35 000元，但材料仓库中存放的该种原材料实际只有32 000元甚至更少？如果出现了这样的情形，是什么原因造成的？又该如何处理？此外，李航前不久看到一条关于某市公安局出纳挪用公款赌球被严肃查处的新闻，心灵受到了极大的震撼。某市公安局财务科出纳王某在高中同学的怂恿下，开始接触网上赌球并一发不可收拾。在很短的时间内，王某不仅将自己近50万元的积蓄输个精光，还欠了朋友一屁股债。这时，王某非但没有警醒收手，反而抱着"回本"的想法将黑手伸向了自己管理的公款。王某多次挪用公款赌球，但幸运之神一直没有眷顾他，王某一次又一次输掉公款。由于该单位财产清查流于形式，会计赵某对王某非常信任，单位与银行的对账工作由出纳王某一人完成，导致王某挪用公款持续将近半年时间，至案发时王某赌球输掉的公款达200余万元。最后王某因涉嫌挪用公款被市人民检察院逮捕。读完这条新闻后，李航震撼之余也产生了一系列疑问：该单位出纳王某挪用公款的行为最终是如何被发现的？单位与银行之间的对账工作究竟应该如何开展？单位应该如何避免发生财务人员挪用公款的现象？同学们，你们是否也有同样的疑问？希望大家通过本章学习获得明确答案。

导读测评

9-1

第一节　财产清查概述

一、财产清查的含义

财产清查（physical inventory），是通过对企业单位的各项财产物资、货币资金及往来款项等进行盘点和核对，查明其实存数，并与账存数进行核对，以检查账实是否相符的一种会计核算方法。企业各种财产物资的增减变动和结存情况，通过凭证的填制与审核、账簿的登记与核对，已经在账簿体系中得到了正确的反映，但账簿记录的正确性并不足以说明各种财产物资实际结存情况的正确与否。在会计工作中，即使是在账证相符、账账相符的情况下，财产物资的账面数与实际结存数仍然可能存在不相一致的情况。根据资产管理制度以及为编制会计报表提供正确可靠核算资料的要求，必须使账簿中所反映的财产物资和债权债务的结存数额与其实际数额保持一致，做到账实相符，因此，必须运用财产清查这一会计核算的专门方法。

在实际工作中，由于各种主客观原因，可能导致某些财产物资的账面数与实存数存在差异，导致账实不符。造成账实不符的具体原因有很多，概括而言，主要有以下几个方面：

（1）财产物资保管过程中因气温或干湿度等原因引起自然升溢或损耗；

（2）财产物资收发过程中计量、计算、检验不准确导致品种或数量上的差错；

（3）财产物资发生增减变化时未及时登记入账；

（4）因保管不善或工作人员失职导致财产物资损坏、霉烂、变质、短缺、损毁；

（5）不法分子贪污、盗窃造成的财产损失；

（6）由于人力无法抗拒的自然灾害等原因造成财产物资的非常损失；

（7）未达账项引起银行存款账实不符等。

二、财产清查的作用

财产清查作为会计核算的一种专门方法，同时也是企业内部控制的一个重要组成部分，在企业的生产经营过程中发挥着十分重要的作用。具体来说，财产清查的作用主要表现在以下几个方面：

（一）确保会计信息的真实准确

通过财产清查，可以查明各种财产物资、货币资金及往来款项的实有数，并检查实有数与账存数是否相符。针对账实不符的情况，企业可及时查明原因并调整账簿记录，保证会计账簿记录的准确性，为编制会计报表提供真实准确的依据，从而保证提供的会计信息真实准确。

（二）提高财产物资的使用效率

通过财产清查，可以查明各项财产物资的利用情况，发现其有无超储积压或储备不足以及不配套等现象，以便采取相应的措施，对呆滞积压和不配套的及时处理，对储备不足的设法补足，从而促使企业充分挖掘财产物资的潜力，提高财产物资的使用效率，加速资金周转。

（三）保证内控制度的贯彻执行

通过财产清查，可以发现财产管理工作中存在的各种问题，诸如收发手续不健全、保管措施不得力、控制手续不严密、资金使用违反财经纪律和结算制度的有关规定等，以便采取对策加以改进，健全内部控制制度，保护资产的安全与完整。

（四）促使企业对外经济往来的正常进行

通过财产清查，尤其是往来款项的结算情况，可以及时解决有关的债权债务问题，避免长期拖欠和长年挂账，保证企业对外经济往来的正常进行。

知识拓展

内部控制

三、财产清查的种类

企业财产清查的对象范围往往是不同的，在清查时间上也有区别，由此财产清查可按不同标准进行分类。

（一）按清查范围分类

1.全面清查

全面清查是指对属于本单位或存放在本单位的所有财产物资、货币资金和债权债务进行全面的盘点和核对。全面清查的对象一般包括：库存现金、银行存款等货币资金，各种在途材料、原材料、半成品、库存商品等存货，房屋、建筑物、机器、设备等固定资产，各种应收、应付、预收、预付等往来款项，各种股票、债券等有价证券，委托加工物资、受托加工物资等。

全面清查是一项复杂而细致的工作，需要清查的内容多、范围广、工作量大，组织准备时间长，参与部门和人员多，一般在以下情况下才需要进行全面清查：

（1）年终决算前，为确保年终决算会计信息的准确性，需要进行全面清查。

（2）企业破产清算、撤销、合并、改变隶属关系时，需要进行全面清查。

（3）中外合资、国内联营时，需要进行全面清查。

（4）开展清产核资时，需要进行全面清查。

（5）单位主要负责人调离工作岗位，需要进行全面清查。

（6）企业股份制改制前，需要进行全面清查。

（7）发生重大经济违法事件时，需要进行全面清查。

知识拓展

清产核资

2.局部清查

局部清查是指根据管理的需要或有关规定针对部分财产物资、货币资金和债权债务进行的盘点清查，它主要针对的是各种贵重物资和流动性较大的财产。局部清查主要包括以下几个方面：

（1）库存现金应由出纳人员于每天营业结束时清查一次，做到日清月结；

（2）银行存款和各项银行借款应由出纳人员每月至少和银行核对一次；

（3）对流动性较大的存货除年终清查外，还应有计划地每月定期清查，对贵重物品每月至少清查一次；

（4）各种债权债务每年至少清查一至两次。

（二）按清查时间分类

1.定期清查

定期清查是指根据管理制度的规定或事先计划安排的时间对财产物资、货币资金和债权债务进行的清查。定期清查一般在月末、季末、半年末、年末结账时进行。定期清查可以是全面清查，也可以是局部清查，如年末进行的资产清查、出纳人员每天对库存现金的盘点、企业和银行之间每月进行的核对等。

2.不定期清查

不定期清查是指事先并没有规定清查时间，而是根据实际需要所进行的临时性清查。它可以是全面清查，也可以是局部清查。这种清查一般发生在以下几种情况下：

（1）更换财产物资、库存现金保管人员时进行的清查。

（2）财产物资发生自然灾害或意外损失时进行的清查。

（3）有关部门对企业进行会计检查或临时性的清产核资时进行的清查。

（三）按清查执行单位分类

1.内部清查

内部清查是指企业内部自行组织的清查。大多数的财产清查都是内部清查，可以是全面清查，也可以是局部清查；可以是定期清查，也可以是不定期清查。

2.外部清查

外部清查是指由企业外部的有关部门或人员根据国家法律或制度的规定对企业进行的清查。如上级主管部门、审计机关、税务机关、司法机关、注册会计师按照有关规定对企业所进行的财产清查。

四、财产清查前的准备工作

财产清查是改善企业经营管理和加强会计核算的重要手段，它涉及面广、持续时间较长、工作量大，因此，在进行财产清查时，必须做好充分的准备工作，有计划、有组织、有步骤地进行。财产清查前的准备工作具体包括组织准备、业务准备两个方面。

（一）组织准备

为了使财产清查工作能顺利进行，提高财产清查的工作效率，在进行财产清查前必须成立专门的清查小组，由有关领导担任组长，并且要有财会、生产、保管、行政等部门的工作人员。财产清查小组的主要任务是：

（1）制订清查计划。根据企业财产管理制度以及其他相关要求制订财产清查计划是财产清查小组的首要任务。财产清查计划应该确定清查的对象、范围、时间进度，并且根据清查工作的要求确定合格的清查工作人员。

（2）监督清查工作。财产清查小组的另一个任务是做好清查工作的组织与检查工作，监督清查工作的实施，及时研究和处理清查中发现的问题，保证清查工作顺利进行。

（3）进行清查总结。财产清查结束后，财产清查小组写出财产清查工作的总结性书面报告，及时向上级等有关部门汇报清查的结果及处理意见，总结清查工作中的经验和教训，并提出合理化建议。

（二）业务准备

业务准备是做好财产清查的重要前提条件，财会部门、物资保管部门及清查人员三个方面都必须做好相关的准备工作。

（1）财会部门的准备。财会部门要保证账簿记录的准确性，在财产清查前必须将所有经济业务全部登记入账，结出余额，认真核对，确保账证相符、账账相符，为账实核对提供正确可靠的依据。

（2）物资保管部门的准备。财产物资保管部门和保管责任人应将截至清查日止的所有经济业务及时入账并结出余额，对所有保管的财产物资应整理清楚，排列堆放整齐，挂上标签，标明品名、规格、数量等，以便盘点核对。

（3）清查人员的准备。财产清查人员应组织有关部门准备好各种校验准确的计量器具，以便核查财产物资的实存数；同时还要准备好清查时所需的各种登记表格，如盘存单、库存现金盘点报告表、实存账存对比表等。

导读测评

9-2

第二节　财产清查的内容和方法

一、货币资金的清查

货币资金的清查一般包括库存现金和各种银行存款的清查。

（一）库存现金的清查

库存现金是企业根据现金管理制度留用的现款，因为现金流动性大，收、付业务频繁，容易产生差错，所以必须把库存现金清查列为清查的重点。库存现金清查采用实地盘点法，即通过实地逐一清点的方法，确定库存现金的实存数，再与库存现金日记账的账面余额进行核对，以查明账实是否相符。盘点库存现金时，应由清查人员和出纳人员共同负责。具体清查步骤为：

首先，盘点之前由出纳人员将记录库存现金增减的收付凭证全部登记入账，并结出余额。

其次，盘点时出纳人员必须到场，逐一清点现金，并交清查人员复核，查明有无违反现金管理制度的现象，如有无以“借条”、“白条”及收据等抵充现金，库存现金是否超过银行核定限额，有无坐支现金等情况，发现盘盈盘亏时应查明原因。

知识拓展

白条抵库

最后，盘点结束后应根据盘点结果及时填制“库存现金盘点报告表”（见表9-1），并由盘点人员、出纳人员及有关负责人签名盖章后方能生效。“库存现金盘点报告表”具有双重性质，它既是盘存单，又是实存账存对比表；既是反映现金实存数、用以调整账簿记录的重要原始凭证，也是分析账实发生差异的原因、明确经济责任的依据。

表9-1 **库存现金盘点报告表**

单位名称： 年 月 日

实存金额	账存金额	实存与账存对比		备注
		盘盈（长款）	盘亏（短款）	
盘点后得到的实际金额	企业库存现金日记账的余额	实存金额大于账存金额	实存金额小于账存金额	

负责人： 盘点人： 出纳员：

（二）银行存款的清查

银行存款清查采用核对法，即将本单位的银行存款日记账与银行提供的对账单逐笔进行核对，以查明银行存款收付及余额是否正确。一般地，在正式清查之前先检查本单位银行存款日记账的正确性和完整性，然后再以每个银行账户为单位，将银行存款日记账与银行提供的银行对账单逐笔核对。在实际工作中，银行对账单的余额与本单位银行存款日记账的余额可能不一致，其原因包括两个方面：一是存在未达账项；二是某一方或双方记账可能存在错账、漏账。其中，未达账项通常是主要原因，所以，银行存款清查中最重要的工作是要找出未达账项，并消除未达账项在对账过程中的影响。

未达账项是指企业和银行之间因凭证传递时间不一致导致的一方已入账而另一方因尚未收到有关凭证未入账的款项，主要包括四种情况：

（1）银行已收，企业未收。银行已经收到企业的收入款项并登记入账，而企业尚未收到凭证未入账。例如，企业委托银行收款，银行收到对方单位汇款后登记银行存款增加，企业由于尚未收到汇款凭证而未记银行存款增加，如果此时对账则存在银行已收企业未收款项。

（2）银行已付，企业未付。银行已经为企业支付款项并登记入账，而企业尚未收到付款凭证未入账。例如，企业委托银行支付电话费，银行已经支付并记银行存款减少，企业由于未收到付款凭证而未记银行存款减少，如果此时对账则存在银行已付企业未付款项。

（3）企业已收，银行未收。企业已经将款项存入银行并记银行存款增加，银行由于未办妥收款手续而未入账。例如，企业销售产品收到支票，送存银行后即可根据银行盖章后退回的“进账单”回单登记银行存款增加，而银行则要等款项收妥后再记增加，如果此时对账则存在企业已收银行未收款项。

（4）企业已付，银行未付。企业已经开出支票将款项支付给其他单位并记银行存款减少，而银行尚未收到凭证未入账。例如，企业开出支票支付购料款时，可根据支票存根、发货票及收料单等凭证记银行存款减少，此时银行可能由于尚未接到支付款项的凭证而未支付该笔款项，如果此时对账则存在企业已付银行未付款项。

上述任何一种情况都会导致银行存款日记账余额与银行对账单余额不一致。因此，银行存款的清查过程中应查找出双方的未达账项，并通过编制“银行存款余额调节表”（bank reconciliation statement）来消除影响，以便确定企业银行存款实有数。

知识拓展

银行支票

银行存款余额调节表是用来核对企业与银行的存款余额，并列示双方未达账项的一种对账工具。编制银行存款余额调节表的具体做法是：以银行存款日记账和银行对账单上的余额为基础，各自分别加上对方已收款入账而己方未收款入账的数额，减去对方已付款入账而己方未付款入账的数额。用公式表示为：

企业的银行存款日记账余额 + 银行收款企业未收款的账项 − 银行付款企业未付款的账项 = 银行对账单余额 + 企业收款银行未收款的账项 − 企业付款银行未付款的账项

下面举例说明银行存款余额调节表的编制方法。

【例9-1】202×年9月30日，金麓公司银行存款日记账的账面余额为528 000元，银行送来的银行对账单上的存款余额为576 000元，经核对有如下未达账项：

（1）9月27日，公司开出现金支票50 000元采购原料一批，已记银行存款减少，但持票人尚未向银行办理转账业务，故银行未入账。

（2）9月28日，公司销售商品收到46 000元转账支票一张，已记银行存款增加，但尚未至银行办理转账，故银行未入账。

（3）9月29日，公司委托银行代收外地一笔货款39 000元，银行已收款入账，公司未收到银行单据，尚未入账。

（4）9月30日，银行代企业支付水电费1 000元，公司尚未收到有关付款通知故未入账。

（5）9月30日，银行计算企业存款利息6 000元，银行已经入账，公司尚未收到有关通知故未入账。

根据以上资料编制银行存款余额调节表，见表9-2。

表9-2　银行存款余额调节表

202×年9月30日　　单位：元

项　目	金　额	项　目	金　额
企业银行存款日记账余额	528 000	银行对账单余额	576 000
加：银收企未收 减：银付企未付	39 000 6 000 1 000	加：企收银未收 减：企付银未付	46 000 50 000
调节后的余额	572 000	调节后的余额	572 000

调整完未达账项后，企业银行存款日记账余额与银行对账单余额一般应当相等，此时调节后的余额应为企业可使用的银行存款的最高限额，是企业真实的存款余额。如果调节后的余额还是不等，则可能有一方账簿记录有错误，应进一步查明原因。

另外，需要强调的是，银行存款余额调节表不是原始凭证，它只是用来检验双方银行存款账面余额是否相符的一种方法，所以对于银行已经入账而企业尚未入账的未达账项，企业应当在收到有关凭证后再登记入账，不能根据银行存款余额调节表将未达账项入账。

二、实物资产的清查

实物资产是指具有实物形态的各种财产物资，包括原材料、自制半成品、在产品、产成品（库存商品）、周转材料等存货及固定资产等。对于实物资产的清查，尤其是存货的清查，首先应当准确地确定其账面结存数，再确定实际结存数，然后将两者进行比较以确定差异，寻找产生差异的原因，并进行相关的账务处理。

（一）实物资产盘存制度

实物资产盘存制度也就是确定实物资产账面结存数的方法。由于实物资产盘存制度所针对的主要是实物资产中的存货，因而也被称为存货盘存制度。在会计账簿中，由于实物资产增减变动及结存情况的记录方式不同，盘存制度分为永续盘存制和实地盘存制两种。

1.永续盘存制

永续盘存制（perpetual inventory system）又称账面盘存制，它是通过设置各种明细账簿，对日常发生的实物资产的收入或发出，都根据会计凭证在账簿中进行连续登记，并随时结算出各项实物资产结存数的核算方法。永续盘存制的特点是，平时对实物资产的收入、发出数量都在存货明细账中进行连续记录，并随时结算出账面结存数量。永续盘存制下的账面期末结存数计算公式为：

账面期末结存数=账面期初结存数+本期增加数-本期减少数

永续盘存制的优点是可随时掌握各种实物资产的拥有情况及动态，便于对其实施控制，其核算程序严密，有利于加强财产物资的管理，所以，企业一般采用永续盘存制。永续盘存制的主要缺点是明细分类核算工作量过大，在登账过程中有可能发生账实不符的情况。因而，即使企业采用永续盘存制，也应定期或不定期对各项财产物资进行清查，以验证账实是否相符。

【例9-2】金麓公司采用永续盘存制对存货进行核算，对于生产产品所需的C材料，假设采用加权平均法核算发出材料的成本，C材料的明细账见表9-3。

表9-3 原材料明细分类账

材料类别：

名称或规格：C材料　　计量单位：千克　　存放地点：3号仓库

202×年		凭证		摘要	收入			发出			结存		
月	日	字	号		数量	单价	金额	数量	单价	金额	数量	单价	金额
9	1			月初余额							500	3.00	1 500
	2	转	3	购入C材料	1 000	3.90	3 900				1 500		
	12	转	3	领用C材料				1 200			300		
	17	付	17	购入C材料	1 500	3.60	5 400				1 800		
	27	转	13	领用C材料				1 600			200		
9	30			本月发生额及期末余额	2 500		9 300	2 800	3.60	10 080	200	3.60	720

本月材料平均单价=（1 500+9 300）÷（500+2 500）=3.60（元/千克）

本月发出材料成本=2 800×3.60=10 080（元）

期末结存材料成本=1 500+9 300−10 080=720（元）

2.实地盘存制

实地盘存制（periodic inventory system）又称以存计耗制，它是指平时在账簿中只需根据审核无误的会计凭证登记实物资产的增加数，而不需登记减少数，期末根据实地盘点所确定的实存数，倒推出本月减少数的一种盘存制度。实地盘存制下，计算本期减少数的公式为：

本期减少数=账面期初结存数+本期增加数−期末实地盘点的实存数

实地盘存制的优点是简化了实物资产的日常核算工作。其主要缺点是：核算手续不严密，不能随时反映存货等实物资产的收、发、存动态，不便于日常管理；容易掩盖实物资产管理中存在的自然和人为损失问题；不能随时结转成本，必须等到期末才能进行。实地盘存制一般适用于财产物资价值较低、品种复杂、交易频繁的企业，尤其适用于自然损耗大、数量不稳定的鲜活物资。

【例9−3】假设金麓公司对生产产品所需的C材料采用实地盘存制进行核算，C材料的明细账见表9−4。

表9−4　原材料明细分类账

材料类别：

名称或规格：C材料　　计量单位：千克　　存放地点：3号仓库

202×年		凭证		摘　要	收　入			发　出			结　存		
月	日	字	号		数量	单价	金额	数量	单价	金额	数量	单价	金额
9	1			月初余额							500	3.00	1 500
	2	转	3	购入C材料	1 000	3.90	3 900						
	17	付	17	购入C材料	1 500	3.60	5 400						
	30			期末盘点							200	3.60	720
				本月发出				2 800	3.60	10 080			
9	30			本月发生额及期末余额	2 500		9 300	2 800	3.60	10 080	200	3.60	720

本月材料平均单价=（1 500+9 300）÷（500+2 500）=3.60（元/千克）

期末结存材料成本=200×3.60=720（元）

本月发出材料数量=500+2 500−200=2 800（千克）

本月发出材料成本=1 500+9 300−720=10 080（元）

从上述两种盘存制度的特点可以看出，无论采用哪种盘存制度，都必须对实物资产进行定期或不定期的清查盘点：采用永续盘存制时，必须通过实地盘点确定实存数，并将其与账存数核对，检查账实是否相符；采用实地盘存制时，必须通过实地盘点确定实存数，并根据实存数倒推当期减少数。

（二）实物资产的清查方法

不同品种的实物资产的清查方法各有不同。常用的方法一般有以下几种：

（1）实地盘点法。实地盘点法是指在财产物资堆放现场通过逐一清点数量或用计量仪器确定实有数量的一种方法。这种方法适用范围广泛，通过这种清查方法得到的数字准确可靠，清查质量高，但工作量比较大。该种方法适用于机器设备、原材料、库存商品、周转材料等大多数实物资产的清查。

（2）技术推算法。技术推算法是通过量方、计尺等技术方法，按一定的标准对实物资产进行技术推算得到实存数量的一种方法。这种方法适用于大量堆放、难以逐一清点的财产物资的清查，如大量堆放的原煤、砂石或油罐中的油等。

（3）抽样盘存法。抽样盘存法是指对数量多、重量或体积均衡的实物资产，采用抽样盘点的方法，以确定实有数额的方法。这种方法一般适用于小型零部件等材料物资的清查。

（4）函证核对法。函证核对法是指对于委托加工或保管的物资，可以向对方发函调查，并与本单位账存数核对的方法。

实物资产清查的具体步骤为：

首先，进行财产清查时，清查人员和实物资产保管人员应在场，共同对实物资产按相关方法进行清查盘点，确定其实有数及质量状况。

其次，根据清查结果如实填写“盘存单”，并由清查人员和保管人员签章，以明确责任。盘存单既是记录各项财产物资实存数量的原始凭证，也是财产清查结果的书面证明。盘存单格式见表9-5。

表9-5 盘存单

单位名称：×企业　　盘点时间：202×年6月30日　　编号：012

财产类别：原材料　　存放地点：2号仓库　　单位：元

编号	名称	规格型号	计量单位	实存数量	单价	金额	备注
1001	A材料		千克	3 750	6.00	22 500	
1002	B材料		千克	800	5.50	4 400	

盘点人签章：田胜　　实物保管人签章：陈楚

最后，将盘存单中记录的各项实物资产实存数额与账面结存数额相核对，如果某些实物资产账实不符，应填制“实存账存对比表”，确定实物资产盘盈、盘亏数额。实存账存对比表是调整账簿记录的重要原始凭证，也是分析盈亏原因、明确经济责任的重要依据。实存账存对比表的格式见表9-6。

表9-6 实存账存对比表

单位名称：×企业　　202×年6月30日　　单位：元

编号	类别及名称	规格及型号	计量单位	单价	实存		账存		实存账存对比结果				备注
									盘盈		盘亏		
					数量	金额	数量	金额	数量	金额	数量	金额	
1001	A材料		千克	6.00	3 750	22 500	3 000	18 000	750	4 500			
1002	B材料		千克	5.50	800	4 400	1 000	5 500			200	1 100	

盘点人签章：田胜　　制表人签章：周玉

三、往来账项的清查

往来款项的清查，包括各种应收应付款、预收预付款、其他应收应付款的清查。企业在清查各项债权债务等结算往来款项时，一般采用询证核对法。清查时，首先应将各项应收、应付等往来款项准确无误地登记入账。然后编制一式两份的“往来款项对账单”交对方单位核对，其中一联为回联单。对方单位经核对后，如核对有误，应在回联单上注明不符原因或另抄单退回，待进一步查明原因；如对方核对相符，则可在回联单上加盖公章后退回。最后，根据清查结果填制“往来款项清查报告表”。往来款项对账单及往来款项清查报告表格式见表9-7及表9-8。

表9-7　**往来款项对账单**

×××单位：

你单位于202×年××月××日从我单位购入×产品××件，已付货款××××元，尚有××××元货款未支付，请核对后将回联单寄回。

清查单位：（盖章）

年　月　日

沿此虚线剪下，将回联单寄回！

- - - - - - - - - - - - - - - - - - - -

往来款项对账单（回联）

×××清查单位：

你单位寄来的往来款项对账单已收到，经核对无误。

×××单位（盖章）

年　月　日

表9-8　**往来款项清查报告表**

年　月　日　　　　单位：元

明细分类账户		清查结果		不符的原因分析				
单位名称	金额	相符	不相符	未达账项	拖欠款项	争执款项	无法收回	其他

负责人：　　　　制表人：

导读测评

9-3

第三节　财产清查结果的处理

一、财产清查结果的处理步骤

财产清查结果处理是指对清查过程中发现的账面结存数与实际结存数不一致的情况进行有关会计处理。通过财产清查，如果账实相符，则无须进行账务处理。当实存数大于账存数时，称为盘盈；实存数小于账存数，称为盘亏；如果实存的财产物资质量存在问题，不能按正常的财产物资进行使用的，称为毁损。财产清查中发现的盘盈、盘亏、毁损等情况应在核实数字后，按照规定程序上报，经研究批准后再处理。对于长期不清或有争议的财产物资，应安排专人负责查明原因，并限期清理。

对于财产清查中发现的问题，如财产物资的盘盈、盘亏、毁损或其他各种损失，应核实情况，调查分析产生的原因，按照国家有关法律法规的规定进行相应处理。具体要求如下：

（1）分析产生差异的原因和性质，并提出处理建议。对于财产清查所发现的账实不符，应及时查明原因，明确经济责任，并依据有关规定进行处理。对于财产物资的合理损耗，只要在规定的损耗标准和范围内，会计人员可按照规定及时做出处理。对于超出规定职权范围，会计人员无权自行处理的，应及时报请单位负责人做出处理。一般而言，个人造成的损失，应由个人赔偿；因管理不善造成的损失，应作为企业管理费用入账；因自然灾害造成的非常损失，列入企业的营业外支出。

（2）积极处理多余积压财产，清理往来款项。对于财产清查中发现的多余、积压物资，应分别不同情况处理。属于盲目采购或生产等原因造成的积压，应积极利用或改造出售，同时要停止采购或生产；对于超出结算期间的往来款项，应采取有效措施予以清理。

（3）总结经验教训，建立和健全各项管理制度。财产清查后，要总结经验和教训，针对发现的问题和不足采取必要的整改措施，建立和健全财产管理制度，进一步提高财产物资管理水平。

（4）及时调整账簿记录，保证账实相符。对于财产清查中发现的盘盈和盘亏，应在核实结果、查明原因的基础上，根据“库存现金盘点报告表”“实存账存对比表”等原始凭证编制记账凭证，并据以登记入账，调整各项财产物资、货币资金、债权债务的账面结存数，使之与实际结存数相符。调整账簿的原则是以“实存”为准，当盘盈时调增账面记录，当盘亏时调减账面记录。

（5）报请批准，并对批准结果进行相应的账务处理。将“库存现金盘点报告表”“实存账存对比表”及针对清查结果编写的报告按管理权限与规定的程序一并报送有关领导和部门批准。当有关部门领导对所呈报的财产清查报告提出处理意见后，应严格按照批复意见进行账务处理，编制记账凭证，登记有关账簿，并追回因相关责任人原因所造成的损失。

二、财产清查结果的账务处理

（一）账户设置

为反映和监督各单位在财产清查过程中发生各种财产物资的盘盈、盘亏、毁损，企业应设置“待处理财产损溢”账户，该账户可按清查对象分设“待处理流动资产损溢”“待处理固定资产损溢”两个明细科目。“待处理财产损溢”账户属于资产类账户，借方登记财产清查过程中发生的各项待处理财产盘亏数和毁损数及经批准转销的待处理财产盘盈数；贷方登记财产清查过程中发生的各项待处理财产盘盈数及经批准转销的待处理财产盘亏数和毁损数。该账户如有借方余额，表示尚待批准处理的财产物资的盘亏净损失数；如有贷方余额，表示尚待批准处理的财产物资的盘盈净溢余数。以“T”形账户表示其登记内容，如图9-1所示。

“待处理财产损溢”账户结构	
期初余额：待处理的财产盘亏数、毁损数	期初余额：待处理的财产盘盈数
发生额：发生的待处理财产盘亏数、毁损数及经批准转销的财产盘盈数	发生额：发生的待处理财产盘盈数及经批准转销的财产盘亏数和毁损数
余额：待处理的财产盘亏净损失数	余额：待处理的财产盘盈净溢余数

图 9-1　账户结构

对于“待处理财产损溢”账户，需要注意几点：一是只有各种存货、库存现金清查盘盈、盘亏及固定资产盘亏时用到该账户，而债权债务的盘盈、盘亏及固定资产的盘盈不在该账户核算；二是该账户是一个过渡性账户，其具体应用分上级部门批准前和批准后两个步骤；三是盘盈或盘亏的实物资产如果在会计年末尚未经批准，应当在对外提供财务报告时先按有关规定进行处理，并在会计报表附注中说明，如果其后批准处理的金额与已处理金额不一致，应按差额调整会计报表相关项目的年初数。

（二）账务处理

1.库存现金清查结果的处理

库存现金流动性很强，由于种种原因较容易出现账实不相符。为了反映、监督库存现金的短缺溢余，企业应根据“库存现金盘点报告表”及时进行相关的账务处理。发生现金盘亏，在报请上级部门审批前，借记“待处理财产损溢——待处理流动资产损溢”科目，贷记“库存现金”科目。查明原因后由有关责任人赔偿的，应在“其他应收款”总分类账户下，按责任人设置明细分类账户进行核算，借记“其他应收款”科目，贷记“待处理财产损溢——待处理流动资产损溢”科目；属管理不善造成、非常损失或无法查明原因的，根据处理意见，借记“管理费用”或“营业外支出”等科目，贷记“待处理财产损溢——待处理流动资产损溢”科目。发生现金盘盈，在报请上级部门审批前，借记“库存现金”科目，贷记“待处理财产损溢——待处理流动资产损溢”科目。报经上级部门审核批准后，属应付给有关部门或个人的，应借记“待处理财产损溢——待处理流动资产损溢”科目，贷记“其他应付款”科目；属查不出原因的，借记“待处理财产损溢——待处理流动资产损溢”科目，贷记“营业外收入”科目。

【例9-4】202×年9月30日，金麓公司在库存现金清查时，发现现金短款200元，原因待查。根据“库存现金盘点报告表”编制会计分录如下：

借：待处理财产损溢——待处理流动资产损溢	200	
贷：库存现金		200

经核查，该笔短款属于出纳员的责任，应由出纳员赔偿。报经批准后，编制会计分录如下：

借：其他应收款——××出纳员	200	
贷：待处理财产损溢——待处理流动资产损溢		200

【例9-5】202×年9月30日，金麓公司在库存现金清查时，发现现金长款120元，原因待查。根据“库存现金盘点报告表”编制会计分录如下：

借：库存现金	120	
贷：待处理财产损溢——待处理流动资产损溢		120

经反复核查无法查明原因，报经批准转作营业外收入处理，编制会计分录如下：

借：待处理财产损溢——待处理流动资产损溢　　120

　贷：营业外收入　　120

2.实物资产清查结果的处理

企业实物资产主要包括存货和固定资产两个部分。为了反映、监督实物资产的短缺溢余，企业应根据盘存单和实存账存对比表及时进行相关的账务处理。当存货发生盘亏和毁损时，在报经批准处理前，应先借记“待处理财产损溢——待处理流动资产损溢”科目，贷记“原材料”等科目。待查明原因报经批准处理后，再根据实际情况分别进行转账处理，其中属自然损耗、计量器具不准造成的，记入“管理费用”科目；属有关责任人赔偿的，记入“其他应收款”科目；属自然灾害、意外事故造成的非常损失，在扣除保险公司赔偿、残值收入后，将净损失记入“营业外支出”科目。当存货发生盘盈，在报经批准处理前，应先借记“原材料”等科目，贷记“待处理财产损溢——待处理流动资产损溢”科目。待查明原因后，属计量器具不准或自然升溢原因造成的，一般冲减“管理费用”科目。

【例9-6】202×年年末，金麓公司财产清查时发现盘亏A材料300千克，单价20元/千克，共计6 000元，原因待查。根据“实存账存对比表”所确定的盘亏数量及金额，编制会计分录如下：

借：待处理财产损溢——待处理流动资产损溢　　6 000

　贷：原材料——A材料　　6 000

经核查，该短缺A材料中150千克属保管人员保管不善造成的短缺，应由其赔偿；100千克属于定额内的自然损耗，50千克属于超出定额的非常损失，假设暂不考虑增值税。报经批准后，编制会计分录如下：

借：其他应收款——××保管员　　3 000

　　管理费用　　2 000

　　营业外支出　　1 000

　贷：待处理财产损溢——待处理流动资产损溢　　6 000

【例9-7】202×年年末，金麓公司财产清查时发现盘盈B材料40千克，单价50元/千克，共计2 000元，原因待查。根据“实存账存对比表”所确定的盘盈数量及金额，编制会计分录如下：

借：原材料——B材料　　2 000

　贷：待处理财产损溢——待处理流动资产损溢　　2 000

经查验该盘盈数是因计量器具不准造成，报经批准后将盘盈的B材料冲减管理费用，编制分录如下：

借：待处理财产损溢——待处理流动资产损溢　　2 000

　贷：管理费用　　2 000

企业发生固定资产盘亏或毁损时，同样通过“待处理财产损溢”账户处理。在查明原因前应按固定资产净值，借记“待处理财产损溢——待处理固定资产损溢”科目，按已计提折旧借记“累计折旧”科目，按固定资产原值贷记“固定资产”科目。待盘亏固定资产查明原因，报经批准后分情况处理：属查不出原因的盘亏或非常损失，记入“营业外支出”科目；属保险公司赔偿部分，记入“其他应收款”科目。企业发生固定资产盘盈时，应作为前期差错处理，记入“以前年度损益调整”科目核算。盘盈的固定资产，应按以下规定确定其入账价值并进行相应账务处理：如果同类或类似固定资产存在活跃市场的，按同类或类似固定资产的市价扣除估计折旧后的金额，借记“固定资产”科目，贷记“以前年度损益调整”科目；如果同类或类似固定资产不存在活跃市场的，按该项固定资产的预计未来现金流量的现值做相同账务处理。

【例9-8】202×年年末，金麓公司财产清查时盘亏设备一台，原值50 000元，已提折旧15 000元。根据“实存账存对比表”所确定的盘亏数量及金额，编制会计分录如下：

借：待处理财产损溢——待处理固定资产损溢　　35 000
　　累计折旧　　15 000
　贷：固定资产　　50 000

经核查，该设备盘亏是因为自然灾害所致，其中保险公司赔偿18 000元，其余计入非常损失。报经批准后，编制会计分录如下：

借：营业外支出　　17 000
　　其他应收款　　18 000
　贷：待处理财产损溢——待处理固定资产损溢　　35 000

【例9-9】202×年年末，金麓公司发现账外机器一台，同类机器市价为60 000元，估计八成新。根据“实存账存对比表”所确定的盘盈数量及金额，编制会计分录如下：

借：固定资产　　48 000
　贷：以前年度损益调整　　48 000

3.往来款项清查结果的处理

财产清查中发现的确实无法收回的应收账款及无法支付的应付账款，均不通过“待处理财产损溢”账户核算。

无法收回的应收账款称为坏账，由于发生坏账而造成的损失称为坏账损失，通常采用备抵法核算坏账损失。备抵法是指企业应当在期末根据一定的方法估计坏账损失计入当期损益，同时设置坏账准备金，待实际发生坏账时，冲销已计提的坏账准备。计提坏账准备金时，企业应当借记“信用减值损失”账户，贷记“坏账准备”账户；实际发生坏账时，借记“坏账准备”账户，贷记“应收账款”账户等。常用的估计坏账损失的方法有应收账款余额百分比法和账龄分析法。应收账款余额百分比法是根据会计期末应收账款的余额乘以估计的坏账率来预计坏账损失；而账龄分析法是根据应收账款入账时间的长短来估计坏账损失的方法。

【例9-10】金麓公司采用应收账款余额百分比法估计坏账损失，估计坏账率为5%。202×年年末应收账款余额为1 000 000元，坏账准备账户的余额为0；第二年发生坏账20 000元，经批准作为坏账转销，该年年末应收账款余额为1 200 000元；第三年收回上年已转销的坏账10 000元，款项已转入银行存款账户，发生坏账8 500元，年末应收账款余额为1 500 000元。

202×年年末，由于坏账准备账户的余额为0，应计提坏账准备50 000元（1 000 000×5%），编制会计分录如下：

借：信用减值损失　　50 000
　贷：坏账准备　　50 000

第二年发生坏账20 000元时，编制会计分录如下：

借：坏账准备　　20 000

贷：应收账款 20 000

第二年年末，应计提坏账准备30 000元（1 200 000×5%-（50 000-20 000）），编制会计分录如下：

借：信用减值损失 30 000

贷：坏账准备 30 000

第三年收回已转销的坏账10 000元时，编制会计分录如下：

借：应收账款 10 000

贷：坏账准备 10 000

第三年发生坏账8 500元时，编制会计分录如下：

借：坏账准备 8 500

贷：应收账款 8 500

第三年年末，应计提坏账准备13 500元（1 500 000×5%-（60 000+10 000-8 500）），编制会计分录如下：

借：信用减值损失 13 500

贷：坏账准备 13 500

对于因债权单位撤销或不存在等原因造成的应付而无法支付的款项，按规定程序经批准后转为企业的营业外收入，即借记“应付账款”科目，贷记“营业外收入”科目。

【例9-11】202×年年末，金麓公司财产清查时发现一项应付账款10 000元，因对方单位已撤销而无法支付，经批准转销。编制会计分录如下：

借：应付账款 10 000

贷：营业外收入 10 000

立德树人：定期做好人生清查

会计核算中记录的财产物资账面数是企业应有的财产物资，在各个部门存放、使用、流转的是企业实存的财产物资。由于各种主客观原因，企业应有的财产物资与实存的财产物资可能不一致，即账面数与实存数存在差异，造成账实不符。因此，企业要定期或不定期进行财产清查，将账面数与实存数进行核对，查找差异，并将账面数进行调整，以与实存数一致，这是确保会计信息真实可靠的客观要求；同时，要分析差异产生的原因，有针对性地提出整改措施，建立健全相关管理制度，提升企业财产管理水平。

人生亦是如此。每个人心中都有一个理想的自我，即应有的自我；同时，每个人也都有一个现实中的自我，即实有的自我。应有自我与实有自我存在差距吗？这需要我们定期做好人生清查，将理想中的自我与现实中的自我进行核对反思，发现差距要深入分析原因，及时采取措施加强整改，促进自己不断进步、不断提高。“曾子一日三省，则随事用力。”春秋时期，孔子的学生曾参勤奋好学，深得孔子的喜爱，同学问他为什么进步那么快。曾参说：“我每天都要多次问自己，替别人办事是否尽力？与朋友交往有没有不诚实的地方？先生教的学生是否学好？如果发现做得不妥就立即改正。”人生需要不断自查反思，照镜子，正衣冠，及时纠正缺点，在修正“应有自我”与“实有自我”中不断前行。

本章要点概览

1.财产清查是通过对各项实物资产、货币资金及往来款项等进行盘点和核对，查明其实存数，并与账存数进行核对，以检查账实是否相符的一种会计核算方法。它按清查范围分为全面清查和局部清查，按清查时间分为定期清查和不定期清查，按清查执行单位分为内部清查和外部清查。

2.财产清查内容包括货币资金清查、实物资产清查及往来款项清查。其中库存现金清查采用实地盘点法，银行存款清查采用核对法，并通过编制银行存款余额调节表来消除未达账项产生的影响。银行存款余额调节表只起到对账作用，不能作为调节银行存款账面余额的原始凭证。实物资产清查主要采用实地盘点法，根据盘存单及实存账存对比表调整账簿记录。往来款项清查采用询证核对法，与往来单位进行核对，以确保往来款项准确无误。

3.确定实物资产账面结存数的盘存制度有永续盘存制和实地盘存制两种。永续盘存制也叫账面盘存制，实地盘存制也叫以存计耗制。两种盘存制度各有优缺点及其适用的情形，不同的会计实体应根据各自的实际情况，选择合适的盘存制度。

4.财产清查结束后，应及时对清查结果进行相关账务处理，调整账簿记录，以确保各项财产物资账实相符。财产清查中发现的盘亏和毁损，应根据相关规定进行处理。一般而言，个人造成的损失，应由个人赔偿；因管理不善造成的损失，应作为企业管理费用入账；因自然灾害造成的非常损失，列入企业的营业外支出。

本章练习题

1.假设某公司202×年10月31日银行存款日记账余额为234 200元，当月银行存款日记账记录如下：

5日，开出支票#21301，支付购入的原材料款28 000元。

14日，收到购货方交来转账支票#02512，金额116 000元，存入银行。

20日，开出转账支票#31567，支付前欠货款423 000元。

25日，开出转账支票#31568，支付运费20 000元。

30日，收到购货方交来转账支票#605，金额23 400元。

银行对账单余额为232 340元，当月银行对账单记录如下：

5日，收到企业开出的支票#21301，支付原材料款28 000元。

14日，收到转账支票#02512，金额116 000元。

20日，收到企业开出的转账支票#31567，支付金额423 000元。

28日，代付水电费35 100元。

31日，结算银行存款利息12 640元。

31日，代收外地汇来货款24 000元，尚未通知企业。

要求：请编制该公司202×年10月的银行存款余额调节表。

2.假设某公司在202×年年底进行财产清查时发现了下列事项：

（1）出纳清点现金发现短款400元，原因待查。

（2）经查明，现金短款400元属出纳责任，责其赔偿。

(3) 实地盘点发现A材料短缺200千克，单价40元/千克，B材料短缺100千克，单价30元/千克，原因待查。

(4) 经查明，A材料和B材料短缺属自然损耗。

(5) 盘盈C材料300千克，单价15元/千克，原因待查。

(6) 经查明，盘盈C材料属计量器具原因造成。

(7) 清查发现账外设备一台，同类设备市价120 000元，估计八成新。

(8) 盘亏机器一台，原值100 000元，已提折旧30 000元，原因待查。

(9) 经查，盘亏属自然灾害造成的非常损失，其中保险公司赔偿10 000元。

(10) 发现一笔应付账款26 800元，因对方公司撤销而无法支付，批准转销。

要求：请编制以上经济事项会计分录。

3.假设某公司采用应收账款余额百分比法估计坏账损失，估计的坏账率为5%。该公司关于坏账准备计提与坏账的经济业务如下：

(1) 假设该公司202×年年末应收账款余额为2 000 000元，坏账准备账户的余额为0，年末按估计的坏账率计提坏账准备。

(2) 第二年4月，发现一笔应收账款16 000元由于对方公司濒临倒闭而发生坏账，经批准做坏账予以转销。

(3) 第二年年末，该公司应收账款余额为2 400 000元，按估计的坏账率计提坏账准备。

(4) 第三年8月，上述濒临倒闭的公司由于战略重组经营情况明显好转，对方承诺下个月偿还应付账款16 000元。

(5) 第三年9月，收到上述公司的款项16 000元，存入银行。

(6) 第三年年末，该公司应收账款余额为2 800 000元，按估计的坏账率计提坏账准备。

要求：请编写该公司坏账损失核算的会计分录。

参考答案

第十章

财务报告

学习目标与要求

本章系统阐述企业的财务报告，内容主要包括财务报告的组成、财务报表种类以及资产负债表、利润表、现金流量表、所有者权益变动表、附注。通过本章学习，应该了解“四表一注”的内容，掌握资产负债表、利润表的作用、结构和编制方法，了解现金流量表、所有者权益变动表的作用、结构和编制原理。

引导案例

会计学原理学习进展很快，李航本周即将开始学习财务报表编制。李航了解到编制财务报表是会计工作最重要的环节，向罗经理请教编制财务报表要注意的事项。罗经理向李航强调了两点：一是要注意资产负债表的平衡原理，二是要注意不同报表之间数据的钩稽关系，并向李航分享了自己大学毕业实习时的一段糗事。罗经理在会计师事务所进行毕业实习是大四第二学期，有一次实习导师安排他加班编制一家小型家具工厂的月度财务报表。那是罗经理第一次在实务工作中编制财务报表，罗经理编好后信心满满地交给实习导师，结果实习导师一眼就看出罗经理编制的财务报表存在很多错误，其中最明显的错误是资产负债表中“资产总计”与“负债和所有者权益总计”不相等。经实习导师仔细检查，发现造成资产负债表不平衡的原因主要有：一是“存货”项目没有计算“生产成本”账户的余额；二是“固定资产”项目没有减去“累计折旧”账户的余额；三是“未分配利润”项目没有计算“本年利润”账户的余额。此外，应收账款、预收账款、长期借款等项目没有按相应的明细账进行重分类。李航刚开始学习财务报表编制，对财务报表的具体项目及其所涵盖的内容还不是很熟悉，对每个项目的数据来源也不清楚，因而对于罗经理所说的这些错误无法准确理解。同学们，你们是否也同样无法理解罗经理所说的这些错误？希望大家通过本章学习获得明确答案。

导读测评

10-1

第一节 财务报告概述

一、财务报告的组成

按照我国企业会计准则的要求，企业财务报告应当包括财务报表及其他应当在财务报告中披露的相关信息和资料。企业财务报告的组成如图10-1所示。

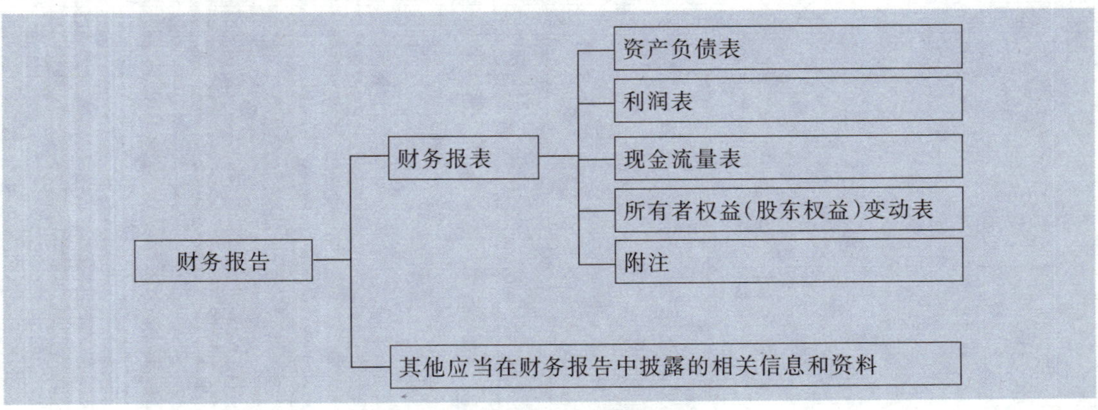

图10-1 我国财务报告组成体系

财务报表是对企业财务状况、经营成果和现金流量的结构性表述。一般来说，财务报表是企业财务报告的主体。一套完整的财务报表至少应当包括资产负债表、利润表、现金流量表、所有者权益（或股东权益，下同）变动表和附注，即“四表一注”。

财务报表中的“四表”一般称为会计报表，它是财务报表的核心。其中，资产负债表是反映企业某一特定日期财务状况的会计报表；利润表是反映企业一定会计期间经营成果的会计报表；现金流量表是反映企业一定会计期间现金和现金等价物流入和流出情况的会计报表；所有者权益变动表是反映构成所有者权益的各组成部分当期的增减变动情况的会计报表。

附注是对资产负债表、利润表、现金流量表、所有者权益变动表等报表中列示项目的文字描述或明细资料披露，以及对未能在这些报表中列示项目的说明等。附注是财务报表不可或缺的重要组成部分。财务会计报告使用者要了解企业的财务状况、经营成果和现金流量，应当全面阅读附注。

其他应当在财务报告中披露的相关信息和资料，具体根据有关法律法规的规定和外部使用者的信息需求而定，例如，企业可以在财务报告中披露其承担的社会责任、对社区的贡献、可持续发展能力等信息。这些信息与使用者的决策也是相关的，尽管属于非财务信息，无法包括在财务报表中，但是如果有规定或者使用者有需求，企业应当在财务报告中予以披露。

二、财务报告的作用

编制财务报告是提供会计信息的重要手段，也是会计核算体系中一个非常重要的组成部分。同时，财务报告是向投资者等财务报告使用者提供决策有用信息的媒介和渠道，是沟通投资者、债权人等使用者与企业管理层之间的桥梁和纽带。在财务报告体系中，虽然不同的会计报表或其他相关信息表达着不同的内容，具有不同的目的，所发挥的作用各有侧重，但是概括来说，财务报告的作用主要体现在以下几个方面：

第一，为投资者、债权人做出投资和贷款决策提供必要的财务会计信息。通过财务报告，投资者及其他外部经济利益关系集团可以定期从中了解和评价管理层的经营业绩和财务实力，完整、深刻地认识和掌握企业的财务状况和经营成果，从而帮助投资者做出增资或撤资等决策；对潜在的投资者来说，根据财务报告的信息，可以做出是否参与企业投资的决策；对债权人来说，可以通过企业的财务报告提供的信息，分析企业的盈利能力和偿债能力，进而评判企业的资信情况，做出是否应贷给企业更多的资金、是否应保持对企业的债权等决策。

第二，为政府及相关机构进行宏观经济管理提供必要的财务会计信息。在社会主义市场经济条件下，国家担负着进行宏观经济管理与调控的重任，财政、税务、审计、工商等行政管理机关履行着管理企业的职能。政府及相关机构最为关注国家资源的分配和运用情况，需要了解与经济政策制定、国民经济发展、国民收入统计等有关的信息。企业编制的财务报告是政府及相关机构加强宏观经济管理与调控所需要的重要信息来源。

第三，为企业加强内部经营管理提供必要的财务会计信息。企业的经济管理者在生产经营过程中，需要经常做出各种预测、决策、控制，需要不断地分析企业的财务、成本状况，需要考核经营成果，评价经济效益，总结企业经营管理中的经验、成绩和存在的问题，从而不断改善经营管理工作，提高企业管理水平。企业编制的财务报告是经营管理者加强内部经营管理所需要的重要信息来源。

三、财务报表的种类

知识拓展

“股神”巴菲特

作为财务报告核心内容的财务报表可按不同标志进行分类。

（一）按反映的经济内容分类

（1）财务状况报表。财务状况报表是反映企业在某一特定时日财务状况及其变动情况的会计报表，如资产负债表、现金流量表、所有者权益变动表等。

（2）经营成果报表。经营成果报表是反映企业在某一特定时期内所取得的经营成果的会计报表，如利润表。

（二）按编制时间分类

（1）中期财务报表。中期财务报表是以短于一个完整会计年度的报告期间为基础编制的财务报表，包括月报、季报和半年报等。企业中期对外提供的财务报表一般应当包括资产负债表、利润表、现金流量表和附注。其中，中期资产负债表、利润表和现金流量表应当是完整报表，其格式和内容应当与年度财务报表相一致。与年度财务报表相比，中期财务报表中的附注披露可适当简略。

（2）年度财务报表。年度财务报表是指在会计年度终了时编制的，以全面反映企业财务状况、经营成果、现金流量的报表，包括资产负债表、利润表、现金流量表、所有者权益变动表和附注等。

（三）按编制单位和编报范围分类

（1）个别财务报表。个别财务报表是指单个单位在自身会计核算基础上对账簿记录进行加工而编制的独立反映其财务状况、经营成果及现金流量的财务报表。

（2）合并财务报表。合并财务报表是指以母公司和子公司组成的企业集团为会计主体，以母公司和子公司单独编制的个别财务报表为基础，由母公司编制的综合反映企业集团财务状况、经营成果及现金流量的财务报表。

（四）按反映的资金运动状况分类

（1）静态报表。静态报表是指反映单位在某一特定时日财务状况的财务报表，它反映的是某一特定时点的指标数值，如资产负债表。

（2）动态报表。动态报表是指反映单位在某一特定时期经营成果或财务变动状况的财务报表，它反映的是在一定时期的指标数值，如利润表、现金流量表。

四、财务报表的编制要求

为了充分发挥财务报表的作用，让会计信息使用者清楚地了解企业的财务状况、经营成果和现金流量情况，财务报表应当根据真实的交易、事项以及完整、准确的账簿记录等资料，按照国家统一规定的编制基础、编制依据、编制原则和方法编报。具体应遵循以下几点要求：

（一）内容完整

财务报表必须全面反映企业的财务状况、经营成果和现金流量情况，所以，应根据规定的财务报告构成内容编报资产负债表、利润表、现金流量表、所有者权益变动表和附注等全部内容，统一财务报告中规定的各项指标都应填写完整，不得随意漏编、漏报。

（二）数字真实

财务报表必须客观、公正、实事求是地反映企业客观存在的经济事实，以确保会计信息的真实、准确。为此，在日常会计核算工作中会计凭证的编制和会计账簿的记录必须以实际发生的经济业务为依据，将企业发生的所有经济业务登记入账，并按规定的方法计算和填列各项数字，加强财产清查和对账、结账工作。在编制财务报告时，应当以核实无误的账簿记录为依据，不允许以估计或推算数字代替实际数据，更不允许弄虚作假、隐瞒谎报、篡改数字。

（三）计算准确

财务报表应严格按规定正确计算各项指标的金额，对于报表之间、项目之间、本期与上期之间有钩稽关系的数字，应注意核对，使其保持一致。

（四）编报及时

财务报表必须按照规定的时间和程序及时编制并对外提供。按规定，月度报表应于月份终了后6天内（节假日顺延，下同）对外提供；季度报表应于季度终了后15天内对外提供；半年度报表应于半年度终了后60天内对外提供；年度报表应于年度终了后4个月内对外提供。由于会计信息具有很强的时效性，财务报告只有及时编制和报送，才能满足会计信息使用者的需要。

五、财务报表编制前的准备工作

财务报表是会计核算工作的结果，是企业向信息使用者提供反映其全面会计信息的重要手段。为保证会计信息的真实、准确、完整、及时，应做好以下准备工作：

（一）期末账项调整

企业应按照权责发生制的要求，正确划分各个会计期间的收入、费用。在实际工作中，由于会计分期的原因，企业的日常账簿记录并不能全面地反映本期收入及费用，所以企业必须在结账前对某些账项进行调整。通过调整，合理确定各期的费用、收入，正确计算各期的经营成果。期末调整的账项内容较多，具体可概括为以下几类：一是属于本期收入，但尚未收到款项的账项调整；二是属于本期费用，但尚未支付的账项调整；三是本期已收款，但不属于或不完全属于本期收入款项的账项调整；四是属于本期支出，但尚未支付的账项调整。针对这些调整事项应编制相关调整分录，在编制报表前调整相关账簿记录。

（二）清查资产、核对债权债务

企业在编制财务报告前，为确保会计信息的准确性，应全面清产核资，核对债权债务，具体包括：检查各项往来是否存在，是否与债权、债务人金额相符；检查各项存货实存数与账存数是否一致；是否有积压物资和报废损失；检查各项固定资产账实是否相符；检查各项投资是否正常等。

（三）及时对账

在会计核算过程中，应及时对账。对账包括日常核对和期末核对。日常核对主要是在日常工作中会计人员对原始凭证和记账凭证的核对；期末核对主要是指在期末结账时所进行的账账核对、账实核对及账证核对。通过及时对账，确保账簿之间核对相符、账簿和实物核对相符、账簿和会计凭证核对相符，从而确保对外提供的会计信息准确无误。

（四）期末结账

对于各会计期间发生的经济业务，应及时编制会计凭证并登记账簿，记录资产、负债等各个账户的增减变动。在把一定会计期间所发生的交易或事项全部登记入账的基础上，还必须在期末对各账户进行结账，即结算出每个账户的本期发生额及余额并登记入账，以清楚反映各项目的结余情况，为编制会计报表提供直接依据。

导读测评

10-2

第二节　资产负债表

一、资产负债表的定义及作用

资产负债表（balance sheet）是反映企业某一特定日期财务状况的会计报表，提供企业在某一特定日期所拥有或控制的经济资源、所承担的现有义务和所有者对净资产的要求权信息。它是根据“资产=负债+所有者权益”这一会计等式，按照一定的分类标准和顺序，把企业特定日期的资产、负债和所有者权益各项目予以适当的排列，并对日常工作中形成的大量数据进行整理后编制。资产负债表对于使用者具有如下几个方面的作用：

（1）提供企业拥有并可利用的经济资源，即资产总额、资产的结构和分布情况信息，据以进一步分析企业资产结构的合理性和资产的流动性。

（2）提供企业资产的资金来源，即债权人提供的负债资金、所有者的投资、实现利润所形成的积累情况信息，据以进一步分析企业融资结构的合理性和运用财务杠杆的适当性。

（3）提供企业所承担的现时义务，即负债总额、负债的结构和分布情况信息，据以进一步分析企业负债结构的合理性和清偿债务的时限性。

（4）提供企业所有者所拥有的权益及其构成信息，据以进一步分析企业资本的保值增值情况以及对负债的保障程度。

此外，资产负债表还提供了进行财务分析或者评价的基本资料。例如，将流动资产与流动负债对比计算流动比率，将速动资产（流动资产减去存货等）与流动负债对比计算速动比率，可以评价企业的短期偿债能力；将负债总额与资产总额对比计算资产负债率，可以评价企业的长期偿债能力；将利润表列报的营业成本与期初期末存货的平均数对比计算存货周转率，将利润表列报的营业收入与期初期末应收账款的平均数对比计算应收账款周转率，可以通过存货周转速度、应收账款周转速度评价企业的资金周转能力；将利润表列报的净利润与期初期末资产的平均数对比计算资产报酬率，可以评价企业的资产收益水平。总之，资产负债表是财务报表体系中的主要报表之一，对所有会计信息使用者具有非常重要的作用。

二、资产负债表的基本结构

资产负债表基本结构包括表头和表体两个部分。表头主要列示报表名称、编制单位、编制日期、报表编号、货币名称及计量单位等。表体即正表，是资产负债表的主要构成部分，列示说明企业财务状况的各个项目。

资产负债表的表体有报告式和账户式两种格式。报告式资产负债表亦称竖式资产负债表，是以“资产-负债=所有者权益”为构架，将资产、负债、所有者权益项目自上而下垂直排列，其简化格式见表10-1。

表 10-1　　资产负债表（报告式）

编制单位：金麓公司　　202×年 12 月 31 日　　单位：元

项　目	期末金额	年初金额（略）
资产		
流动资产	1 209 600	
非流动资产	2 590 000	
资产合计	3 799 600	
负债		
流动负债	886 600	
非流动负债	180 000	
负债合计	1 066 600	
所有者权益		
实收资本	2 000 000	
资本公积	400 000	
其他综合收益		
盈余公积	120 000	
未分配利润	213 000	
所有者权益合计	2 733 000	

账户式资产负债表又称横式报表，它以“资产=负债+所有者权益”这一会计恒等式为构架，以“T”形账户为模型设计。由于资产类账户的余额在借方，负债和所有者权益类账户的余额在贷方，因此账户式资产负债表分为左、右两个部分，其中左边列示资产各项目，反映资产的分布及存在形态，右边列示负债和所有者权益各项目，反映负债和所有者权益的内容及构成情况，资产各项目的合计等于负债及所有者权益各项目的合计，保持左、右两方平衡，其简化格式见表 10-2。

报告式资产负债表着重通过资产与负债的比较，突出所有者对企业净资产的要求权；账户式资产负债表着重反映企业的全部资产及其资金来源，有利于信息使用者通过左、右两方的对比，直观地了解企业的财务状况。我国一直采用账户式资产负债表，资产类项目按流动性大小、变现能力排列，流动性越强的项目排列越靠前；负债项目按偿还债务时间的长短排列，先流动负债，再非流动负债。所有者权益项目按各项目的稳定性排列，最稳定的实收资本排前，然后依次为资本公积、其他综合收益、盈余公积及未分配利润。我国目前规定的企业资产负债表的格式与项目见表 10-4。

表 10-2　　　　资产负债表（账户式）

编制单位：金麓公司　　　　202×年12月31日　　　　单位：元

项　目	期末金额	年初金额（略）	项　目	期末金额	年初金额（略）
资产			负债		
流动资产	1 209 600		流动负债	886 600	
			非流动负债	180 000	
			负债合计	1 066 600	
			所有者权益		
			实收资本	2 000 000	
非流动资产	2 590 000		资本公积	400 000	
			其他综合收益		
			盈余公积	120 000	
			未分配利润	213 000	
			所有者权益合计	2 733 000	
资产总计	3 799 600		负债与所有者权益总计	3 799 600	

三、资产负债表的编制方法

（一）“年初余额”栏填列

为了便于各项指标期末数与期初数的比较，资产负债表各项目均需填列“年初余额”和“期末余额”两个金额栏。“年初余额”栏的各项数字应根据上年末资产负债表的“期末余额”栏内有关数字直接填列。如果本年度资产负债表规定的各个项目与上年度不一致，应对上年年末资产负债表各项目的名称和数字按照本年度的规定进行调整，按调整后的数字填入资产负债表“年初余额”栏内。

（二）“期末余额”栏填列

资产负债表“期末余额”栏各项目，应按资产类（含成本类）、负债类、所有者权益类总账账户及有关明细账户的期末余额填列。主要项目的具体填列方法如下：

（1）“货币资金”项目，反映企业库存现金、银行存款、外埠存款、银行汇票存款、银行本票存款、信用证存款等的合计数。本项目根据“库存现金”“银行存款”“其他货币资金”三个账户期末余额的合计数填列。

（2）“交易性金融资产”，反映资产负债表日企业分类为以公允价值计量且其变动计入当期损益的金融资产，以及企业持有的指定为以公允价值计量且其变动计入当期损益的金融资产的期末账面价值。本项目根据“交易性金融资产”账户的所属明细账户期末余额分析填列。

（3）“应收票据”项目，反映资产负债表日以摊余成本计量的、企业因销售商品、提供劳务等收到的商业汇票，包括商业承兑汇票和银行承兑汇票。该项目根据“应收票据”账户的期末余额，减去“坏账准备”账户中有关应收票据计提的坏账准备后的金额填列。

（4）“应收账款”项目，反映资产负债表日以摊余成本计量的、企业因销售商品及提供劳务等经营活动应收取的款项。该项目根据“应收账款”“预收账款”两个账户所属明细账户的借方余额之和，减去“坏账准备”账户中有关应收账款计提的坏账准备后填列。

（5）“预付款项”项目，反映企业按照购货合同规定预付给供货单位的款项等。该项目根据“预付账款”“应付账款”两个账户所属明细账户借方余额之和，减去“坏账准备”账户中有关预付账款计提的坏账准备后填列。

（6）“其他应收款”项目，反映企业除应收票据、应收账款、预付账款等以外的其他各种应收暂付款。该项目根据“应收利息”、“应收股利”和“其他应收款”三个账户期末余额的合计数，减去“坏账准备”账户中相关坏账准备后填列。

（7）“存货”项目，反映企业期末库存、在途和加工中的各种存货成本或可变现净值。该项目根据“在途物资”（或“材料采购”）、“原材料”、“周转材料”、“库存商品”、“委托加工物资”和“生产成本”等账户期末借方余额的合计数，减去“存货跌价准备”的期末余额后填列。材料采用计划成本核算的，还应按加上或减去材料成本差异后的金额填列。

（8）“一年内到期的非流动资产”项目，反映企业将于一年内到期的非流动资产项目金额。该项目根据“债权投资”“长期应收款”“长期待摊费用”等账户所属明细账户中将于一年内到期的部分填列。

（9）“债权投资”项目，反映资产负债表日企业以摊余成本计量的长期债权投资的期末账面价值。该项目根据“债权投资”账户的期末余额减去其明细账户中将于一年内到期的部分，再减去“债权投资减值准备”账户中相关减值准备后的余额填列。

（10）“长期股权投资”项目，反映企业持有的对子公司、联营企业和合营企业的股权投资。该项目根据“长期股权投资”账户的期末余额减去“长期股权投资减值准备”账户的期末余额后填列。

（11）“固定资产”项目，反映资产负债表日企业的各项固定资产价值和企业尚未清理完毕的固定资产清理净损益。该项目根据“固定资产”账户的期末余额减去“累计折旧”和“固定资产减值准备”账户的期末余额，以及“固定资产清理”账户期末余额后的金额填列。

（12）“在建工程”项目，反映资产负债表日企业尚未达到预定可使用状态的在建工程的期末价值和企业为在建工程准备的各种物资的期末账面价值。该项目根据“在建工程”账户的期末余额减去“在建工程减值准备”账户的期末余额，再加上“工程物资”账户的期末余额减去“工程物资减值准备”账户的期末余额后填列。

（13）“无形资产”项目，反映企业持有的各项无形资产，包括专利权、非专利技术、商标权、著作权、土地使用权等的期末可收回金额。该项目根据“无形资产”账户的期末余额，减去“累计摊销”和“无形资产减值准备”账户的期末余额后填列。

（14）“长期待摊费用”项目，反映企业已经发生但应由本期和以后各期共同负担的分摊期限在一年以上的各项费用。该项目根据“长期待摊费用”账户的期末余额填列。

（15）“短期借款”项目，反映企业向银行或其他金融机构借入尚未归还的一年期以下

（含一年）的借款。该项目根据“短期借款”账户的期末余额直接填列。

（16）“交易性金融负债”项目，反映资产负债表日企业承担的交易性金融负债，以及企业持有的指定为以公允价值计量且其变动计入当期损益的金融负债的期末账面价值。该项目根据“交易性金融负债”账户的所属明细账户的期末余额分析填列。

（17）“应付票据”项目，反映资产负债表日以摊余成本计量的，企业因购买材料、商品和接受服务等开出、承兑的商业汇票，包括银行承兑汇票和商业承兑汇票。该项目根据“应付票据”账户的期末余额直接填列。

（18）“应付账款”项目，反映资产负债表日以摊余成本计量，企业因购买材料、商品和接受服务等经营活动应支付的款项，该项目根据“应付账款”“预付账款”两个账户所属明细账户的期末贷方余额计算填列。

（19）“预收款项”项目，反映企业按照购销合同规定预收的购货单位的账款。该项目根据“预收账款”“应收账款”两个账户所属明细账户的期末贷方余额计算填列。

（20）“应付职工薪酬”项目，反映企业应付未付的职工薪酬。该项目根据“应付职工薪酬”账户的期末贷方余额直接填列，若“应付职工薪酬”账户期末为借方余额，则以“-”号填列。

（21）“应交税费”项目，反映企业期末未交、多交或未抵扣的各项税金及其他费用，包括增值税、消费税、所得税、城建税、教育费附加等。该项目根据“应交税费”账户的期末贷方余额直接填列，若“应交税费”账户期末为借方余额，则以“-”号填列。

（22）“其他应付款”项目，反映企业除应付账款、应付票据、预收账款以外的其他应付暂收的款项。该项目根据“应付利息”、“应付股利”和“其他应付款”三个账户期末余额的合计数填列。

（23）“一年内到期的非流动负债”项目，反映企业非流动负债中将于资产负债表日后一年内到期部分的金额，如将在一年内到期的长期借款。该项目应根据“长期借款”“应付债券”等账户所属明细账户中将于一年内到期的部分填列。

（24）“长期借款”项目，反映企业向银行或其他金融机构借入尚未归还的一年期以上（不含一年）的借款本息。该项目根据“长期借款”账户的期末余额减去其明细账户中将于一年内到期的数额后填列。

（25）“应付债券”项目，反映企业为了筹集长期资金而发行的尚未偿还的各种长期债券的本息。该项目根据“应付债券”账户的期末余额减去其明细账户中将于一年内到期的数额后填列。

（26）“长期应付款”项目，反映企业除长期借款和应付债券以外的其他各种长期应付款项。该项目根据“长期应付款”账户的期末余额减去相关的“未确认融资费用”账户的期末余额及“专项应付款”账户的期末余额填列，其所属明细账户中有一年内将支付完毕的款项也应予以减去。

（27）“实收资本”项目，反映企业各投资者实际投入的资本（或股本）总额。该项目根据“实收资本（或股本）”账户的期末余额直接填列。

（28）“资本公积”项目，反映企业资本公积的期末余额。该项目根据“资本公积”账户的期末余额直接填列。

（29）“其他综合收益”项目，反映企业根据企业会计准则规定未在损益中确认的各项利得、损失扣除所得税影响后的净额。该项目根据“其他综合收益”账户的期末余额填列。

(30)“盈余公积”项目，反映企业盈余公积的期末余额。该项目根据“盈余公积”账户的期末余额直接填列。

(31)“未分配利润”项目，反映企业尚未分配的利润。该项目根据“本年利润”和“利润分配”两个账户的期末余额分析计算填列，若期末有借方余额，则以“-”号填列；年末，可根据“利润分配”账户年末贷方余额直接填列，若年末为借方余额，则以“-”号填列。

综上所述，资产负债表“期末余额”栏各项目金额的填列方法大体上可归纳为以下几种情况：

(1) 根据某一个总账账户的期末余额直接填列，如“短期借款”、“应付职工薪酬”、“应交税费”、“实收资本”、“资本公积”及“盈余公积”等项目。

(2) 根据若干个总账账户的期末余额计算填列，如“货币资金”、“其他应收款”、“存货”、“长期股权投资”、“固定资产”、“在建工程”、“无形资产”、“其他应付款”及“未分配利润”等项目。

(3) 根据相关账户所属明细账户的余额计算填列，如“应付账款”、“预收账款”、“交易性金融资产”、“交易性金融负债”、“一年内到期的非流动资产”及“一年内到期的非流动负债”等项目。

(4) 根据总账账户和所属明细账户的余额分析计算填列，如“长期借款”“应付债券”等项目。

(5) 综合运用上述填列方法分析填列，如“预付款项”、“应收账款”及“债权投资”等项目。

四、资产负债表编制举例

【例10-1】金麓公司202×年12月31日的账户余额表见表10-3，根据账户余额表的资料编制金麓公司202×年12月31日的资产负债表。

现将上述资料按照前面介绍的方法归纳分析后填入资产负债表期末余额相对应的项目中，编制金麓公司202×年12月31日的资产负债表（见表10-4）。相关项目具体过程如下：

(1) 将总账账户“库存现金”“银行存款”的余额相加后列入“货币资金”项目(3 000+420 000=423 000)，计423 000元。

(2) 将总账账户“交易性金融资产”的余额列入“交易性金融资产”项目，计40 000元。

(3) 将明细账户“应收账款——明安公司”“应收账款——美邦公司”“预收账款——高科公司”的三个借方余额相加，再减去明细账户“坏账准备——应收账款”相应金额后列入“应收账款”项目（80 000+40 000+10 000-300=129 700），计129 700元。

(4) 将明细账户“预付账款——南都公司”“应付账款——日红公司”的借方余额相加后列入“预付款项”项目（80 000+20 000=100 000），计100 000元。

(5) 将总账账户“应收股利”账户的余额加上“其他应收款”的余额，减去明细账户“坏账准备——其他应收款”的余额后列入“其他应收款”项目（12 000+5 000-100=16 900），计16 900元。

表 10-3　**金麓公司总账及部分明细账户余额**

202×年 12 月 31 日　　单位：元

账户名称	总账余额		明细账余额	
	借方	贷方	借方	贷方
库存现金	3 000			
银行存款	420 000			
交易性金融资产	40 000			
应收账款	100 000			
应收账款——明安公司			80 000	
应收账款——美邦公司			40 000	
应收账款——伟国公司				20 000
预付账款	50 000			
预付账款——南都公司			80 000	
预付账款——绿地公司				30 000
其他应收款	5 000			
应收股利	12 000			
坏账准备		400		
坏账准备——应收账款				300
坏账准备——其他应收款				100
在途物资	70 000			
原材料	120 000			
库存商品	300 000			
存货跌价准备		25 000		
长期股权投资	50 000			
债权投资	40 000			
债权投资——一年内到期			25 000	
债权投资——超一年到期			15 000	
固定资产	2 800 000			
固定资产减值准备		100 000		
累计折旧		500 000		
无形资产	300 000			

续表

账户名称	总账余额		明细账余额	
	借方	贷方	借方	贷方
无形资产减值准备		5 000		
长期待摊费用	40 000			
长期待摊费用——一年内摊完			10 000	
长期待摊费用——超一年摊完			30 000	
短期借款		50 000		
应付账款		200 000		
应付账款——天达公司				190 000
应付账款——仁爱公司				30 000
应付账款——红日公司			20 000	
预收账款		120 000		
预收账款——海洋公司				130 000
预收账款——高科公司			10 000	
其他应付款		5 200		
应付票据		40 000		
应付职工薪酬		27 800		
应交税费		13 600		
应付股利		50 000		
长期借款		480 000		
长期借款——一年内到期				300 000
长期借款——超一年到期				180 000
实收资本		2 000 000		
资本公积		400 000		
盈余公积		120 000		
利润分配		213 000		
利润分配——未分配利润				213 000
合计	4 350 000	4 350 000		

表10-4　　　　　　　　　　　　**资产负债表**　　　　　　　　　　　　会企01表

编制单位：金麓公司　　　　　　　202×年12月31日　　　　　　　　单位：元

资　产	期末余额	年初余额（略）	负债和所有者权益（或股东权益）	期末余额	年初余额（略）
流动资产：			流动负债：		
货币资金	423 000		短期借款	50 000	
交易性金融资产	40 000		交易性金融负债		
衍生金融资产			衍生金融负债		
应收票据			应付票据	40 000	
应收账款	129 700		应付账款	250 000	
预付款项	100 000		预收款项	150 000	
其他应收款	16 900		合同负债		
存货	465 000		应付职工薪酬	27 800	
合同资产			应交税费	13 600	
持有待售资产			其他应付款	55 200	
一年内到期的非流动资产	25 000		持有待售负债		
其他流动资产			一年内到期的非流动负债	300 000	
流动资产合计	1 199 600		其他流动负债		
非流动资产：			流动负债合计	886 600	
债权投资	15 000		非流动负债：		
其他债权投资			长期借款	180 000	
长期应收款			应付债券		
长期股权投资	50 000		其中：优先股		
其他权益工具投资			永续债		
其他非流动金融资产			长期应付款		
投资性房地产			预计负债		
固定资产	2 200 000		递延收益		
在建工程			递延所得税负债		
生产性生物资产			其他非流动负债		
油气资产			非流动负债合计	180 000	
无形资产	295 000		负债合计	1 066 600	
开发支出			所有者权益（或股东权益）：		
商誉			实收资本（或股本）	2 000 000	
长期待摊费用	40 000		其他权益工具		
递延所得税资产			其中：优先股		
其他非流动资产			永续债		
非流动资产合计	2 600 000		资本公积	400 000	
			减：库存股		
			其他综合收益		
			盈余公积	120 000	
			未分配利润	213 000	
			所有者权益（或股东权益）合计	2 733 000	
资产总计	3 799 600		负债和所有者权益（或股东权益）总计	3 799 600	

（6）将总账账户“在途物资”“原材料”“库存商品”的余额相加，再减去总账账户“存货跌价准备”的余额后列入“存货”项目（70 000+120 000+300 000−25 000=465 000），计465 000元。

（7）将明细账户“债权投资——一年内到期”“长期待摊费用——一年内摊完”的余

额相加后列入“一年内到期的非流动资产”项目（25 000+10 000=35 000），计35 000元。

（8）将明细账户“债权投资——超一年到期”的余额列入“债权投资”项目，计15 000元。

（9）将总账账户“固定资产”的余额减去总账账户“累计折旧”“固定资产减值准备”的余额后列入“固定资产”项目（2 800 000-500 000-100 000=2 200 000），计2 200 000元。

（10）将总账账户“无形资产”的余额减去总账账户“无形资产减值准备”的余额后列入“无形资产”项目（300 000-5 000=295 000），计295 000元。

（11）将明细账户“长期待摊费用——超一年摊完”的余额列入“长期待摊费用”项目，计30 000元。

（12）将明细账户“应付账款——天达公司”贷方余额与“应付账款——仁爱公司”、“预付账款——绿地公司”的贷方余额相加后列入“应付账款”项目（190 000+30 000+30 000=250 000），计250 000元。

（13）将明细账户“预收账款——海洋公司”贷方余额与“应收账款——伟国公司”贷方余额相加后列入“预收款项”项目（130 000+20 000=150 000），计150 000元。

（14）将总账账户“应付股利”账户的余额加上“其他应付款”的余额列入“其他应付款”项目（50 000+5 200=55 200），计55 200元。

（15）将明细账户“长期借款——一年内到期”的余额列入“一年内到期的非流动负债”项目，计300 000元。

（16）将明细账户“长期借款——超一年到期”的余额列入“长期借款”项目，计180 000元。

（17）将总账账户“利润分配”余额列入“未分配利润”项目，计213 000元。

（18）将总账账户“应付票据”、“长期股权投资”、“短期借款”、“应付职工薪酬”、“应交税费”、“实收资本”、“资本公积”及“盈余公积”的余额直接列入相对应的项目。

导读测评

10-3

第三节　利润表

一、利润表的定义及作用

利润表（income statement）是反映企业在一定会计期间经营成果的会计报表，提供企业在一定会计期间经营业绩的主要来源和构成信息。它根据“收入-费用=利润”这一会计等式，按照一定的分类标准和顺序，把企业一定会计期间的收入、费用各项目予以适当的排列，并对日常工作中形成的大量数据进行整理后编制。利润表对于使用者具有如下几个方面的作用：

（1）提供企业在一定会计期间的收入实现情况，即实现的营业收入、其他收益、投资收益、公允价值变动收益、资产处置收益以及营业外收入等信息，据以进一步分析企业经营业绩来源结构的合理性和可持续性。

（2）提供企业在一定会计期间的费用耗费情况，即耗费的营业成本、税金及附加、销售费用、管理费用、财务费用、资产减值损失以及营业外支出、所得税费用等信息，据以进一步分析企业的费用耗费结构及耗费水平。

（3）提供企业在一定会计期间生产经营活动的成果，即净利润的实现情况信息，据以进一步分析企业的盈利能力与资本保值、增值能力。

此外，利润表还提供了进行财务分析或者评价的基本资料。例如，将营业利润与营业收入对比计算营业收入利润率、营业利润与营业成本对比计算营业成本利润率，可以评价企业的盈利能力；将营业成本与资产负债表列报的期初期末存货平均数对比计算存货周转率，将营业收入与资产负债表中期初期末的平均应收账款对比计算应收账款周转率，可以通过存货周转速度、应收账款周转速度评价企业的资金周转能力；将净利润与资产负债表中期初期末的平均资产对比计算资产报酬率，可以评价企业的资产收益水平；将营业利润与现金流量表列报的经营活动产生的现金流量净额对比，可以评价企业营业利润的质量。同时，通过利润表提供的会计信息，为考核和评价企业经营管理人员的经营业绩和经营管理水平提供了依据。

二、利润表的基本结构

利润表基本结构同样包括表头和表体，表头部分主要列示利润表的名称、编制单位、编制时间、报表编号、货币名称及计量单位等内容。

利润表的表体包括单步式和多步式两种格式。单步式利润表是根据当期的所有收入总额减当期的费用总额，以此列示当期的利润总额。多步式利润表是按利润的构成因素将收入及有关成本、费用等在表上分层次、分步骤地逐项计算编制的报表。多步式利润表的计算步骤为：

第一步，以营业收入为基础，减去营业成本、税金及附加、销售费用、管理费用、研发费用、财务费用、资产减值损失、信用减值损失，加上公允价值变动收益（减去公允价值变动损失）、投资收益（减去投资损失）、资产处置收益（减去资产处置损失）和其他收益等，计算得出营业利润；

第二步，以营业利润为基础，加上营业外收入，减去营业外支出，计算出利润总额；

第三步，用利润总额减去所得税费用，得到净利润（或净亏损）；

第四步，以净利润（或净亏损）和其他综合收益为基础，计算综合收益总额；

第五步，以净利润为基础，计算每股收益。

普通股或潜在普通股已公开交易的企业，以及正处于公开发行普通股或潜在普通股过程中的企业，应当在利润表中列示每股收益信息。

按以上步骤列示的利润表见表10-5。

从实际运作来看，多步式利润表能够科学地解释企业利润及利润的形成情况，准确揭示净利润各构成要素之间的内在联系，从而便于对生产经营情况进行分析、与不同企业进行比较、对未来盈利能力进行分析，因此，我国企业采用多步式利润表结构。

三、利润表的编制方法

（一）“上期金额”栏填列

为便于不同会计期间经营成果的对比分析，利润表各项目均需填列“本期金额”和“上期金额”两栏。其中“上期金额”栏中的各项数字，应根据上年同期利润表中的“本期金额”栏填列。如果上年度同期利润表的项目名称和内容与本期不一致，应对上年该利润表各项目的名称和数字按本期的规定进行调整，填入报表中的“上期金额”栏。

（二）“本期金额”栏填列

“本期金额”栏内的各期数字，应根据损益类账户以及“其他综合收益”等部分所有者权益类账户的本期发生额填列，或者根据表内相关项目钩稽关系计算填列，具体可以归纳为以下几个情况：

（1）根据两个总分类账户本期发生额合并计算填列。如“营业收入”项目，应根据“主营业务收入”和“其他业务收入”账户本期贷方发生额合并计算填列；“营业成本”项目，应根据“主营业务成本”和“其他业务成本”账户本期借方发生额合并计算填列。

（2）根据某个总分类账户本期发生额分析填列。如“税金及附加”、“销售费用”、“其他收益”、“投资收益”、“公允价值变动收益”、“资产价值损失”、“信用减值损失”、“资产处置收益”、“营业外收入”、“营业外支出”、“所得税费用”等项目，应根据相应总分类账户本期发生额分析填列。

（3）根据有关总分类账户及所属相关明细分类账户发生额分析填列。如“管理费用”项目，应根据“管理费用”总分类账户发生额及所属明细分类账户发生额分析填列。

（4）根据有关总分类账户所属的相关明细分类账户发生额分析填列。如“研发费用”项目，应根据“管理费用”总分类账户所属“研发费用”明细分类账户发生额等分析计算填列；“利息费用”“利息收入”项目，应根据“财务费用”总分类账户所属相关明细分类账户发生额分析计算填列；“对联营企业和合并企业的投资收益”项目，应根据“投资收益”总分类账户所属相关明细分类账户发生额分析填列；“其他综合收益的税后净额”项目，应根据“其他综合收益”总分类账户和所属明细分类账户的本期发生额分析填列。

（5）根据表中相关项目钩稽关系计算填列。例如“营业利润”、“利润总额”、“净利润”及“综合收益总额”项目，应该根据表内钩稽关系填列。

（6）根据有关企业准则的相关规定填列。如“持续经营净利润”、“终止经营净利润”及“每股收益”项目。

四、利润表编制举例

【例10-2】金麓公司202×年12月损益类科目的发生额见表10-5，其中管理费用中包含研发费用20 000元，财务费用10 000元全部为借款利息。根据各损益类科目的发生额编制金麓公司202×年12月的利润表（注：公司本年度无其他综合收益）。

表10-5　　金麓公司损益类账户发生额

202×年12月　　单位：元

科目名称	借方发生额	贷方发生额
主营业务收入		600 000
主营业务成本	420 000	
税金及附加	20 000	
销售费用	40 000	
管理费用	50 000	
财务费用	10 000	
资产减值损失	12 000	
投资收益		250 000
营业外收入		20 000
营业外支出	8 000	
其他业务收入		10 000
其他业务成本	5 000	
所得税费用	78 750	

根据上述资料编制该企业202×年度利润表，见表10-6。

表10-6　　　　　　　　　　　利润表　　　　　　　　　　　会企02表

编制单位：金麓公司　　　　　　202×年12月　　　　　　　　单位：元

项　目	本期金额	上期金额（略）
一、营业收入	610 000	
减：营业成本	425 000	
税金及附加	20 000	
销售费用	40 000	
管理费用	30 000	
研发费用	20 000	
财务费用	10 000	
其中：利息费用	10 000	
利息收入		
加：其他收益		
投资收益（损失以“-”号填列）	250 000	
其中：对联营企业和合营企业的投资收益		
净敞口套期收益（损失以“-”号填列）		
公允价值变动收益（损失以“-”号填列）		
信用减值损失（损失以“-”号填列）		
资产减值损失（损失以“-”号填列）	-12 000	
资产处置收益（损失以“-”号填列）		
二、营业利润（亏损以“-”号填列）	303 000	
加：营业外收入	20 000	
减：营业外支出	8 000	
三、利润总额（亏损总额以“-”号填列）	315 000	
减：所得税费用	78 750	
四、净利润（净亏损以“-”号填列）	236 250	
五、其他综合收益的税后净额		
（一）不能重分类进损益的其他综合收益		
（二）将重分类进损益的其他综合收益		
六、综合收益总额	236 250	
七、每股收益：		
（一）基本每股收益		
（二）稀释每股收益		

导读测评

10-4

第四节 现金流量表

一、现金流量表的定义及作用

现金流量表（cash flow statement）是反映企业一定会计期间现金和现金等价物流入和流出情况的报表，提供企业在一定会计期间现金的来源、运用以及余额变化的信息。它按照收付实现制基础列报，将权责发生制下的盈利信息调整为收付实现制下的现金流量信息，以弥补按权责发生制基础编制的资产负债表和利润表提供信息的不足。

现金流量表中的现金是指企业的库存现金、存放在银行等金融机构能随时支取的银行存款、其他货币资金；现金等价物是指企业持有的期限短、流动性强、易于转换为已知金额现金、价值变动风险很小的短期投资，其中"期限短"一般指从购买日起3个月内到期，例如可在证券市场上流通的3个月内到期的短期债券。

现金流量表作为反映企业现金和现金等价物流入和流出情况的报表，对于使用者具有如下几个方面的作用：

（1）提供企业全部现金流量的信息，据以进一步分析企业的支付能力、偿债能力以及对外部资金的需求程度。

（2）提供企业经营活动产生的现金流量，即企业通过运用拥有或控制的资产所创造的现金流量信息，据以进一步分析企业生产现金的持续性以及利润质量。

（3）提供企业投资活动产生的现金流量，即企业投资活动对企业现金流量带来的影响信息，据以进一步分析企业投资安排的合理性以及投资获取现金流量的能力。

（4）提供企业筹资活动产生的现金流量，即企业筹资活动对企业现金流量带来的影响信息，据以进一步分析企业筹资安排的合理性以及企业筹资的能力。

此外，现金流量表还提供了进行财务分析的基本资料。例如，将经营活动产生的现金流量净额与全部现金流量净额对比，可以评价企业财务基础的稳定性；将现金流量净额与资产负债表列报的流动负债对比，可以评价企业的支付能力与偿债能力；将经营活动现金流量净额与利润表提供的营业利润对比，可以评价企业营业利润的质量，为分析和判断企业的财务前景提供信息。

二、现金流量的分类

现金流量指企业现金和现金等价物的流入和流出。根据企业业务活动的性质和现金流量的来源，现金流量可分为三大类：

（一）经营活动现金流量

经营活动是指企业投资活动和筹资活动以外的所有交易和事项，包括销售商品、提供劳务、购买商品、接受劳务、制造产品、广告宣传、推销产品、缴纳税费等。经营活动产生的现金流量具体构成项目如下：

（1）销售商品、提供劳务收到的现金。

（2）收到的税费返还。

（3）收到的其他与经营活动有关的现金。

（4）购买商品、接受劳务支付的现金。

（5）支付给职工及为职工支付的现金，不包括退休人员工资及相关费用和在建工程人员的工资及相关费用。

（6）支付的各项税费。

（7）支付的其他与经营活动有关的现金。

（二）投资活动现金流量

投资活动是指企业长期资产的购建和不包括在现金等价物范围内的投资及其处置活动，包括购建固定资产、无形资产、其他长期资产，处置固定资产、无形资产，取得投资收益等。投资活动产生的现金流量具体构成项目如下：

（1）收回投资收到的现金。

（2）取得投资收益收到的现金。

（3）处置固定资产、无形资产和其他长期资产收回的现金净额。

（4）处置子公司及其他营业单位收到的现金净额。

（5）收到的其他与投资活动有关的现金。

（6）购建固定资产、无形资产和其他长期资产支付的现金。

（7）投资支付的现金。

（8）取得子公司及其他营业单位支付的现金净额。

（9）支付的其他与投资活动有关的现金。

（三）筹资活动现金流量

筹资活动是指导致企业资本及债务的规模和构成发生变化的活动，包括吸收投资、发行股票、发行债券、分配利润等。筹资活动产生的现金流量具体构成项目如下：

（1）吸收投资收到的现金。

（2）取得借款收到的现金。

（3）收到的其他与筹资活动有关的现金。

（4）偿还债务支付的现金。

（5）分配股利、利润或偿付利息支付的现金。

（6）支付的其他与筹资活动有关的现金。

对于企业日常活动之外、不经常发生的特殊项目，如自然灾害损失、保险赔偿、捐款等，应当归并到相关类别中单独反映。例如，对于自然灾害损失和保险赔偿，如果能够确指属于流动资产损失，应当列入经营活动产生的现金流量；如果能够确指属于固定资产损失，应当列入投资活动产生的现金流量。如果不能确指，则可以列入经营活动产生的现金流量。捐赠收入和支出产生的现金流量可以列入经营活动产生的现金流量。

三、现金流量表的基本格式及编制方法

（一）现金流量表的基本格式

我国企业现金流量表采用报告式结构，分类反映经营活动产生的现金流量、投资活动产生的现金流量和筹资活动产生的现金流量，最后汇总反映企业某一期间现金及现金等价物的净增加额。现金流量表的基本结构包括正表和补充资料两部分。

正表部分包括六项内容：经营活动产生的现金流量；投资活动产生的现金流量；筹资活动产生的现金流量；汇率变动对现金及现金等价物的影响；现金及现金等价物净增加额；期末现金及现金等价物余额。在三类现金流量中，又分别计算现金流入小计和现金流出小计。

补充资料内容包括：将净利润调节为经营活动的现金流量；不涉及现金收支的重大投资和筹资活动；现金及现金等价物净变动情况。

现金流量表及其补充资料的基本结构见表10-7、表10-8。

表10-7 **现金流量表** 会企03表

编制单位： 年度 单位：

项　目	本期金额	上期金额
一、经营活动产生的现金流量：		
销售商品、提供劳务收到的现金		
收到的税费返还		
收到的其他与经营活动有关的现金		
经营活动现金流入小计		
购买商品、接受劳务支付的现金		
支付给职工以及为职工支付的现金		
支付的各项税费		
支付的其他与经营活动有关的现金		
经营活动现金流出小计		
经营活动产生的现金流量净额		
二、投资活动产生的现金流量：		
收回投资收到的现金		
取得投资收益收到的现金		
处置固定资产、无形资产和其他长期资产收回的现金净额		
处置子公司及其他营业单位收到的现金净额		
收到的其他与投资活动有关的现金		
投资活动现金流入小计		
购建固定资产、无形资产和其他长期资产支付的现金		
投资支付的现金		
取得子公司及其他营业单位支付的现金净额		
支付的其他与投资活动有关的现金		
投资活动现金流出小计		
投资活动产生的现金流量净额		
三、筹资活动产生的现金流量：		
吸收投资收到的现金		
取得借款收到的现金		
收到的其他与筹资活动有关的现金		
筹资活动现金流入小计		
偿还债务支付的现金		
分配股利、利润或偿付利息支付的现金		
支付的其他与筹资活动有关的现金		
筹资活动现金流出小计		
筹资活动产生的现金流量净额		
四、汇率变动对现金及现金等价物的影响		
五、现金及现金等价物净增加额		
加：期初现金及现金等价物余额		
六、期末现金及现金等价物余额		

（二）现金流量表的编制方法

现金流量表的编制方法较为复杂，有关具体填制将在《中级财务会计》中详细介绍，在此不予详述。

表10-8　　现金流量表补充资料

1.将净利润调节为经营活动的现金流量：		
净利润		
加：资产减值准备		
固定资产折旧、油气资产折耗、生产性生物资产折旧		
无形资产摊销		
长期待摊费用摊销		
处置固定资产、无形资产和其他长期资产的损失（收益以“-”号填列）		
固定资产报废损失（收益以“-”号填列）		
公允价值变动损失（收益以“-”号填列）		
财务费用		
投资损失（收益以“-”号填列）		
递延所得税资产减少（增加用“-”号填列）		
递延所得税负债增加（减少用“-”号填列）		
存货的减少（增加用“-”号填列）		
经营性应收项目的减少（增加用“-”号填列）		
经营性应付项目的增加（减少用“-”号填列）		
其他		
经营活动产生的现金流量净额		
2.不涉及现金收支的重大投资和筹资活动：		
债务转为资本		
一年内到期的可转换公司债券		
融资租入固定资产		
3.现金及现金等价物净变动情况：		
现金的期末余额		
减：现金的期初余额		
加：现金等价物的期末余额		
减：现金等价物的期初余额		
现金及现金等价物净增加额		

第五节 所有者权益变动表

导读测评

10-5

一、所有者权益变动表的定义及作用

所有者权益变动表（statement of changes in owners' equity），是反映所有者权益各组成部分当期增减变动情况的报表，提供企业在一定会计期间所有者权益及其各组成部分的增减变动原因与结果信息。所有者权益变动表对于使用者具有如下几个方面的作用：

（1）提供企业在一定会计期间所有者权益变动全貌及其各组成部分变动原因与结果的信息，据以进一步分析企业资产负债表和利润表之间的钩稽关系。

（2）提供企业在一定会计期间实现的综合收益对所有者权益的影响信息，据以进一步分析企业的所有者权益的保值增值情况。综合收益指企业在一定期间与所有者以外的其他方面进行交易或发生其他事项所引起的净资产变动，包括净利润和其他综合收益两个部分。其中前者是企业已实现并已确认的收益，后者是企业未实现但根据会计准则规定已确认的收益。

（3）提供企业在一定会计期间利润分配情况与结果的信息，据以进一步分析企业的利润分配政策。

（4）提供企业在一定会计期间所有者权益内部结转及结果的信息，据以进一步分析企业的所有者权益各组成部分结构的合理性。

二、所有者权益变动表的格式

为了清楚反映所有者权益的各组成部分当期的增减变动情况，所有者权益变动表应采用矩阵的形式列报。横向列示所有者权益及其各构成项目，包括实收资本（或股本）、其他权益工具、资本公积、库存股、其他综合收益、盈余公积、未分配利润及其合计；纵向列示所有者权益及其各构成项目的上年年末余额、本年年初余额、本年增减变动金额以及本年年末余额，其中逐项列示了导致所有者权益及其各构成项目变动的交易或者事项，包括会计政策变更和前期差错更正、综合收益增减变动、所有者投入和减少资本、利润分配、所有者权益内部结转等交易或者事项。这种矩阵格式的所有者权益变动表不仅反映了所有者权益总量的增减变动情况，还反映了所有者权益增减变动的重要结构性信息，让报表使用者全面了解所有者权益增减变动的原因。

根据财务报表列报准则的规定，企业需要提供比较所有者权益变动表，判断企业所有者权益的变动情况与发展趋势，因此所有者权益变动表应就各项目再分“本年金额”和“上年金额”两栏分别填列，具体格式见表10-9。

三、所有者权益变动表的填列方法

（一）“上年金额”栏填列

所有者权益变动表“上年金额”栏内各项数字，应根据上年度所有者权益变动表“本年金额”栏内所列数字填列。如果上年度所有者权益变动表规定的各个项目的名称和内容同本年度不相一致，应对上年度所有者权益变动表各项目的名称和数字按本年度的规定进行调整，填入所有者权益变动表“上年金额”栏内。

表 10-9　　所有者权益变动表　　会企 04 表

编制单位：　　＿＿＿＿年度　　单位：

项目	本年金额										上年金额									
	实收资本（或股本）	其他权益工具			资本公积	减：库存股	其他综合收益	盈余公积	未分配利润	所有者权益合计	实收资本（或股本）	其他权益工具			资本公积	减：库存股	其他综合收益	盈余公积	未分配利润	所有者权益合计
		优先股	永续债	其他								优先股	永续债	其他						
一、上年年末余额																				
加：会计政策变更																				
前期差错更正																				
其他																				
二、本年年初余额																				
三、本年增减变动金额（减少以“-”号填列）																				
（一）综合收益总额																				
（二）所有者投入和减少资本																				
1.所有者投入的普通股																				
2.其他权益工具持有者投入资本																				
3.股份支付计入所有者权益的金额																				
4.其他																				

续表

项目	本年金额										上年金额									
	实收资本（或股本）	其他权益工具			资本公积	减：库存股	其他综合收益	盈余公积	未分配利润	所有者权益合计	实收资本（或股本）	其他权益工具			资本公积	减：库存股	其他综合收益	盈余公积	未分配利润	所有者权益合计
		优先股	永续债	其他								优先股	永续债	其他						
（三）利润分配																				
1.提取盈余公积																				
2.对所有者（或股东）的分配																				
3.其他																				
（四）所有者权益内部结转																				
1.资本公积转增资本（或股本）																				
2.盈余公积转增资本（或股本）																				
3.盈余公积弥补亏损																				
4.设定受益计划变动额结转留存收益																				
5.其他综合收益结转留存收益																				
6.其他																				
四、本年年末余额																				

（二）“本年金额”栏填列

所有者权益变动表“本年金额”栏内各项数字一般应根据“实收资本（或股本）”、“资本公积”、“其他综合收益”、“盈余公积”、“利润分配”、“库存股”及“以前年度损益调整”等科目的发生额分析填列。

企业净利润及其分配情况作为所有者权益变动表的组成部分，不需要单独设置利润分配表列示。

导读测评

10-6

所有者权益变动表的具体编制将在《中级财务会计》中详细论述，此处从略。

第六节　附注

一、附注的作用

附注是对资产负债表、利润表、现金流量表和所有者权益变动表等报表中列示项目的文字描述或明细信息披露，以及对未能在这些报表中列示项目的说明等。财务报表中的数字是经过分类与汇总后的结果，是对企业发生的经济业务进行高度简化与浓缩后形成的，编制附注的目的是方便财务报表使用者理解财务报表的内容而对报表的编制基础、编制依据、编制原则和方法以及主要项目等所做的解释。也就是说，附注既可以对基本财务报表的有关内容做详细说明，也可以对报表内容做必要的补充，甚至还可以成为阅读财务报表的前提条件。因此，附注与资产负债表、利润表、现金流量表、所有者权益变动表等报表具有同等的重要性，是财务报告的重要组成部分。

二、附注的内容

附注由若干附表和对有关项目的文字性说明组成。企业编制附注的目的是通过对报表本身做补充说明，以更加全面、系统地反映企业财务状况、经营成果和现金流量，从而有助于向报表使用者提供更为有用的决策信息，帮助其做出更加科学合理的决策。企业按规定应当披露的附注信息主要包括下列内容：

（一）企业的基本情况

1.企业注册地、组织形式和总部地址。

2.企业的业务性质和主要经营活动，如企业所处的行业、所提供的主要产品或服务、客户的性质、销售策略、监管环境的性质等。

3.母公司以及集团最终母公司的名称。

4.财务报告的批准报出者和财务报告批准报出日。

5.营业期限有限的企业，还应披露有关营业期限的信息。

（二）财务报表的编制基础

各基本财务报表的编制基础应在附注中披露，包括会计处理基础、会计年度、记账本位币、会计计量所运用的计量基础、现金及现金等价物的构成等。

（三）遵循企业会计准则的声明

企业应当声明编制的财务报表符合企业会计准则的要求，真实、完整地反映了企业的财务状况、经营成果和现金流量等信息，以此明确企业编制财务报表所依据的制度基础。如果企业编制的财务报表只是部分地遵循了企业会计准则，附注中不得做出这样的表述。

（四）重要会计政策和会计估计的说明

企业应当披露采用的重要会计政策和会计估计，不重要的会计政策和会计估计可以不披露。重要会计政策的说明包括财务报表项目的计量基础、会计政策的确定依据等。重要会计估计的说明包括下一会计期间内很可能导致资产和负债账面价值重大调整的会计估计的确定依据等。

（五）会计政策和会计估计变更以及差错更正的说明

企业应当按照《企业会计准则第28号——会计政策、会计估计变更和差错更正》及其应用指南的规定，披露会计政策和会计估计变更以及差错更正的有关情况。

（六）报表重要项目的说明

企业应当以文字和数字描述相结合，尽可能以列报形式披露财务报表重要项目的构成情况或当期增减变动情况。附注中财务报表重要项目的明细合计，应当与报表项目金额相衔接。一般应当按照资产负债表、利润表、现金流量表、所有者权益变动表和其他项目列示的顺序进行披露。

（七）其他需要说明的重要事项

这主要包括或有事项和承诺事项、资产负债表日后非调整事项、关联方关系及其交易等需要说明的事项。

立德树人：杜绝虚假会计信息

财务报表是提供会计信息的载体。会计信息是会计工作的最终产品，其质量的好坏直接影响到社会资源的利用率，这就要求会计信息必须做到真实公允，坚决杜绝虚假会计信息。《会计法》第二十四条规定，各单位进行会计核算不得有下列行为：随意改变资产、负债、净资产（所有者权益）的确认标准或者计量方法，虚列、多列、不列或者少列资产、负债、净资产（所有者权益）；虚列或者隐瞒收入，推迟或者提前确认收入；随意改变费用、成本的确认标准或者计量方法，虚列、多列、不列或者少列费用、成本；随意调整利润的计算、分配方法，编造虚假利润或者隐瞒利润；违反国家统一的会计制度规定的其他行为。

实际工作中，由于业绩考核、纳税调整、银行贷款、上市融资等方面的需求，会计师事务所、会计人员出具虚假财务报告的情况时有发生。其表现形式主要有：虚增利润掩盖亏损或者潜亏挂账；乱挤乱摊成本费用，扩大在职消费；隐瞒或截留收入，偷逃税金；设置账外账或私设小金库；人为捏造会计数据粉饰会计报表，夸大经营业绩。虚假会计信息往往伴随着贪污受贿、偷税漏税、挪用公款等违法犯罪活动，是严重危害市场经济秩序的“毒瘤”。

会计人员应当树立正确的人生观和价值观，切实增强社会责任感，恪守会计职业道德，诚信为本，操守为重，坚持准则，不做假账，保证会计信息的真实可靠。

本章要点概览

1.财务报告是企业对外提供的反映企业财务状况、经营成果、现金流量及所有者权益变动情况的书面文件。财务报告主要包括财务报表和其他需要在财务报告中披露的相关信息资料。

2.财务报表是对企业财务状况、经营成果和现金流量的结构性表述，也是财务报告的主体部分。企业对外提供的财务报表应当包括资产负债表、利润表、现金流量表、所有者权益变动表和附注，简称“四表一注”。

3.资产负债表是反映企业在某一特定日期财务状况的静态报表。它根据“资产=负债+所有者权益”这一会计等式构架，将资产类项目分为流动资产和非流动资产、负债分为流动负债和非流动负债并分项列示，所有者权益项目依次列示实收资本（或股本）、资本公积、其他综合收益、盈余公积和未分配利润等项目。

4.利润表是反映企业在某一特定时期经营成果的动态报表。它依据“收入-费用=利润”这一会计等式构架，引入综合收益观进行列报，依次反映营业收入、营业利润、利润总额、净利润、其他综合收益的税后净额、综合收益总额、每股收益等内容。

5.现金流量表是反映企业一定会计期间现金和现金等价物流入和流出情况的报表。它按照收付实现制基础列报，分类反映经营活动现金流量、筹资活动现金流量和投资活动现金流量，同时反映汇率变动对现金和现金等价物的影响以及汇总反映企业一定期间现金和现金等价物的净增加额。

6.所有者权益变动表是反映所有者权益各组成部分当期增减变动情况的报表。它分别列示会计政策变更和前期差错更正、综合收益增减变动、所有者投入和减少资本、利润分配、所有者权益内部结转等交易或者事项对所有者权益及其各构成项目变动的影响及其结果。

7.附注是对资产负债表、利润表、现金流量表和所有者权益变动表等报表中列示项目的文字描述或明细信息披露，以及对未能在这些报表中列示项目的说明等。附注应根据规定按顺序披露企业的基本情况、财务报表的编制基础、遵循企业会计准则的声明、重要会计政策和会计估计、会计政策和会计估计变更以及差错更正的说明、报表重要项目的说明、其他需要说明的重要事项等内容。

本章练习题

1.练习资产负债表有关项目的计算。假设某公司202×年12月部分账户的总账和明细账余额见表10-10。

表10-10 **总账和有关账户余额资料** 单位：元

总账账户	明细账户	借方	贷方	总账账户	明细账户	借方	贷方
库存现金		5 000		应付账款			1 800
银行存款		120 000			丙公司	3 000	
其他货币资金		20 000			丁公司		4 800
应收账款		4 500		预收账款			3 300
	甲公司		2 000		C公司	2 300	

续表

总账账户	明细账户	借方	贷方	总账账户	明细账户	借方	贷方
	乙公司	6 500			D公司		5 600
预付账款		1 100		长期借款			400 000
	A公司	4 200			2年内到期		220 000
	B公司		3 100		1年内到期		180 000
原材料		12 000		坏账准备			500
在途物资		4 000		存货跌价准备			1 300
库存商品		10 000		累计折旧			2 000
生产成本		2 400		固定资产减值准备			13 000
固定资产		500 000					

要求：请分析计算该公司202×年12月末资产负债表中相关项目（货币资金、应收账款、应付账款、预付账款、预收账款、存货、长期借款、一年内到期的非流动负债、固定资产）的金额。

2. 熟悉资产负债表（简表）的结构。假设某公司202×年度进行利润分配后，“利润分配”账户的余额为45 000元；该公司202×年12月31日资产负债表（简表）部分项目的金额见表10-11。

表10-11 **资产负债表（简表）**

编制单位：××公司 202×年12月31日 单位：元

资产	期末数	负债和所有者权益	期末数
流动资产：		流动负债：	
货币资金	12 000	短期借款	
交易性金融资产		应付账款	35 000
应收账款	110 000	应交税费	15 000
存货	378 000	流动负债合计	
流动资产合计	600 000	非流动负债：	
非流动资产：		长期借款	100 000
固定资产		应付债券	
无形资产	100 000	非流动负债合计	150 000
非流动资产合计		负债合计	350 000
		所有者权益：	
		实收资本	500 000

续表

资产	期末数	负债和所有者权益	期末数
		盈余公积	
		未分配利润	
		所有者权益合计	
资产总计		负债和所有者权益总计	1 000 000

要求：请分析填列该公司202×年12月31日资产负债表（简表）相应项目的金额。

参考答案

第十一章

账务处理程序

学习目标与要求

本章系统阐述账务处理程序，内容主要包括账务处理程序的定义，主要账务处理程序的内容、特点及其适用范围。通过本章学习，应该了解科学合理设计账务处理程序的意义和基本要求，熟悉各种主要账务处理程序的特点和适用范围，掌握记账凭证账务处理程序、科目汇总表账务处理程序和汇总记账凭证账务处理程序。

引导案例

李航已经全面掌握填制凭证、登记账簿、编制报表的方法，信心满满地向罗经理请教下一阶段的学习规划问题。罗经理告诉他，掌握这些方法是最基本的要求，做好财务工作的关键是要为企业设计合适的账务处理程序，建立独立的会计核算体系和完善的财务管理制度。罗经理向李航分享了自己在一家小型民营企业从事财务主管的一段经历。该企业主要从事中低档儿童服装的生产和销售，业务扩展迅速，公司成立仅两年多，年销售额已经超过500万元。但是，该公司由于成立时间不长，内部管理不规范，一直未设立专门的会计岗位，也未配备专职会计人员，而是由公司老板张总统管一切经济业务及资金往来。张总聘请堂妹张颖担任公司的文秘兼出纳，对于涉及银行提现、存款往来、款项划拨、缴纳税金等事项，均由张颖根据张总的意思进行操作，会计核算只有一本记录公司业务活动及收支情况的“流水账”，各项业务的原始单据都放在张总办公室的抽屉里。税务部门在例行税务稽查中发现了该公司的问题，责令其限期整改。于是，该公司聘请罗经理担任财务主管，由张颖继续兼任出纳。罗经理上任后，首先理顺了张总办公室抽屉里的所有单据，为公司设置了相应的会计账户，建立了总账、库存现金和银行存款日记账以及各种明细账，然后结合公司特点设计了合适的账务处理程序，建立了独立的会计核算体系和完善的财务管理制度，并将发生的经济业务编制会计凭证，登记相应的明细账和总账。同时，安排张颖逐笔登记库存现金和银行存款日记账。最后，在仔细核对总账、明细账、日记账的基础上，编制并向税务部门报送了季度财务报表。听完罗经理的分享后，李航产生了疑问：究竟如何为企业设计合适的账务处理程序？如何构建企业的会计核算体系？如何设计企业的财务管理制度？同学们，你们是否也有同样的疑问？希望大家通过本章学习获得明确答案。

导读测评

11-1

第一节　会计循环与账务处理程序

一、会计循环

（一）会计循环的内涵

会计循环（accounting cycle）是指会计人员以企业在一定期间内发生的交易或事项为起点，运用复式记账方法，对会计数据进行收集、分类、记录、综合等加工处理，并在此基础上编制财务报表的周而复始的过程。会计循环实际上是会计作为一个信息系统的运行过程，包括原始数据的输入、数据加工与转换、会计信息的输出等。从会计方法运用的角度看，会计循环也就是在一个特定会计期间，企业对其经济活动进行确认、计量、记录和报告的完整过程。从技术层面看，会计信息系统主要由会计记录和编制会计报告的过程组成，而会计确认和会计计量则贯穿于会计信息处理的全过程。

（二）会计循环的基本步骤

会计循环的基本步骤如图11-1所示。在会计循环工作程序中，收集经济业务的原始数据、数据的分析和归类、登记日记账、登记分类账属于日常会计核算工作；而编制调整会计分录、编制调整后的试算平衡表、编制财务报表、编制转回会计分录、结账等，属于期末会计工作。会计期末编制好财务报表，结账后进入下一会计期间，又开始新一轮的会计信息加工处理过程。

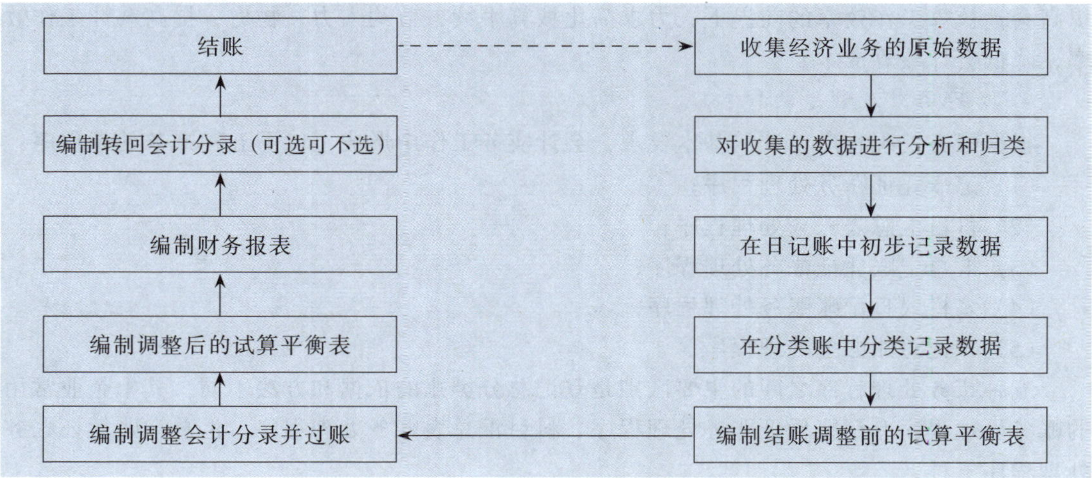

图11-1　会计循环的基本步骤

二、账务处理程序

（一）账务处理程序的概念

账务处理程序（financial processing procedure）又称会计核算形式，它是指在会计循环中，会计凭证、账簿组织、记账程序和记账方法有机结合的技术方式。账务处理程序的基本内容包括设计和选择记账工具的种类及格式、填制会计凭证、根据会计凭证登记各种账簿，以及根据账簿记录提供会计信息等一系列工作程序和方法。会计凭证和账簿组织，是指会计核算所采用的会计凭证和会计账簿的种类、格式，以及各种凭证之间、凭证与账簿之间、各种账簿之间的关系；记账程序和记账方法，是指会计凭证的填制和审核、会计账簿的登记直至编制财务报表的程序和方法。其基本模式可以概括为原始凭证—记账凭证—会计账簿—财务报表。凭证、账簿、报表是记账的工具，填制会计凭证、登记账簿和编制会计报表是记录、整理、保存和提供会计信息的重要方法。

在实际工作中，各个经济组织和单位的规模大小、业务繁简各有不同。为了确保会计工作的顺利进行，提高会计工作的质量和效率，保证会计信息的相关性和及时性，保证会计记录的完整性和正确性，各个经济组织和单位应当根据自身实际情况和具体条件，选择和设计适合本单位经济业务特点的账务处理程序。

（二）账务处理程序的设置要求

设置账务处理程序是企业财务部门和财会人员的一项重要工作，科学合理的账务处理程序一般应符合以下几个要求：

第一，从会计主体的实际情况出发。在充分考虑本会计主体规模大小、经济业务繁简、经营活动特点等实际情况的基础上选择账务处理程序，使账务处理程序有利于会计核算的分工协作和建立岗位责任制，以加强内部控制。一般而言，经济活动内容比较庞杂、规模比较大、经济业务繁多的企业的账务处理程序相对比较复杂，反之则比较简单。

第二，以保证会计信息质量为立足点。确定财务处理程序的目的是要能够保证会计信息的真实性、及时性、相关性和完整性，以满足投资人、债权人等一切外部信息使用者及单位内部管理的需要。

第三，力求降低会计核算成本。在满足会计核算工作需要、保证会计核算工作质量、提高会计核算工作效率的前提下，力求简化核算手续，节约人力、物力，提高会计工作效率，降低会计核算成本。

（三）账务处理程序的种类

根据账务处理程序设计的基本要求，会计实务工作中形成了以下五种账务处理程序：

（1）记账凭证账务处理程序；

（2）科目汇总表账务处理程序；

（3）汇总记账凭证账务处理程序；

（4）多栏式日记账账务处理程序；

（5）日记总账账务处理程序。

五种账务处理程序之间的主要区别是登记总分类账的依据和方法不同，其中企业常用的账务处理程序有记账凭证账务处理程序、科目汇总表账务处理程序、汇总记账凭证账务处理程序三种。

导读测评

11-2

第二节　几种主要的账务处理程序

一、记账凭证账务处理程序

记账凭证账务处理程序（bookkeeping procedures using voucher）是直接根据记账凭证逐笔登记总分类账的一种账务处理程序。记账凭证账务处理程序是会计核算中最基本的一种会计账务处理程序，其他各种账务处理程序都是以其为基础发展演化而成的。其主要特点是直接根据各种记账凭证逐笔登记总分类账。

（一）记账凭证账务处理程序的凭证和账簿设置

在记账凭证账务处理程序下，记账凭证一般采用收款凭证、付款凭证和转账凭证三种格式，也可采用通用记账凭证。账簿一般是设置库存现金日记账、银行存款日记账、总分类账和各种明细分类账。库存现金日记账、银行存款日记账和总分类账一般采用三栏式账簿，明细分类账可根据管理需要设置，其账页格式一般有三栏式、数量金额栏式和多栏式。财务报表的种类和格式按照国家统一的会计规范进行设置。

（二）记账凭证账务处理程序的基本步骤

记账凭证账务处理程序包括以下六个基本步骤：

（1）根据原始凭证或原始凭证汇总表填制收款凭证、付款凭证、转账凭证或填制通用记账凭证。

（2）根据收款凭证和付款凭证逐笔登记库存现金日记账和银行存款日记账。

（3）根据记账凭证及其所附的原始凭证或原始凭证汇总表登记各种明细分类账。

（4）根据各种记账凭证逐笔登记总分类账。

（5）定期将库存现金日记账、银行存款日记账、各明细分类账余额与相应的总分类账余额相核对。

（6）期末，根据核对无误的总分类账和明细分类账的资料编制财务报表。

记账凭证账务处理程序的基本步骤如图11-2所示。

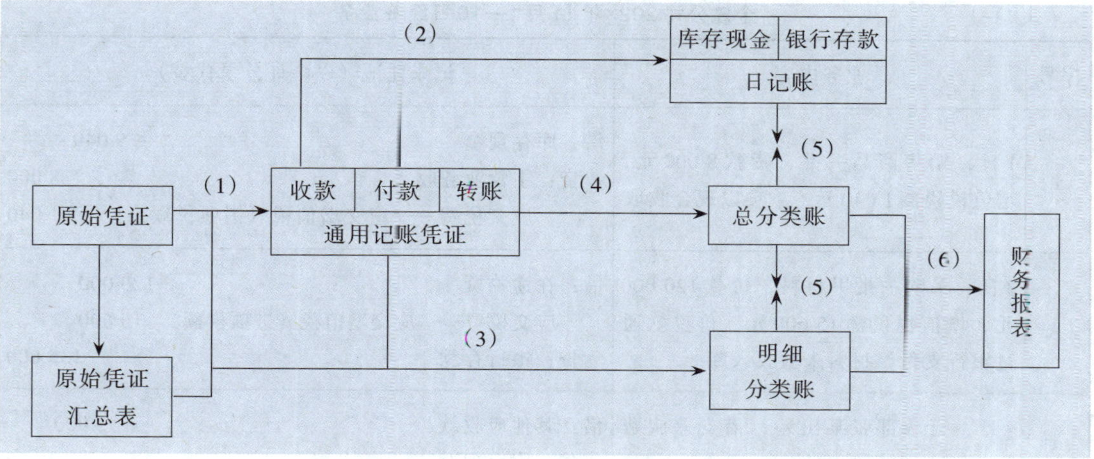

图11-2　记账凭证账务处理程序的基本步骤

（三）记账凭证账务处理程序的优缺点和适用范围

记账凭证账务处理程序的优点是：方法简单、易学；核算程序清楚明了，易于理解；记账程序层次分明，总分类账根据记账凭证逐步登记，详细地反映了经济业务的来龙去脉、账户的对应关系，便于查账。

其主要缺点是：登记账簿的工作量很大。因此，为了减少登记总分类账的工作量，可以将经济业务内容相同的原始凭证汇总编制原始凭证汇总表，然后再根据原始凭证汇总表填制记账凭证，这样可以大大减少记账凭证的数量，从而减少登记总账的工作量。

这种账务处理程序主要适用于规模较小、业务量较少的企业和单位。

二、科目汇总表账务处理程序

科目汇总表账务处理程序（bookkeeping procedures using categorized accounts summary）又称记账凭证汇总表账务处理程序，是根据原始凭证（或原始凭证汇总表）填制记账凭证，根据记账凭证定期编制科目汇总表，并据以登记总分类账的一种账务处理程序。其主要特点是定期根据记账凭证汇总编制科目汇总表，然后再根据科目汇总表登记总分类账。

（一）科目汇总表账务处理程序的凭证和账簿设置

科目汇总表账务处理程序与记账凭证账务处理程序相比，主要差别是要设置科目汇总表，这是一种具有汇总性质的记账凭证。科目汇总表（categorized accounts summary）是根据记账凭证（每10天或15天，或每月一次）汇总编制而成的。基本编制方法是：根据一定会计期间编制的全部记账凭证，按照相同会计科目进行归类，分别汇总每一个账户的借方和贷方发生额，并将其填列在科目汇总表的相应栏内，用以反映所有账户的借方、贷方发生额。根据科目汇总表登记总分类账时，只需要将该表中汇总起来的各科目本期借方发生额和贷方发生额合计数记入相应的总分类账的借方和贷方即可，通过科目汇总表可以对发生额进行试算平衡。

【例11-1】假设金麓公司202×年11月1—10日发生的经济业务见表11-1。根据金麓公司11月1—10日发生的经济业务填制记账凭证（以会计分录代替），然后根据记账凭证编制科目汇总表（见表11-2）。

表11-1　金麓公司202×年11月1—10日经济业务

序号	业务内容	记账凭证（以会计分录代替）
1	1日，销售商品一批，货款8 000元，增值税税额1 040元，款项以现金收取	借：库存现金　9 040 　贷：主营业务收入　8 000 　　　应交税费——应交增值税（销项税额）　1 040
2	3日，采购一批甲材料，价款120 000元，增值税税额15 600元，价税款通过银行支付，材料未验收入库	借：在途物资　120 000 　　应交税费——应交增值税（进项税额）　15 600 　贷：银行存款　135 600
3	4日，行政部张某出差，借支差旅费3 000元，以现金支付	借：其他应收款　3 000 　贷：库存现金　3 000
4	5日，以现金支付本月办公用品费用2 300元	借：管理费用　2 300 　贷：库存现金　2 300
5	6日，采购的甲材料验收入库，结转其采购成本	借：原材料　120 000 　贷：在途物资　120 000
6	7日，以银行存款支付职工工资89 000元	借：应付职工薪酬　89 000 　贷：银行存款　89 000
7	7日，以银行存款支付税收滞纳金2 000元	借：营业外支出　2 000 　贷：银行存款　2 000
8	8日，张某出差回来，报销差旅费2 700元，退回多余的借支款300元	借：管理费用　2 700 　贷：其他应收款　2 700 借：库存现金　300 　贷：其他应收款　300
9	9日，以银行存款支付前欠的材料采购款43 000元	借：应付账款　43 000 　贷：银行存款　43 000
10	10日，以银行存款购买机器一台，价款250 000元，增值税32 500元	借：固定资产　250 000 　　应交税费——应交增值税（进项税额）　32 500 　贷：银行存款　282 500

表 11-2

科目汇总表

202×年 11 月 10 日　　　　第 1 号

会计科目	本期发生额		总账页数
	借方	贷方	
库存现金	9 340	5 300	
银行存款	0	552 100	
在途物资	120 000	120 000	
原材料	120 000	0	
其他应收款	3 000	3 000	
固定资产	250 000	0	
应交税费	48 100	1 040	
应付账款	43 000	0	
应付职工薪酬	89 000	0	
主营业务收入		8 000	
管理费用	5 000	0	
营业外支出	2 000	0	
合计	689 440	689 440	

（二）科目汇总表账务处理程序的基本步骤

科目汇总表账务处理程序包括以下七个基本步骤：

（1）根据原始凭证或原始凭证汇总表填制记账凭证。

（2）根据收款凭证和付款凭证序时、逐笔登记库存现金日记账和银行存款日记账。

（3）根据记账凭证及其所附的原始凭证或原始凭证汇总表登记各种明细分类账。

（4）根据记账凭证定期编制科目汇总表。

（5）根据科目汇总表定期登记总分类账。

（6）定期将库存现金日记账、银行存款日记账及各明细分类账余额与相应的总分类账余额核对。

（7）期末根据总分类账和明细分类账的资料编制财务报表。

科目汇总表账务处理程序的基本步骤如图 11-3 所示，登记总账的方法见表 11-3。

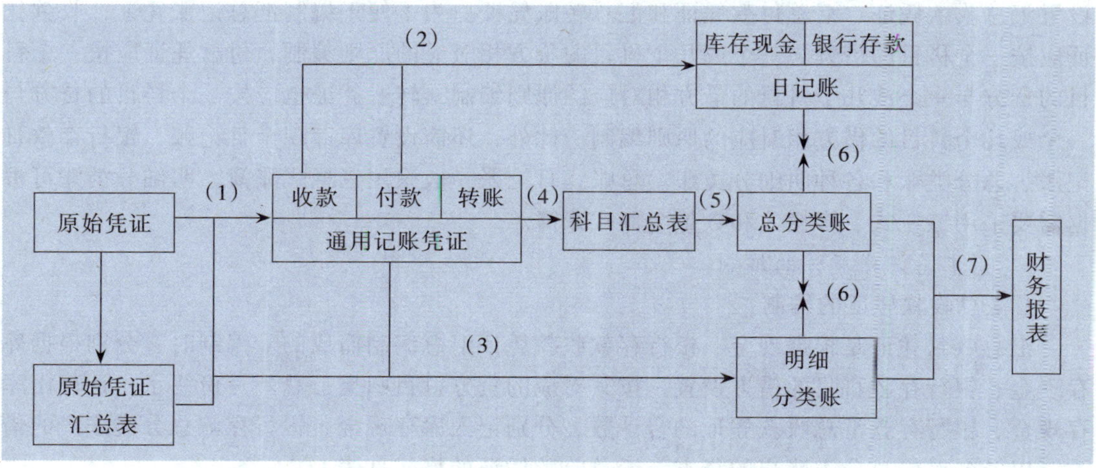

图 11-3　科目汇总表账务处理程序的基本步骤

表 11-3

总分类账

会计科目：银行存款　　　　第2页

202×年		凭证		摘要	借方									贷方									借或贷	余额								
月	日	字	号		百	十	万	千	百	十	元	角	分	百	十	万	千	百	十	元	角	分		百	十	万	千	百	十	元	角	分
11	30			月初余额																			借		6	8	5	5	0	0	0	0
	30	科汇	1	1—10日发生额											5	5	2	1	0	0	0	0	借		1	3	3	4	0	0	0	0
	30	科汇	2	11—20日发生额		4	5	7	5	6	0	0	0		3	2	4	6	0	0	0	0	借		2	6	6	3	6	0	0	0
	30	科汇	3	21—30日发生额		6	7	3	4	0	0	0	0		1	2	5	2	0	0	0	0	借		8	1	4	5	6	0	0	0
	30			本月合计	1	1	3	0	9	6	0	0	0	1	0	0	1	9	0	0	0	0	借		8	1	4	5	6	0	0	0

（三）科目汇总表账务处理程序的优缺点及适用范围

科目汇总表账务处理程序的主要优点是：采用科目汇总表登记总分类账的方式，大大减少了登记总账的工作量；同时，通过科目汇总表的编制，还能将各科目的借、贷方发生额的合计数进行试算平衡，及时发现填制凭证和汇总过程中的错误。

其主要缺点是：科目汇总表不能反映账户之间的对应关系，不便于了解经济业务的来龙去脉。

这种账务处理程序主要适用于规模较大、经济业务较多的企业和单位。

三、汇总记账凭证账务处理程序

汇总记账凭证账务处理程序（bookkeeping procedures using summary voucher）是指对发生的经济业务，在根据原始凭证或原始凭证汇总表编制记账凭证的基础上编制汇总记账凭证，再根据汇总记账凭证登记总分类账的一种账务处理程序。其主要特点是定期根据记账凭证编制汇总记账凭证，然后根据汇总记账凭证登记总分类账。

（一）汇总记账凭证账务处理程序的凭证和账簿设置

在汇总记账凭证账务处理程序下，除应设置收款凭证、付款凭证和转账凭证外，还应设置汇总收款凭证、汇总付款凭证和汇总转账凭证。为了便于编制汇总记账凭证，收款凭证应按一个科目的借方与一个或几个科目的贷方相对应的原则编制，付款凭证应按一个科目的贷方与一个或几个科目的借方相对应的原则编制，转账凭证也应按一个科目的贷方与一个或几个科目的借方相对应的原则编制。此外，还需设置库存现金日记账、银行存款日记账、总分类账和各种明细分类账。总账、日记账一般采用三栏式账簿，明细分类账可根据需要采用三栏式、多栏式和数量金额式账簿。

（二）汇总记账凭证的编制

1.汇总收款凭证的编制

汇总收款凭证是根据现金、银行存款收款凭证汇总编制而成的。编制时，分别根据库存现金、银行存款科目的借方设置，按其对应的贷方科目归类汇总。月份终了，计算出库存现金、银行存款汇总收款凭证的合计数，分别记入库存现金、银行存款总分类账户的借方，以及各对应总分类账户的贷方。汇总收款凭证的格式见表11-4。

表11-4

汇总收款凭证

借方科目：库存现金　　202×年11月　　汇收1号

贷方科目	金　额				总账页数	
	1—10日收款凭证自1号至4号	11—20日收款凭证自5号至8号	21—30日收款凭证自9号至13号	合 计	借方	贷方
主营业务收入	8 000			8 000	1	20
应交税费		1 040		1 040	1	17
其他应收款			300	300	1	5
营业外收入			500	500	1	21
合 计	8 000	1 040	800	9 840		

会计主管：田胜　　记账：王飞　　出纳：陈欣　　复核：姜甜　　制单：周玉

2.汇总付款凭证的编制

汇总付款凭证是根据现金、银行存款付款凭证汇总编制而成的。编制时，分别根据库存现金、银行存款科目的贷方设置，按其对应的借方科目归类汇总。月份终了，计算出库存现金、银行存款汇总付款凭证的合计数，分别记入库存现金、银行存款总分类账户的贷方，以及各对应科目总分类账户的借方。汇总付款凭证的格式见表11-5。

表11-5

汇总付款凭证

贷方科目：银行存款　　202×年11月　　汇付2号

借方科目	金　额				总账页数	
	1—10日付款凭证自1号至6号	11—20日付款凭证自7号至13号	21—30日付款凭证自14号至26号	合 计	借方	贷方
在途物资	120 000			120 000	15	2
应交税费	48 100			48 100	17	2
应付职工薪酬			89 000	89 000	19	2
应付账款		43 000		43 000	18	2
固定资产		250 000		250 000	6	2
营业外支出			2 000	2 000	28	2
合计	168 100	293 000	91 000	552 100		

会计主管：田胜　　记账：王飞　　出纳：陈欣　　复核：姜甜　　制单：周玉

3.汇总转账凭证的编制

汇总转账凭证是根据转账凭证汇总编制而成的。编制时，根据每张转账凭证的贷方科目分别设置，并按其对应的借方科目归类，定期汇总填列一次，每月填列一张。月份终了，计算出汇总转账凭证的合计数，分别记入该汇总转账凭证所开设的贷方科目的总分类账户的贷方，以及各对应科目的总分类账户的借方。汇总转账凭证的格式见表11-6。

表11-6

汇总转账凭证

贷方科目：原材料　　　　202×年11月　　　　汇转1号

借方科目	金额				总账页数	
	1—10日转账凭证自1号至3号	11—20日转账凭证自4号至7号	21—30日转账凭证自8号至12号	合计	借方	贷方
生产成本	90 000			90 000	22	6
制造费用		32 000		32 000	23	6
管理费用		10 500		10 500	26	6
销售费用			8 400	8 400	27	6
合计	90 000	42 500	8 400	140 900		

会计主管：田胜　　记账：王飞　　出纳：陈欣　　复核：姜甜　　制单：周玉

但是，按上述方法编制汇总转账凭证时，要求每张转账凭证的贷方科目必须唯一，即编制转账凭证必须是“一借一贷”或“多借一贷”。这意味着对于存在多个贷方科目的业务，也必须拆分为一个贷方的分录，又会导致编制转账凭证工作量的增加。因此，除非某个贷方科目单独出现且使用频率接近于“库存现金”和“银行存款”科目的使用频率，否则没有必要编制汇总转账凭证，直接根据转账凭证登记总账的做法更为可取。

（三）汇总记账凭证账务处理程序的基本步骤

汇总记账凭证账务处理程序包括以下七个基本步骤：

（1）根据原始凭证或原始凭证汇总表填制收款凭证、付款凭证和转账凭证。

（2）根据收款凭证和付款凭证序时、逐笔地登记库存现金日记账和银行存款日记账。

（3）根据收款凭证、付款凭证、转账凭证及其所附的原始凭证或原始凭证汇总表，逐笔登记各种明细分类账。

（4）根据收款凭证、付款凭证、转账凭证定期编制汇总收款凭证、汇总付款凭证、汇总转账凭证。

（5）期末，根据汇总收款凭证、汇总付款凭证、汇总转账凭证登记总分类账。

（6）期末，将库存现金日记账、银行存款日记账及各明细分类账余额与相应的总分类账余额相核对。

（7）期末，根据总分类账、明细分类账和其他有关资料编制财务报表。

汇总记账凭证账务处理程序的基本步骤如图11-4所示，登记总账的方法见表11-7。

（四）汇总记账凭证账务处理程序的优缺点及适用范围

记账凭证账务处理程序的优点是：利用汇总记账凭证月末一次登记总分类账，简化了登记总分类账的工作量；同时，汇总记账凭证是根据记账凭证按科目对应关系编制的，清晰地反映了科目对应关系和经济业务的来龙去脉，便于对经济活动进行分析和检查。

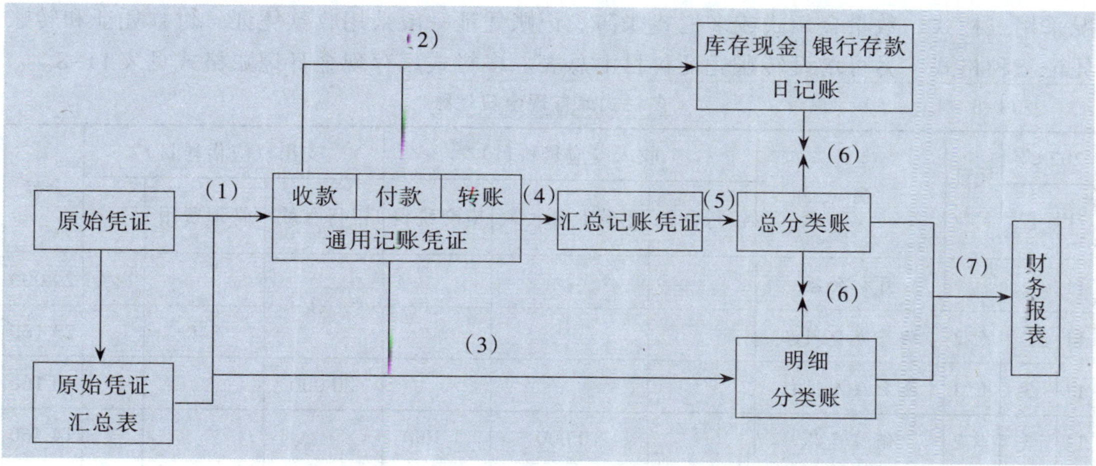

图 11-4　汇总记账凭证账务处理程序基本步骤

表 11-7

总分类账

会计科目：库存现金　　　　　　　　　　　　　　　　第 2 页

202×年		凭证		摘要	借方									贷方									借或贷	余额								
月	日	字	号		百	十	万	千	百	十	元	角	分	百	十	万	千	百	十	元	角	分		百	十	万	千	百	十	元	角	分
11	30			月初余额																			借			1	4	2	0	0	0	0
	30	汇收	1	汇总收款凭证				9	8	4	0	0	0										借									
	30	汇付	1	汇总付款凭证												1	0	5	0	0	0	0	借									
	30			本月合计				9	8	4	0	0	0			1	0	5	0	0	0	0	借			1	3	5	4	0	0	0

其主要缺点是：汇总转账凭证按各账户的贷方分别设置，而不是按经济业务的性质分类设置，因此不利于日常会计工作的合理分工；另外编制汇总记账凭证的工作量也比较大，如果是经营规模较小、业务量较少的单位，采用这种方法可能会增加凭证的汇总手续。

所以，这种账务处理程序一般适用于规模较大、业务量较多，特别是收、付业务较多而转账业务较少的企业和单位。

四、多栏式日记账账务处理程序

多栏式日记账账务处理程序（bookkeeping procedures using multiple-column journal）是根据多栏式库存现金日记账和多栏式银行存款日记账登记总分类账的一种账务处理程序。其主要特点是根据收款凭证、付款凭证登记多栏式库存现金日记账和多栏式银行存款日记账；根据转账凭证填制转账凭证科目汇总表；然后根据多栏式库存现金日记账、多栏式银行存款日记账和转账凭证科目汇总表登记总分类账。

（一）多栏式日记账账务处理程序的凭证和账簿设置

采用多栏式日记账账务处理程序时，必须设置多栏式库存现金日记账和多栏式银行存款日记账。总分类账可以是三栏式账簿，也可以是多栏式账簿，明细分类账可根据实际情况采用三栏式、数量金额式或多栏式账簿。记账凭证一般采用收款凭证、付款凭证和转账凭证三种格式，另可增设转账凭证科目汇总表。多栏式库存现金日记账格式见表11-8。

表11-8 多栏式库存现金日记账

202×年		凭证字号	摘要	收入（应贷科目）			支出（应借科目）			余额
月	日			银行存款	主营业务收入	应交税费	银行存款	管理费用	……	
11	1		月初余额							24 000
11	2	付2	购买办公用品					840		23 160
11	3	付3	现金存入银行				20 000			3 160
11	5	收2	销售产品		10 000	1 300				14 460

（二）多栏式日记账账务处理程序的基本步骤

多栏式日记账账务处理程序包括以下七个基本步骤：

（1）根据原始凭证或原始凭证汇总表填制记账凭证（收款凭证、付款凭证和转账凭证或通用记账凭证）。

（2）根据收款凭证、付款凭证或通用记账凭证，登记多栏式库存现金日记账和多栏式银行存款日记账。

（3）根据记账凭证和原始凭证（或原始凭证汇总表）登记明细分类账。

（4）根据转账凭证填制转账凭证科目汇总表（转账业务不多的单位可不必编制科目汇总表）。

（5）根据多栏式库存现金日记账、多栏式银行存款日记账和转账凭证或转账凭证科目汇总表登记总分类账。

（6）期末，将各种日记账的余额和明细分类账的余额分别与有关总分类账的余额核对。

（7）期末，根据总分类账和明细分类账编制财务报表。

多栏式日记账账务处理程序的基本步骤如图11-5所示。

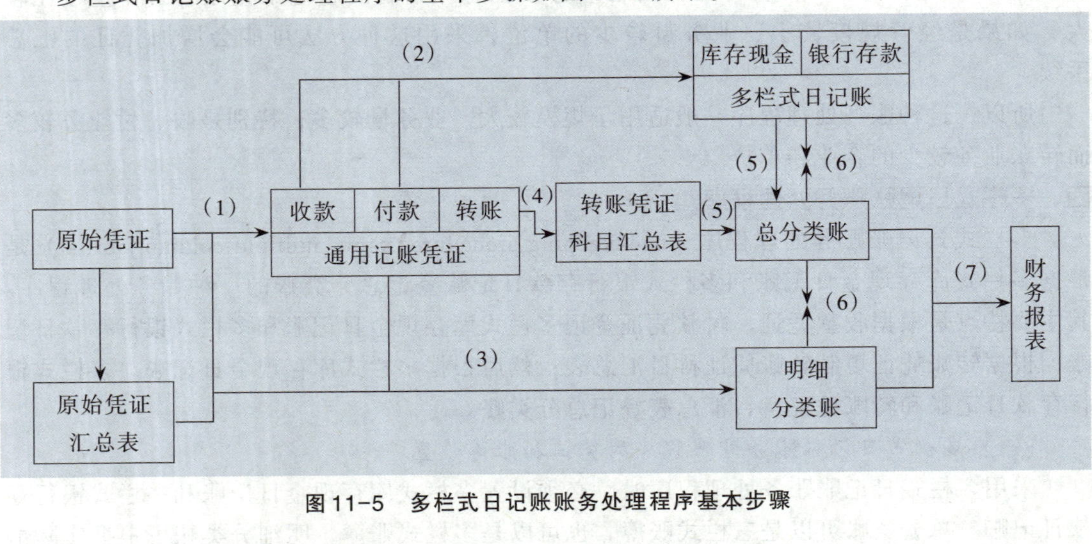

图11-5 多栏式日记账账务处理程序基本步骤

（三）多栏式日记账账务处理程序的优缺点和适用范围

多栏式日记账账务处理程序的优点是：可以简化总分类账的登记工作；同时，库存现金日记账和银行存款日记账中列示若干对应栏目，清楚地反映了货币资金的来龙去脉，便于加强货币资金的管理。

其缺点是：当业务繁杂时，必然造成日记账栏目多及账页庞大，不便于登记。

这种账务处理程序一般适用于规模不是很大、货币资金收付业务较多的单位，或企业规模较大、经济业务较多但使用会计科目较少的单位。

五、日记总账账务处理程序

日记总账账务处理程序（bookkeeping procedures using journal and general ledger）是在账务处理程序中设置一本兼具日记账和总账性质的日记总账，对一切经济业务既进行序时登记，又进行总分类登记的一种账务处理程序。其主要特点是根据业务发生的时间顺序登记日记总账，且将所有科目的总分类核算都集中登记于日记总账。

（一）日记总账账务处理程序的凭证和账簿设置

在日记总账账务处理程序下，设置的记账凭证有收款凭证、付款凭证和转账凭证；设置的账簿有库存现金日记账和银行存款日记账，一般采用三栏式；设置日记总账；设置各种明细分类账，其根据需要可采用三栏式、数量金额式和多栏式账簿。

登记日记总账时，应在同一行将每笔经济业务的借、贷方发生额按应借、应贷账户分别填列到相应账户的借方栏或贷方栏内，同时将这一发生额记入同一行的发生额栏内。到了月末，应计算出各科目的本期发生额和月末余额。其中，发生额一栏的当月合计数应与全部科目的借方发生额合计数、贷方发生额合计数分别核对相符。日记总账的格式见表11-9。

表11-9　日记总账

202×年		凭证字号	摘要	发生额	银行存款		应收账款		管理费用		……
月	日				借方	贷方	借方	贷方	借方	贷方	……
11	1	付1	购买办公用品	15 000		15 000			15 000		
11	3	收1	收到货款	22 600	22 600			22 600			

（二）日记总账账务处理程序的基本步骤

日记总账账务处理程序包括以下六个基本步骤：

（1）根据原始凭证或原始凭证汇总表填制记账凭证；

（2）根据收款凭证、付款凭证登记库存现金日记账和银行存款日记账；

（3）根据记账凭证和原始凭证或原始凭证汇总表登记各种明细分类账；

（4）根据各种记账凭证逐笔登记日记总账；

（5）月末，将日记账和明细分类账的余额与日记总账的余额相核对；

（6）月末，根据日记总账和明细分类账的资料编制财务报表。

日记总账账务处理程序的基本步骤如图11-6所示。

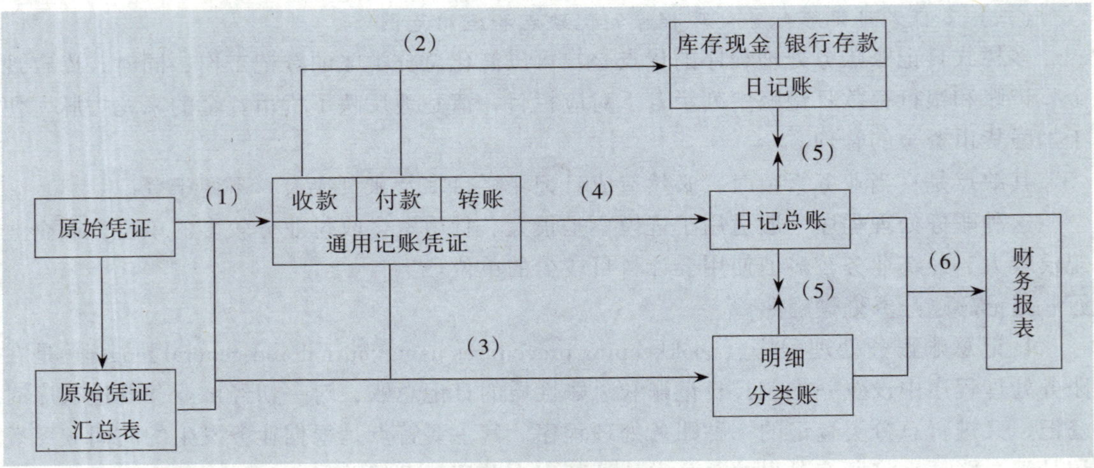

图11-6 日记总账账务处理程序基本步骤

(三) 日记总账账务处理程序的优缺点及适用范围

日记总账账务处理程序的优点是：由于日记总账是按全部总账科目的借方和贷方设置，并且是根据记账凭证逐日逐笔登记的，因此可以全面反映经济业务的来龙去脉，有利于对会计核算资料的分析和使用；其账务处理程序也较简单。

其缺点是：如果企业的业务复杂、设置的会计科目多，则日记总账账页篇幅会过大，不便于记账，也不便于会计人员的分工。

这种账务处理程序一般适用于经营规模小、经济业务简单、使用会计科目较少的单位。

导读测评

11-3

第三节 账务处理程序综合举例

一、公司资料与要求

(一) 公司基本情况

金海有限责任公司（以下简称金海公司）是一家典型的制造企业，主要生产甲和乙两种产品。公司适用的增值税税率为13%，城市维护建设税税率为7%，教育费附加征收率为3%，所得税税率为25%。公司内部设置财务部，负责公司的会计与财务管理工作，具体会计工作岗位及分工如下：

（1）财务部负责人：杨亮。

（2）记账：周轩，负责总账的登记、财务报表的编制等工作。

（3）制单：王华，负责记账凭证的编制、各种明细账的登记等工作。

（4）出纳：白雪，负责库存现金、银行存款的管理及日记账的登记等工作。

（5）复核：姜燕，负责账目稽查等工作。

(二) 账户期初余额

金海公司202×年12月初各有关账户的余额资料见表11-10。其中，库存商品甲产品有1 325件，每件甲产品的单位成本为500元，共计662 500元；库存商品乙产品有1 700件，每件乙产品的单位成本为375元，共计637 500元。

表11-10　**金海公司总分类账与部分明细分类账期初余额**　单位：元

会计科目	总分类科目		明细分类科目	
	借方余额	贷方余额	借方余额	贷方余额
库存现金	4 750			
银行存款	585 000			
其他应收款	1 250			
预付账款	6 250			
原材料	662 500			
生产成本	285 000			
库存商品	1 300 000			
——甲产品			662 500	
——乙产品			637 500	
固定资产	2 372 500			
累计折旧		287 500		
短期借款		67 500		
应付账款		48 000		
——勤思公司				10 500
——美媛公司				37 500
应付职工薪酬		245 000		
应交税费		130 000		
应付利息		3 000		
应付股利		510 000		
实收资本		1 487 500		
盈余公积		255 000		
利润分配		1 384 412.50		
本年利润		799 337.50		
合计	5 217 250	5 217 250		

（三）本月经济业务

金海公司202×年12月份发生了下列经济业务：

（1）12月2日，从旺旺工厂购进A材料400千克，增值税专用发票上注明的A材料单价为750元/千克，货款为300 000元，增值税税额为39 000元，款项通过银行付讫。材料未入库（原始凭证：增值税专用发票、转账支票存根）。

（2）12月4日，上述从旺旺工厂采购的A材料到达企业并已验收入库，结转其采购成本（原始凭证：材料入库单）。

（3）12月4日，通过银行缴纳上月应交的税金130 000元（原始凭证：完税凭证、银行扣款回单）。

（4）12月6日，向美乐公司购进A材料200千克，单价700元/千克，货款为140 000元，增值税税额为18 200元；购进B材料300千克，单价625元/千克，货款为187 500元，增值税税额为24 375元。价款和税款尚未支付（原始凭证：增值税专用发票）。

（5）12月11日，出售给多米公司甲产品700件，每件售价875元，货款612 500元，开具的增值税专用发票注明增值税为79 625元，款项已收讫并存入银行（原始凭证：增值税专用发票、银行进账单）。

（6）12月12日，向美乐公司购入的A材料和B材料均已到达企业并验收入库，结转其采购成本（原始凭证：材料入库单）。

（7）12月12日，通过银行发放上月工资245 000元（原始凭证：工资发放明细表、银行付款通知单）。

（8）12月13日，以银行存款向某贫困地区小学捐款7 500元（原始凭证：公益性捐赠收据、转账支票存根）。

（9）12月14日，从美媛公司购进B材料800千克，增值税专用发票上注明的B材料单价为650元/千克，价款为520 000元，增值税税额为67 600元，已用银行存款支付了360 000元，其余部分尚未支付（原始凭证：增值税专用发票、转账支票存根）。

（10）12月15日，上述材料已到达企业并验收入库（原始凭证：材料入库单）。

（11）12月16日，收到金麓公司投入资金1 000 000元，存入银行（原始凭证：投资协议、银行进账单）。

（12）12月17日，出售给长乐公司乙产品1 500件，每件售价650元，货款为975 000元，开具的增值税专用发票注明增值税为126 750元，价税款尚未收到（原始凭证：增值税专用发票）。

（13）12月18日，行政部李想预借差旅费1 000元，以库存现金支付（原始凭证：借款单）。

（14）12月19日，收到豪雨公司转入企业的投资利润212 500元，存入银行（原始凭证：银行进账单、利润分配通知单）。

（15）12月21日，以银行存款支付广告费31 780元（原始凭证：增值税专用发票、转账支票存根）。

（16）12月21日，按规定程序批准企业将确实无法支付给勤思公司的应付款项10 500元转作营业外收入（原始凭证：勤思公司注销证明）。

（17）12月28日，李想出差回公司报销差旅费，按规定可报销950元，退回多余的预借款50元（原始凭证：车票2张，住宿发票1张，收据记账联）。

（18）12月31日，结算本月应付职工的工资为350 000元，其中：甲产品生产工人工资187 500元，乙产品生产工人工资137 500元，车间管理人员工资7 500元，厂部行政管理人员工资17 500元（原始凭证：工资计算表）。

（19）12月31日，提取职工福利费49 000元，其中：甲产品的生产工人为26 250元，乙产品的生产工人为19 250元，车间管理人员为1 050元，厂部行政管理人员为2 450元（原始凭证：福利费计算表）。

（20）12月31日，仓库汇总本月发出原材料情况，编制原材料发料汇总表，见表11-11（原始凭证：发料单14张，原材料发料汇总表1张）。

表11-11 原材料发料汇总表

用途	A材料		B材料		合计（元）
	数量（千克）	金额（元）	数量（千克）	金额（元）	
生产甲产品	300	225 000	338.46	220 000	445 000
生产乙产品	193.33	145 000	400	260 000	405 000
车间一般性耗用			100	65 000	65 000
行政管理部门耗用	46.67	35 000			35 000
合计	540	405 000	838.46	545 000	950 000

（21）12月31日，用银行存款支付由本月负担的财产保险费2 500元，其中车间负担1 450元，行政管理部门负担1 050元（原始凭证：增值税专用发票、转账支票存根）。

（22）12月31日，计提应由本月负担的银行借款利息1 000元（原始凭证：应付利息计算表）。

（23）12月31日，按规定计提本月固定资产折旧30 000元，其中生产车间负担22 500元，行政管理部门负担7 500元（原始凭证：固定资产折旧计算表）。

（24）12月31日，分配结转本月制造费用总额97 500元，其中甲产品负担56 250元，乙产品负担41 250元（原始凭证：制造费用分配表）。

（25）12月31日，结转本月完工产品的成本，其中甲产品验收入库2 000件，生产成本为1 000 000元；乙产品验收入库1 400件，生产成本为525 000元（原始凭证：完工产品入库单）。

（26）12月31日，结转上述已售甲产品（700件）、乙产品（1 500件）的销售成本。甲产品的单位成本为500元/件，乙产品的单位成本为375元/件（原始凭证：产品发货单2张）。

（27）12月31日，本月增值税销项税额为206 375元，增值税进项税额为149 175元。以本月增值税销项税额减进项税额的余额为基础，计算本月应交城市维护建设税4 004元，教育费附加1 716元（原始凭证：应交税费计算表）

（28）12月31日，根据有关损益类账户余额，结转各损益类账户。各有关账户的本期发生额见表11-12。

表11-12 损益类账户本期发生额汇总表 单位：元

账户名称	借方发生额	账户名称	贷方发生额
主营业务成本	912 500	主营业务收入	1 587 500
税金及附加	5 720	投资收益	212 500
销售费用	31 780	营业外收入	10 500
管理费用	64 450		
财务费用	1 000		
营业外支出	7 500		

（29）12月31日，按25%的所得税税率计算并确认本月应缴纳的所得税为196 887.50元，将本月应缴纳的所得税费用结转至“本年利润”账户（原始凭证：所得税费用计算表）。

（30）12月31日，将本年的净利润1 390 000元结转至“利润分配”账户，202×年1—11月的净利润为799 337.50元（“本年利润”账户期初余额），12月的净利润为590 662.50元。

（31）12月31日，企业按规定计提本年的盈余公积金139 000元（原始凭证：盈余公积计提表）。

（32）12月31日，确定年终利润分配方案，拟向投资者分配利润62 500元（原始凭证：利润分配决议）。

（四）账务处理要求

在实务工作中，记账凭证账务处理程序是应用最为广泛的账务处理程序，因此，本节以记账凭证账务处理程序为例，详细阐述金海公司202×年12月的账务处理过程，具体要求包括：

（1）分析发生的经济业务，编制记账凭证。

（2）登记库存现金日记账和银行存款日记账、各种明细账以及总分类账。

（3）根据每一账户的期初余额、本期发生额，结出期末余额。

（4）编制调整试算平衡表。

（5）根据账簿资料以及调整试算平衡表，编制资产负债表、利润表。

二、账务处理过程

（一）编制记账凭证

根据上述金海公司202×年12月经济业务涉及的原始凭证，经审核后编制记账凭证，具体见表11-13至表11-46。

表11-13

记账凭证

202×年12月2日　　　　第1号

摘要	总账科目	明细科目	借方金额									贷方金额									记账
			百	十	万	千	百	十	元	角	分	百	十	万	千	百	十	元	角	分	
购买材料	在途物资	A材料		3	0	0	0	0	0	0	0										√
	应交税费	应交增值税（进项税额）			3	9	0	0	0	0	0										√
	银行存款												3	3	9	0	0	0	0	0	√
合计			¥	3	3	9	0	0	0	0	0	¥	3	3	9	0	0	0	0	0	

附单据贰张

会计主管：杨亮　　记账：周轩　　出纳：白雪　　复核：姜燕　　制单：王华

表11-14

记账凭证

202×年12月4日 第2号

摘要	总账科目	明细科目	借方金额									贷方金额									记账
			百	十	万	千	百	十	元	角	分	百	十	万	千	百	十	元	角	分	
材料验收入库	原材料	A材料		3	0	0	0	0	0	0	0										√
	在途物资	A材料											3	0	0	0	0	0	0	0	√
合 计			¥	3	0	0	0	0	0	0	0	¥	3	0	0	0	0	0	0	0	

附单据壹张

会计主管：杨亮 记账：周轩 出纳：白雪 复核：姜燕 制单：王华

表11-15

记账凭证

202×年12月4日 第3号

摘要	总账科目	明细科目	借方金额									贷方金额									记账
			百	十	万	千	百	十	元	角	分	百	十	万	千	百	十	元	角	分	
缴纳上月税金	应交税费	未交增值税		1	3	0	0	0	0	0	0										√
	银行存款												1	3	0	0	0	0	0	0	√
合 计			¥	1	3	0	0	0	0	0	0	¥	1	3	0	0	0	0	0	0	

附单据贰张

会计主管：杨亮 记账：周轩 出纳：白雪 复核：姜燕 制单：王华

表11-16

记账凭证

202×年12月6日 第4号

摘要	总账科目	明细科目	借方金额									贷方金额									记账
			百	十	万	千	百	十	元	角	分	百	十	万	千	百	十	元	角	分	
购买材料	在途物资	A材料		1	4	0	0	0	0	0	0										√
	在途物资	B材料		1	8	7	5	0	0	0	0										√
	应交税费	应交增值税（进项税额）			4	2	5	7	5	0	0										√
	应付账款	美乐公司											3	7	0	0	7	5	0	0	√
合 计			¥	3	7	0	0	7	5	0	0	¥	3	7	0	0	7	5	0	0	

附单据壹张

会计主管：杨亮 记账：周轩 出纳：白雪 复核：姜燕 制单：王华

表 11-17

记账凭证

202×年 12 月 11 日　　　　第 5 号

摘要	总账科目	明细科目	借方金额									贷方金额									记账
			百	十	万	千	百	十	元	角	分	百	十	万	千	百	十	元	角	分	
销售产品	银行存款			6	9	2	1	2	5	0	0										√
	主营业务收入	甲产品											6	1	2	5	0	0	0	0	√
	应交税费	应交增值税（销项税额）												7	9	6	2	5	0	0	√
合　计			¥	6	9	2	1	2	5	0	0	¥	6	9	2	1	2	5	0	0	

附单据贰张

会计主管：杨亮　　记账：周轩　　出纳：白雪　　复核：姜燕　　制单：王华

表 11-18

记账凭证

202×年 12 月 12 日　　　　第 6 号

摘要	总账科目	明细科目	借方金额									贷方金额									记账
			百	十	万	千	百	十	元	角	分	百	十	万	千	百	十	元	角	分	
材料验收入库	原材料	A材料		1	4	0	0	0	0	0	0										√
	原材料	B材料		1	8	7	5	0	0	0	0										√
	在途物资	A材料											1	4	0	0	0	0	0	0	√
	在途物资	B材料											1	8	7	5	0	0	0	0	√
合　计			¥	3	2	7	5	0	0	0	0	¥	3	2	7	5	0	0	0	0	

附单据壹张

会计主管：杨亮　　记账：周轩　　出纳：白雪　　复核：姜燕　　制单：王华

表 11-19

记账凭证

202×年 12 月 12 日　　　　第 7 号

摘要	总账科目	明细科目	借方金额									贷方金额									记账
			百	十	万	千	百	十	元	角	分	百	十	万	千	百	十	元	角	分	
发放工资	应付职工薪酬	工资		2	4	5	0	0	0	0	0										√
	银行存款												2	4	5	0	0	0	0	0	√
合　计			¥	2	4	5	0	0	0	0	0	¥	2	4	5	0	0	0	0	0	

附单据贰张

会计主管：杨亮　　记账：周轩　　出纳：白雪　　复核：姜燕　　制单：王华

表 11-20

记 账 凭 证

202×年 12 月 13 日　　第 8 号

摘要	总账科目	明细科目	借方金额									贷方金额									记账
			百	十	万	千	百	十	元	角	分	百	十	万	千	百	十	元	角	分	
向贫困小学捐款	营业外支出	捐赠支出				7	5	0	0	0	0										√
	银行存款														7	5	0	0	0	0	√
合 计					¥	7	5	0	0	0	0			¥	7	5	0	0	0	0	

附单据贰张

会计主管：杨亮　　记账：周轩　　出纳：白雪　　复核：姜燕　　制单：王华

表 11-21

记 账 凭 证

202×年 12 月 14 日　　第 9 号

摘要	总账科目	明细科目	借方金额									贷方金额									记账
			百	十	万	千	百	十	元	角	分	百	十	万	千	百	十	元	角	分	
购买材料	在途物资	B材料		5	2	0	0	0	0	0	0										√
	应交税费	应交增值税（进项税额）			6	7	6	0	0	0	0										√
	应付账款	美媛公司											2	2	7	5	0	0	0	0	√
	银行存款												3	6	0	0	0	0	0	0	√
合 计			¥	5	8	7	6	0	0	0	0	¥	5	8	7	6	0	0	0	0	

附单据贰张

会计主管：杨亮　　记账：周轩　　出纳：白雪　　复核：姜燕　　制单：王华

表 11-22

记 账 凭 证

202×年 12 月 15 日　　第 10 号

摘要	总账科目	明细科目	借方金额									贷方金额									记账
			百	十	万	千	百	十	元	角	分	百	十	万	千	百	十	元	角	分	
材料验收入库	原材料	B材料		5	2	0	0	0	0	0	0										√
	在途物资	B材料											5	2	0	0	0	0	0	0	√
合 计			¥	5	2	0	0	0	0	0	0	¥	5	2	0	0	0	0	0	0	

附单据壹张

会计主管：杨亮　　记账：周轩　　出纳：白雪　　复核：姜燕　　制单：王华

表 11-23

记 账 凭 证

202×年 12 月 16 日　　　　第 11 号

摘要	总账科目	明细科目	借方金额										贷方金额										记账
			千	百	十	万	千	百	十	元	角	分	千	百	十	万	千	百	十	元	角	分	
收到投资	银行存款			1	0	0	0	0	0	0	0	0											√
	实收资本	金麓公司												1	0	0	0	0	0	0	0	0	√
	合 计		¥	1	0	0	0	0	0	0	0	0	¥	1	0	0	0	0	0	0	0	0	

附单据贰张

会计主管：杨亮　　记账：周轩　　出纳：白雪　　复核：姜燕　　制单：王华

表 11-24

记 账 凭 证

202×年 12 月 17 日　　　　第 12 号

摘要	总账科目	明细科目	借方金额										贷方金额										记账
			千	百	十	万	千	百	十	元	角	分	千	百	十	万	千	百	十	元	角	分	
销售产品	应收账款	长乐公司		1	1	0	1	7	5	0	0	0											√
	主营业务收入	乙产品													9	7	5	0	0	0	0	0	√
	应交税费	应交增值税（销项税额）													1	2	6	7	5	0	0	0	√
	合 计		¥	1	1	0	1	7	5	0	0	0	¥	1	1	0	1	7	5	0	0	0	

附单据壹张

会计主管：杨亮　　记账：周轩　　出纳：白雪　　复核：姜燕　　制单：王华

表 11-25

记 账 凭 证

202×年 12 月 18 日　　　　第 13 号

摘要	总账科目	明细科目	借方金额									贷方金额									记账
			百	十	万	千	百	十	元	角	分	百	十	万	千	百	十	元	角	分	
预支差旅费	其他应收款	李想				1	0	0	0	0	0										√
	库存现金														1	0	0	0	0	0	√
	合 计				¥	1	0	0	0	0	0			¥	1	0	0	0	0	0	

附单据壹张

会计主管：杨亮　　记账：周轩　　出纳：白雪　　复核：姜燕　　制单：王华

表 11-26

记 账 凭 证

202×年 12 月 19 日　　　　第 14 号

摘要	总账科目	明细科目	借方金额									贷方金额									记账
			百	十	万	千	百	十	元	角	分	百	十	万	千	百	十	元	角	分	
收到投资分红	银行存款			2	1	2	5	0	0	0	0										√
	投资收益												2	1	2	5	0	0	0	0	√
合　计			¥	2	1	2	5	0	0	0	0	¥	2	1	2	5	0	0	0	0	

附单据贰张

会计主管：杨亮　　记账：周轩　　出纳：白雪　　复核：姜燕　　制单：王华

表 11-27

记 账 凭 证

202×年 12 月 21 日　　　　第 15 号

摘要	总账科目	明细科目	借方金额									贷方金额									记账
			百	十	万	千	百	十	元	角	分	百	十	万	千	百	十	元	角	分	
支付广告费	销售费用	广告费			3	1	7	8	0	0	0										√
	银行存款													3	1	7	8	0	0	0	√
合　计				¥	3	1	7	8	0	0	0		¥	3	1	7	8	0	0	0	

附单据贰张

会计主管：杨亮　　记账：周轩　　出纳：白雪　　复核：姜燕　　制单：王华

表 11-28

记 账 凭 证

202×年 12 月 21 日　　　　第 16 号

摘要	总账科目	明细科目	借方金额									贷方金额									记账
			百	十	万	千	百	十	元	角	分	百	十	万	千	百	十	元	角	分	
账款无法支付	应付账款	勤思公司			1	0	5	0	0	0	0										√
	营业外收入													1	0	5	0	0	0	0	√
合　计				¥	1	0	5	0	0	0	0		¥	1	0	5	0	0	0	0	

附单据壹张

会计主管：杨亮　　记账：周轩　　出纳：白雪　　复核：姜燕　　制单：王华

表 11-29

记 账 凭 证

202×年 12 月 28 日　　　　第 17 号

摘要	总账科目	明细科目	借方金额									贷方金额									记账
			百	十	万	千	百	十	元	角	分	百	十	万	千	百	十	元	角	分	
报销差旅费	管理费用	差旅费					9	5	0	0	0										√
退回多余预借款	库存现金							5	0	0	0										√
	其他应收款	李想													1	0	0	0	0	0	√
合　计					¥	1	0	0	0	0	0			¥	1	0	0	0	0	0	

附单据肆张

会计主管：杨亮　　记账：周轩　　出纳：白雪　　复核：姜燕　　制单：王华

表 11-30

记 账 凭 证

202×年 12 月 31 日　　　　第 18 号

摘要	总账科目	明细科目	借方金额									贷方金额									记账
			百	十	万	千	百	十	元	角	分	百	十	万	千	百	十	元	角	分	
结算工资	生产成本	甲产品		1	8	7	5	0	0	0	0										√
	生产成本	乙产品		1	3	7	5	0	0	0	0										√
	制造费用					7	5	0	0	0	0										√
	管理费用				1	7	5	0	0	0	0										√
	应付职工薪酬	工资											3	5	0	0	0	0	0	0	√
合　计			¥	3	5	0	0	0	0	0	0	¥	3	5	0	0	0	0	0	0	

附单据壹张

会计主管：杨亮　　记账：周轩　　出纳：白雪　　复核：姜燕　　制单：王华

表 11-31

记 账 凭 证

202×年 12 月 31 日　　　　第 19 号

摘要	总账科目	明细科目	借方金额									贷方金额									记账
			百	十	万	千	百	十	元	角	分	百	十	万	千	百	十	元	角	分	
计提职工福利	生产成本	甲产品			2	6	2	5	0	0	0										√
	生产成本	乙产品			1	9	2	5	0	0	0										√
	制造费用					1	0	5	0	0	0										√
	管理费用					2	4	5	0	0	0										√
	应付职工薪酬	职工福利												4	9	0	0	0	0	0	√
合　计				¥	4	9	0	0	0	0	0		¥	4	9	0	0	0	0	0	

附单据壹张

会计主管：杨亮　　记账：周轩　　出纳：白雪　　复核：姜燕　　制单：王华

表 11-32

记账凭证

202×年 12 月 31 日　　　　第 20 号

摘要	总账科目	明细科目	借方金额									贷方金额									记账
			百	十	万	千	百	十	元	角	分	百	十	万	千	百	十	元	角	分	
领用材料	生产成本	甲产品		4	4	5	0	0	0	0	0										√
	生产成本	乙产品		4	0	5	0	0	0	0	0										√
	制造费用				6	5	0	0	0	0	0										√
	管理费用				3	5	0	0	0	0	0										√
	原材料	A 材料											4	0	5	0	0	0	0	0	√
	原材料	B 材料											5	4	5	0	0	0	0	0	√
合计			¥	9	5	0	0	0	0	0	0	¥	9	5	0	0	0	0	0	0	

附单据拾伍张

会计主管：杨亮　记账：周轩　出纳：白雪　复核：姜燕　制单：王华

表 11-33

记账凭证

202×年 12 月 31 日　　　　第 21 号

摘要	总账科目	明细科目	借方金额									贷方金额									记账
			百	十	万	千	百	十	元	角	分	百	十	万	千	百	十	元	角	分	
支付保险费	制造费用	保险费				1	4	5	0	0	0										√
	管理费用	保险费				1	0	5	0	0	0										√
	银行存款														2	5	0	0	0	0	√
合计					¥	2	5	0	0	0	0			¥	2	5	0	0	0	0	

附单据贰张

会计主管：杨亮　记账：周轩　出纳：白雪　复核：姜燕　制单：王华

表 11-34

记账凭证

202×年 12 月 31 日　　　　第 22 号

摘要	总账科目	明细科目	借方金额									贷方金额									记账
			百	十	万	千	百	十	元	角	分	百	十	万	千	百	十	元	角	分	
计提利息	财务费用	利息费用				1	0	0	0	0	0										√
	应付利息														1	0	0	0	0	0	√
合计					¥	1	0	0	0	0	0			¥	1	0	0	0	0	0	

附单据壹张

会计主管：杨亮　记账：周轩　出纳：白雪　复核：姜燕　制单：王华

表11-35

记账凭证

202×年12月31日

第23号

摘要	总账科目	明细科目	借方金额									贷方金额									记账
			百	十	万	千	百	十	元	角	分	百	十	万	千	百	十	元	角	分	
计提折旧	制造费用	折旧费			2	2	5	0	0	0	0										√
	管理费用	折旧费				7	5	0	0	0	0										√
	累计折旧													3	0	0	0	0	0	0	√
合　计				¥	3	0	0	0	0	0	0		¥	3	0	0	0	0	0	0	

附单据壹张

会计主管：杨亮　　记账：周轩　　出纳：白雪　　复核：姜燕　　制单：王华

表11-36

记账凭证

202×年12月31日

第24号

摘要	总账科目	明细科目	借方金额									贷方金额									记账
			百	十	万	千	百	十	元	角	分	百	十	万	千	百	十	元	角	分	
结转制造费用	生产成本	甲产品			5	6	2	5	0	0	0										√
	生产成本	乙产品			4	1	2	5	0	0	0										√
	制造费用													9	7	5	0	0	0	0	√
合　计				¥	9	7	5	0	0	0	0		¥	9	7	5	0	0	0	0	

附单据壹张

会计主管：杨亮　　记账：周轩　　出纳：白雪　　复核：姜燕　　制单：王华

表11-37

记账凭证

202×年12月31日

第25号

摘要	总账科目	明细科目	借方金额										贷方金额										记账
			千	百	十	万	千	百	十	元	角	分	千	百	十	万	千	百	十	元	角	分	
结转完工产品	库存商品	甲产品		1	0	0	0	0	0	0	0	0											√
	库存商品	乙产品			5	2	5	0	0	0	0	0											√
	生产成本	甲产品												1	0	0	0	0	0	0	0	0	√
	生产成本	乙产品													5	2	5	0	0	0	0	0	√
合　计			¥	1	5	2	5	0	0	0	0	0	¥	1	5	2	5	0	0	0	0	0	

附单据壹张

会计主管：杨亮　　记账：周轩　　出纳：白雪　　复核：姜燕　　制单：王华

表 11-38

记 账 凭 证

202×年 12 月 31 日　　　　第 26 号

摘要	总账科目	明细科目	借方金额									贷方金额									记账
			百	十	万	千	百	十	元	角	分	百	十	万	千	百	十	元	角	分	
结转已售产品成本	主营业务成本	甲产品		3	5	0	0	0	0	0	0										√
	主营业务成本	乙产品		5	6	2	5	0	0	0	0										√
	库存商品	甲产品											3	5	0	0	0	0	0	0	√
	库存商品	乙产品											5	6	2	5	0	0	0	0	√
合　计			¥	9	1	2	5	0	0	0	0	¥	9	1	2	5	0	0	0	0	

附单据贰张

会计主管：杨亮　　记账：周轩　　出纳：白雪　　复核：姜燕　　制单：王华

表 11-39

记 账 凭 证

202×年 12 月 31 日　　　　第 27 号

摘要	总账科目	明细科目	借方金额									贷方金额									记账
			百	十	万	千	百	十	元	角	分	百	十	万	千	百	十	元	角	分	
确认税金及附加	税金及附加					5	7	2	0	0	0										√
	应交税费	城建税													4	0	0	4	0	0	√
	应交税费	教育费附加													1	7	1	6	0	0	√
合　计					¥	5	7	2	0	0	0			¥	5	7	2	0	0	0	

附单据壹张

会计主管：杨亮　　记账：周轩　　出纳：白雪　　复核：姜燕　　制单：王华

表 11-40

记 账 凭 证

202×年 12 月 31 日　　　　第 28 号

摘要	总账科目	明细科目	借方金额										贷方金额										记账
			千	百	十	万	千	百	十	元	角	分	千	百	十	万	千	百	十	元	角	分	
结转损益	主营业务收入			1	5	8	7	5	0	0	0	0											√
	投资收益				2	1	2	5	0	0	0	0											√
	营业外收入					1	0	5	0	0	0	0											√
	本年利润													1	8	1	0	5	0	0	0	0	√
合　计			¥	1	8	1	0	5	0	0	0	0	¥	1	8	1	0	5	0	0	0	0	

附单据零张

会计主管：杨亮　　记账：周轩　　出纳：白雪　　复核：姜燕　　制单：王华

表 11-41

记账凭证

202×年 12 月 31 日　　　　第 29 号

摘要	总账科目	明细科目	借方金额										贷方金额										记账
			千	百	十	万	千	百	十	元	角	分	千	百	十	万	千	百	十	元	角	分	
结转损益	本年利润			1	0	2	2	9	5	0	0	0											√
	主营业务成本														9	1	2	5	0	0	0	0	√
	税金及附加																5	7	2	0	0	0	√
	销售费用															3	1	7	8	0	0	0	√
	管理费用															6	4	4	5	0	0	0	√
	财务费用																1	0	0	0	0	0	√
	营业外支出																7	5	0	0	0	0	√
	合　计		¥	1	0	2	2	9	5	0	0	0	¥	1	0	2	2	9	5	0	0	0	

附单据零张

会计主管：杨亮　　记账：周轩　　出纳：白雪　　复核：姜燕　　制单：王华

表 11-42

记账凭证

202×年 12 月 31 日　　　　第 30 号

摘要	总账科目	明细科目	借方金额									贷方金额									记账
			百	十	万	千	百	十	元	角	分	百	十	万	千	百	十	元	角	分	
确认所得税	所得税费用			1	9	6	8	8	7	5	0										√
	应交税费	应交所得税											1	9	6	8	8	7	5	0	√
	合　计		¥	1	9	6	8	8	7	5	0	¥	1	9	6	8	8	7	5	0	

附单据壹张

会计主管：杨亮　　记账：周轩　　出纳：白雪　　复核：姜燕　　制单：王华

表 11-43

记账凭证

202×年 12 月 31 日　　　　第 31 号

摘要	总账科目	明细科目	借方金额									贷方金额									记账
			百	十	万	千	百	十	元	角	分	百	十	万	千	百	十	元	角	分	
结转所得税	本年利润			1	9	6	8	8	7	5	0										√
	所得税费用												1	9	6	8	8	7	5	0	√
	合　计		¥	1	9	6	8	8	7	5	0	¥	1	9	6	8	8	7	5	0	

附单据零张

会计主管：杨亮　　记账：周轩　　出纳：白雪　　复核：姜燕　　制单：王华

表 11-44

记 账 凭 证

202×年 12 月 31 日　　　　第 32 号

摘要	总账科目	明细科目	借方金额										贷方金额										记账
			千	百	十	万	千	百	十	元	角	分	千	百	十	万	千	百	十	元	角	分	
结转本年利润	本年利润			1	3	9	0	0	0	0	0	0											√
	利润分配													1	3	9	0	0	0	0	0	0	√
合　计			¥	1	3	9	0	0	0	0	0	0	¥	1	3	9	0	0	0	0	0	0	

附单据零张

会计主管：杨亮　　记账：周轩　　出纳：白雪　　复核：姜燕　　制单：王华

表 11-45

记 账 凭 证

202×年 12 月 31 日　　　　第 33 号

摘要	总账科目	明细科目	借方金额									贷方金额									记账
			百	十	万	千	百	十	元	角	分	百	十	万	千	百	十	元	角	分	
计提盈余公积金	利润分配			1	3	9	0	0	0	0	0										√
	盈余公积												1	3	9	0	0	0	0	0	√
合　计			¥	1	3	9	0	0	0	0	0	¥	1	3	9	0	0	0	0	0	

附单据壹张

会计主管：杨亮　　记账：周轩　　出纳：白雪　　复核：姜燕　　制单：王华

表 11-46

记 账 凭 证

202×年 12 月 31 日　　　　第 34 号

摘要	总账科目	明细科目	借方金额									贷方金额									记账
			百	十	万	千	百	十	元	角	分	百	十	万	千	百	十	元	角	分	
年终分配利润	利润分配				6	2	5	0	0	0	0										√
	应付股利													6	2	5	0	0	0	0	√
合　计				¥	6	2	5	0	0	0	0		¥	6	2	5	0	0	0	0	

附单据壹张

会计主管：杨亮　　记账：周轩　　出纳：白雪　　复核：姜燕　　制单：王华

（二）登记库存现金日记账和银行存款日记账

根据记账凭证中涉及库存现金和银行存款的记账凭证登记库存现金日记账和银行存款日记账，具体见表11-47和表11-48。

表11-47 库存现金日记账

202×年		凭证号数	摘 要	对方账户	收 入	支 出	结 余
月	日						
12	1		月初余额				4 750
	18	13	预支差旅费	其他应收款		1 000	3 750
	28	17	退回多余预借费	其他应收款	50		3 800
12	31		本月合计		50	1 000	3 800

表11-48 银行存款日记账

202×年		凭证号数	摘 要	对方账户	收 入	支 出	结 余
月	日						
12	1		月初余额				585 000
	2	1	采购A材料付款	在途物资		300 000	
				应交税费		39 000	246 000
	4	3	缴纳上月税金	应交税费		130 000	116 000
	11	5	销售甲产品	主营业务收入	612 500		
				应交税费	79 625		808 125
	12	7	发放工资	应付职工薪酬		245 000	563 125
	13	8	向贫困小学捐赠款	营业外支出		7 500	555 625
	14	9	购入材料	在途物资		360 000	195 625
	16	11	收到投资	实收资本	1 000 000		1 195 625
	19	14	收到投资分红	投资收益	212 500		1 408 125
	21	15	支付广告费	销售费用		31 780	1 376 345
	31	21	支付保险费	制造费用		1 450	
				管理费用		1 050	1 373 845
12	31		本月合计		1 904 625	1 115 780	1 373 845

（三）登记各种明细分类账

根据记账凭证和有关原始凭证登记各种明细分类账。本教材为简化起见，仅列示“库存商品”“应付账款”两个账户的明细账供读者参考，其他相关账户的明组账省略，具体见表11-49至表11-53。

表11-49　　**库存商品明细分类账**

产品名称：甲产品　　存放地点：1号仓库　　计量单位：件

202×年		凭证号数	摘要	收入			支出			结存		
月	日			数量	单价	金额	数量	单价	金额	数量	单价	金额
12	1		月初余额							1 325	500	662 500
	31	25	结转完工产品	2 000	500	1 000 000				3 325	500	1 662 500
	31	26	结转已售产品				700	500	350 000	2 625	500	1 312 500
12	31		本月合计	2 000	500	1 000 000	700	500	350 000	2 625	500	1 312 500

表11-50　　**库存商品明细分类账**

产品名称：乙产品　　存放地点：2号仓库　　计量单位：件

202×年		凭证号数	摘要	收入			支出			结存		
月	日			数量	单价	金额	数量	单价	金额	数量	单价	金额
12	1		月初余额							1 700	375	637 500
	31	25	结转完工产品	1 400	375	525 000				3 100	375	1 162 500
	31	26	结转已售产品				1 500	375	562 500	1 600	375	600 000
12	31		本月合计	1 400	375	525 000	1 500	375	562 500	1 600	375	600 000

表11-51　　**应付账款明细账**

二级或明细科目：美乐公司

202×年		凭证号	摘要	借方									贷方									借或贷	余额								
月	日			百	十	万	千	百	十	元	角	分	百	十	万	千	百	十	元	角	分		百	十	万	千	百	十	元	角	分
12	6	4	购买材料											3	7	0	0	7	5	0	0	贷	3	3	7	0	0	7	5	0	0
12	31		本月合计											3	7	0	0	7	5	0	0	贷	3	3	7	0	0	7	5	0	0

表 11-52

应付账款明细账

二级或明细科目：勤思公司

202×年		凭证号	摘要	借方									贷方									借或贷	余额								
月	日			百	十	万	千	百	十	元	角	分	百	十	万	千	百	十	元	角	分		百	十	万	千	百	十	元	角	分
12	1		月初余额																			贷			1	0	5	0	0	0	0
	21	16	款项无法支付												1	0	5	0	0	0	0	平							θ		
12	31		本月合计												1	0	5	0	0	0	0	平							θ		

表 11-53

应付账款明细账

二级或明细科目：美媛公司

202×年		凭证号	摘要	借方									贷方									借或贷	余额								
月	日			百	十	万	千	百	十	元	角	分	百	十	万	千	百	十	元	角	分		百	十	万	千	百	十	元	角	分
12	1		月初余额																			贷			3	7	5	0	0	0	0
	14	9	购买材料											2	2	7	6	0	0	0	0	贷		2	6	5	1	0	0	0	0
12	31		本月合计											2	2	7	6	0	0	0	0	贷		2	6	5	1	0	0	0	0

（四）登记总分类账

本案例中，金海公司采用记账凭证账务处理程序进行财务处理，因此根据其本月编制的记账凭证逐笔登记总分类账，具体见表 11-54 至表 11-85。

表 11-54

总分类账

会计科目：库存现金　　第 1 页

202×年		凭证号	摘要	借方									贷方									借或贷	余额								
月	日			百	十	万	千	百	十	元	角	分	百	十	万	千	百	十	元	角	分		百	十	万	千	百	十	元	角	分
12	1		月初余额																			借				4	7	5	0	0	0
	18	13	预支差旅费													1	0	0	0	0	0	借				3	7	5	0	0	0
	28	17	退回预借款						5	0	0	0										借				3	8	0	0	0	0
12	31		本月合计						5	0	0	0				1	0	0	0	0	0	借				3	8	0	0	0	0

表 11-55 **总分类账**

会计科目：银行存款 第 2 页

202×年		凭证号	摘要	借方									贷方									借或贷	余额								
月	日			百	十	万	千	百	十	元	角	分	百	十	万	千	百	十	元	角	分		百	十	万	千	百	十	元	角	分
12	1		月初余额																			借		5	8	5	0	0	0	0	0
	2	1	购买材料											3	3	9	0	0	0	0	0	借		2	4	6	0	0	0	0	0
	4	3	缴纳上月税金											1	3	0	0	0	0	0	0	借		1	1	6	0	0	0	0	0
	11	5	销售甲产品		6	9	2	1	2	5	0	0										借		8	0	8	1	2	5	0	0
	12	7	发放工资											2	4	5	0	0	0	0	0	借		5	5	3	1	2	5	0	0
	13	8	向贫困小学捐款													7	5	0	0	0	0	借		5	5	5	6	2	5	0	0
	14	9	购买材料											3	6	0	0	0	0	0	0	借		1	9	5	6	2	5	0	0
	16	11	收到投资款	1	0	0	0	0	0	0	0	0										借	1	1	9	5	6	2	5	0	0
	19	14	收到投资分红		2	1	2	5	0	0	0	0										借	1	4	0	8	1	2	5	0	0
	21	15	支付广告费												3	1	7	8	0	0	0	借	1	3	7	6	3	4	5	0	0
	31	20	支付保险费													2	5	0	0	0	0	借	1	3	7	3	8	4	5	0	0
12	31		本月合计	1	9	0	4	6	2	5	0	0	1	1	1	5	7	8	0	0	0	借	1	3	7	3	8	4	5	0	0

表 11-56 **总分类账**

会计科目：应收账款 第 3 页

202×年		凭证号	摘要	借方									贷方									借或贷	余额								
月	日			百	十	万	千	百	十	元	角	分	百	十	万	千	百	十	元	角	分		百	十	万	千	百	十	元	角	分
12	17	12	销售乙产品	1	1	0	1	7	5	0	0	0										借	1	1	0	1	7	5	0	0	0
12	31		本月合计	1	1	0	1	7	5	0	0	0										借	1	1	0	1	7	5	0	0	0

表 11-57 **总分类账**

会计科目：其他应收款 第 4 页

202×年		凭证号	摘要	借方									贷方									借或贷	余额								
月	日			百	十	万	千	百	十	元	角	分	百	十	万	千	百	十	元	角	分		百	十	万	千	百	十	元	角	分
12	1		月初余额																			借				1	2	5	0	0	0
	18	13	预支差旅费				1	0	0	0	0	0										借				2	2	5	0	0	0
	28	17	报销差旅费													1	0	0	0	0	0	借				1	2	5	0	0	0
12	31		本月合计				1	0	0	0	0	0				1	0	0	0	0	0	借				1	2	5	0	0	0

表 11-58

总分类账

会计科目：原材料　　　　第 5 页

202×年		凭证号	摘要	借方									贷方									借或贷	余额								
月	日			百	十	万	千	百	十	元	角	分	百	十	万	千	百	十	元	角	分		百	十	万	千	百	十	元	角	分
12	1		月初余额																			借		6	6	2	5	0	0	0	0
	4	2	材料验收入库		3	0	0	0	0	0	0	0										借		9	6	2	5	0	0	0	0
	12	6	材料验收入库		3	2	7	5	0	0	0	0										借	1	2	9	0	0	0	0	0	0
	15	10	材料验收入库		5	2	0	0	0	0	0	0										借	1	8	1	0	0	0	0	0	0
	31	20	领用材料											9	5	0	0	0	0	0	0	借		8	6	0	0	0	0	0	0
12	31		本月合计	1	1	4	7	5	0	0	0	0		9	5	0	0	0	0	0	0	借		8	6	0	0	0	0	0	0

表 11-59

总分类账

会计科目：在途物资　　　　第 6 页

202×年		凭证号	摘要	借方									贷方									借或贷	余额								
月	日			百	十	万	千	百	十	元	角	分	百	十	万	千	百	十	元	角	分		百	十	万	千	百	十	元	角	分
12	2	1	购买材料		3	0	0	0	0	0	0	0										借									
	4	2	材料验收入库											3	0	0	0	0	0	0	0	平							θ		
	6	4	购买材料		3	2	7	5	0	0	0	0										借		3	2	7	5	0	0	0	0
	12	6	材料验收入库											3	2	7	5	0	0	0	0	平							θ		
	14	9	购买材料		5	2	0	0	0	0	0	0										借		5	2	0	0	0	0	0	0
	15	10	材料验收入库											5	2	0	0	0	0	0	0	平							θ		
12	31		本月合计	1	1	4	7	5	0	0	0	0	1	1	4	7	5	0	0	0	0	平							θ		

表 11-60

总分类账

会计科目：库存商品　　　　第 7 页

202×年		凭证号	摘要	借方									贷方									借或贷	余额								
月	日			百	十	万	千	百	十	元	角	分	百	十	万	千	百	十	元	角	分		百	十	万	千	百	十	元	角	分
12	1		月初余额																			借	1	3	0	0	0	0	0	0	0
	31	25	结转完工产品	1	5	2	5	0	0	0	0	0										借	2	8	2	5	0	0	0	0	0
	31	26	结转已售产品											9	1	2	5	0	0	0	0	借	1	9	1	2	5	0	0	0	0
12	31		本月合计	1	5	2	5	0	0	0	0	0		9	1	2	5	0	0	0	0	借	1	9	1	2	5	0	0	0	0

表 11-61

总分类账

会计科目：预付账款　　　　第 8 页

202×年		凭证号	摘要	借方									贷方									借或贷	余额								
月	日			百	十	万	千	百	十	元	角	分	百	十	万	千	百	十	元	角	分		百	十	万	千	百	十	元	角	分
12	1		月初余额																			借				6	2	5	0	0	0
12	31		本月合计																			借				6	2	5	0	0	0

表 11-62

总分类账

会计科目：固定资产　　　　第 9 页

202×年		凭证号	摘要	借方									贷方									借或贷	余额								
月	日			百	十	万	千	百	十	元	角	分	百	十	万	千	百	十	元	角	分		百	十	万	千	百	十	元	角	分
12	1		月初余额																			借	2	3	7	2	5	0	0	0	0
12	31		本月合计																			借	2	3	7	2	5	0	0	0	0

表 11-63

总分类账

会计科目：累计折旧　　　　第 10 页

202×年		凭证号	摘要	借方									贷方									借或贷	余额								
月	日			百	十	万	千	百	十	元	角	分	百	十	万	千	百	十	元	角	分		百	十	万	千	百	十	元	角	分
12	1		月初余额																			贷		2	8	7	5	0	0	0	0
	31	23	计提折旧												3	0	0	0	0	0	0	贷		3	1	7	5	0	0	0	0
12	31		本月合计												3	0	0	0	0	0	0	贷		3	1	7	5	0	0	0	0

表 11-64

总分类账

会计科目：短期借款　　　　第 11 页

202×年		凭证号	摘要	借方									贷方									借或贷	余额								
月	日			百	十	万	千	百	十	元	角	分	百	十	万	千	百	十	元	角	分		百	十	万	千	百	十	元	角	分
12	1		月初余额																			贷			6	7	5	0	0	0	0
12	31		本月合计																			贷			6	7	5	0	0	0	0

表 11-65

总分类账

会计科目：应付账款　　　　　　　　　　　　　　　　　　第 12 页

202×年		凭证号	摘要	借方									贷方									借或贷	余额								
月	日			百	十	万	千	百	十	元	角	分	百	十	万	千	百	十	元	角	分		百	十	万	千	百	十	元	角	分
12	1		月初余额																			贷			4	8	0	0	0	0	0
	6	4	购买材料											3	7	0	0	7	5	0	0	贷		4	1	8	0	7	5	0	0
	14	9	购买材料											2	2	7	6	0	0	0	0	贷		6	4	5	6	7	5	0	0
	21	16	款项无法支付			1	0	5	0	0	0	0										贷		6	3	5	1	7	5	0	0
12	31		本月合计			1	0	5	0	0	0	0		5	9	7	6	7	5	0	0	贷		6	3	5	1	7	5	0	0

表 11-66

总分类账

会计科目：应付职工薪酬　　　　　　　　　　　　　　　　第 13 页

202×年		凭证号	摘要	借方									贷方									借或贷	余额								
月	日			百	十	万	千	百	十	元	角	分	百	十	万	千	百	十	元	角	分		百	十	万	千	百	十	元	角	分
12	1		月初余额																			贷		2	4	5	0	0	0	0	0
	12	7	发放工资		2	4	5	0	0	0	0	0										平							θ		
	31	18	结算工资											3	5	0	0	0	0	0	0	贷		3	5	0	0	0	0	0	0
	31	19	计提福利费												4	9	0	0	0	0	0	贷		3	9	9	0	0	0	0	0
12	31		本月合计		2	4	5	0	0	0	0	0		3	9	9	0	0	0	0	0	贷		3	9	9	0	0	0	0	0

表 11-67

总分类账

会计科目：应交税费　　　　　　　　　　　　　　　　　　第 14 页

202×年		凭证号	摘要	借方									贷方									借或贷	余额								
月	日			百	十	万	千	百	十	元	角	分	百	十	万	千	百	十	元	角	分		百	十	万	千	百	十	元	角	分
12	1		月初余额																			贷		1	3	0	0	0	0	0	0
	2	1	购买材料			3	9	0	0	0	0	0										贷			9	1	0	0	0	0	0
	4	3	缴纳上月税金		1	3	0	0	0	0	0	0										借			3	9	0	0	0	0	0
	6	4	购买材料			4	2	5	7	5	0	0										借			8	1	5	7	5	0	0
	11	5	销售甲产品												7	9	6	2	5	0	0	借				1	9	5	0	0	0
	14	9	购买材料			6	7	6	0	0	0	0										借			6	9	5	5	0	0	0
	17	12	销售乙产品											1	2	6	7	5	0	0	0	贷			5	7	2	0	0	0	0
	31	27	确认税金及附加													5	7	2	0	0	0	贷			6	2	9	2	0	0	0
	31	30	确认所得税											1	9	6	8	8	7	5	0	贷		2	5	9	8	0	7	5	0
12	31		本月合计		2	7	9	1	7	5	0	0		4	0	8	9	8	2	5	0	贷		2	5	9	8	0	7	5	0

表 11-68

总分类账

会计科目：应付利息

第 15 页

202×年		凭证号	摘要	借方									贷方									借或贷	余额								
月	日			百	十	万	千	百	十	元	角	分	百	十	万	千	百	十	元	角	分		百	十	万	千	百	十	元	角	分
12	1		月初余额																			贷				3	0	0	0	0	0
	31	22	计提利息													1	0	0	0	0	0	贷				4	0	0	0	0	0
12	31		本月合计													1	0	0	0	0	0	贷				4	0	0	0	0	0

表 11-69

总分类账

会计科目：应付股利

第 16 页

202×年		凭证号	摘要	借方									贷方									借或贷	余额								
月	日			百	十	万	千	百	十	元	角	分	百	十	万	千	百	十	元	角	分		百	十	万	千	百	十	元	角	分
12	1		月初余额																			贷		5	1	0	0	0	0	0	0
	31	34	年终分配利润												6	2	5	0	0	0	0	贷		5	7	2	5	0	0	0	0
12	31		本月合计												6	2	5	0	0	0	0	贷		5	7	2	5	0	0	0	0

表 11-70

总分类账

会计科目：实收资本

第 17 页

202×年		凭证号	摘要	借方									贷方									借或贷	余额								
月	日			百	十	万	千	百	十	元	角	分	百	十	万	千	百	十	元	角	分		百	十	万	千	百	十	元	角	分
12	1		月初余额																			贷	1	4	8	7	5	0	0	0	0
	16	11	收到投资										1	0	0	0	0	0	0	0	0	贷	2	4	8	7	5	0	0	0	0
12	31		本月合计										1	0	0	0	0	0	0	0	0	贷	2	4	8	7	5	0	0	0	0

表 11-71

总分类账

会计科目：盈余公积

第 18 页

202×年		凭证号	摘要	借方									贷方									借或贷	余额								
月	日			百	十	万	千	百	十	元	角	分	百	十	万	千	百	十	元	角	分		百	十	万	千	百	十	元	角	分
12	1		月初余额																			贷		2	5	5	0	0	0	0	0
	31	33	计提盈余公积											1	3	9	0	0	0	0	0	贷		3	9	4	0	0	0	0	0
12	31		本月合计											1	3	9	0	0	0	0	0	贷		3	9	4	0	0	0	0	0

表 11-72

总分类账

会计科目：利润分配 第 19 页

202×年		凭证号	摘 要	借方									贷方									借或贷	余额								
月	日			百	十	万	千	百	十	元	角	分	百	十	万	千	百	十	元	角	分		百	十	万	千	百	十	元	角	分
12	1		月初余额																			贷	1	3	8	4	4	1	2	5	0
	31	32	结转本年利润										1	3	9	0	0	0	0	0	0	贷	2	7	7	4	4	1	2	5	0
	31	33	计提盈余公积		1	3	9	0	0	0	0	0										贷	2	6	3	5	4	1	2	5	0
	31	34	年终分配利润			6	2	5	0	0	0	0										贷	2	5	7	2	9	1	2	5	0
12	31		本月合计		2	0	1	5	0	0	0	0	1	3	9	0	0	0	0	0	0	贷	2	5	7	2	9	1	2	5	0

表 11-73

总分类账

会计科目：本年利润 第 20 页

202×年		凭证号	摘 要	借方									贷方									借或贷	余额								
月	日			百	十	万	千	百	十	元	角	分	百	十	万	千	百	十	元	角	分		百	十	万	千	百	十	元	角	分
12	1		月初余额																			贷		7	9	9	3	3	7	5	0
	31	28	结转损益										1	8	1	0	5	0	0	0	0	贷	2	6	0	9	8	3	7	5	0
	31	29	结转损益	1	0	2	2	9	5	0	0	0										贷	1	5	8	6	8	8	7	5	0
	31	31	结转所得税		1	9	6	8	8	7	5	0										贷	1	3	9	0	0	0	0	0	0
	31	32	结转本年利润	1	3	9	0	0	0	0	0	0										平							θ		
12	31		本月合计	2	6	0	9	8	3	7	5	0	1	8	1	0	5	0	0	0	0	平							θ		

表 11-74

总分类账

会计科目：生产成本 第 21 页

202×年		凭证号	摘 要	借方									贷方									借或贷	余额								
月	日			百	十	万	千	百	十	元	角	分	百	十	万	千	百	十	元	角	分		百	十	万	千	百	十	元	角	分
12	1		月初余额																			借		2	8	5	0	0	0	0	0
	31	18	结算工资		3	2	5	0	0	0	0	0										借		6	1	0	0	0	0	0	0
	31	19	计提福利费			4	5	5	0	0	0	0										借		6	5	5	5	0	0	0	0
	31	20	领用材料		8	5	0	0	0	0	0	0										借	1	5	0	5	5	0	0	0	0
	31	24	结转制造费用			9	7	5	0	0	0	0										借	1	6	0	3	0	0	0	0	0
	31	25	结转完工产品										1	5	2	5	0	0	0	0	0	借			7	8	0	0	0	0	0
12	31		本月合计	1	3	1	8	0	0	0	0	0	1	5	2	5	0	0	0	0	0	借			7	8	0	0	0	0	0

表 11-75

总分类账

会计科目：制造费用

第 22 页

202×年		凭证号	摘要	借方									贷方									借或贷	余额								
月	日			百	十	万	千	百	十	元	角	分	百	十	万	千	百	十	元	角	分		百	十	万	千	百	十	元	角	分
12	31	18	结算工资				7	5	0	0	0	0										借				7	5	0	0	0	0
	31	19	计提福利费				1	0	5	0	0	0										借				8	5	5	0	0	0
	31	20	领用材料			6	5	0	0	0	0	0										借			7	3	5	5	0	0	0
	31	21	支付保险费				1	4	5	0	0	0										借			7	5	0	0	0	0	0
	31	23	计提折旧			2	2	5	0	0	0	0										借			9	7	5	0	0	0	0
	31	24	结转制造费用												9	7	5	0	0	0	0	平							θ		
12	31		本月合计			9	7	5	0	0	0	0			9	7	5	0	0	0	0	平							θ		

表 11-76

总分类账

会计科目：主营业务收入

第 23 页

202×年		凭证号	摘要	借方									贷方									借或贷	余额								
月	日			百	十	万	千	百	十	元	角	分	百	十	万	千	百	十	元	角	分		百	十	万	千	百	十	元	角	分
12	11	5	销售甲产品											6	1	2	5	0	0	0	0	贷		6	1	2	5	0	0	0	0
	17	12	销售乙产品											9	7	5	0	0	0	0	0	贷	1	5	8	7	5	0	0	0	0
	31	28	结转损益	1	5	8	7	5	0	0	0	0										平							θ		
12	31		本月合计	1	5	8	7	5	0	0	0	0	1	5	8	7	5	0	0	0	0	平							θ		

表 11-77

总分类账

会计科目：营业外收入

第 24 页

202×年		凭证号	摘要	借方									贷方									借或贷	余额								
月	日			百	十	万	千	百	十	元	角	分	百	十	万	千	百	十	元	角	分		百	十	万	千	百	十	元	角	分
12	21	16	款项无法支付												1	0	5	0	0	0	0	贷			1	0	5	0	0	0	0
	31	28	结转损益			1	0	5	0	0	0	0										平							θ		
12	31		本月合计			1	0	5	0	0	0	0			1	0	5	0	0	0	0	平							θ		

表 11-78

总分类账

会计科目：投资收益

第 25 页

202×年		凭证号	摘要	借方									贷方									借或贷	余额								
月	日			百	十	万	千	百	十	元	角	分	百	十	万	千	百	十	元	角	分		百	十	万	千	百	十	元	角	分
12	19	14	收到投资分红											2	1	2	5	0	0	0	0	贷		2	1	2	5	0	0	0	0
	31	28	结转损益		2	1	2	5	0	0	0	0										平							θ		
12	31		本月合计		2	1	2	5	0	0	0	0		2	1	2	5	0	0	0	0	平							θ		

表 11-79

总分类账

会计科目：主营业务成本

第 26 页

202×年		凭证号	摘要	借方									贷方									借或贷	余额								
月	日			百	十	万	千	百	十	元	角	分	百	十	万	千	百	十	元	角	分		百	十	万	千	百	十	元	角	分
12	31	26	结转已售产品成本		9	1	2	5	0	0	0	0										借		9	1	2	5	0	0	0	0
	31	29	结转损益											9	1	2	5	0	0	0	0	平							θ		
12	31		本月合计		9	1	2	5	0	0	0	0		9	1	2	5	0	0	0	0	平							θ		

表 11-80

总分类账

会计科目：税金及附加

第 27 页

202×年		凭证号	摘要	借方									贷方									借或贷	余额								
月	日			百	十	万	千	百	十	元	角	分	百	十	万	千	百	十	元	角	分		百	十	万	千	百	十	元	角	分
12	31	27	确认税金及附加				5	7	2	0	0	0										借				5	7	2	0	0	0
	31	29	结转损益													5	7	2	0	0	0	平							θ		
12	31		本月合计				5	7	2	0	0	0				5	7	2	0	0	0	平							θ		

表 11-81

总分类账

会计科目：销售费用

第 28 页

202×年		凭证号	摘要	借方									贷方									借或贷	余额								
月	日			百	十	万	千	百	十	元	角	分	百	十	万	千	百	十	元	角	分		百	十	万	千	百	十	元	角	分
12	21	15	支付广告费			3	1	7	8	0	0	0										借			3	1	7	8	0	0	0
	31	29	结转损益												3	1	7	8	0	0	0	平							θ		
12	31		本月合计			3	1	7	8	0	0	0			3	1	7	8	0	0	0	平							θ		

表 11-82

总分类账

会计科目：管理费用

第 29 页

202×年		凭证号	摘要	借方									贷方									借或贷	余额								
月	日			百	十	万	千	百	十	元	角	分	百	十	万	千	百	十	元	角	分		百	十	万	千	百	十	元	角	分
12	28	17	报销差旅费					9	5	0	0	0										借					9	5	0	0	0
	31	18	结算工资			1	7	5	0	0	0	0										借			1	8	4	5	0	0	0
	31	19	计提福利费				2	4	5	0	0	0										借			2	0	9	0	0	0	0
	31	20	领用材料			3	5	0	0	0	0	0										借			5	5	9	0	0	0	0
	31	21	支付保险费				1	0	5	0	0	0										借			5	6	9	5	0	0	0
	31	23	计提折旧				7	5	0	0	0	0										借			6	4	4	5	0	0	0
	31	29	结转损益												6	4	4	5	0	0	0	平							θ		
12	31		本月合计			6	4	4	5	0	0	0			6	4	4	5	0	0	0	平							θ		

表 11-83

总分类账

会计科目：财务费用

第 30 页

202×年		凭证号	摘要	借方									贷方									借或贷	余额								
月	日			百	十	万	千	百	十	元	角	分	百	十	万	千	百	十	元	角	分		百	十	万	千	百	十	元	角	分
12	31	22	计提利息				1	0	0	0	0	0										借				1	0	0	0	0	0
	31	29	结转损益													1	0	0	0	0	0	平							θ		
12	31		本月合计				1	0	0	0	0	0				1	0	0	0	0	0	平							θ		

表 11-84

总分类账

会计科目：营业外支出

第 31 页

202×年		凭证号	摘要	借方									贷方									借或贷	余额								
月	日			百	十	万	千	百	十	元	角	分	百	十	万	千	百	十	元	角	分		百	十	万	千	百	十	元	角	分
12	13	8	向贫困小学捐款				7	5	0	0	0	0										借				7	5	0	0	0	0
	31	29	结转损益													7	5	0	0	0	0	平							θ		
12	31		本月合计				7	5	0	0	0	0				7	5	0	0	0	0	平							θ		

表 11-85

总分类账

会计科目：所得税费用

第 32 页

202×年		凭证号	摘要	借方									贷方									借或贷	余额								
月	日			百	十	万	千	百	十	元	角	分	百	十	万	千	百	十	元	角	分		百	十	万	千	百	十	元	角	分
12	31	30	确认所得税		1	9	6	8	8	7	5	0										借		1	9	6	8	8	7	5	0
	31	31	结转所得税											1	9	6	8	8	7	5	0	平							θ		
12	31		本月合计		1	9	6	8	8	7	5	0		1	9	6	8	8	7	5	0	平							θ		

（五）对账与试算平衡

期末，计算出各总账、明细账、库存现金日记账和银行存款日记账的本期发生额及期末余额，并相互进行核对，做到账证、账账、账实相符。该公司编制的试算平衡表见表11-86。

表11-86 总分类账户本期发生额和余额对照表 单位：元

账户名称	期初余额		本期发生额		期末余额	
	借方	贷方	借方	贷方	借方	贷方
库存现金	4 750		50	1 000	3 800	
银行存款	585 000		1 904 625	1 115 780	1 373 845	
应收账款	0		1 101 750		1 101 750	
其他应收款	1 250		1 000	1 000	1 250	
原材料	662 500		1 147 500	950 000	860 000	
在途物资	0		1 147 500	1 147 500	0	
库存商品	1 300 000		1 525 000	912 500	1 912 500	
预付账款	6 250				6 250	
固定资产	2 372 500				2 372 500	
累计折旧		287 500		30 000		317 500
短期借款		67 500				67 500
应付账款		48 000	10 500	597 675		635 175
应付职工薪酬		245 000	245 000	399 000		399 000
应交税费		130 000	279 175	408 982.5		259 807.5
应付利息		3 000		1 000		4 000
应付股利		510 000		62 500		572 500
实收资本		1 487 500		1 000 000		2 487 500
盈余公积		255 000		139 000		394 000
利润分配		1 384 412.5	201 500	1 390 000		2 572 912.5
本年利润		799 337.5	2 609 837.5	1 810 500		0
生产成本	285 000		1 318 000	1 525 000	78 000	
制造费用			97 500	97 500		
主营业务收入			1 587 500	1 587 500		
营业外收入			10 500	10 500		
投资收益			212 500	212 500		
主营业务成本			912 500	912 500		
税金及附加			5 720	5 720		
销售费用			31 780	31 780		
管理费用			64 450	64 450		
财务费用			1 000	1 000		
营业外支出			7 500	7 500		
所得税费用			196 887.5	196 887.5		
合计	5 217 250	5 217 250	14 619 275	14 619 275	7 709 895	7 709 895

（六）编制财务报表

根据上述会计核算资料，编制金海有限责任公司202×年12月的资产负债表、利润表，见表11-87和表11-88。

表11-87　　　　　　　　　　**资产负债表**　　　　　　　　　　会企01表

编制单位：金海有限责任公司　　　　202×年12月31日　　　　　　单位：元

资　产	期末余额	年初余额（略）	负债和所有者权益（或股东权益）	期末余额	年初余额（略）
流动资产：			流动负债：		
货币资金	1 377 645		短期借款	67 500	
交易性金融资产			交易性金融负债		
衍生金融资产			衍生金融负债		
应收票据			应付票据		
应收账款	1 101 750		应付账款	635 175	
预付款项	6 250		预收款项		
其他应收款	1 250		合同负债		
存货	2 850 500		应付职工薪酬	399 000	
合同资产			应交税费	259 807.5	
持有待售资产			其他应付款	576 500	
一年内到期的非流动资产			持有待售负债		
其他流动资产			一年内到期的非流动负债		
流动资产合计	5 337 395		其他流动负债		
非流动资产：			流动负债合计	1 937 982.5	
债权投资			非流动负债：		
其他债权投资			长期借款		
长期应收款			应付债券		
长期股权投资			其中：优先股		
其他权益工具投资			永续债		
其他非流动金融资产			长期应付款		
投资性房地产			预计负债		
固定资产	2 055 000		递延收益		
在建工程			递延所得税负债		
生产性生物资产			其他非流动负债		
油气资产			非流动负债合计		
无形资产			负债合计	1 937 982.5	
开发支出			所有者权益（或股东权益）：		
商誉			实收资本（或股本）	2 487 500	
长期待摊费用			其他权益工具		
递延所得税资产			其中：优先股		
其他非流动资产			永续债		
非流动资产合计	2 055 000		资本公积		
			减：库存股		
			其他综合收益		
			盈余公积	394 000	
			未分配利润	2 572 912.5	
			所有者权益（或股东权益）合计	5 454 412.5	
资产总计	7 392 395		负债和所有者权益（或股东权益）总计	7 392 395	

表11-88　　利润表　　会企02表

编制单位：金海有限责任公司　　202×年12月　　单位：元

项　目	本期金额	上期金额（略）
一、营业收入	1 587 500	
减：营业成本	912 500	
税金及附加	5 720	
销售费用	31 780	
管理费用	64 450	
研发费用		
财务费用	1 000	
其中：利息费用	1 000	
利息收入		
加：其他收益		
投资收益（损失以“-”号填列）	212 500	
其中：对联营企业和合营企业的投资收益		
净敞口套期收益（损失以“-”号填列）		
公允价值变动收益（损失以“-”号填列）		
信用减值损失（损失以“-”号填列）		
资产减值损失（损失以“-”号填列）		
资产处置收益（损失以“-”号填列）		
二、营业利润（亏损以“-”号填列）	784 550	
加：营业外收入	10 500	
减：营业外支出	7 500	
三、利润总额（亏损总额以“-”号填列）	787 550	
减：所得税费用	196 887.5	
四、净利润（净亏损以“-”号填列）	590 662.5	
五、其他综合收益的税后净额		
（一）不能重分类进损益的其他综合收益		
（二）将重分类进损益的其他综合收益		
六、综合收益总额	590 662.5	
七、每股收益：		
（一）基本每股收益		
（二）稀释每股收益		

立德树人：做个不可替代的会计人

会计工作不仅需要处理会计业务、编写财务报告、进行税收策划等专业方面的“硬技能”，更需要沟通与倾听能力、建立和维护良好关系的能力、管理与战略领导能力等“软技能”。会计人的职业生涯中，会遇到定位关、性格关、考试关、沟通关等很多的难关。每一道关口都意味着挑战和付出，意味着要不断保持战斗力。每闯过一道关口就弥补了职业生涯中的一块短板，当弥补所有的短板后，你就变得不可替代。

会计岗位有很多，越往上能力要求越高，相应的岗位数量也有所减少。不同工作岗位随着业务复杂性的增加，所创造出来的价值也更大。一个初入职场的“小白”如何一步步成长为领导信任的高级白领？那就是别把工作当成谋生的工具，而是当成实现人生职业价值的途径，将自己的潜能挖掘出来。程序化的会计工作随时可能被别人取代，甚至被机器人替代，但如果自己眼睛里有活、脑子里能装事、耐得住寂寞、愿意牺牲私人时间，把工作标准定得更高些，让工作范围更广些，平时工作中多收集些基础资料，脑子里多装些东西，在任何场合、任何情况下都能比较准确地说出决策者想知道的数据，在公司重大经济事项中保持独立思考，并适时提出财务建议，所发挥的作用就无可替代。

加油吧，努力让自己成为企业中不可替代的会计人！

本章要点概览

1. 账务处理程序是指从经济业务发生、取得或填制原始凭证开始到根据有关账簿记录编制财务会计报告为止的一个会计循环过程中，会计科目、会计凭证、会计账簿、会计报表相互结合的技术组织方式。

2. 账务处理程序的设计要与本企业业务的特点、经营的规模、交易的多少以及管理的要求相适应，要能够在正确、及时、完整地提高会计核算质量的前提下简化会计核算工作。

3. 账务处理程序根据登记总账的依据和方法不同，主要有记账凭证账务处理程序、汇总记账凭证账务处理程序、科目汇总表账务处理程序、多栏式日记账账务处理程序和日记总账账务处理程序。

4. 记账凭证账务处理程序的主要特点是直接根据记账凭证登记总分类账，适用于规模较小、业务量较少的企业；科目汇总表账务处理程序的主要特点是在总分类账和记账凭证之间增加了科目汇总表，总分类账的登记依据是科目汇总表，适用于规模较大、业务量较多的企业；汇总记账凭证账务处理程序的主要特点是根据汇总记账凭证登记总分类账，适用于规模较大、业务量较多，特别是收、付业务较多而转账业务较少的企业。

本章练习题

金海有限责任公司（以下简称“金海公司”）是一家典型的制造企业，主要生产甲和乙两种产品，生产甲、乙两种产品主要需要A、B两种原材料。金海公司为一般纳税人，增值税税率为13%，城市维护建设税税率为7%，教育费附加的征收比例为3%，所得税税率为25%。此外，甲产品为应税消费品，需要按销售价款的10%缴纳消费税。

1. 账户的期初余额

金海公司202×年11月30日各账户的余额见表11-89。其中，A材料有2 000千克，单价40元/千克，共计80 000元；B材料有500千克，单价60元/千克，共计30 000元。

表11-89　**各账户余额**　单位：元

会计科目	总分类科目		明细分类科目	
	借方余额	贷方余额	借方余额	贷方余额
库存现金	12 000			
银行存款	450 000			
应收账款	80 000			
其他应收款	8 000			
原材料	110 000			
——A材料			80 000	
——B材料			30 000	
生产成本	40 000			
库存商品	160 000			
固定资产	1 467 000			
累计折旧		100 000		
短期借款		400 000		
应付职工薪酬		83 000		
应付账款		260 000		
——湘波公司				4 000
——楚天公司				256 000
应交税费		40 000		
应付利息		13 000		
实收资本		881 000		
盈余公积		100 000		
本年利润		450 000		
合　计	2 327 000	2 327 000		

2. 12月份发生的经济业务

(1) 1日，投资者追加投资，投入货币资金180 000元，存入银行；投入机器一台，价值20 000元（原始凭证：投资协议、银行进账单、机器购买发票）。

(2) 2日，从湘波公司购入A材料2 500千克，单价40元/千克，购入B材料1 000千克，单价60元/千克，增值税税额为20 800元，材料未收到，价税款暂欠（原始凭证：增值税专用发票发票联）。

(3) 4日，从楚天公司购入B材料1 200千克，单价60元/千克，增值税税额为9 360元，材料未收到，价税款暂欠（原始凭证：增值税专用发票发票联）。

(4) 5日，收到从湘波公司、楚天公司购进的A材料和B材料，验收入库（原始凭证：材料入库单）。

(5) 6日，仓库发出A材料和B材料，具体数量和领用部门见表11-90（原始凭证：领料单）。

表 11-90 领料数量和领用部门 金额单位：元

用途	A材料		B材料		合计
	数量（千克）	金额	数量（千克）	金额	
生产甲产品领用	2 500	100 000	300	18 000	118 000
生产乙产品领用	500	20 000	200	12 000	32 000
生产车间一般消耗	200	8 000			8 000
行政管理部门耗用	300	12 000			12 000
合　计	3 500	140 000	500	30 000	170 000

（6）7日，从银行提取现金20 000元备用（原始凭证：现金支票存根）。

（7）8日，通过银行发放上个月的职工工资83 000元（原始凭证：转账支票存根）。

（8）8日，行政管理部门人员刘广出差，预借差旅费5 000元，以现金支付（原始凭证：借款单）。

（9）10日，销售给海天公司甲产品1 500件，单价200元/件，乙产品1 000件，单价150元/件，销售总价450 000元，增值税税额58 500元，收到货款450 000元存入银行，余款暂欠（原始凭证：增值税专用发票记账联、银行进账单）。

（10）10日，以银行存款支付本月的水电费8 000元，其中生产车间负担6 000元，公司行政部门负担2 000元（原始凭证：水费发票、电费发票、银行结算单）。

（11）12日，刘广出差回来，报销差旅费4 200元，以现金退回余款800元（原始凭证：车票、住宿发票、收据记账联）。

（12）15日，以银行存款支付本月的产品促销广告费36 800元（原始凭证：广告费发票、转账支票存根）。

（13）20日，以银行存款向受冰灾的山区小学捐赠20 000元（原始凭证：公益性捐赠收据记账联、转账支票存根）。

（14）20日，从银行取得半年期的短期借款100 000元，存入银行（原始凭证：借款合同、银行进账单）。

（15）21日，销售A材料100千克，单价70元/千克，增值税税额910元，价税款收到并存入银行（原始凭证：增值税专用发票记账联、银行进账单）。

（16）21日，结转销售A材料的成本4 000元（原始凭证：材料发货单）。

（17）22日，以银行存款支付前欠湘波公司部分货款165 000元，支付前欠楚天公司部分货款200 000元（原始凭证：转账支票存根）。

（18）24日，公司持有的国债结算利息，收到国债利息30 000元存入银行（原始凭证：银行进账单）。

（19）25日，收到供应商未按期履行合同的违约金10 000元，存入银行（原始凭证：银行进账单）。

（20）30日，以银行存款缴纳上月应交的增值税12 000元、消费税8 000元、城市维护建设税1 400元、教育费附加600元（原始凭证：完税凭证、银行转账单）。

（21）31日，结算本月应付的工资，其中生产甲产品工人的工资32 000元，生产乙产品工人的工资24 000元，生产车间管理人员的工资8 000元，公司行政管理人员的工资16 000元（原始凭证：工资计算汇总表）。

（22）31日，按本月职工工资总额的25%计提社会保险费，按本月职工工资总额的10%计提住房公积金（原始凭证：社会保险费和住房公积金计提表）。

（23）31日，计提本月固定资产折旧，其中生产车间固定资产应计提折旧12 000元，行政管理部门固定资产应计提折旧4 000元（原始凭证：固定资产折旧计算表）。

（24）31日，按生产工时比例分配结转本月生产车间的制造费用36 800元，其中甲产品生产工时300小时，乙产品生产工时200小时（原始凭证：制造费用分配表）。

（25）31日，结转本月完工验收入库的产品成本，其中甲产品完工2 500件，总成本150 000元，乙产品完工1 500件，总成本60 000元（原始凭证：完工产品入库单）。

（26）31日，结转本月已销产品成本，其中甲产品销售1 500件，单位成本60元/件，总成本90 000元，乙产品销售1 000件，单位成本40元/件，总成本40 000元（原始凭证：产品发货单）。

（27）31日，以银行存款支付本季度短期借款的利息支出18 000元，其中已预提的应付利息12 000元，本月应负担的银行借款利息6 000元（原始凭证：利息结算单、银行转账单）。

（28）31日，计算本月应缴纳的消费税30 000元、城市维护建设税2 100元、教育费附加900元（原始凭证：应交税费计算表）。

（29）31日，结转本月主营业务收入450 000元、其他业务收入7 000元、投资收益30 000元、营业外收入10 000元至“本年利润”账户。

（30）31日，结转本月主营业务成本130 000元、其他业务成本4 000元、税金及附加33 000元、销售费用36 800元、财务费用6 000元、管理费用43 800元、营业外支出20 000元至“本年利润”账户。

（31）31日，计算并确认本年应缴纳的企业所得税（税率25%），假设该公司12月初“本年利润”账户贷方余额为450 000元，且1—11月不存在所得税纳税调整事项，12月存在国债利息收入30 000元的纳税调整事项（原始凭证：所得税费用计算表）。

（32）31日，将本年的所得税费用结转至“本年利润”账户。

（33）31日，将“本年利润”期末余额结转至“利润分配”账户。

（34）31日，按本年实现净利润的10%提取盈余公积。

（35）31日，公司决定向投资者分配利润300 000元，拟定于下年度6月30日前支付（原始凭证：利润分配决议）。

（说明：一般纳税人企业从外部采购商品或接受劳务获取的所有发票都是增值税专用发票，支付的款项包含增值税进项税额。本实训仅考虑采购原材料的增值税进项税额，水费、电费、广告费、住宿费等的进项税额简化处理，暂不予考虑）

要求：（1）针对金海公司12月份发生的经济业务，编制记账凭证编制；（2）登记库存现金日记账和银行存款日记账登记、应付账款明细分类账和原材料明细分类账；（3）登记总分类账（该公司采用记账凭证账务处理程序登记总账）；（4）编制金海公司12月末试算平衡表；（5）编制金海公司12月份的利润表（简表）和12月末的资产负债表（简表）。

参考答案

第十二章

会计工作组织与规范

学习目标与要求

本章系统阐述会计工作的组织管理，内容主要包括会计规范体系、会计机构、会计人员会计档案管理。通过本章学习，应了解会计工作的组织形式、会计机构内设岗位、会计人员专业技术职务，掌握会计规范体系和会计职业道德规范，熟悉会计人员职权与法律责任、会计档案的归档及保管。

引导案例

李航学习完账务处理程序后，对会计工作的组织实施、管理规范以及会计信息质量控制产生了浓厚的兴趣。此外，李航最近阅读了一个上市公司财务舞弊的案例，让他对会计人员的法律责任有了深入的思考。A公司主要从事农业开发，于201×年通过证监会的股票发行核准，随后在创业板上市，公开发行人民币普通股1 700万股，共计募集资金4.25亿元。第二年年初，证监部门在例行检查中发现A公司存在财务疑点，随后对A公司涉嫌财务舞弊等违法违规行为进行立案稽查。调查发现，该公司在股票核准发行的前三年累计虚增收入7.5亿元左右，虚增营业利润1.8亿元左右，虚增净利润1.6亿元左右。证监会对A公司财务舞弊、欺诈上市的违法违规行为进行了严肃处理：A公司及其董事长、财务总监涉嫌欺诈发行股票和违规披露信息罪被移送司法机关处理；A公司发行股票的保荐机构和主承销商某证券公司被给予警告处分，没收该笔承销业务的收入2 555万元，并处以5 110万元罚款，同时设立3亿元补偿基金对A公司投资者的损失进行补偿；IPO（initial public offering，首次公开募股）审计的会计师事务所被撤销证券服务业务许可证，没收该笔审计业务的收入138万元，并处以276万元罚款，两位签字注册会计师分别被处以10万元、13万元罚款，终身禁入证券市场。法院审理查明，A公司欺诈发行股票罪罪名成立，判处罚金850万元；公司董事长犯欺诈发行股票罪和违规披露重要信息罪，判有期徒刑三年六个月，并处罚金10万元；公司财务总监犯欺诈发行股票罪和违规披露重要信息罪，判有期徒刑二年二个月，并处罚金2万元。读完这个案例后，李航思考的问题主要有两个：一是从政府监管部门来讲，应该如何加强对会计工作的宏观监管，杜绝财务舞弊行为发生？二是从会计人员来讲，应该如何加强职业操守，避免由于财务舞弊而承担法律责任？同学们，你们是否也有同样的思考？希望大家通过本章学习获得明确答案。

导读测评

12-1

第一节　会计工作组织概述

一、会计工作组织的意义

会计工作是企业经营管理的重要组成部分，它具有涉及面广、综合性与时效性强、要求严密的特点，这就决定了要做好会计工作，必须建立专门的人事机构，要有专职的会计人员，并要有约束会计工作的会计制度和行为规范等，即要建立科学合理的会计工作组织。会计工作组织是根据会计工作的特点，按照会计法规的有关规定，对会计机构的设置、会计人员的配备、会计制度的制定与执行等各项工作所做的统筹安排。建立会计工作组织，有利于提高会计工作质量，保证会计信息的可靠性。

会计工作组织是会计工作构成内容的有机结合，它一般包括会计法规、会计机构、会计人员、会计档案管理，以及会计考试等。会计法规是正确处理会计业务、保证会计工作符合需要的一系列会计法律、法规、制度等的总和，遵守会计行为规范是会计发挥作用、完成任务的基本保证。会计机构是负责组织、领导和从事会计工作的职能部门，设置合理的会计机构是会计发挥作用、完成任务的前提条件。会计人员是具有一定会计技能，在会计机构中专门从事会计核算、管理的人员，配备合理的会计人员是会计发挥作用、完成任务的决定性因素。会计档案管理是对会计工作资料的组织管理。会计考试是选拔有专业知识的合格会计人员的保障。

二、会计工作组织的原则

国家所制定的《会计法》以及相关的制度，是各单位组织会计工作的主要依据，各单位应该按国家对会计工作的统一要求来组织会计工作，同时也应遵守一定的原则。

（一）遵守会计法规、财经制度和会计准则的规定

为了充分发挥会计的作用，国家对会计工作的重要方面都做了统一的规定，各企业、事业、机关团体等单位必须贯彻执行《会计法》，遵照企业会计准则的要求和会计制度的规定，制定本企业、本单位的会计制度，从而保证能够提供加强国民经济宏观调控所需要的重要指标。这是因为会计工作所提供的信息资料，一方面反映了各单位在遵守国家方针、政策，执行有关计划和预算方面的情况和结果，另一方面又是国家在管理经济方面制定方针、政策，编制有关国家预算和计划的重要依据之一。

（二）适应各单位的生产经营管理特点

随着经济体制改革的深入，企业的经营自主权在不断地扩大，国家对组织会计工作的统一要求是针对一般情况而言的。由于各单位业务活动的内容、规模、结构等不同，管理的具体要求也不尽相同，因此，各单位应从本单位的具体情况出发，从有利于各单位在市场经济中的地位出发，对会计机构的设置、会计人员的配置，以及对统一的会计制度的执行等做出科学合理安排，提出具体的实施办法。

（三）尽量节约人力、物力和财力，提高会计工作效率

会计工作应根据市场经济的要求，强化对企业单位的管理职能，因此，对会计机构的设置和会计人员的配置应力求精简合理；对凭证、账簿、报表的设计和会计手续制定与处理程序的规定应简洁、合理，避免重复；应改进会计核算技术和方法，大力推广和应用会计电算化，以满足现代经济管理的需要，提高会计工作质量，节约会计工作时间与费用，提高会计工作效率。

三、会计工作的组织形式

会计工作的组织形式是指会计机构的设置层次以及会计核算资料的整理和提供的方式与分工。会计工作的组织形式关系到一个单位的会计部门要完成哪些会计工作，与企业的其他职能部门、车间、仓库等部门如何分工和协作。各企业应该根据自身规模的大小、业务的繁简，以及单位内部其他组织机构设置的实际情况，来确定科学、合理的组织形式。另外，确定会计工作的组织形式还应注意简化核算手续，提高工作效率。企业会计工作的组织形式有独立核算和非独立核算、集中核算和非集中核算等形式。

（一）独立核算和非独立核算

独立核算是指全面、系统地对本单位的业务经营过程及结果进行会计核算。实行独立

核算的单位称为独立核算单位。独立核算单位的特点是：具有一定数量的资金，在银行单独开户，独立经营、计算盈亏，账簿体系完整，定期编制财务报表。独立核算单位应单独设置会计机构，配备必要的会计人员，业务少的单位也可以只配备专职会计人员。

知识拓展

代理记账

非独立核算又称报账制，实行非独立核算的单位又称为报账单位。非独立核算单位由上级拨给一定数量的备用金和物资，日常填制和整理原始凭证，登记备用金账和实物账，定期将收入和支出向上级报销，由上级汇总。非独立核算单位的特点是：不独立计算盈亏，不编制财务报表，一般不设置专门的会计机构，但需要配备专职的会计人员，处理日常的会计事务。

（二）集中核算和非集中核算

实行独立核算的单位，其会计工作的组织形式又可以分为集中核算和非集中核算。集中核算就是在厂部一级设置专门的会计机构，把整个企业的主要会计工作都集中在会计部门进行。企业内部各部门对本部门所发生的经济业务不进行全面核算，只填制或取得原始凭证，并对原始凭证进行适当的汇总，定期将原始凭证和汇总原始凭证送交会计部门，由会计部门加以审核，并据以登记有关账簿。集中核算的优点是可以减少核算的层次，精简会计人员，缺点是不利于企业各部门和各单位及时利用核算资料进行日常的考核和分析。

非集中核算又称分散核算。这种组织形式是对企业内部各部门所发生的经济业务，由各级部门设置并登记账簿，进行比较全面的核算。例如，在工业企业中，车间应设置成本明细账，登记、计算本车间发生的生产成本，厂部会计部门只根据车间报送的资料进行产品成本的总分类核算。非集中核算组织形式有利于企业内部各部门、各单位及时了解本部门、本单位的经济活动情况，以便于及时发现问题、分析问题、解决问题。这种组织形式的缺点是核算手续和核算层次会增多。

企业对其内部各部门所发生的经济业务究竟采用何种核算方式，主要取决于该企业的特点及管理要求，要从有利于加强经营管理和经济核算等方面来抉择。在实行内部经济核算制的情况下，企业所属各部门，特别是业务部门，都由企业核给一定数量的资金，都有一定的业务经营和管理权力，负有完成各项任务的责任，并可按照工作成果取得一定的物质利益。这些部门为了反映和考核各自的经营成果，可以进行比较全面的核算，单独计算盈亏，按期编报各种内部会计报表。但这些部门不能单独与企业外部单位签订交易合同，也不能在银行开设结算户，企业对外部单位发生的债权债务的结算，要统一由企业会计部门负责办理，因此，这些部门通常称作半独立核算单位。

导读测评

12-2

第二节　会计规范体系

会计规范体系（accounting standard system）是指会计机构和会计人员从事会计核算和会计管理工作应当遵循的行为标准，它包括各种会计法规规范和会计职业道德规范。

一、会计法规规范

在我国，经过多年的会计法规建设，目前已形成以《会计法》为核心、以企业会计准则为主要内容的会计法律、会计行政法规、会计规章、企业内部会计制度四个层次。

（一）会计法律

《中华人民共和国立法法》第七条规定，全国人民代表大会和全国人民代表大会常务委员会行使国家立法权。因此，会计法律是由全国人大及其常委会制定和颁布的有关调整会计关系、约束会计行为的法律规范或规范性文件，由国家主席签署，以主席令的形式颁布，它是所有会计规范中最高层次的规范形式。在我国，会计法律规范集中体现为《会计法》，它是我国会计立法的根本，具有会计法系中的母法作用；还有其他涉及会计问题的主要法律，比如《中华人民共和国公司法》《中华人民共和国注册会计师法》《中华人民共和国合伙企业法》《中华人民共和国企业破产法》等。这些法律法规从不同角度对会计工作进行了规范，对《会计法》起着补充作用，使《会计法》更好地发挥其在会计实践中的主体作用。

（二）会计行政法规

《中华人民共和国立法法》第六十五条规定，国务院根据宪法和法律制定行政法规。第七十条规定，行政法规由总理签署国务院令公布。因此，会计行政法规由国务院依据《会计法》制定，其权威性、约束力仅次于《会计法》，是我国会计法规体系的重要组成部分。会计行政法规一般以条例的名义发布。我国现行的会计行政法规主要有《企业财务会计报告条例》《总会计师条例》等。《企业财务会计报告条例》对财务会计报告的构成、编制、对外提供、法律责任等做出了规定。《总会计师条例》对总会计师的设置、职权、任免和奖惩做出了规定。

（三）会计规章

规章包括国务院部门规章和地方政府规章两类。《中华人民共和国立法法》第八十条规定，国务院各部、委员会、中国人民银行、审计署和具有行政管理职能的直属机构，可以根据法律和国务院的行政法规、决定、命令，在本部门的权限范围内，制定规章。该法第八十五条规定，部门规章由部门首长签署命令予以公布。部门会计规章是由主管全国会计工作的行政部门——财政部及其他相关部委就会计工作方面的内容所制定的规范性文件，主要包括企业会计准则和企业会计制度等；地方政府会计规章是指省、自治区、直辖市和较大的市的人民政府根据有关会计法律法规，结合本地具体情况所制定的会计规范文件，如《××自治区会计基础工作规范考核验收实施办法》等。

随着世界经济一体化、国际资本市场全球化进程的快速推进，会计准则的国际化趋同需求日益迫切。2006年2月15日，我国新的企业会计准则体系正式颁布，具体包括1项基本会计准则和38项具体会计准则，首次构建起了与中国国情相适应同时又充分与国际财务报告准则趋同的、涵盖各类企业（小企业除外）各项经济业务、独立实施的完整协调的会计准则体系，这是我国会计发展史上新的里程碑。之后，为适应市场经济发展的需要，进一步规范会计计量方法，保持与国际财务报告准则的趋同，财政部又新发布了4项具体准则，从而使具体准则增加到42项，并先后发布了多项准则的增补或修订版。我国企业会计准则体系分为基本会计准则、具体会计准则及应用指南三个层次。

1.基本会计准则

基本会计准则用来指导和统驭具体会计准则，为具体会计准则、会计制度的制定提供基本框架，以及指导没有具体会计准则规范的交易的处理。我国的基本会计准则包括总则、会计信息质量要求、资产、负债、所有者权益、收入、费用、利润、会计计量、财务会计报告、附则十一章。我国基本会计准则的制定吸收了现代财务会计理论研究的最新成果，反映了当前会计实务发展的内在需要，体现了国际上财务会计概念框架的发展动态，针对财务会计基本目标，会计假设，会计基础，会计信息质量要求，会计要素及其确认、计量、报告构建起了完整统一的基本规范。

2.具体会计准则

具体会计准则是依据基本会计准则制定的，是对经济业务的会计处理及财务报告披露等所做的具体规定。具体会计准则共42项，对我国目前各行业企业中存在的各类经济业务，明确了会计处理的具体原则和规范，分为一般业务准则、特殊行业的特定业务准则和报告准则三类。一般业务准则规范各类企业一般经济业务的确认和计量要求，包括存货，会计政策、会计估计变更和差错更正，资产负债表日后事项，建造合同，所得税，固定资产，租赁，收入，职工薪酬，外币折算，借款费用，企业年金基金，每股收益，无形资产，非货币性资产交换，债务重组，资产减值，或有事项，投资性房地产，企业合并等。特殊行业的特定业务准则规范特殊行业的特定业务的确认和计量要求，包括石油天然气开采、生物资产、金融工具确认和计量、金融工具列报、原保险合同、再保险合同等。报告准则规范各类企业财务会计报告的内容，包括财务报表列报、现金流量表、合并财务报表、中期财务报告、分部报告、关联方披露等。

3.应用指南

应用指南主要指导在应用准则进行经济业务处理时有关会计科目、账务处理、会计报表及其格式等问题。会计准则侧重于规范确认、计量和报告，应用指南侧重于规范记录。

（四）企业内部会计制度

各独立会计主体单位可依《会计法》和其他会计制度，结合实际情况制定与本单位相适应的内部会计核算与管理制度，作为会计法律、法规、规章在本单位特定条件下的具体化。企业内部会计制度具体包括：内部会计管理体系、会计人员岗位责任制度、账务处理程序制度、内部牵制制度、稽核制度、原始记录管理制度、定额管理制度、计量验收制度、财产清查制度、财务收支审批制度、成本核算制度和财务会计分析制度。

二、会计职业道德规范

会计职业道德规范是指一般社会道德在会计工作中的具体体现，是引导、制约会计行为，调整会计人员与社会、不同利益集团以及会计人员之间关系的社会规范，它反映了整个国家的社会道德要求，更反映了会计这个职业特殊的道德要求，其约束力来自社会舆论、人类良知及传统习俗，而不是国家强制力。遵守会计职业道德规范对于会计工作人员来说尤其重要，特别是对在全社会形成诚信的良好社会风气具有重大意义。

在国外，一些经济发达国家和国际组织曾对会计职业道德提出明确要求。例如，美国注册会计师协会（AICPA）颁布的“职业品行规范”由职业道德原则、行为规则、行为规则解释和道德裁决四部分组成，其中的职业道德原则对注册会计师应当具备的品质做出了一般性规定，包括责任、公众利益、正直、客观和独立、应有的谨慎、服务的范围和性质；国际会计师联合会（IFAC）公布的《国际会计职业道德准则》，从正直、客观、独立、保密、技术标准、业务能力、道德自律等七个方面规定了会计职业道德的内容。

我国目前虽尚未制定全国统一的会计职业道德规范，但在一些会计法律规范中包含了会计职业道德规范的具体要求。例如，《会计法》要求会计人员遵守法律法规和国家统一的会计制度，具备良好的职业道德以及从事会计工作所需要的专业能力。《会计基础工作规范》明确规定，会计人员在会计工作中应遵守职业道德，树立良好的职业品质、严谨的工作作风，严守工作纪律，努力提高工作效率和工作质量，同时还明确了六条道德标准：爱岗敬业，熟悉法规，依法办事，客观公正，搞好服务，保守秘密。我国注册会计师协会制定了规范注册会计师行为的《中国注册会计师职业道德守则》和《中国注册会计师非执业会员职业道德守则》，从诚信、独立性、客观和公正、专业胜任能力和应有的关注、保密、良好职业行为六个方面对注册会计师的职业道德进行了规定。此外，我国传统道德文化中的重视人的价值，追求精神境界，提倡修养践履，推崇诚信无欺、信誉至上、取财有道、公而忘私等职业道德准则，以及新时代下的社会公德规范，都是我国现阶段会计职业道德的精神内容。

导读测评

第三节　会计机构

12-3

一、会计机构的设置

会计机构是单位内部所设置的、专门办理会计事项的机构。会计机构直接从事和组织领导会计工作，会计机构和会计人员是会计工作的主要承担者。建立和健全会计机构，是充分发挥会计工作的作用，保证会计工作顺利进行的重要条件。会计机构的工作主要包括：进行有效的会计核算、实行合理的会计监督、制定本单位的会计制度和会计政策、参与本单位计划的制订和执行情况的考核。

为完成各项任务，实现会计的目标，会计机构应进行合理的分工，按照会计核算的流程设置岗位，配备会计人员。《会计法》第三十四条明确规定："各单位应当根据会计业务的需要，依法采取下列一种方式组织本单位的会计工作：（一）设置会计机构；（二）在有关机构中设置会计岗位并指定会计主管人员；（三）委托经批准设立从事会计代理记账业务的中介机构代理记账；（四）国务院财政部门规定的其他方式。"财政部颁布的《会计基础工作规范》规定："各单位应当根据会计业务的需要设置会计机构；不具备单独设置会计机构条件的，应当在有关机构中配备专职会计人员。事业行政单位会计机构的设置和会计人员的配备，应当符合国家统一事业行政单位会计制度的规定。设置会计机构，应当配备会计机构负责人；在有关机构中配备专职会计人员，应当在专职会计人员中指定会计主管人员。会计机构负责人、会计主管人员的任免，应当符合《中华人民共和国会计法》和有关法律的规定。"

二、会计机构的类型

会计机构按设置目的和工作性质的不同可分为三类：主管会计工作的行政机构、行政事业单位的会计机构、企业单位的会计机构。

（一）主管会计工作的行政机构

《会计法》规定，国务院财政部门是主管全国会计工作的机构，县级以上地方各级人民政府财政部门是主管该地区会计工作的机构。国家各级管理部门分别设置会计司、会计处、会计科等。其中，财政部会计司负责国家统一会计制度与会计准则的制定和解释，省、自治区、直辖市的人大及财政厅（局）可在与国家会计规范不相抵触的情况下，制定地方性会计法规。除此之外，财政部门还负责对会计机构和会计人员进行管理和监督，如对会计人员的资格管理和后续教育、会计人员专业技术资格考试、会计工作达标升级、会计师事务所的监督管理等。

(二) 行政事业单位的会计机构

行政事业单位设置的会计机构，不仅需满足对经费收支及时进行核算和报告的要求，同时也需遵循内部控制的原则，以保证各单位预算资金的安全与合理使用。这类会计机构的主要任务包括：组织、指导、监督所属单位的会计工作，审核、汇总所属单位上报的会计报表，核算本单位和上、下级之间的缴、拨款，进行会计分析等。而对于具有营利性活动的事业单位，其会计机构的设置可比照企业单位进行。

(三) 企业单位的会计机构

企业是自主经营、自负盈亏、独立核算的营利性组织。企业单位会计机构的主要职责包括组织会计核算、进行会计监督、制定本单位的内部会计制度和会计政策、参与本单位各种计划的制订和考核、进行会计分析、实施会计控制等。按《会计法》的要求，国有企业和国有资本占控股地位或主导地位的大中型企业必须设置总会计师，全面负责本单位的会计工作。

根据《会计法》的规定，企业可以在有关机构中设置会计岗位并指定会计主管人员，会计主管人员负责组织管理会计事务、行使会计机构负责人的职权；一些经营规模较小、人员不多的经济组织，也可以选择委托经批准设立从事会计代理记账业务的中介机构代理记账。

三、会计机构内设岗位

《会计基础工作规范》规定，会计工作岗位一般可分会计机构负责人或者会计主管人员、出纳、财产物资核算、工资核算、成本费用核算、财务成果核算、资金核算、往来结算、总账报表、稽核、档案管理等。在实际工作中，企业单位可以根据自身管理的需要、业务的内容以及会计人员配备情况，确定岗位分布。

(一) 会计机构负责人岗位

负责组织领导本单位的财务会计工作，对本单位的财务会计工作负全面责任；根据本单位的具体情况，制定本单位的各项财务会计制度、办法，并组织实施；组织编制本单位的财务成本计划、单位预算，并检查其执行情况；组织编制财务会计报表和有关报告；组织财会人员学习政治理论和业务知识；负责对财会人员的工作考核等。

(二) 出纳岗位

负责办理现金收付和银行结算业务；登记库存现金、银行存款日记账；保管库存现金和各种有价证券；保管有关印章、空白收据和空白支票。

(三) 工资核算岗位

负责计算职工的各种工资和奖金，办理职工的工资结算，并进行有关的明细核算，分析工资总额计划的执行情况，控制工资总额支出；参与制订工资总额计划；在由各车间、部门分散计算和发放工资的组织方式下，协助企业劳资部门负责指导和监督各车间、部门的工资计算和发放工作。

(四) 固定资产核算岗位

负责审核固定资产购建、调拨、内部转移、租赁、清理的凭证；进行固定资产的明细核算；参与固定资产清查；编制有关固定资产增减变动的报表；分析固定资产的使用效果；参与制订固定资产重置、更新和修理计划；指导监督固定资产管理部门和使用部门的固定资产核算工作。

（五）材料核算岗位

负责审核材料采购的发票、账单等结算凭证，进行材料采购收发结存的明细核算；参与库存材料清查；分析材料采购资金使用情况，采购成本超支、节约情况，以及储备资金占用情况；参与制订材料采购资金计划和材料成本计划；指导和监督供应部门、材料仓库和使用材料的车间部门的材料核算工作。

（六）成本费用核算岗位

负责编制成本、费用计划，并将其指标分解落实到有关责任单位和个人；会同有关部门拟定成本费用管理与核算办法，建立健全各项原始记录和定额资料；遵守国家的成本开支范围和开支标准，正确地归集和分配费用；计算产品成本，登记费用成本明细账，并编制有关的会计报表，分析成本计划的执行情况。

（七）财务成果核算岗位

负责编制收入、利润计划并组织实施；随时掌握销售状况，预测销售前景，及时督促销售部门完成销售计划，组织好销售货款的回收工作，正确地计算并及时地解缴有关税利；负责收入、应收款和利润的明细核算，编制有关收入、利润方面的会计报表，并对其进行分析和利用。

（八）资金核算岗位

负责资金的筹集、使用和调度。资金核算岗位的人员应随时了解、掌握资金市场的动态，为企业筹集生产经营所需资金，同时应合理安排、调度、使用资金，本着节约的原则运用好资金，以尽可能低的资金耗费取得尽可能好的效果。

（九）往来结算岗位

负责办理其他应收、应付款项的往来结算业务，对于各种应收、应付、暂收、暂付等往来款项，要随时清理结算，应收的抓紧催收，应付的及时偿付，暂付款要督促清算；负责备用金的管理和核算，负责其他应收款、应付款的明细核算；管理其他应收、应付款项的凭证、账册和资料等。

（十）总账报表岗位

负责总账的登记与核对，并与有关的日记账和明细账相核对；进行总账余额的试算平衡，编制资产负债表，并与其他会计报表进行核对；进行企业财务情况的综合分析，编写财务情况说明书；进行财务预测，制订或参与制订财务计划，参与企业生产经营决策等。

（十一）稽核岗位

负责确立稽核工作的组织形式和具体分工，明确稽核工作的职责、权限；审核会计凭证和复核会计账簿、报表等。

（十二）档案管理岗位

负责制定会计档案的立卷、归档、保管、查阅和销毁等管理制度；保证会计档案的妥善保管、有序存放、方便查阅，严防毁损、散失和泄密。

四、会计机构内部控制

（一）内部牵制制度

内部牵制制度，也称钱账分管制度，是指凡涉及款项和财物收付、结算及登记的任何一项工作，必须由两人或两人以上分工办理，以起到相互制约的作用。例如，在支付现金和银行存款时，应由会计主管人员或其授权的代理人审核、批准，出纳人员付款，记账人员记账，出纳以外的人员与银行对账；单位购入材料物资时，应由采购人员办理采购、报账手续，仓库人员收料，记账人员记账；单位发放工资时，应由工资核算人员编制工资单，出纳人员通过银行支付工资，记账人员记账等。构建单位的内部牵制机制，加强会计人员之间的相互制约、相互监督、相互核对，可以防止会计人员在会计事务处理中发生失误和差错以及营私舞弊等行为。

会计工作岗位设置必须遵循不相容职务相分离的原则，从而达到不同工作岗位之间相互牵制的作用。所谓不相容职务，是指那些如果由一个人担任，既可能发生错误和舞弊行为，又可能掩盖其错误和舞弊行为的职务。会计岗位不相容职务主要有：

（1）授权进行某项经济业务和执行该项业务的职务要分离，如有权决定或审批在途物资的人员不能兼任采购员职务；

（2）执行某些经济业务和审核这些经济业务的职务要分离，如填写销货发票的人员不能兼任审核人员；

（3）执行某项经济业务和记录该项业务的职务要分离，如销货人员不能兼任会计记账工作；

知识拓展

商场会计辞职后

（4）保管某些财产物资和对其进行记录的职务要分离，如会计部门的出纳员与记账员要分离，不能兼任；

（5）保管某些财产物资和核对实存数与账存数的职务要分离；

（6）记录明细账和记录总账的职务要分离；

（7）登记日记账和登记总账的职务要分离。

（二）内部稽核制度

稽核是稽查和复核的简称。会计稽核是会计机构本身对于会计核算工作进行自我检查或审核的工作。建立会计机构内部稽核制度的目的在于防范会计核算工作中的差错和有关人员的舞弊行为，是提高会计质量的重要保证。会计机构内部稽核工作一般包括以下主要内容：

（1）审核财务、成本、费用等计划指标项目是否齐全，编制依据是否可靠，有关计算是否正确，各项计划指标是否相互衔接等。对审核结果提出建议和意见，以便修改和完善计划与预算。

（2）审核实际发生的经济业务或财务收支是否符合现行法律、法规、规章制度的规定。对审核中发现的问题，及时予以制止和纠正。

（3）审核会计凭证、会计账簿、财务会计报告和其他会计资料的内容是否合法、真实、准确、完整，手续是否齐全，是否符合有关法律、法规、规章制度的要求。

（4）审核各项财产物资的增减变动和结存情况，并与账面记录进行核对，确定账实是否相符。账实不符时，应查明原因，并提出改进措施。

内部稽核不同于内部审计，前者是会计机构内部复核的一种工作制度，而后者是单位在会计机构之外另行设置的内部审计机构或者审计人员对会计工作进行再检查的一种制度。

导读测评

12-4

第四节　会计人员

会计人员是指具有专业应用能力、从事会计工作的专业技术工作者。会计人员素质的高低，直接决定着会计工作质量的好坏。《会计法》对会计人员的职责、权限做了明确的规定，并从法律上保障了会计人员的职权不受侵犯，也明确了会计人员违法所应承担的法律责任。

一、会计人员的职责与权限

（一）会计人员的职责

1.进行会计核算

会计人员必须按照会计制度的相关规定，认真做好各项会计事务；及时、准确、完整地记录、计算、反映财产物资的增减变化、财务收支的发生及经营状况；按期编制会计报表；按期核对账目，做到账账、账实和账表相符；通过记账、算账、报账反映单位经济活动的状况，参与经营管理，为企业管理提供相应的信息资料。这是会计人员最基本的职责。

2.实行会计监督

会计人员通过会计核算，对本单位经济活动的真实性、合理性、合法性进行有效的事前、事中、事后的监督。会计人员对不真实、不合法的原始凭证，应不予受理；对记载不准确、不完整的原始凭证应退回，要求更正、补充；对账簿与实物、账账不符的，应按有关规定进行处理，对财务收支违法行为应进行抵制，并向上级或财政、税务、审计机关报告。同时，会计人员还应对本单位的预算或财务计划的运行情况进行监督。

3.制定本单位办理会计事务的具体办法

国家统一的会计法规对会计事务管理做出了一般原则性规定。各单位会计人员应根据会计法规、制度结合本单位的具体情况制定本单位办理会计事务的具体办法，即建立健全本单位的各项可操作的财务会计制度，比如财会工作组织和管理体系制度，财务收支计划的编制和审批制度，财物的领用、报销制度，内部会计核算的手续、程序、方法等有关规定。

4.参与企业经营管理

会计人员在反映和监督经济活动的同时，还应积极参与企业经营活动的计划、考核、分析、评价工作，以促进企业改善管理，提高经济效益。

5.办理其他会计业务

发展经济离不开会计，经济越发展，社会分工越细，人们对经济管理的要求越高，作为经济管理重要组成部分的会计人员也就越重要，会计事务也必然日趋丰富多彩。例如，协助企业其他管理部门做好企业管理的基础工作，提供关于企业改制、合并、分离等的会计信息，搞好企业管理人员财会知识的培训，实行责任会计、经营决策会计、电算化会计等。

（二）会计人员的权限

为保障会计人员顺利地履行其职责，国家对其赋予了下列工作权限：

（1）有权要求本单位有关部门、人员认真执行国家批准的计划、预算，遵守国家财经纪律和财务会计制度，有权拒绝违法的付款、报销要求，以及弄虚作假、营私舞弊等行为，并向领导或上级报告。

（2）有权参与制订计划、定额，签订经济合同，参与生产经营管理决策，向领导提出有利于财务开支的意见。

（3）有权监督、检查本单位所有部门的财务收支，资金使用，财产保管、收发、计量、检验等情况。

二、会计人员的法律责任

会计人员在会计工作中应遵守职业道德，树立良好的职业品质，努力提高工作效率和质量。会计人员必须做到“诚信为本，操守为重，坚持准则，不做假账”，热爱本职工作，努力钻研业务；熟悉并宣传财经方针、政策和法规制度；依法进行会计工作，保证所提供会计信息合法、真实、准确、及时、完整；办理会计事务实事求是、客观公正；熟悉本单位生产经营和业务管理，不断改善内部管理，提高经济效益；保守本单位商业秘密，不能私自提供或泄露单位的会计信息。

《会计法》规定：对于有下述行为之一的，由县级以上人民政府财政部门责令限期改正，给予警告、通报批评，对单位可以并处二十万元以下的罚款，对其直接负责的主管人员和其他直接责任人员可以处五万元以下的罚款；情节严重的，对单位可以并处二十万元以上一百万元以下的罚款，对其直接负责的主管人员和其他直接责任人员可以处五万元以上五十万元以下的罚款；属于公职人员的，还应当依法给予处分。

（1）不依法设置会计账簿的；

（2）私设会计账簿的；

（3）未按规定填制、取得原始凭证或者填制、取得的原始凭证不符合规定的；

（4）以未经审核的会计凭证为依据登记会计账簿或者登记会计账簿不符合规定的；

（5）随意变更会计处理方法的；

（6）向不同的会计资料使用者提供的财务会计报告编制依据不一致的；

（7）未按照规定使用会计记录文字或者记账本位币的；

（8）未按照规定保管会计资料，致使会计资料毁损、灭失的；

（9）未按照规定建立并实施单位内部会计监督制度或者拒绝依法实施的监督或者不如实提供有关会计资料及有关情况的；

（10）任用会计人员不符合《会计法》规定的。

同时，《会计法》还对以下违法行为的法律责任进行了明确规定：

（1）伪造、变造会计凭证、会计账簿，编制虚假财务会计报告，隐匿或者故意销毁依法应当保存的会计凭证、会计账簿、财务会计报告的，由县级以上人民政府财政部门责令限期改正，给予警告、通报批评，没收违法所得，违法所得二十万元以上的，对单位可以并处违法所得一倍以上十倍以下的罚款，没有违法所得或者违法所得不足二十万元的，可以并处二十万元以上二百万元以下的罚款；对其直接负责的主管人员和其他直接责任人员可以处十万元以上五十万元以下的罚款，情节严重的，可以处五十万元以上二百万元以下的罚款；属于公职人员的，还应当依法给予处分；其中的会计人员，五年内不得从事会计工作；构成犯罪的，依法追究刑事责任。

（2）授意、指使、强令会计机构、会计人员及其他人员伪造、变造会计凭证、会计账簿，编制虚假财务会计报告或者隐匿、故意销毁依法应当保存的会计凭证、会计账簿、财务会计报告的，由县级以上人民政府财政部门给予警告、通报批评，可以并处二十万元以上一百万元以下的罚款；情节严重的，可以并处一百万元以上五百万元以下的罚款；属于公职人员的，还应当依法给予处分；构成犯罪的，依法追究刑事责任。

（3）单位负责人对依法履行职责、抵制违反《会计法》规定行为的会计人员以降级、撤职、调离工作岗位、解聘或者开除等方式实行打击报复的，依法给予处分；构成犯罪的，依法追究刑事责任。对受打击报复的会计人员，应当恢复其名誉和原有职务、级别。

三、会计人员的工作交接

会计人员调动工作或者离职时，必须将本人所经管的会计工作全部移交给接替人员。做好会计交接工作，是保证会计工作连续进行的必要措施，可以防止因会计人员的更换出现账目不清、财务混乱等现象，也是分清移交人员和接管人员责任的有效措施。会计交接工作应按如下程序办理：

（一）交接前做好准备工作

办理会计工作交接前的各项准备工作具体包括：

（1）已经受理的经济业务尚未填制会计凭证的应当填制完毕。

（2）尚未登记的账目应当登记完毕，结出余额，并在最后一笔余额后加盖经办人印章。

（3）整理好应该移交的各项资料，对未了事项和遗留问题要写出书面材料。

（4）编制移交清册，列明应该移交的会计凭证、会计账簿、财务会计报告、公章、现金、有价证券、支票簿、发票、文件、其他会计资料和物品等内容；实行会计电算化的单位，从事该项工作的移交人员应在移交清册上列明会计软件及密码、会计软件数据盘等内容。

（5）会计机构负责人（或会计主管人员）移交时，应将财务会计工作、重大财务收支问题和会计人员的情况等向接替人员介绍清楚。

（二）实施移交点收

移交人员离职前，必须将本人经管的会计工作在规定期限内全部向接管人员移交清楚，接管人员应按照移交清册认真逐项点收，具体要求包括：

（1）根据会计账簿记录余额，对现金进行当面点交，不得短缺。接替人员发现不一致或“白条抵库”现象时，移交人员必须在规定期限内负责查清处理。

（2）有价证券的数量要与会计账簿记录一致。有价证券面额与发行价不一致时，按照会计账簿余额交接。

（3）会计凭证、会计账簿、财务会计报告和其他会计资料必须完整无缺，不得遗漏。如有短缺，必须查清原因，并在移交清册中加以说明，这项工作由移交人负责。

（4）银行存款账户余额要与银行对账单核对相符，如有未达账项，应编制“银行存款余额调节表”并调节相符；各种财产物资和债权债务的明细账户余额，要与总账有关账户的余额核对相符；对重要实物要实地盘点，对余额较大的往来账户要与往来单位、个人核对。

（5）公章、收据、空白支票、发票、科目印章以及其他物品等必须交接清楚。

（6）实行会计电算化的单位，交接双方应在电子计算机上对有关数据进行实际操作，确认数字正确无误后，方可交接。

（三）专人负责监交

为了明确责任，会计人员办理工作交接时，必须由专人负责监交，移交清册应当经过监交人员审查和签名、盖章，作为交接双方明确责任的证件。对监交的具体要求包括：

（1）一般会计人员办理交接手续，由会计机构负责人（会计主管人员）监交；

（2）会计机构负责人（会计主管人员）办理交接手续，由单位负责人监交，必要时主管单位可以派人会同监交。

需由主管单位监交或者主管单位认为需要参与监交的通常有三种情况：一是所属单位负责人因单位撤并等原因不能监交，需要由主管单位派人代表主管单位监交；二是所属单位负责人有意拖延而不能尽快监交，需要由主管单位派人监交；三是不宜由所属单位负责人单独监交，而需要主管单位派人会同监交。

会计工作交接完毕后，交接双方和监交人员在移交清册上签名或盖章，并应在移交清册上注明单位名称、交接日期、交接人和监交人、移交清册页数以及需要说明的问题和意见等。接管人员应继续使用移交前的账簿，不得擅自另立账簿，以保证会计记录前后衔接，内容完整。移交清册一般应填制一式三份，交接双方各执一份，存档一份。

四、会计人员的职业发展

会计人员的职业发展主要通过获得相应的职业资格实现。我国的职业资格主要分为两类：对于涉及公共安全、人身健康、人民生命财产安全等特定职业（工种），实行行政许可类职业资格；对于社会通用性强、专业性强、技能要求高的职业（工种），建立能力水平评价制度（非行政许可类职业资格）。对于会计相关职业资格而言，注册会计师实行职业准入资格考试，属于行政许可类资格；会计专业技术资格实行职业能力评价考试，属于非行政许可类资格。

（一）会计专业技术资格的获得

目前我国对于会计专业技术资格分为初级资格（专业职务名称为助理会计师）、中级资格（专业职务名称为会计师，与工程师、讲师、助理研究员等相当）和高级资格（专业职务名称为高级会计师，与高级工程师、副教授、副研究员相当）。此外，部分省、自治区、直辖市还进行了教授级高级会计师（与教授级高级工程师、教授、研究员相当，俗称“正高”级）资格评审的试点。

会计专业技术初级、中级资格实行全国统考的办法。会计人员可以通过会计专业技术资格考试获取初级、中级职称。目前，会计专业技术初级资格考试科目为《初级会计实务》《经济法基础》两个科目；中级资格考试科目为《中级会计实务》《财务管理》《经济法》三个科目。

报名参加会计专业技术资格考试的人员，应具备下列基本条件：坚持原则，具备良好的职业道德品质；认真执行《中华人民共和国会计法》和国家统一的会计制度，以及有关财经法律、法规、规章制度，无严重违反财经纪律的行为；履行岗位职责，热爱本职工作。报名参加初级资格考试的人员，还必须具备教育部门认可的高中毕业及以上学历。报名参加中级资格考试的人员，还必须具备下列条件之一：具备大学专科学历，从事会计工作满五年；具备大学本科学历或学士学位，从事会计工作满四年；具备第二学士学位或研究生班毕业，从事会计工作满二年；取得硕士学位，从事会计工作满一年；取得博士学位；通过全国统一考试，取得经济、统计、审计专业技术中级资格。

知识拓展

总会计师

会计专业技术高级资格（即高级会计师职称）实行考试与评审结合的评价制度。申请人必须考试合格，且通过高级会计师资格评审，方可获得高级会计师资格。

财政部会计资格评价中心负责全国会计专业技术资格考试组织实施和会计人才评价工

作，具体包括命制试题、组织编写考试用书等职能。

（二）注册会计师考试

注册会计师（certified public accountant，CPA）指依法取得注册会计师证书并接受委托从事审计和会计咨询、会计服务的执业人员。现实工作中，注册会计师分执业会员和非执业会员。已经通过注册会计师考试，获得注册会计师证书，并从事独立审计业务两年以上的注册会计师，可以向省、自治区、直辖市注册会计师协会申请为执业注册会计师。非执业注册会计师指通过了注册会计师考试，获得注册会计师证书，但未在会计师事务所从事注册会计师业务的注册会计师。

注册会计师考试是根据《中华人民共和国注册会计师法》设立的执业资格考试，是目前取得中国注册会计师执业资格的必备条件。中国注册会计师考试实行注册会计师全国统一考试制度，考试办法由国务院财政部门制定，中国注册会计师协会组织实施。具有下列条件之一的中国公民，可报名参加考试：一是高等专科以上学校毕业的学历；二是会计或者相关专业（审计、统计、经济）中级以上专业技术职称。目前注册会计师考试实行“两个层级的专业考试”，其中：

第一层级为专业阶段，主要测试考生是否具备注册会计师执业所需的专业知识，是否掌握基本的职业技能和职业道德规范。该阶段考试共6个科目，分别为“会计”“审计”“财务成本管理”“经济法”“税法”“公司战略与风险管理”；并在有关科目中相应增加测试考生应当具备的包括企业、政府及非营利组织的组织、筹划、管理及运营环境的知识，信息技术应用与评价，职业道德等基本知识。专业阶段考试重点测试基础理论和基本应用技能。

第二层级为综合阶段，主要是对考生综合知识的考核和综合能力的测试，包括测试考生是否具备在注册会计师职业环境中合理、有效地运用专业知识和法律知识的能力，并测试考生“保持职业价值观、道德与态度”等的综合能力。考试科目设一科，为“职业能力综合测试”。

考试分阶段进行。考生只有通过第一层级专业阶段的考试科目，才能参加第二层级综合阶段的考试。两个阶段的考试，每年各举行一次。

每科考试均实行百分制，60分为成绩合格分数线。专业阶段考试的单科考试合格成绩5年内有效；取得全部应考科目有效合格成绩者，可持成绩合格凭证，向地方考试委员会申请换发全科合格证书；在领取全国考试委员会颁发的全科合格证书后，可申请成为中国注册会计师协会会员。

知识拓展

ACCA和CMA

第五节　会计档案管理

导读测评

12-5

一、会计档案概述

会计档案是指单位在进行会计核算等过程中接收或形成的，记录和反映单位经济业务事项的，具有保存价值的文字、图表等各种形式的会计资料，包括通过计算机等电子设备形成、传输和存储的电子会计档案。会计档案主要包括以下具体内容：

（1）会计凭证：原始凭证，记账凭证。

（2）会计账簿：总账，明细账，日记账，固定资产卡片，其他辅助性账簿。

（3）财务会计报告：月度、季度、半年度、年度财务报告。

（4）其他会计资料：银行存款余额调节表，银行对账单，纳税申报表，会计档案移交清册，会计档案保管清册，会计档案销毁清册，会计档案鉴定意见书及其他具有保存价值的会计资料。

为了加强会计档案管理，统一会计档案管理制度，根据《会计法》和《中华人民共和国档案法》的规定，财政部、国家档案局联合发布了《会计档案管理办法》，要求各单位必须加强对会计档案管理工作的领导，建立和健全会计档案的立卷、归档、保管、查阅和销毁等管理制度，保证会计档案妥善保管、有序存放、方便查阅，严防毁损、散失和泄密。各级人民政府财政部门和档案行政管理部门共同负责对会计档案工作的指导、监督和检查。

二、会计档案的归档

根据《会计档案管理办法》，各单位每年形成的会计档案，都应由财务会计部门按照归档的要求，负责整理立卷或装订成册，编制会计档案保管清册。

当年形成的会计档案，在会计年度终了后，可由单位会计管理机构临时保管一年，再移交单位档案管理机构保管。因工作需要确需推迟移交的，应当经单位档案管理机构同意。单位会计管理机构临时保管会计档案最长不超过三年。临时保管期间，会计档案的保管应当符合国家档案管理的有关规定，且出纳人员不得兼管会计档案。

三、会计档案的保管

（一）会计档案的保管期限

会计档案的重要程度不同，其保管期限也有所不同。

各种会计档案的保管期限，根据其特点，分为永久、定期两种。永久档案即长期保管、不可以销毁的档案；定期保管期限分5年、10年、30年三类。会计档案的保管期限，从会计年度终了后的第一天算起。

《会计档案管理办法》规定了我国企业和其他组织、预算单位等会计档案的保管期限，该办法规定的档案期限为最低保管期限，具体可以分为：

（1）需要永久保存的会计档案，具体包括：会计档案保管清册、会计档案销毁清册、会计档案鉴定意见书以及年度财务会计报告；政府综合财务报告、部门财务报告、财政总决算、部门决算、税收年报（决算）。

（2）保管期限为30年的会计档案，具体包括：会计凭证；总账、明细账、日记账和其他辅助性账簿；会计档案移交清册；行政单位和事业单位的各种会计凭证，财政总预算拨款凭证和其他会计凭证，税收日记账（总账），分户账或登记簿等。

（3）保管期限为10年的会计档案，具体包括：月度、季度、半年度财务会计报告；银行存款余额调节表、银行对账单、纳税申报表；国家金库编送的各种报表及缴库退库凭证，各收入机关编送的报表，国家金库年报（决算），基本建设拨、贷款年报（决算），行政单位和事业单位会计月、季度报表，税收会计报表。

（4）保管期限为5年的会计档案，主要指固定资产卡片，于固定资产报废清理后保管5年。

《会计档案管理办法》规定的各类会计档案的保管期限见表12-1和表12-2。各类会计档案的保管原则上应当按照表12-1和表12-2所列期限执行。各单位会计档案的具体名称如有同该表中所列档案名称不相符的，可以按照类似档案的保管期限办理。

表12-1 企业和其他组织会计档案保管期限表

序号	档案名称	保管期限	备注
Ⅰ	会计凭证		
1	原始凭证	30年	
2	记账凭证	30年	
Ⅱ	会计账簿		
3	总账	30年	
4	明细账	30年	
5	日记账	30年	
6	固定资产卡片		固定资产报废清理后保管5年
7	其他辅助性账簿	30年	
Ⅲ	财务会计报告		
8	月度、季度、半年度财务会计报告	10年	
9	年度财务会计报告	永久	
Ⅳ	其他会计资料		
10	银行存款余额调节表	10年	
11	银行对账单	10年	
12	纳税申报表	10年	
13	会计档案移交清册	30年	
14	会计档案保管清册	永久	
15	会计档案销毁清册	永久	
16	会计档案鉴定意见书	永久	

表12-2 **财政总预算、行政单位、事业单位和税收会计档案保管期限表**

序号	档案名称	保管期限			备注
		财政总预算	行政、事业单位	税收会计	
Ⅰ	会计凭证				
1	国家金库编送的各种报表及缴库退库凭证	10年		10年	
2	各收入机关编送的报表	10年			
3	行政单位和事业单位的各种会计凭证		30年		包括：原始凭证、记账凭证和传票汇总表
4	财政总预算拨款凭证和其他会计凭证	30年			包括：拨款凭证和其他会计凭证
Ⅱ	会计账簿				
5	日记账		30年	30年	
6	总账	30年	30年	30年	
7	税收日记账（总账）			30年	
8	明细分类、分户账或登记簿	30年	30年	30年	
9	行政单位和事业单位固定资产卡片				固定资产报废清理后保管5年
Ⅲ	财务会计报告				
10	政府综合财务报告	永久			下级财政、本级部门和单位报送的保管2年
11	部门财务报告		永久		所属单位报送的保管2年
12	财政总决算	永久			下级财政、本级部门和单位报送的保管2年
13	部门决算		永久		所属单位报送的保管2年
14	税收年报（决算）			永久	
15	国家金库年报（决算）	10年			
16	基本建设拨、贷款年报（决算）	10年			
17	行政单位和事业单位会计月、季度报表		10年		所属单位报送的保管2年
18	税收会计报表			10年	所属税务机关报送的保管2年
Ⅳ	其他会计资料				
19	银行存款余额调节表	10年	10年		
20	银行对账单	10年	10年	10年	
21	会计档案移交清册	30年	30年	30年	
22	会计档案保管清册	永久	永久	永久	
23	会计档案销毁清册	永久	永久	永久	
24	会计档案鉴定意见书	永久	永久	永久	

注：税务机关的税务经费会计档案保管期限，按行政单位会计档案保管期限规定办理。

（二）会计档案的查阅和复制

单位应当严格按照相关制度利用会计档案，在进行会计档案查阅、复制、借出时履行登记手续，严禁篡改和损坏。单位保存的会计档案一般不得对外借出。确因工作需要且根据国家有关规定必须借出的，应当严格按照规定办理相关手续。会计档案借用单位应当妥善保管和利用借入的会计档案，确保借入会计档案的安全完整，并在规定时间内归还。

（三）会计档案的交接

单位因撤销、解散、破产或者其他原因而终止的，在终止和办理注销登记手续之前形成的会计档案，按照国家档案管理的有关规定处置。

单位分立后原单位存续的，其会计档案应当由分立后的存续方统一保管，其他方可查阅、复制与其业务相关的会计档案；单位分立后原单位解散的，其会计档案应当经各方协商后由其中一方代管或按照国家档案管理的有关规定处置。各方可查阅、复制与其业务相关的会计档案。单位分立中未结清的会计事项所涉及的会计凭证，应当单独抽出由业务相关方保存，并按规定办理交接手续。

单位因业务移交其他单位办理所涉及的会计档案，应当由原单位保管，承接业务单位可查阅、复制与其业务相关的会计档案，对其中未结清的会计事项所涉及的会计凭证，应当单独抽出由承接业务单位保存，并按规定办理交接手续。

单位合并后原各单位解散或一方存续其他方解散的，原各单位的会计档案应当由合并后的单位统一保管；单位合并后原各单位仍存续的，其会计档案仍应由原各单位保管。

建设单位在项目建设期间形成的会计档案，需要移交给建设项目接受单位的，应当在办理竣工财务决算后及时移交，并按规定办理交接手续。

单位之间交接会计档案时，交接双方应当办理会计档案交接手续。移交会计档案的单位，应当编制会计档案移交清册，列明应当移交的会计档案名称、卷号、册数、起止年度、档案编号、应保管期限和已保管期限等内容。

交接会计档案时，交接双方应当按照会计档案移交清册所列内容逐项交接，并由交接双方的单位负责人负责监交。交接完毕后，交接双方经办人和监交人应当在会计档案移交清册上签名或者盖章。

单位的会计档案及其复制件需要携带、寄运或者传输至境外的，应当按照国家有关规定执行。

（四）会计档案的销毁

单位应当定期对已到保管期限的会计档案进行鉴定，并形成会计档案鉴定意见书。经鉴定，仍需继续保存的会计档案，应当重新划定保管期限；对保管期满，确无保存价值的会计档案，可以销毁。

会计档案鉴定工作应当由单位档案管理机构牵头，组织单位会计、审计、纪检监察等机构或人员共同进行。

经鉴定可以销毁的会计档案，应当按照以下程序销毁：

（1）单位档案管理机构编制会计档案销毁清册，列明拟销毁会计档案的名称、卷号、册数、起止年度、档案编号、应保管期限、已保管期限和销毁时间等内容。

（2）单位负责人、档案管理机构负责人、会计管理机构负责人、档案管理机构经办人、会计管理机构经办人在会计档案销毁清册上签署意见。

（3）单位档案管理机构负责组织会计档案销毁工作，并与会计管理机构共同派员监销。监销人在会计档案销毁前，应当按照会计档案销毁清册所列内容进行清点核对；在会计档案销毁后，应当在会计档案销毁清册上签名或盖章。

电子会计档案的销毁还应当符合国家有关电子档案的规定，并由单位档案管理机构、会计管理机构和信息系统管理机构共同派员监销。

保管期满但未结清的债权债务会计凭证和涉及其他未了事项的会计凭证不得销毁，纸质会计档案应当单独抽出立卷，电子会计档案单独转存，保管到未了事项完结时为止。

单独抽出立卷或转存的会计档案，应当在会计档案鉴定意见书、会计档案销毁清册和会计档案保管清册中列明。

立德树人：恪守会计职业道德

会计职业道德是引导、制约会计行为，调整会计人员与社会、不同利益集团以及会计人员之间关系的社会规范，其约束力来自社会舆论和会计人员的自律，而不是国家强制力。《会计基础工作规范》规定了会计人员的六条道德标准：爱岗敬业、熟悉法规、依法办事、客观公正、搞好服务、保守秘密。实际工作中，我国会计人员职业道德缺失的情形却一直客观存在，少数会计人员为谋求私利或屈从于外部压力，提供虚假会计信息的事件时有发生，这不仅扰乱社会经济秩序，还给造假企业、整个会计行业的形象带来负面影响。因此，会计人员一定要具备崇高的思想品质，恪守会计职业道德，在日常的工作和生活中做到：一是树立正确的人生观、世界观和价值观，在工作中，依法办事，公私分明，不计个人得失，不贪污不私自占有，不怕打击报复，敢于与违法乱纪行为做斗争；二是要注重自身发展，不断加强政治理论学习和修养，刻苦、勤奋钻研业务，加强业务知识学习，努力成为一名高水平的财务人员；三是要洁身自律，不以权谋私而损害国家和人民利益，敢于抵制社会一切不正之风和违法乱纪行为，努力维护国家和社会公众利益。

本章要点概览

1.会计工作组织是指会计主体根据国家的会计制度，结合本单位自身的特点，设置会计机构、制定内部会计制度、配备会计人员，并从事会计工作以及对会计档案的保管等方面工作的组织实施。会计工作组织形式有独立核算、非独立核算以及集中核算、分散核算等形式。

2.会计规范是从事会计职业或进行会计工作所需依据的一种标准，它包括各种会计法规规范和会计职业道德规范。我国的会计法规规范以《会计法》为中心，由会计法律、会计行政法规、会计规章和企业内部会计制度四个层次所构成。

3.会计职业道德规范是一种以道德力量引导执行的舆论约束型会计规范。我国会计人员职业道德的内容可以概括为爱岗敬业、诚实守信、廉洁自律、客观公正、坚持准则、提高技能、参与管理和强化服务。

4.会计核算规范是会计信息生成与提供的一项技术标准，在国际上通常采用会计准则形式的会计核算规范。我国的企业会计准则由基本准则、具体准则、应用指南与解释公告所构成，是一个与我国国情相适应、与国际会计准则相趋同、涵盖各类企业各项经济业务、独立实施的会计核算规范体系。

5. 会计机构分为主管会计工作的行政机构以及企事业单位的内设会计机构。企事业单位内设会计机构岗位设置要遵循不相容职务相分离的原则，建立内部控制制度，具体设置会计机构负责人、出纳、固定资产核算、成本费用核算、资金核算、总账报表、内部稽核、档案管理等岗位。

6. 会计人员的工作职责包括进行会计核算、实施会计监督、参与经营管理等，《会计法》对会计人员的法律责任做了明确规定。会计人员的职业发展通过获得专业技术资格、参加注册会计师资格考试等途径实现。

本章练习题

1. 独立核算和非独立核算、集中核算和非集中核算各有什么特点？
2. 目前我国的会计法规规范体系包括哪些内容？
3. 如何构建会计机构的内部牵制制度和稽核制度？
4. 如何做好会计人员的工作交接？

参考答案

主要参考文献

[1] 陈国辉，迟旭升．基础会计［M］．8版．大连：东北财经大学出版社，2024．

[2] 中华人民共和国财政部．企业会计准则（2024版）［M］．上海：立信会计出版社，2024．

[3] 财政部会计司编写组．企业会计准则应用指南汇编（2024）［M］．北京：中国财政经济出版社，2024．

[4] 秦欣梅．基础会计［M］．4版．大连：东北财经大学出版社，2023．

[5] 邵瑞庆．会计学原理［M］．6版．上海：立信会计出版社，2021．

[6] 秦玉熙，袁蓉丽，朱小平．基础会计（原初级会计学）［M］．12版．北京：中国人民大学出版社，2024．

[7] 张志康．会计学原理［M］．5版．大连：东北财经大学出版社，2023．

[8] 陈艳利．会计学基础［M］．3版．北京：高等教育出版社，2020．

[9] 徐晔，张文贤，祁新娥．会计学原理［M］．7版．上海：复旦大学出版社，2022．

[10] 叶忠明，李晓东．会计学原理［M］．北京：清华大学出版社，2023．